1 MONTH OF
FREE
READING

at

www.ForgottenBooks.com

By purchasing this book you are eligible for one month membership to ForgottenBooks.com, giving you unlimited access to our entire collection of over 1,000,000 titles via our web site and mobile apps.

To claim your free month visit:
www.forgottenbooks.com/free681891

ISBN 978-0-331-69696-7
PIBN 10681891

MOSES HESS

JÜDISCHE SCHRIFTEN

HERAUSGEGEBEN UND EINGELEITET

VON

THEODOR ZLOCISTI

* * * VERLAG VON LOUIS LAMM * * *

BERLIN C. 2, NEUE FRIEDRICHSTR. 61-63.

1905.

M. Driesner, Berlin C., Klosterstr. 45.

Vorwort.

Das Zentralkomité der Zionistischen Vereinigung für Deutschland hat mich beauftragt, Hess' Aufsätze jüdischen Inhalts zu sammeln und anlässlich der dreissigsten Wiederkehr seines Todestages herauszugeben. Die Aufgabe hatte ihre Schwierigkeiten, die ich im allgemeinen behoben zu haben hoffe. In der neueren jüdischen Journalistik sind drei M. Hess bekannt; ausser Moses Hess, dem Schöpfer der modernen Zionsidee und Sozialisten, die Brüder Mendel Hess, der „Lengsfelder" Rabbiner krassester Reform, und Michael Hess, der Lehrer am Frankfurter Philanthropin. Sie haben ihre Arbeiten meist M. Hess gezeichnet. Und so erklärt sich die Verwirrung in den Bibliographieen, von der auch M. Schwabs Répertoire nicht frei ist und die Angaben in der Jewish Enzyklopaedie. — Die in diesem Buche gesammelten Aufsätze stammen s i c h e r von unserem Hess. Weitere konnten nicht aufgebracht werden. Eine Auswahl zu treffen hielt sich der Herausgeber nicht für berechtigt, so ungleichmässig auch der literarische Wert ist. Die Übersetzungen aus dem Französischen stammen grossenteil von Hulda Thomaschewsky, zum andern von Rahel Goldberg her. — Zu verbessern ist S. 25, Zeile 17 „vorgeschobenen" statt „vorgeschrieben". S. 37, Zeile 10 von unten lies „auch einer der unsrigen", wodurch das Fragezeichen des Herausgebers sich erledigt.

In der biographischen Studie ist die Behandlung von „Rom und Jerusalem" in den Mittelpunkt gerückt, zu dem alle Phasen in Hess' Entwickelung radial hinstreben. Es war die Aufgabe, Hess, unter Herausarbeitung der geistigen und zeitgeschichtlichen Milieus, aus sich zu erklären. Freilich nicht als autochthone Individualität. Hess ist als s p e z i f i s c h - j ü d i s c h e r Rassentyp dargestellt. Aus seiner Abstammung fliessen seine Kräfte, Kämpfe, Leiden und Hoffnungen. So konnte er der Schöpfer einer e t h i s c h e n und höheren Rassentheorie werden, als Gobineau sie gibt. Sie hat Zukunft! —

Es ist mir angenehme Pflicht, den Herren A. Meyrowitz, Dr. H. Loewe, Advokat Dr.Wilhelm Pappenheim(-Wien) u.a. für Anregungen, Hinweise und sonstige Unterstützungen zu danken; insonderheit den Herren Ed. Bernstein und Grunwald, die mir die Benutzung der Bibliothek des sozialdemokratischen Parteiarchivs und des Hessnachlasses ermöglichten.

Berlin, Juni 1905.   Zlocisti.

Inhalt.

Vorwort.

I. **Moses Hess**, eine biografische Studie von Theodor Zlocisti   I—CLXXI

II. **Jüdische Aufsätze** von Moses Hess.

1) Mein Messiasglaube (Erwiderung an Imm. Loew) (aus Ben-Chananja, 1862)   1—8

2) Ein Brief an Dr. Abraham Geiger (Flugschrift, 1863)   9—11

3) Über den Begriff der Nationalität (aus „Der Gedanke", 1864)   12—13

4) Über den Gottesnamen (aus Ben-Chananja, 1863)   14—15

5) Briefe über Israels Mission in der Geschichte der Menschheit (übersetzt aus Archives israélites, 1864)   16—49

6) Zur Geschichte des Christentums (übers. a. Archives israélites, 1864)   50—55

7) Studien zur heiligen und profanen Geschichte (übersetzt aus Archives israélites, 1864)   56—67

8) Noch ein Wort über meine Missionsauffassung (übersetzt aus Archives israélites, 1865)   68—69

9) Die drei grossen mittelländischen Völker und das Christentum (übersetzt aus Archives israélites, 1865)   70—78

10) Ist die mosaische Lehre materialistisch oder spiritualistisch? (übersetzt aus Archives israélites, 1866)   89—80

11) Ernest Renan: Das Leben Jesu — Die Apostel (übersetzt aus Archives israélites, 1866)   81—84

12) Zur Kolonisation des heiligen Landes (übersetzt aus Archives israélites, 1867)   85—89

13) Zwei Briefe (übersetzt aus Archives israélites, 1867)   90—94

14) Einleitung in die Religiöse Revolution im XIX. Jahrhundert von François Huet (Leipzig, bei Kollmann, 1868)   95—111

15) Die Einheit des Judentums innerhalb der heutigen religiösen Anarchie (aus Monatsschrift für die Wissenschaft und Gesch. des Judentums, 1869)   112—119

16) Das Gottvertrauen der Anawim in den Stürmen unserer Zeit (aus Monatsschrift für die Wissenschaft und Geschichte des Judentums, 1870)   120—123

17) Ein charakteristischer Psalm (aus Monatsschrift für die Wissenschaft und Geschichte des Judentums, 1873)   124—127

MOSES HESS

EINE BIOGRAPHISCHE STUDIE.

Die ersten Dezennien des neunzehnten Jahrhunderts fanden die jüdische Bevölkerung Deutschlands in einer seltsam verzerrten Verfassung. Die einstige Geschlossenheit und Einheit, in die alle individuelle Besonderheit schliesslich eingemündet war, war durchbrochen. Immer wuchtiger hatte der Geist der Neuzeit gegen den starren Wall angedrängt, der die Judenheit umschürte und ihr durch die Jahrtausende Schutz und eine geruhige Zufluchtsstätte gegeben hatte.

Aber das alte Gemäuer zerbröckelte. Die granitenen Grundquadern barsten, und in mächtigen Fluten drang das neue Leben durch die erzwungenen Schleusen. Es kam nicht langsam und allmählich, so dass die Bewohner der Zelte Jakobs sich dem gewandelten Milieu anpassen und ihre eigene Art ungebrochen und rein aus dem Gedränge retten konnten. Wie eine Sündflut brach die neue Zeit über sie herein, alles Gelände, altes Wesensgut ertränkend.

An kraftvollen Persönlichkeiten, die der Strömung Einhalt tun und sie in eine gesunde Richtung zwängen konnten, gebrach es ganz. Mendelssohn war schon mehr als zwanzig Jahre tot. Tüchtige Jünger hatte er nicht zurückgelassen. Konnte er auch nicht zurücklassen, denn ihm selbst ist nie das Zeitproblem in seiner ganzen kulturellen und nationalen Bedeutung klar geworden. Er hat es mehrfach selbst erklärt, wie ratlos und uninteressiert er allen historischen Erscheinungen gegenüberstand. Wie sollte er den gigantischen Prozess der Umwandlung eines annoch geschlossenen Volkganzen verstehen und vollends leiten? Dazu fehlten diesem stillen, bescheidenen Mann, dessen Blick auf die ewigen Dinge gerichtet war, einfach alle Qualitäten. So rein und anziehend die Persönlichkeit dieses Philosophen ist, die ihren Zauber jedem, der ihm nahte, und dem Spätgeborenen, der sich Mendelssohns Werk naheführt, erschliesst — für die Entwickelung der Judenheit und der Gedankenwelt des Judentums ist er nicht einmal ein geringer Faktor geworden; geschweige denn ein neuer Moses. Mit diesem Schmuckwort fügt man ihm noch grösseres Unrecht zu als dem starken Lehrer und Führer unseres der egyptischen Knechtschaft sich entringenden Ahnenvolkes.

Allein so unwahr es ist, Mendelssohn als den weitblickenden Schöpfer der jüdischen Aufklärung auf das Piedestal der jüdischen Geschichte zu heben, so prinzipiell falsch ist es, ihn für die innere

I*

Auflösung der westeuropäischen Judenheit veräntwortlich zu machen. Diese Strukturveränderung haben Kräfte eingeleitet und durchgeführt, die stärker waren als Mendelssohn und sein ganzer aufklärerischer Anhang. Es waren jene Kräfte, die seit langem schon an ihrer Wirksamkeit erkenntlich unter der Erde wühlten und sich in der französischen Revolution gewaltsam entluden.

Der tier état, der Stand des Bürgertums, der Geknechteten und Entrechteten, hatte längst seine theoretischen Forderungen als die Folgerungen der gegebenen sozialen Verhältnisse erhoben. Sein Kampf musste auch ein Kampf für die Judenheit werden. Nicht aus Sympathie, sondern als Naturnotwendigkeit, als glatte Konsequenz. Indem alle morschen Standes- und Geburtsvorrechte bei Seite geräumt wurden und die neue Gesellschaft auf der Grundlage von Freiheit, Gleichheit und Brüderlichkeit errichtet werden sollte, war die Emanzipation der Juden im Gedanken bereits gegeben.

Die Juden standen nicht ruhig zur Seite. War es ihnen auch noch unmöglich, an dem grossen Werke der Menschheitsbefreiung schaffend mitzuwirken, so haben sie doch erkannt, dass sie die ersten Voraussetzungen ihrer Emanzipation sich selbst bauen mussten: durch Bildung und Aufklärung hierdurch zur Erziehung zum Mitbürgertum. Die erbarmungslos wiederholte Erzählung von jenem Jüngling, den der Vorstand der Berliner Gemeinde mit einem deutschen Buche ertappte und dafür strafte, beweist doch nur, dass die Jugend schon nach neuen Erkenntnissen lechzte. Auch Mendelssohn fand schon einen modern gebildeten Juden — Gompertz — als Lehrer. Sollten das Anomalieen gewesen sein?

Schon begann sich das Zeitungswesen zu entwickeln. Mehrmals in der Woche wurde die Kunde von den Ereignissen der Weltbühne gebracht. Haben sich die Juden nicht um die Kämpfe des alten Fritz bekümmert? Er kämpfte ja auch für sie. So wenig die Juden auch gesetzlich aus den alten Verhältnissen herausgekommen waren, als so wohl charakterisierter Faktor waren sie doch in das Staatsgefüge hineingestellt. Friedrich hatte in seinem weitausschauenden Blick erkannt, dass der Fortschritt Preussens an die Entwickelung des reinen Agrarstaates zu einem Industrie- und Agrarstaat geknüpft war. Damit war die neue Wertung der Juden gegeben. Ihr Schacher, einst verachtet, war nun zu einem Faktor im Leben des Staates geworden. Die ganze Wirtschaftspolitik des grossen Friedrich, in die uns die acta borussica einen Einblick gewähren, rechnet noch roh und brutal — aber um so entschiedener mit den Juden. Wenn auch im Geist der Epoche. Die Einwirkungen auf den Charakter der inneren Verfassung der Judenheit konnten da nicht ausbleiben.

Zu dem kam die junge Literatur, die sich immer machtvoller entwickelte. Die Theater brachten Zerstreuung, Belehrung, Aufklärung. Wie sehr die Juden schon damals als Zuschauer in Betracht kamen, erhellt durch die Tatsache, dass 1788 einer Aufführung des „Kaufmann von Venedig" in Berlin ein Prolog voranging, der von Entschuldigungen und Komplimenten an die Judenschaft trieft. Ja, es ist kaum eine Übertreibung, zu erklären, dass gerade die an eine (wenn auch so ganz anders geartete) Bildung gewöhnte Judenheit, die in allen Schichten allzeit das Buch geradezu brauchte, um dem Leben einen höheren Inhalt zu geben, die eifrigsten Leser moderner Geisteswerke stellte. Eine kurze Notiz in einem Brief Carl August Boettigers an Schiller (vom Jahre 1797) gibt uns einen Einblick in die kulturelle Sphäre der damaligen Judenheit. Er schreibt: „Die Erwartung auf den neuen Musenalmanach ist gespannter als je. Man sagt in Berlin in den gelehrten Judenzirkeln, den einzigen, die dort überhaupt von Literatur sprechen, Sie und Goethe treten darin mit einer nagelneuen Dichtungsart auf."

Allein es waren nur wenige, die es begriffen, dass die neuzeitliche Bildung sich mit dem alten Judentum wohl vereinen konnte. Die Zeit und die kaum noch embryonale jüdische Geschichtswissenschaft konnten aber dafür das Verständnis noch nicht erschliessen, dass seit zweitausend Jahren von unseren Denkern die Elemente abendländischer Kultur in dauernde Wechselwirkung zu dem Inhalt des Judentums gestellt waren, zu einer höheren Einheit hin. Das Judentum schien ihnen darum schal und leer, und es war schon mehr ein seelischer Zwang, sich aus dieser Armut und Verknöcherung herauszulösen. Dem inneren Abfall folgte als schmerzlose Konsequenz der formelle Austritt. Wir wissen, dass nicht die Schlechtesten uns verloren gingen. Sie wollten die europäische Kultur. Es war mehr als Luxusübermut, was sie aus dem alten Bunde herausführte. Die Taufe war — nach Heines prägnantester Prägung — das Eintrittsbillet in die europäische Kultur. Wie krass musste dieser innere Abfall aber erst bei den Alltagsleuten werden!

„Wenn der Held die Bande des Geistes bricht,
Dann fehlt auch der Tor, der frevelnde, nicht,
Der von der Fessel los sich reisst,
Doch mit der Fessel zugleich vom Geist".

Diese Entwickelung hat durch Jahrzehnte gedauert, und sie ist auch heute noch nicht zum Abschluss gekommen. In ihrem Laufe wurde sie unterhalten durch mannigfache psychologische, vorzugsweise aber wirtschaftliche Ursachen. Und weiterhin durch die nur in der Form beseitigte Stipulation des „christlichen Staates".

Nicht nur in den rohesten Zeiten des Mittelalters, sondern bis in die Neuzeit hinein waren die Juden die Träger der Bildung und Gesittung gewesen. Nicht sowohl repräsentiert durch einige grosse Männer, wie durch die Gesamtheit des Volksganzen, das nie Analphabethen kannte. Dieser Bildungsdrang hat im neunzehnten Jahrhundert eine andere Form, eine andere Richtung genommen. Geistig hervorzuragen, ein Iluj zu sein, war immer höchstes Ideal. Man findet es wieder (in einer gewissen Umsetzung) in dem Streben, mit der letzten, der neuesten, der vorgeschrittensten Weisheit zu brillieren.

Zu diesem Grundzug kam hinzu der beschleunigte Aufstieg in den sozialen Schichten. Der Sohn sollte immer mehr sein als der Vater. Es gibt kein höheres Glück für den Juden. Dieser soziale Aufstieg, überhastet durch die wirtschaftlichen Verhältnisse, welche die ökonomische Lage der Juden besonders günstig beeinflusste, führte immer tiefere Schichten nach oben: zur Bildung, — zur Entjudung. Dazu trat die Freizügigkeit, die die kleinen Gemeinden allgemach entleerte, in denen noch jüdische Tradition und Gemeinsamkeit äusserer und höherer Form wirksam waren. Der Zug in die Grossstädte, in denen es weder innere, noch äussere jüdische Bande gab, war nur ein Auszug aus dem Lande der „Knechtschaft" in das Reich der christlichen Freiheit.

War gegen Ende des 18. Jahrhunderts: „Los vom Judentum" nur der Schlachtruf der „besseren", reicheren und gebildeten Stände, so wurde er mit dem Beginn des neuen Säkulum die Parole der breiteren Volksklassen. Was einst innerster Drang, wird jetzt äusserliche Modesache Nicht weil die Jugend gebildet war, wurde ihr das Judentum verächtlich. Vielmehr verachteten sie das Judentum, mieden alle Kenntnis der jüdischen Vergangenheit, um als gebildet zu erscheinen. Es muss ein erschreckendes Bild gewesen sein, das die Jugend bot. Denn wenn noch der Kreis der berliner Aufklärung sich mühte, die grossen und guten Gaben der Umgebung sich zu eigen zu machen, so waren jetzt die bösesten Erscheinungen der Kulturkreuzung entfesselt. Der alte Friedländer klagte: „Es haben sich Untugenden unter uns verbreitet, die unsere Väter nicht kannten und die für jeden Preis zu teuer gekauft werden. Irreligion, Üppigkeit, Weichlichkeit, dieses Unkraut, das aus dem Missbrauch der Aufklärung und Kultur hervorkeimt, hat leider auch unter uns Wurzel geschlagen, und wir sind, vorzüglich in den Hauptstädten, der grossen Gefahr ausgesetzt, dass der Strom der Kultur mit der Roheit auch die Strenge und Einfalt der Sitten fortschwemmt". Die Folge erwies, dass seine Befürchtungen nur zu wahr waren. Alles schien verloren. Als sich 1823 ein paar energische

Männer — das „junge Palästina" — zusammenfanden, um zu retten, was zu retten war, wars zu spät. Sie predigten tauben Ohren. Und verbittert zwang sich Zunz zu dem Geständnis: „Die Juden und das Judentum, was wir rekonstruieren, wollten, ist zerrissen und die Beute der Barbaren, Narren, Geldwechsler, Idioten und Parnassim. Noch manche Sonnenwende wird über dieses Geschlecht hinwegrollen und es finden wie heute: zerrissen, überfliessend in die christliche Notreligion, ohne Halt und Prinzip, zum Teil im alten Schmutz, von Europa beiseite gestossen, fortvegetierend, mit dem trockenen Auge nach dem Esel des Messias oder einem anderen Langohr hinschauend, — zum Teil blätternd in Staatspapieren und dem Konversationslexikon; bald reich, bald bankerott, bald gedrückt, bald toleriert. Die eigene Wissenschaft ist unter den deutschen Juden erstorben, und für die europäische haben sie deswegen keinen Sinn, weil sie sich selber untreu, der Idee entfremdet und die Sklaven blossen Eigennutzes geworden sind"

Wäre diese ganze Gesellschaft schnell und spurlos ins Wasserbecken des Christentums untergetaucht, es wäre ein Segen gewesen. Aber sie blieben aus Trägheit beim Judentum und verschlammten es mit ihren bösen Sitten und der Unreinheit ihrer Seelen. Feinere Naturen sahen mit Ekel auf dieses Treiben. Nicht mehr wie einst wollten sie aus der Düsterheit und Enge heraus. Nicht mehr das Judentum wollten sie los werden, sondern die Juden. So mussten Boerne, Heine, Marx nicht im Christentum, sondern in der Christenheit landen. Moses Hess, in dem schon früh unter der Lehre des milden Spinoza sich die Affekte geglättet hatten, hielt äusserlich noch zu der jüdischen Gemeinschaft. Im Inneren hatte er sie aufgegeben. Wie die anderen tieferen und stärkeren Naturen suchte er den Anschluss an die europäische Kultur. Und dieses Streben war nicht tote, hohle Phrase, sondern Bedürfnis.

Für Männer seiner Artung war die Lebensrichtung deutlich vorgezeichnet. Da gab es kein Schwanken. So ernst sie sich mühten, ihre Forschungen aus philosophischen, rechtlichen und historischen Abstraktionen herzuleiten und mit dem Gewaffen der Bildung ihrer Zeit in die Arena des Lebens zu treten, ihre Antriebe flossen aus ihren Instinkten, aus ihren jüdischen Instinkten, die in den Jahrtausenden sich fortgeerbt, fortentwickelt und durch die Leiden zu Bitterkeit gesteigert hatten. Zu Boden gestreckt musste das schmachvolle Mittelalter werden, das noch immer nicht sterben wollte. Noch war die Judenheit geknebelt. Nicht mehr mit der bestialischen Rohheit der „christlichen" Nächstenliebe.

Manche Zwingburg war gefallen. Ansätze zu einer Judenemanzipation waren gemacht worden. Aber die Juden waren empfindlicher geworden, vielleicht weil das Judentum in ihnen nicht mehr stark genug war. Eine wilde Sehnsucht nach der Freiheit brannte in ihnen und liess sie jede Schranke, jede Fessel tausendfach schmerzlicher und entrüsteter sehen. Nicht nur die Fesseln der Judenheit sollten fallen. Alle Fesseln mussten gebrochen werden. Nicht die Schranken zwischen den Klassen und Ständen, alle Schranken, die Mensch von Mensch, Volk von Volk trennten, mussten bersten. So kamen, so mussten sie gerade aus ihren jüdischen Instinkten heraus zum Radikalismus und zum Kosmopolitismus kommen.

Freilich gingen sie nicht alle restlos in ihren Forderungen auf. Denn die Menschen sind nicht von Ideen getriebene Maschinenkörper. Marx konnte es. Was in heissen Trieben und Empfindungen in ihm lebte, das hat er in eiserner Zähigkeit in sich vergletschert, indem er die Welt und was sie füllet zu Ideen abstrahiert hat. Hass und Liebe hat er gedanklich zersetzt so lange, bis er sie aus den Geschichtskräften herausgerissen und an die Stelle der sehnenden und ringenden Menschenseele die wirtschaftlichen Verhältnisse gesetzt hat. So konnte er das Evangelium des Proletariats schaffen, eine eherne Bildsäule, nicht von den Schwankungen seelischer Kräfte berührt, unpersönlichste greifbare Realität, hinter der der Schöpfer versank.

Man setze für Marx sein Werk, und nichts ist verloren, nichts geändert.

Setzt man für Boerne, Heine, Lassalle, Hess nicht wieder Boerne, Heine, Lassalle, Hess — und alles ist verloren, alles geändert.

Bei ihnen ist nicht das vom Schöpfer zu eigenem Sein abgeschnürte Werk ihr Inhalt, sondern ihr gelebtes Leben. Durch all ihre Kämpfe um Menschheitsfragen, durch all ihre Arbeiten künstlerischen und publizistischen Gepräges schimmert immer wieder ihre persönlichste Seele hervor. Mag diese persönliche Note ihren Schöpfungen vielleicht den absoluten, über Mensch und Zeit hinweggehobenen Wert nehmen, weil nur die zeitliche, individual-, volks- und rassenpsychologische Bedingtheit sie deutet, so geben diese Bedingtheiten ihnen den starken Reiz. Und solchen Reizes bedürfen wir nicht weniger für unser menschliches Leben, wie der kompakten Aufbaustoffe.

Erst in den letzten Jahren hat sich die wissenschaftliche Forschung wieder Hess zugewandt. Der wohl endgiltige Sieg des „ökonomischen" Sozialismus über den philosophischen Sozialismus hat dahin führen müssen, dass durch das leuchtende Gestirn Marx die kleineren Sonnen verblasst sind. Auch Lassalle ist stark in den Hintergrund geschoben. Seine Gedanken haben in Deutschland keine Lebensdauer gehabt. Was ihn aber vor der Vergessenheit schützt, ist der organisatorische Unterbau, den seine Gewandtheit, sein vulkanisches Temperament der deutschen Sozialdemokratie geschaffen.

Während aber Hess, der sein ganzes Leben in schweren Kämpfen dem Proletariat geweiht hatte, immer gezwungen und freudig immer bereit, Heimatlosigkeit und die ganze Unrast des Umstürzlers zu tragen, in der Sozialdemokratie keine Spuren seiner Wirksamkeit zurückgelassen hat, sind seine Gedanken über die nationale Wiedergeburt des jüdischen Volkes Leben geworden. Es waren die immanenten Gedanken des jüdischen Volkes, denen er mit starken Worten die Auferstehung gebracht hat. Es kann kein Zweifel sein, dass Hess in keiner seiner zahlreichen Schriften so sehr sein eigenstes Leben in seinem äusseren Gange und seinen inneren Wandlungen überblickt und seiner eigensten Stimmung Worte verliehen hat, wie in seinem „Rom und Jerusalem." Es ist sein persönlichstes Werk und darum sein echtestes — ein Bekennerbuch grossen Stiles. Es wird alle seine Schriften überdauern. Denn nicht in roh-egoistischem Sinne ist es persönlich. Sein Ich, in das er uns hineinschauen lässt, ist in die Komponenten zerlegt. Sein Volkstum, das Judentum mit all seinen Anlagen und seiner in jahrtausendlanger Entwickelung hochgezüchteten Kräften, ist der Fond seines Wesens. Aus ihm ist alle Schaffensfreudigkeit für die Menschheit, aller Duldermut gewachsen. Bildung, Umgebung und äusseres Leben haben sein Ich nur geformt und sind selbst wieder zum Volksgut geworden. Als dieses Volksgut hat es bereits reichen Segen gebracht. Seine Grundgedanken, seine Stimmungen haben die alten Volksinstinkte wachgerufen und die Wiederauferstehung des jüdischen Volkes eingeleitet. Im Zionismus haben sie Gestalt angenommen.

Mehr als vierzig Jahre sind seit dem Erscheinen von „Rom und Jerusalem" verflossen. Sie haben das Werk nicht unberührt gelassen. Manche Ansicht hat die Geschichte als irrig erwiesen. Manche Begründung ist durch fortschreitende Erkenntnis zu Falle gekommen. Seltsam genug: gerade das, was er von fremden Denkern — ich möchte sagen: artfremden — übernommen, in sich assimiliert und dann in sein Werk hineingeweht, hat sich als unfruchtbar erwiesen. Die ewigen, eingeborenen Ideale und Sehnsüchte unseres Volkes aber, die in Klarheit auszusprechen und aus der Sündflut der mosaischen Konfession zu retten sein dauerndes Verdienst ist, haben das halbe Jahrhundert überdauert und dürften es überdauern, bis sie die Erfüllung geschaut.

II.

Über die Jugendzeit von Hess liegen nur wenige Angaben vor. Einige stammen aus seinem „Rom und Jerusalem". Aber sie sind besonders wertvoll, weil sie uns zu den Quellen hinführen, aus denen die stammestümlichen Erbanlagen ihre erziehliche Nahrung erhielten zu seinem kernfesten, lebendigen Humanismus hin.

Hess wurde in Bonn am 21. Januar 1812 geboren. Wie Carl Hirsch — bedeutsam! — hinzufügt: am Jahrestage der Hinrichtung Ludwig XVI.... Hess erhielt den Namen Moritz, den er aber später nur noch selten anwandte. Er zog es vor, sich mit seinem hebräischen Namen Moses zu nennen, bedauernd, dass er nicht Itzig hiess.

Seine Eltern waren fromme Juden, die ihrem Kinde eine gute jüdische Erziehung gaben. Nicht nur die altjüdische Frömmigkeit, sondern auch jüdische Gelehrsamkeit waren in dieser Familie heimisch. Der rabbinische Schriftsteller, der als M'aurich (— in alter Übung aus den Initialen des Namens gebildet —) bekannt ist, gehörte zu Hess' Vorfahren mütterlicherseits. Er war aus Polen nach Deutschland geflüchtet, um seine Frau vor den Nachstellungen eines Schlachzizen zu sichern. Hess erinnert sich noch in späten Jahren eines Erlebnisses aus früher Jugend, das den der Familie herrschenden Geist charakterisiert: die Mutter hatte ihn in Bonn besucht — Hess war damals sieben Jahre alt: „wir lagen schon zu Bett, und ich hatte eben das Nachtgebet beendet. Da hob sie mit bewegter Stimme an: „Hör, mein Kind, du musst nur immer fleissig lernen.' Moh'rich ist unter meinen Vorfahren, und du hast das Glück, bei deinem Grossvater zu „lernen". Es heisst aber, wo Grossvater und Enkel Thora lernen, da weicht die Gotteslehre nicht mehr von Kind zu Kind": Die Kontinuität wird hergestellt. Bei Hess hat sich dieser Spruch eines jüdischen Weisen (die Nutzanwendung eines Bibelwortes) bestätigt, wenn auch die Ausdrucksform dieser tradierten „Jüdischkeit" sich in moderneren Formen: als Liebe zur Wissenschaft und als soziales Handeln gaben. —

Der Vater, der ein wohlhabender Kaufmann war, hatte sein Geschäft nach Bonn verlegt. Und so mögen äusserlich-familiäre Gründe und der Wunsch, dem Knaben eine gute jüdisch-wissenschaftliche Erziehung zu geben, die Eltern veranlasst haben, ihn in Bonn zurückzulassen. Er blieb dort im Hause seines gelehrten Grossvaters, dessen adlige Natur und dessen Belehrung auf den Knaben das ganze Leben hindurch wirksam blieben. Hess gedenkt seiner an mehreren Stellen seines „Rom und Jerusalem", wobei er ihn immer für die Zeichnung der tiefsten in der alten Judenzeit regen Stimmungen und Überzeugung als beweisendes Beispiel anführt. Für uns sind sie vornehmlich für die psychologische Genesis von Hess wertvoll: „Mein Grossvater war weder Poet, noch Prophet, sondern Geschäftsmann, der am Tage seiner Berufsarbeit nachgehen musste, um seine Familie zu ernähren, und nur die Nacht dem frommen Studium widmen konnte.... Er studierte das ganze Jahr hindurch bis nach Mitternacht den Talmud mit seinen vielen Commentaren. Nur in den „neun Tagen" wurde dieses Studium unterbrochen. Er las alsdann mit seinen Enkelchen, die bis nach Mitternacht aufbleiben mussten, die Sagen von der Vertreibung der Juden aus Jerusalem. Der schneeweisse Bart des strengen alten Mannes wurde bei dieser Lektüre von Tränen benetzt; auch wir Kinder konnten uns dabei natürlich nicht des Weinens enthalten... Ich erinnere mich besonders einer Passage, die ihre Wirkung auf Grossvater und Enkel nicht verfehlte": Es war die wundersame Stelle aus Jeremias XXXI, 15, die auch Heine in seinem Vorwort zum „Buch der Lieder" gross und heilig still wiedergibt: Rahel — die dem Grabe entstiegene — weint um ihre ins Elend ziehenden Kinder....

In des Grossvaters Haus ist Hess auch die tiefe Liebe zu dem jüdischen Ahnenland eingepflanzt worden. Als der Greis ihm einmal Oliven und Datteln zeigte, belehrte er dem Knaben mit leuchtenden Blicken: „Diese Früchte wachsen in Erez Jisroel (in Palästina)": Und die Vorgänge und die Stimmung im grossväterlichen Hause, wenn der Tag der Zerstörung Jerusalems herannahte, haben sich in der Seele des Mannes nicht mehr verwischt.

Die starke, in allen Nöten und bei aller noch so lauten Reaktion nie wankende Gewissheit, dass der Sieg der Humanität doch kommen müsse, diese Glaubenszuversicht, die Hess als Menschen so scharf von so vielen seiner sozialistischen Gesinnungsgenossen unterschied — sie war eben nicht wissenschaftliches Ergebnis, sondern angeborene und eingeborene Rassenanlage; — ist sie nicht letzten Endes die nur neu gewendete, aus dem Nationalcharakter fliessende Lebensmaxime, die den Grossvater von aller bewussten Arbeit an der Überwindung des Golus, der Verbannung zurückhielt: weil die Erlösung ja doch und bald kommen wird?!..

In dieser gemütvollen und geistigen Atmosphäre wuchs der Knabe auf. Als er vierzehn Jahre alt geworden, musste er den grossen Schmerz erleben, dass ihm seine Mutter durch den Tod entrissen wurde. Nach vier weiteren Jahren des Lernens konnte er 1830 die Universität Bonn beziehen. Zu einem amtlich beglaubigten Abschluss seiner Studien scheint er nicht gekommen zu sein, wenn er auch später immer als Doktor Hess bezeichnet wird. Die in ihren Voraussetzungen und ihren Zielen damals noch so unklare Oppositionsbewegung gegen die herrschende Gesellschaft und ihre ausbeuterische Moral zog ihn mächtig in ihren Bannkreis. Eine Kraft trieb den Jüngling in die Arme dieser Opposition, die ein wirres Gemisch von Anarchismus, Sozialismus und Phantasterei war: die Unzufriedenheit mit den bestehenden Verhältnissen. Die unbewusste Auflehnung jüdischer Empfindungsart, die Rasseninstinkt und Empfindungszwang ist, gegen die Tyrannis der christlich-germanischen — „Liebe", die Auflehnung des eingeborenen Mosaismus gegen das arische Sklaventum.

Ein Hochziel lockte: die Erfüllung jesaianischer Prophetie, die zum Frieden geeinte, die freie, die glückliche Menschheit.

Er war ein Jude mit ausgeprägten, hochgezüchteten jüdischen Instinkten — darum musste er eben Sozialist sein.

In seinem nicht gleichmässig verlässlichen Nekrolog berichtet Carl Hirsch, dass Hess schon damals eine Begründung des Sozialismus veröffentlicht habe. Vielleicht handelt es sich da um einen Aufsatz in einer verschollenen Zeitschrift. Als selbständige Schrift ist sie kaum erschienen. Bibliographisch ist sie jedenfalls nicht nachzuweisen.

Jedenfalls war diese Schrift oder auch die Gesinnung, die zu dieser Schrift sozialistischer Tendenz geführt hat oder doch führen konnte, die Ursache einer Trübung der familiären Beziehungen, einer Missstimmung, die bald zum völligen Bruch des Vaters mit dem „ungeratenen" Sohn führte. Hess verliess die Heimat und ging mit ärmlichen Mitteln nach England, um sich eine Existenz zu begründen. Als es ihm nicht gelingen wollte, dort festen Fuss zu fassen, versuchte er sein Glück in Frankreich. Er lebte in Paris eine Zeitlang. Aber Sorgen und die gemeinste Not des Lebens zwangen ihn weiter fort. Zu Fuss wanderte er dann nach Deutschland. Aber er kam nur bis in die Nähe von Metz, wo er aller Mittel bar in einem Dorfe als Lehrer verblieb.

Schliesslich kam doch wieder die Versöhnung zwischen Vater und Sohn. Hess ging nach Köln, wo er in das elterliche Geschäft eintrat. Es war nur natürlich, dass der Zwist bald wieder ausbrach: Moses Hess — und Kaufmann! Der Jüngling mit den im fernen Äther flie-

genden Ideen und Idealen in der Zwangsjacke des Krämertums! Aus
dieser Leidenszeit müssen wohl auch die bitteren Worte über die
Krämerwelt stammen, die die Krämersitten schafft, wie er es in
seinem Erstlingswerke ausgeführt hat. Er zerfiel wieder mit dem
Vater, und neue Tage der Not zogen herauf.
Aber es war nur eine Not des Leibes. Sie peinigte ihn nicht
mehr. Seine Studien hatten ihn auf Spinoza geführt, den Philosophen
und den Dulder. In ihm fand Hess seine Auferstehung. In ihm den
Trost. Damals fügten sich Hess die chaotischen Gedanken und Ge-
fühle zusammen zu dem Grundriss seiner Weltanschauung, die er im
Wesen festhielt, so oft er auch die Lehren neuer Philosophen, neuer
Theoreme aufnahm, zu assimilieren versuchte und wieder ausschied.

Das erste grössere Werk, in dem er seiner Anschauung Rechenschaft vor der Öffentlichkeit ablegte, war „Die heilige Geschichte der
Menschheit. Von einem Jünger Spinozas." Ein stattlicher Band von
346 Seiten ist es in dem renommierten Verlage von Hallberger in
Stuttgart 1837 erschienen.

Das Werk gibt sich das air, als sei es aus dem „reinen Gedanken"
geflossen. Aber schon das Zitat, das Hess anstelle eines Vorwortes
gibt, entschleiert den ganzen grauen und verjammerten Stimmungsgrund
seiner Seele. Es ist — bezeichnend genug — eine Stelle aus Joel
Jacoby's „Klagen eines Juden": Sie waren eben erst erschienen — ein
qualvolles Zeugnis der seelischen Verfassung der feiner besaiteten
Jugend jüdischer Herkunft. In einer Sprache, in der Adel und Far-
benreichtum der Bibel auferstanden zu sein scheinen, weint ein rauh
gepacktes übersensitives Gemüt sein Leid. Zwar verwabert die Sensi-
bilität nur zu oft in sentimentales Gewimmer. Allein die haltlose und
lendenlahme jüdische Jünglingschaft jener Tage knickte ins Knie; das
Judenleid mochte sie noch nicht zu Trutz und Stolz zusammenraffen
und aufrecken zu treibendem Freiheitswillen. Die einen vernebelten
in den Weihrauchdämpfen katholischer Mystik, die anderen wurden—
Revolutionäre. Der Grad innerer Widerstandskraft entschied hier das
Schicksal. Aber in den Winkeln der Seele hockte ihnen allen durchs
ganze Leben ein müdes und verängstetes Judentum.

In den stillen Gletscherhöhen der Philosophie suchte Hess den
Sturm glühender Gefühle zu vereisen. Vergebens: sie waren zu heiss.
Sie tauten die Gletscher auf: „Ich höre ein banges Stöhnen, einen
Klageton, einen Wehruf. So ein ängstliches Gewimmer, so ein dumpfes
Ächzen, so einen schmerzvollen Schall. Wie man von den Geistern
saget, wenn sie nach Erlösung jammern, wie man von den Göttern

hat vernommen, als sie geblicket in ihre Gruft. . . . Weiss ich jetzt, was morgen frisch, was morgen jung mir um den Busen weht wie Friedenshauch und Liebe? Nach all dem Hass, nach all den dunklen Sagen umfängt es mich mit freudig-hehrem Schauer, die Zornesgluten sind verglommen und gestillt ist unser Gram. Denn die Welt wird glorreich bleiben, die Geschlechter und die Schmerzen wechseln. Auch die Trauerharfe meines Volkes wird zerbrechen, der müde Geist wird sich zur Ruhe begeben . . . Da hab ich die Trauerharfe meines Volkes zerbrochen, den Grüften und den Gräbern sagt' ich Ade! Mein Tränenfest — das ist vollendet, die Wange glüht vom frischen Morgenhauch. Denn im Preisgesang der Maienzeit, denn im Glanz der Frühlingsfahne sah ich prangen ein Zeichen, hört ich klingen eine Botschaft, die Heil und Frieden, Lust und Jugend ruft in die kranke Menschenbrust:" Die Worte wählte Hess als Vorrede. Sie sind nur eine biographische Einleitung.

Das Motto des Werkes gibt den ganzen Menschen. Eine Stelle aus den „Offenbarungen": „So jemand davon tut von den Worten des Buches dieser Weissagungen, so wird Gott abtun sein Teil vom ewigen Buch des Lebens und von der heiligen Stadt und von dem, was in diesem Buche geschrieben steht:" Das klingt nicht wenig selbstbewusst. Und wer mit rohem Masse die Menschen wertet, wird schnell versucht sein, von einer kleinen Anwandlung von Grössenwahn zu reden. Aber diese Wertung wäre kleinlich und liesse die Stimmung von Hess und das ehrliche und erhabene Gefühl seines Pflichtberufes ganz ausser Betracht. „Heilig" ist das Wort, das er am liebsten im Munde führt. In seiner Terminologie hat es den Sinn von „sittlich:" Aber gerade die Vorliebe für das Wort „heilig", die durch sein ganzes Schrifttum zieht, ist wegen der Obertöne dieses Wortes für die psychische Veranlagung von Hess besonders bezeichnend. Heilig erscheint ihm seine Aufgabe. Es ist nicht nur die Konsequenz seines Systems; es ist der direkte Ausfluss seiner Seele, wenn er im Gegensatz zu den Franzosen nicht die gesellschaftliche Revolution aus dem Willen, sondern als ein kategorisches Müssen herleitet. Hess darf keiner zurufen: Wer hat dich als Richter gesetzt über uns! Weil er ein denkendes Wesen ist, ist auch in ihm der Geist Gottes ausgegossen. Es ist kein Verdienst — es ist eine Gnade Gottes. „Die Religion, die Erkenntnis Gottes, das höchste Gut des Menschen ist verloren gegangen, und der Finder sollte sich schämen, freudig auszurufen: da ist sie wieder! Wahrlich, gegen diese Demut sträubte sich sein Gewissen . . . Wir nehmen keinen Anstand, offen zu bekennen, dass wir uns, sofern uns nämlich die in

diesen Blättern darzustellende Idee offenbar und zu 'verkünden gegeben
wurde, als ein geringes Werkzeug der ewigen Vorsehung betrachten,
die sich ja zu allen Zeiten solcher Menschen bedient hat, welche in
Dunkelheit und Niedrigkeit lebten, damit der Mensch seine eigene
Ohnmacht und die Allmacht der in ihm waltenden göttlichen Gnade
recht lebhaft fühle und endlich wiedererkenne.“

Gibt ihm das Bewusstsein, in der wirren Zeit ein Berufener zu
sein, den Mut zu stolzen Worten, so ist dieser Stolz keine Arroganz,
sondern sein hochgespanntes Pflichtgefühl, das die Person bescheiden
in den Hintergrund drängt.

So wie das Werk uns vorliegt, macht es bei allem ernsten Streben
nach Geschlossenheit doch den Eindruck des Verworren-Zusammenhang-
losen. Und der präzise Standpunkt, den Koigens liebevolle Exegese
des Werkes herausarbeitet, spricht mehr für Koigen denn für Hess.

Der Begriff der heiligen Geschichte erwächst aus der Anschauung,
dass alle Geschehnisse nicht zufällig, sondern vorherbestimmt, frei und
sittlich sind. Sie sind freie Werke Gottes — „des heiligen Geistes“
— Hegels „Idee“, wie denn auch die auf die Geschichte angewandte
Widerspruchslogik auf Hegels dialektische Methode zurückführt.

Und die Ideen sind Wahrheit, weil sie sich auf Gott beziehen —
Spinoza! So stellen sich denn die Leitgedanken seiner Erstlingsschrift
als der Versuch einer Synthese von Spinoza und Hegel dar, wobei
freilich der von Leibniz herrührende Parallelismus von Geist und
Natur, Denken und Sein, der auch dem Spinozistischen System inne-
wohnt, gegen Hegels Identitätsphilosophie ausgespielt wird. Gott und
das Leben können weder ausschliesslich als Natur noch als Geist
gedacht werden. Die Bindung ist bei Hess aber nur ein Versuch
geblieben, dem wir nicht als durchweg geglückt bezeichnen können.

Sein metaphysischer Standpunkt bedingt auch seine Geschichts-
auffassung. Auch die Menschheit ist, weil sie ein geschlossenes
Ganzes ist, den Weltgesetzen ebenso unterworfen wie der Einzelmensch.
Sie hat auch eine triadische Entwickelung durchzumachen: des Lebens
Wurzel, die Krone (die Spaltung) und als die letzte Vereinigung: die
Lebensfrucht. Das ist die Anwendung der dialektischen Methode: der
objektive Geist führt durch These und Antithese in den absoluten
Geist. Von Gott aus Trennung und Heimkehr zu Gott.

Freilich sind die Geschichtskenntnisse des jungen Hess noch recht
primitive. Er stützt sich vorzugsweise auf Johannes Müller, Raumer
und Rottek. Überall Parallelen suchend, die nur zu oft nur in
äusserlich gleicher Zeitdauer gefunden werden, sucht er die Welt-

geschichte in die spanischen Stiefel seines Systems einzuzwängen. Das gibt böse Verrenkungen. Aber sie ermöglichen doch die Durchführung seiner These, dass die Verschiedenart der Zeitepochen nur formalistischer Natur ist, dass sie in Wahrheit aber gleich verlaufen, nur grösser und reicher und gewissermassen in einer immer höheren Dimension.

„Die heilige Geschichte der Menschheit" zerfällt in zwei grosse Hauptteile. Der erste Teil behandelt die Vergangenheit als Grund dessen, was geschehen wird. Der zweite die Zukunft als Folge dessen, was geschehen war. Den ersten Teil gliedert er dann nach vierzehn weltgeschichtlichen Perioden, die er wiederum unter drei Gruppen zusammenschliesst, denen er rein christologische Titel gibt: Gott der Vater, Gott der Sohn, Gott der heilige Geist. Wie man leicht ersieht, sind diese Bezeichnungen nur prägnante Formeln für die Hegelsche Entwickelungstrias. Als Typus jeder Periode wird ein Mann genommen; denn in der stärksten Persönlichkeit jeder Zeit ist der Geist der Zeit oder deutlicher, die Höhe des derzeitigen Entwickelungsstandes am schärfsten markiert. Von Adam(-Indien) steigt seine Betrachtung über Abraham(-Assur), Egypten(-Moses) nach Europa (grosse Revolution), in jeder Epoche den Kampf des Negativen mit dem Positiven bis zur höheren Einigung herausarbeitend. In der ersten Epoche, die bis Christus reicht hat das passive Geistesvermögen, die Phantasie, die sich durch das Auf- und Annehmen äusserer Bilder bereichert, ihren Höhepunkt, die völlige, zeitmögliche Entwickelung erlangt. Mit Christus beginnt das aktive Geistesleben, das innere Gemütsleben. Er vermittelt die Synthese vom Realen und Idealen, von Geist und Natur. Ihm folgte jene Epoche, deren Repräsentant Spinoza ist, der Gott und Welt vereint; denn er erkannte Gott, der ist das Leben. Aber Gott offenbarte sich ihm nicht bloss in Ahnungen des Gemütes, sondern im hellen Lichte des Verstandes. So erscheint Hess die ganze Weltgeschichte als nichts anderes, als die sich immer mehr vertiefende und erweiternde Erkenntnis Gottes, die sich in den Repräsentanten der Menschheit offenbart. Die Steigerung des Gottesbewusstseins aber muss notwendig zur Weltreligion führen, die kein konfessionelles Gepräge mehr haben kann, sondern die Liebe ist, die Reales idealisiert und das Ideal realisiert — der ganze Hess! Mit der Aussöhnung von Gott und Mensch hat die Kirche ihre Berechtigung verloren und damit ihre Herrschaft. Denn in dem zum Bewusstsein gekommenen Menschen ist Gottes heiliger Geist ausgegossen. Das äussere Gesetz kann dann aufhören, weil aus der

Einheit des Bewusstseins, da alle Menschen Gott erkannt haben, die heilige Verfassung hervorgeht. Es begreift sich leicht, dass Hess in dem so säuberlich stilisierten Gefüge der Weltentwickelung, des sich immer deutlicher emanierenden Gottes, den Juden eine besondere Stellung anweist. Sie hat für uns eine über die zu referierende Tatsächlichkeit hinausgreifende psychologische Bedeutung.

Seine Anschauungen liegen fragmentarisch in dem ganzen chaolischen Werk der Enheitlichkeit zerstreut. Er sucht sie in sein System hineinzuzwängen. Allein allerseiten ragen Zipfel heraus. Und an diesen Zipfeln hat er später das Judentum wieder aus den Schablonen herausgeholt und gerade und aufrecht in seinen weiteren und höheren Geschichtsbau hineingestellt. Was 1837 noch umnebelt erscheint, (wenn auch in der rohen Konfiguration schon erkennbar) wird 1862 in „Rom und Jerusalem" und vorzugsweise in seinen „Briefen über die Mission" zielklares „Bewusstsein".

Das Judentum ist ihm nur die Vorstufe des Christentums. Das Reich der „heiligen, männlichen Phantasie", die es verkörpert, musste zu Ende gehen, als sich alle menschlichen Vorstellungen oder Bilder inbezug auf das Natur- und Gottleben erschöpft hatten. Das Volk Gottes löste sich auf, um als solches nimmer wieder aufzuerstehen. Aus seinem Tode sollte ein anderes, höheres Leben entspriessen. Das jüdische Volk hatte den Wert der Weltgesetze noch nicht erkannt, weil die Erkenntnis eines Gutes immer erst durch den Verlust vermittelt wird. Es verhielt sich passiv beim Empfange des Gesetzes durch Moses, wie der Mensch sein erstes Leben auch untätig empfängt. Da kam Christus. Der Gott gewordene Mensch, der Mensch gewordene Gott, der das einzige Wesen im ganzen wie im einzelnen erkannte und dem hohen Ziele seiner Bestimmung, der Allgemeinheit und Ewigkeit zustrebte. Er musste wie der Jüngling die Familienbande, so die Schranken der Nationalität durchbrechen. Das Christentum trennte Kirche und Staat, Religion von Politik. Es baute seine Welt nicht auf einer gesellschaftlichen Ordnung auf. So kam die Anarchie, für die Christus nur den Trost der Hoffnung auf den heiligen Geist hatte. Dieser Resignation hat er ein ewiges Beispiel durch seinen Tod gegeben. Die Leiden Christi waren das Vorbild der Leiden der Menschheit. Sein Herz ist der Mittelpunkt der Welt; so lange die Menschheit lebt, wird sein Blut in ihren Adern pulsieren. Das Reich Gottes wird kommen. Christus wird siegen. Nur wer lebendig an Christus glaubt, wird auch an das Reich der Wahrheit glauben.

Die Christusverehrung Hess' rast alle Grenzen nieder. Freilich sein Christus ist nicht der Christus der Christen. In seinem Zeichen wäre nicht die Welt unter Blut gesetzt worden durch Jahrhunderte hindurch. Sein Christus nahm für die Menschheit das Kreuz; aber der „christliche" Christus hat es den anderen aufgeladen. Er ging für die Menschen in den Tod. Die Christen haben den Tod für die ungläubige Menschheit gebracht. Sie waren nicht mehr Träger der passiven Phantasie, sondern der gemütvolleren aktiven Phantasie, die sich in der Erfindung immer neuer Marterinstrumente nicht wollte erschöpfen können.

Woher Hess seine dithyrambische Christusliebe hat, erkennt sich leicht. Der grosse romantische Seelenfänger, dessen weiche Schmeichelworte die müde Resignation der gebildeten deutschen Judenheit einlullte und alles kraftvolle Aufrecken in ein traumhaft seliges Christentum zog, Schleiermacher — er hatte auch den jungen Hess in seine süsse Mystik gelockt.

Wenn Hess in jenen Jahren zum Christentum gekommen wäre, es wäre kein Schritt aus Luxusübermut gewesen. Aber vor diesem letzten Schritt hat ihn sein Meister Spinoza gerettet. Auch ein Mann aus jüdischem Blute! In seinem Geiste vorwärtsdringend, erkannte er die zeitliche Bedingtheit der Christuslehre. Und wie ihm Christus nur das Symbol des Kampfes um das Reich des Geistes war, so brachte ihm Spinoza die Überwindung des Christentums. In Hegelscher Dialektik erscheint ihm das Judentum als das männliche, das Christentum als das weibliche Weltprinzip. Durch Spinoza ist die Einheit im Geiste erfolgt: der Zwiespalt der niederen und höheren Natur des Menschen, der Phantasie und des Verstandes, ist auf immer aufgehoben. Das heilige Leben in Gott mit seiner unzerstörbaren Heiterkeit, in der Kampf und Unlust aufgehoben und die Quelle aller Laster und Übel verstopft ist, beginnt. Unklar und widerspruchsvoll wird Hess, wenn er nun den modernen Juden ihre Stellung einräumen will. Dass er selbst ein Jude ist, schimmerte nur durch einige liebevolle Beiworte hindurch; wenn er nicht zum Schluss in grandioser Unkonsequenz, die hier wie oft Befreiung ist, in den Juden die Kinder des dritten Mannes sähe, in dem Gott sich offenbart hat! Die Kinder Spinozas. Seine Folgeunrichtigkeiten erklären sich vielleicht so, dass er unter dem Sammelbegriff Juden verschiedene darin eingeschlossene Prinzipien und Menschengruppen zusammenpackt. Nur so lösen sich die Schwierigkeiten, dass er ihnen einmal Buchstabenglaube vorwirft und ein mangelndes Verständnis dafür, dass Gott sich immer wieder offenbart, und dass er ihnen dann wieder ihren

II*

Wert für die Zukunft anerkennt. Gerade die Juden müssen die ewige, sich immer mehr offenbarende Gottesoffenbarung verstehen, weil die Annahme einer einmaligen Offenbarung ihnen die Existenzberechtigung nimmt. Durch ein Gewirr zwingender Illogismen, die nur den grossen Umriss seines Systems stehen lassen, den ganzen Aufbau aber unrettbar niedertrümmern (Hess vermochte das nicht zu erkennen), schlängelt sich sein immanenter jüdischer Nationalstolz hindurch. Und so stehen plötzlich die Juden im Mittelpunkte des Gottesreiches — als der uneinnehmbaren Akra. Das Judentum war an sich betrachtet ein eigenes, absolutes Wesen, obschon es dem Heidentum gegenüber spiritualistisch, gegen das Christentum naturalistisch erschien. Das mosaische Gesetz bezog sich auf den inneren, wie auf den äusseren Menschen. Die Juden kannten keinen Unterschied zwischen religiösen und politischen Geboten, zwischen Pflichten gegen Gott und gegen Cäsar. Die und andere Gegensätze fielen weg vor einem Gesetz, das weder für den Leib, noch für den Geist allein, sondern für beide sorgte.

Mit dem Ende des jüdischen Staates ist diese Einheitlichkeit verloren gegangen. Denn das Christentum galt im höchsten Sinne nur der einseitigen Pflege der Innenmenschen. Mit der weiteren Entwikkelung des Gottesbewusstseins in uns werden erst wieder die Brücken zu einer allumspannenden Verfassung geschlagen werden. Denn die Keime der menschlichen Gesellschaft liegen im alten Bunde. Es ist gewissermassen die Urform der neuen Gemeinschaft, in der Gott nicht mehr der Gott eines Volkes, sondern der der Menschheit sein wird. So schliesst denn Hess sein Werk und seine Gedankenreihe mit einer Apotheose des Judentums: „Wir sprechen von jenem alten, heiligen Volksstaate, der längst untergegangen ist, aber in den Gemütern seiner zerstreuten Glieder bis heute noch fortlebt. In den Juden, in diesem verachteten, seine alten Sitten treu bewahrenden Volke, das nach langem Schlafe wieder zu höherem Bewusstsein erwacht ist — das nachgerade anfängt, seine unstete Wanderung zu beschliessen, zu der es der Herr verdammt hatte, bis er sein Antlitz wiedersähe, — in den Juden lebt ihr altes Gesetz wieder auf und das gibt von seiner Heiligkeit ein lebendigeres Zeugnis als jedes andere historische Denkmal — ein getreueres, als ihn heilige Bücher, ein sprechenderes als alle geretteten Urkunden der Vorzeit. Dieses Volk war von Anfang an berufen, die Welt zu erobern, nicht wie das heidnische Rom durch die Kraft seines Armes, sondern durch die innere Tugend seines Geistes. Es selbst wandelte, wie ein Geist, durch die Welt, die es eroberte, und seine Feinde vermochten es nicht zu vernichten, weil ein Geist unangreifbar ist. Schon hat dieser Geist die Welt durchdrungen; schon sehnt sich dieselbe nach einer Verfassung, die der alten Mutter würdig ist. Sie wird erscheinen, diese neue heilige Verfassung; das alte Gesetz wird verklärter wieder auferstehen. Aus der in ein Chaos verfallenen alten Welt taucht der Genius der Menschheit wieder auf, wie aus einer Flut, die vom Geiste Gottes bewegt wird. Es wird ein Gesetz erscheinen, das als Einheit des Bewusstseins der Menschheit auf diese zurückwirken, sie durchdringen, seine Bestimmung erfüllen und seinen Kreislauf vollenden wird."

Sieht man schärfer hin, so erkennt man leicht die zwar noch sehr dünnen und feinen, aber doch schon deutlichen Grundlinien seines „Rom und Jerusalem". Es bedurfte freilich noch eines durchgreifenden theoretischen Umbaues seiner Weltanschauung, um die Ziele, die er der Menschheit setzte, als Aufgaben zu postulieren; um die Abrollung der Entwickelung zur einigen Menschheit aus der Tat, der bewussten Tat herzuleiten und um an die Stelle des Geistes, der Menschen und Welt schafft, den Menschen als Schöpfer zu erkennen. Die Analyse des schöpferischen Menschen musste dann zur Rasse und zur Nationalität führen. So musste sein Nationaljudentum, die jüdische Mission ganz organisch bei ihm kommen. —

Die ganze Metaphysik bei Hess und ihre Anwendung auf die geschichtsphilosophischen Probleme sind letzten Endes nur eine Art Selbsterklärung und eine begründende Voraussetzung seines höchsten Traumes von dem goldenen Zukunftszeitalter der Menschheit. Er stellt es zwar gern so hin, als ob dieses Endziel das Ergebnis seiner vernunftgemässen Deduktionen ist. Allein das ist eine arge Selbsttäuschung, wie sein ganzes Leben es beweist.

Wenn er die mosaische Staatsform gewissermassen als die Keimzelle der einstigen Gesellschaftsform hinstellt, als ein Spiegelbild der Zukunft, nur stark verkleinert und in einer anderen Ordnung, so brachte ihn nicht nur seine Erziehung dahin, sondern der sozialistische Antrieb, der auf ihn als Juden ebenso wie auf Moses und Jesaias eingewirkt hat. Er ist die gleiche Struktur der Seele, die sich — nur nach dem zeitlichen und räumlichen Milieu gewandelt — das Weltganze zimmert. Liebe und Glück sollen in der Welt herrschen. Und Einheit und Gleichheit werden ihr den Stempel geben — Einheit oder Gott wird das innere Wesen; Gleichheit oder Freiheit, die keine Abart der Despotie ist, wird die äussere Form des neuen Verbandes sein. Darum müssen in der gleichen Richtung wie in dem mosaischen Staatsgedanken die Güter gleichmässig verteilt sein. Aber Hess kommt doch nicht zu einem reinen Kommunismus. Darin glatt aufzugehen, stört ihn gerade das Freiheitsproblem. Zwar weiss Hess, dass der in den Menschen ganz geoffenbarte Gott schon in sich antisoziale Tendenzen nicht mehr aufkommen lassen kann — kann doch die äussere Sklaverei nie länger dauern als die innere, als der Sklavensinn und dieser ist doch zu überwinden — allein es gilt doch, auch unsere Zeit dem Ideale näher zu bringen. Theoretisch: indem die Gotteserkenntnis verbreitet werde, denn die Not ist nur eine Folge unseres unentwickelten Bewusstseinszustandes. Praktisch: durch soziale Reformen. Diese müssen sich jetzt noch in den Grenzen halten, die ihr durch den Stand der Gottesoffenbarung, durch die augenblickliche Stellung der Menschheit im dialektischen Gang der Geschichte gezogen sind, denn die endliche Synthese, die Harmonisierung, bleibt der Zukunft vorbehalten. Um dieser Harmonie vorzuarbeiten, „denn die höchste Gleichheit kann nicht aus dem Christentum, der höchsten Ungleichheit hervorgehen", muss darum zuerst das Erblichkeitsystem geändert werden. „Durch die Erblichkeit entsteht alles Einseitige in der Natur; in ihr aber gleicht der Tod alle Verschiedenheit aus". Der Staat muss die Werte zurückbekommen, denn sie sind im Grunde sein Eigentum. So erscheint bei ihm der Staat als die Zusammenfassung der Bürger, die für den Staat arbeiten und von ihm die Ordnung, die Harmonie, die gesellschaftliche Lebensform erhalten. Dieser Staat braucht darum so wenig Gleichheit wie die Erde, die Völker, Bäume, Tiere trägt. Fügt man noch hinzu, dass die Bodenreform in diesem Staate durchgeführt ist, so braucht man die Ansichten Hess' nicht auf die Hegelsche Staatsidee zurückzuführen. Hess hat sie einfach aus dem ihm tiefer im Blute steckenden Mosaismus herübergenommen.

Nimmt man diese Staatsharmonie, die ihn alle Anarchie und jede Revolution ablehnen lässt — (denn wie sollten Revolutionen entstehen, da die Vertreter des Volkswillens sich durch die Ergebnisse der Forschungen über das Staatsleben doch nur dem jeweiligen Erkenntnisstand anzupassen brauchen?) —, so wird man Hess vom Jahre 1837 kaum einen Kommunisten, sondern einen Staatssozialisten oder Liberalen mit sozialer Tendenz nennen können. Freilich treten schon in diesem Programm die Anschauungen schärfer hervor, an denen seine weitere Entwickelung ansetzt. In der „Heiligen Geschichte der Menschheit" spricht Hess über Reichtum und Armut Gedanken aus, die gründlich durchgedacht und emanzipiert von seiner Metaphysik seinen harmonischen Staat über den Haufen rennen müssten. Koigen weist mit gutem Recht darauf hin, dass die Verelendung eine Art Zusammenbruch- und Konzentrationstheorie schon damals von Hess angedeutet werden. Der Mittelstand muss schwinden, da unbeschränkte Aktienunternehmungen, Grosshandel und Industrie alle individuelle Tätigkeit unterbinden und ein Ausgleich der ungleich und ungerecht verteilten Güter allein durch Aufhebung des Erbrechts nicht erfolgen kann. Aber Hess' Lebensanschauung tröstet ihn und — worin die Gefahr des abgezogenen Philosophierens für die Betrachtung ökonomischer Zustände sich so recht äusssert — sie drängt ihn von dem gedanklichen Weiterbohren ab: der Gegensatz des Reichtums und der Armut mit all seinen entsetzlichen wirtschaftlichen und moralischen Folgen muss auf den Gipfel getrieben werden, damit, je klaffender Antithese und These werden, die dialektische Ausgleichung und Bindung zu höherer Einheit sich vollziehen können. Dann wird natürlich Gleichheit und Gütergemeinschaft herrschen. Und die Familie? Wie in der Menschheitkindertagen wird sie wieder zur Reinheit zurückkehren. Vielleicht wird jede Familie ihren Staat dann bilden, weil alles äussere Gesetz dann aufgelöst wird durch das innere Gesetz, durch die ursprüngliche Unschuld, die zum Selbstbewusstsein erhoben ist. Hier ist der Kreuzweg — das heisst: Wird die Zukunft reines Staatsleben oder reine Anarchie sein? 1837 entschied sich Hess für den Staat. Also auch von dieser Seite des Endzieles war für Hess eine Entwickelungsmöglichkeit gesetzt.

Die Behandlung des Familienproblems zeitigt manch bitteres Wort. Man spürt in den abstrakten Gedanken persönliche Obertöne: „Der Geist ist aus den alten Formen des Familienlebens gewichen! ..."

Der Zwiespalt in der Familie des jungen Denkers wird immer grösser.

Er entwickelt die Theorie der freien Liebe: „Die Liebenden werden sich einigen können, ohne von der Willkür hochmütiger und geiziger Eltern verhindert zu werden".

Hess war im Geiste ein Bürger der Zukunft. Leben und Lehre waren ihm eines nur. In ihm war der menschliche Dualismus aufgehoben. Das Liebesproblem war ihm kein theoretisches. Die Emporläuterung der Beladenen kein totes Wort. Er lebte, was er dachte. Und so nahm er sich aus der Dunkelheit, aus dem tiefsten Schlamme sein Weib. „Ist es ein Zufall — schreibt er später — dass mit jeder neuen Richtung, die mich in ihren Zauberkreis zieht, ein unglückliches weibliches Wesen auf meinem Lebenswege erscheint und mir den Mut und die Kraft gibt, unbekannte Bahnen zu durchwandern?"

1840 heiratete er die Insassin eines Freudenhauses — Sybille
Presch — und sie ward ihm ein Weib, eine Genossin und Mitkämpferin
durch sein ganzes Leben für den Ernst der Arbeit. Und es musste
auch eine Christin sein — die Antithese! Und die Hoffnung auf die
Zukunft: vielleicht war, es Mensch gewordene Synthese zweier ent-
gegenstehender Prinzipien.....

Hessens Ehe war kinderlos....

In die Zukunft ragte kein Spross hinein.

Die Vergangenheit versank hinter ihm.

Der Bruch mit dem Vater war endgiltig. Sie haben sich nie
wieder gesehen.

III.

Um die Mitte der dreissiger Jahre setzt in Deutschland eine geistige Revolution ein, die in den Formen noch innerhalb des Prinzipats der Hegelschen Philosophie sich vollzieht, aber im Wesen doch die innere Aushöhlung der Lehre des „modernen Christus" bedeutet. Eingeleitet wird dieser Kampf durch das „Leben Jesu" von David Friedrich Strauss (1835). Der Streit drehte sich vorzüglich um das Verhältnis von Glauben zu Wissen. Hegels Ausführungen hatten diese Kardinalfrage natürlich eingehend behandelt. Aber nicht bis zu einem scharfen und unzweideutigen Ergebnis hin. Es blieben der Deutung weiter Spielraum und für den Angriff noch viele schlecht verteidigte Punkte. Philosophie und Religion hatten nach Hegel den gleichen Inhalt. Sie waren nur formell getrennt. Hier schieden sich die Geister. Die einen klammerten sich an die Identität des Inhalts, die anderen an die Verschiedenheit der Form, die schliesslich auch den Inhalt umwandeln müsse. Die ersteren nannte man nach Michelet — dem Begründer der Berliner Philosophischen Gesellschaft — den rechten Flügel, die anderen den linken Flügel der Hegelschen Schule. Die Streitfragen gingen dann auf die Unsterblichkeit über: ob sie die individuelle Fortexistenz oder die Ewigkeit der allgemeinen Vernunft — auf den Gottmenschen: ob er Christus oder der Geist der menschlichen Gattung sei, auf die Gottheit selbst: ob sie vor der Weltschöpfung schon persönlich war oder erst in dem Menschen Persönlichkeit wurde.

So theoretisch diese Fragen schienen, so gewannen sie doch durch ihren Einfluss auf das dogmatisch-kirchliche Leben Bedeutung und eine politische Tragweite durch den preussischen Minister von Altenstein, der in der starren Hegelei die philosophische Grundlage des preussischen Staatsabsolutismus und der preussischen Kirchenorthodoxie sah. Es war nur natürlich, dass sich unter dem Feldzeichen des linken Junghegelianismus alle freiheitlichen, reaktionsgegnerischen Elemente zusammenfanden. Damit war auch die Stellung von Hess gegeben. Freilich vollzieht er den Bruch mit Hegel nicht bei den theologischen Fragen. So sehr er Strauss anerkennt und die das Dogma unterminierenden Ansichten der „christlichen Glaubenslehre" als vorbereitende Tat rühmt, so kann er doch bei der straussischen Negation nicht stehen bleiben. Hess geht vielmehr auf den Kernge-

danken Hegels ein, wie er sich in der Geschichtsphilosophie darstellt:
dass die fortschreitende Entwickelung der Menschheit in der Natur
nur die spontan sich realisierende Idee ist. Hier fügt Hess — beeinflusst
durch v. Czieskowskis „Prolegomena zur Historiosophie“ — ein Moment
ein, das nicht nur für den Ausbau seines Gedankengebäudes, sondern —
was für ihn immer damit in Wechselwirkung steht: für sein wirkliches
Leben von entscheidender Bedeutung wird: die freie Tat. „Hegels
Idee ist die konkreteste, aber sie ist nur Idee. Allein wie das Leben
mehr ist als Philosophieren, so ist die absolute Geistestat mehr als
die absolute Geistesphilosophie. Wir können keinen Baum schaffen,
wenn wir seinen Begriff in uns haben, so wenig wie die Hegelsche
Philosophie imstande ist, eine geschichtliche Tat zu erzeugen.“ Damit
raubt Hess aber auch schon der Hegelschen Lehre den Nimbus einer
zugleich Geist und Natur umspannenden. „Hegels Philosophie war
höchstens die Rechtfertigung des Daseins, ein Ende der Vergangenheit,
die sie zum Beschluss gebracht hat — nicht der Anfang einer Zukunft“.
Das Denken allein ist der Hegelei Anfang und Ende, und sie setzt
nicht — wie Hess will — die reine Gottesnatur als Anfang und als
letztes Prinzip die bewusste Tat des Weltgeistes. Hier dringt Hess
zu einer Vereinigung der Naturphilosophie Schellings mit der Geistesphilosophie Hegels, die jede für sich halb und einseitig ist, vor.
 Daraus ergaben sich ihm mancherlei Schwierigkeiten, deren er
nicht immer Herr geworden ist. Glücklich aber ist er in der Lösung
des Problems, die Schöpferfreiheit und die Willensfreiheit des Weltgeistes mit der Hegelschen Notwendigkeit zu verknüpfen, nach der sich
die Idee realisiert. Hess sagt: „Was vor uns geschehen ist, ist — wenn
für sich mit Freiheit — doch für uns mit Notwendigkeit, weil nicht
durch uns geschehen. Nur was durch uns vollbracht wird, geschieht
— obgleich an sich mit Notwendigkeit — doch für uns mit Freiheit,
sofern nämlich unser innerstes Wesen, unser Bewusstsein das Bestim-
mende von ihm ist.“
 Die Einfügung der bewussten Tat in das System war für Hess
eine Unvermeidlichkeit. Er ist eben nicht der Philosoph, der sich mit
der Aufhellung und Ordnung des in der Zeit Gewordenen zufrieden
gibt. Er ist in erster Reihe der von der grossen Menschenliebe ge-
spornte Sozialreformer, der in die bessere, in die gute Zukunft blickt
und sie schaffen will. Die geschichtsphilosophische Betrachtung ist
ihm nicht Selbstzweck und will nicht nur die Stellung der Gegenwart
im Entwickelungsprozess der Menschheit erkennen; sondern die Ex-
trahierung der Entwickelungsgesetze soll einen Wegweiser in die Zu-

kunft geben. So musste denn Hess über seine „Heilige Geschichte der Menschheit" hinausschreiten. Hier ist der Geschichtsverlauf noch nichts anderes als die mit Notwendigkeit immer mehr ins Bewusstsein dringende Gotteserkenntnis, die, wenn sie in den Menschen ihren Höhepunkt erreicht hat oder Mensch geworden ist, schon in sich die höchste Freiheit und Glückseligkeit bedeutet. Erst durch die Einfügung der Tat erhält auch die Persönlichkeit ihren Standpunkt in der Geschichte. Über die Schwierigkeit, den Menschen als „Erlöser oder Erlösten" zu nehmen, kommt Hess hinweg. Er ist Erlöser und Erlöster. Je „heiliger" die Geschichte wird, d. h. je mehr das menschliche Bewusstsein sich weitet, umsomehr kann sich der Mensch auch den Geschichtsprozess zum Bewusstsein bringen und sein Selbstbewusstsein steigern. Der Mensch ist also Werkzeug — und auch Schöpfer.

Diesen gedanklichen Fortschritt dokumentiert Hess in seinem zweiten grösseren Werk: Die europäische Triarchie 1841 (185 Seiten). Die vier Jahre seit dem Erscheinen seiner „Heiligen Geschichte" haben ihn wie im Gedanken, so auch in der Darstellungskraft ein tüchtig Stück weiter gebracht. Die Verworrenheit, die in dem Erstlingswerk die Einheitlichkeit der Grundideen immer wieder zerfasert, ist nun einer strafferen Gedankenfolge gewichen.

Die „europäische Triarchie" gibt sich als der geistreiche Versuch einer Geschichtsphilosophie der Gegenwart oder treffender: einer Philosophie der Politik — eines Problems, für das Hegels Staatsphilosophie zwar eine theoretische Vorläuferin darstellt, dem aber erst Hess den vollen Reiz der Aktualität im Rahmen der ganzen Menschheitsgeschichte gegeben hat. Hess hat nicht viele Nachfolger gefunden, die in den Kämpfen und Aufgaben der Gegenwart die Ewigkeitsnote suchten und schöpferisch momentan vorliegende politische Differenzen in die Einheit der geschichtlichen Prozesse — klärend und sänftigend — auflösten. Bei einem universalistischen Kopf wie Hess ist es ganz selbstverständlich, dass selbst das Unscheinbarste Ereignis wird und dass in seinem Werk tausend Einzelheiten im Sprühfeuer seines Geistes funkeln. Aus so abstrakten Ideen auch seine politischen Folgerungen fliessen, so frappieren sie oft durch den Scharfblick, der — das Dunkel der Zukunft durchbohrend — prophetisch kommende Ereignisse und Situationen voraussieht. Man ist versucht an Hess selbst zu denken, wenn er die modern-rationalistische Beurteilung, „jener verehrten Männer des Altertums, der Propheten, dieser Landleute", nicht weniger ablehnt als die Leugnung ihrer Sehergabe aus Gründen spekulativer Vernunft: „Das bei Einzelnen noch hier und da hervorbrechende

Vermögen eines unmittelbaren Schauens könnte uns schon eines Besseren belehren".

Das Ziel, zu dem Hess seine Betrachtung drängt, ist eine Verbindung der drei grossen Mächte — Frankreichs, Englands und Deutschlands — zu einem vereinigten Staate von Europa. In ihrem Geschichtsverlauf haben sie ihre Eigenart über alle Gegensätzlichkeit hin und durch Amalgamierung ihnen noch fehlender Qualitäten so stark ausgeprägt, dass ihre Zusammenfassung den Grundakkord alles staatlichen Lebens in Frieden und Freiheit abgeben müsste: „Deutschland muss von Frankreich und dieses wieder von Deutschland ergänzt werden." Deutschland, Schöpfer der Reformation (— die der Welt nach Hess die Geistesfreiheit gebracht hat —) repräsentiert den östlichen Typus, die kontemplative Ruhe und Innerlichkeit — Frankreich, das Land der Revolution, den westlichen Typus der Bewegung und Äusserlichkeit. — Die Einheit beider ist England.... Religion, Sitten und Gesetze müssen durch vereinte Tätigkeit errungen werden.... In Deutschland die sozial-geistige Freiheit, weil hier die Geistesherrschaft vorherrschend, in Frankreich die sozial-sittliche Freiheit, weil hier die Willenskraft mächtig, in England, „dem Leuchtturm der Zukunft", die sozial-politische Freiheit, weil hier der praktische Sinn am meisten entwickelt ist." Freilich wird sich diese Bindung nur allmählich vollziehen, aber sie muss kommen. Die politischen Zwischenstufen sieht Hess voraus, und er zeichnet ein Bild der europäischen Lage, wie sie sich in der Tat heute darstellt. Die Stelle verdient hier ganz wiedergegeben zu werden — 1841 geschrieben!! „Möglich, dass Deutschland und Frankreich die gegenseitige Freundschaft, auf welcher allein rechte Freundschaft beruhen kann, sich erst auf den Schlachtfeldern am Rhein wird abtrotzen müssen, gewiss aber ist, dass einst das schönste Verhältnis zwischen Deutschland und Frankreich, ein Bündnis, welches Jahrhunderte überdauert, zu Stande kommt, während dessen der zukünftige Wettkampf zwischen England und Russland, ohne die europäische Zivilisation zu gefährden, vorüberziehen wird. Mag inzwischen Frankreich mit Russland sich verbinden, es wird sehr bald, wenn auch aus einer anderen Ursache als England, in die nämliche Lage wie dieses, den Russen gegenüber sich versetzt sehen; es wird den Russen Konzessionen machen müssen, die es erniedrigen, es wird sich wie England dem Willen einer Macht unterwerfen müssen, die ihm jeden Augenblick mit Abfall droht.... Denn nichts wird Russland verhindern, im günstigen Moment wieder eine „Grundsatz-Allianz" mit Deutschland einzugehen, und auf diese Weise uns Europäer, wenn wir entzweit bleiben, fort und fort, geistig und materiell, so lange zu russifizieren, bis wir samt und sonders, demoralisiert und ohnmächtig dem Sklaven-Imperator in die Arme sinken."

In Russland sieht Hess den wahren Feind Europas und der Zivilisation. Aber er fürchtet diese „westlichen, eroberungssüchtigen Chinesen" nicht. Der „russische Koloss" ist ein Popanz, ein schwer-fälliger, unbehilflicher Körper, der dem gelenkigen und wo es Not tut, für seine Selbständigkeit begeisterten Europa im offenen Felde nicht gefährlich werden kann. Die Einheit Russlands ist sein Knecht-sinn. Hess träumt für seinen Staatenverband von einer Einheit höherer Kultur, die nicht Einerleiheit und Einseitigkeit ist, sondern die Einheit von Innerlichkeit und Äusserlichkeit, von Religion und Politik — wie sie der Judenstaat schon einmal gezeigt und wie sie in der Gegenwart durch den Zusammenschluss Frankreichs und Deutschlands gewähr-leistet wäre. Dieser Staatenverband würde dass Staatsideal verwirk-lichen, dessen Grundzüge Hess schon in seiner „heiligen Geschichte" angedeutet hat. Gewiss wird er erst durch einen langen Kampf, durch viele Schmerzen errungen werden können. Aber der ewige Friede — der Sieg Christi! — wird realisiert werden. Der Bestand dieser Staaten wird gesichert sein, wenn er geistig und materiell über allen Parteien steht. Es wird eine höchste Gewalt geben, mit der keine Kollision erfolgen kann, weil sie in ihrem Wesen alles Rechte vereinigt. Sie hat darum die Macht, nicht durch äussere Gewalt, sondern durch die Stärke des Geistes. Und darum kann in diesem Staate auch die höchste Freiheit sein. Nicht die negative Freiheit, die nur die alte Ordnung erschüttern kann, nicht die Freiheit der Liberalen und Rationalisten „mit ihrer aufgespreizten Subjektivität", sondern die Freiheit, in der sich die widerstrebenden Interessen zu einem höheren Verbande zusammenschmieden.

In diesem positiven Aufbau der Freiheit liegt Hess Schwäche. Es gibt uns nicht einmal Ahnungen, wie sie im Staatsverband zu ihrem Rechte kommt. Nur das weiss er, dass die „individuelle Frei-heit als gestaltendes, organisches Prinzip ein unsinniges Vorhaben ist" Dieser innerliche Widerspruch klafft auch in seiner Anschauung über die Stellung des Staates zur Religion. Während er an einer Stelle die Notwendigkeit zurückweist, dass nur e in e Religion herrsche, weil Kultur und Geschichte stark genug sind, die Bindung aufrecht zu halten, verweilt er doch mit Vorliebe bei dem Gedanken einer Welt-religion. Energisch wendet er sich gegen die Trennung von Staat und Kirche oder richtiger Staat und Religion. So begreiflich auch heute das Verlangen nach dieser Trennung ist, so bleibt doch die schlechte Einigung von Religion und Leben noch immer besser, als die absolute Negierung aller Einheit. Weil der Staat sich nicht nur um das nur äusserlich in die Erscheinung Tretende zu kümmern hat, sondern den ganzen Menschen, sein „Innerliches" umschliessen soll — und muss, will Hess die Einheit. Freilich haftet seiner Religion nichts Kirchliches, nichts Konfessionelles mehr an. Seine Religion ist die Liebe, „die Seele des Alls", die Versöhnung. Er sieht sie in dem, was er damals noch „Christentum" nennt, und unter rein-christologischer Vorstellung: Gott ist in Christo Fleisch geworden, Christus in uns, mithin Gott in uns durch Christum. Aber er wettert gegen alle, die das Göttliche und Ewige ausserhalb und jenseits des gegenwärtigen Lebens suchen — das aber ist doch gerade der Grundzug der Lehre und mehr noch der Geschichte des Christentums und seiner Träger! Und wir begreifen, dass er mit dem Namen „christlich" seine Religion nur tituliert. Es bedurfte noch eines langen Weges, bis er für seine diesseitige Religion den rechten Namen, der auch das Wesen trifft, fand: — Judentum.

Seiner äusseren Zugehörigkeit zum alten Bunde gedenkt Hess in der „Triarchie" nicht. Dass sein Denken und Wollen seines immanenten Judentums Flammenzeichen trug, das sah er in dieser philosophischen Periode seines Schaffens noch nicht. Und züngeln sie auch durch alle Fugen seines Systems hervor. Er ist kein feiger Apostat, der die Erinnerung an seine Abstammung in sich verwischt. Er spricht frei und ehrlich, wenn auch unpersönlich, vom Judentum. Seine Stellung zur bürgerlichen Gleichstellung der Juden ist a priori gegeben. Sie ist einfach die Konsequenz der französischen Revolution und der deutschen Reformation — die die Geistesemanzipation gebracht hat. Die Emanzipation der Juden geht diese in gleicher Weise wie die Christen an. Um sie durchzuführen, muss erst die separierte gesellschaftliche Stellung der Juden aufgehoben werden. Denn die ganze Emanzipation hätte doch nur einen Sinn, wenn die Juden nicht „im Leben nach wie vor jener langsamen Tortur des Hasses und der Verachtung ausgesetzt blieben, welche eine notwendige Folge jener schroffen Stellung ist und so lange als diese dauern wird". Man wirft den Juden ihre „Nationalität" vor. „Aber was soll der gebildete Jude tun, um aus seiner „Nationalität" herauszukommen. Ihr sagt, er soll sich taufen lassen — das gibt Euch die Geistesfreiheit nicht ein". Hess sieht — man wird das von seinem damaligen persönlichen Erleben aus begreifen — nur ein Mittel: nämlich die Erlaubnis, dass die Juden Christinnen heiraten. Tausende von gebildeten Juden würden keinen Augenblick mehr zögern, ausserhalb ihrer Konfession zu heiraten und ihre Kinder nicht in ihrer Konfession zu erziehen — (Juden), die unter den obwaltenden Umständen nicht ausserhalb ihrer Konfession heiraten und ihre Kinder Juden werden lassen.

Für die Beurteilung dieses groben Assimilationsstandpunktes des Konnubium ist die Feststellung wichtig, dass die „europäische Triarchie" — wie Hess in der Einleitung angibt — durch die Kölnischen Wirren veranlasst worden ist. Auf diese Vergänge ist neuerdings wiederholt hingewiesen worden. Es handelte sich um die strenge Durchführung einer päpstlichen Bulle durch den Kölner Erzbischof Clemens Droste zu Vischering, nach der Mischehen nur dann die kirchliche Sanktion erhalten dürfen, wenn entgegen einer fast zweihundertjährigen Übung die Eltern sich verpflichten, ihre Kinder katholisch zu erziehen. Droste wurde wegen Verbreitung revolutionärer Ideen festgesetzt, aber nach der Thronbesteigung Friedrich Wilhelm IV. mit allerlei Klauseln freigelassen. Letzten Endes hatte die preussische Regierung nachgegeben — der Anfang des ultramontanen Systems im Preussen. Hess sah in dieser Schwäche der Regierung eine des Protestantismus und Preussens unwürdige Knebelung der Geistesfreiheit. Aus diesem Prinzip heraus musste er auch auf die Heirats- und Erziehungsfreiheit bei den Juden drängen, wobei freilich auch sein damaliges Urteil über das Existenzrecht des Judentums hineinspielte.

Aus seinen Anschauungen muss man alle diese kleinen Mosaiksteinchen herausheben, weil Hess sie später in seine jüdisch-nationale Weltanschauung hineinsetzte, wo sie in einem neuen Gefüge und einer neuen Beleuchtung einen anderen Sinnwert und einen anderen — Glanz erhalten. „Das Judentum ist daher am Ende als das Grundprinzip der geschichtlichen Bewegung aufzufassen. Juden müssen da sein als Stachel im Leibe der westlichen Menschheit. Wie der Osten einer chinesischen Mauer bedurfte, um in seinem unbeweglichen Dasein nicht gestört zu werden, so sind die Juden das Ferment der westlichen Menschheit, von Anfang an dazu berufen, ihr den Typus der Bewegung aufzudrücken."

Ein ähnlicher Gedanke ist auch in dem Satze niedergeschlagen: „das Bibelvolk ragt mit seinem Bewusstsein am weitesten in die Vergangenheit, am weitesten in die Zukunft hinein." Dann aber, neunzig Seiten weiter, der gewaltige Kontrast. Die Juden haben, als die Zeiten erfüllt waren, ihren Gährungsstoff in die Menschheit geworfen. Als der Genius kam, der das gegenwärtige Leben einer

besseren Zukunft zu opfern lehrte, dachten sie nur an die Restauration
des kleinen Staates. „Aber man hat nicht bedacht, dass die Träger
eines alten Prinzips unfähig sind, ein neues Prinzip aufzunehmen;
denn die Prinzipien verwachsen, verknöchern, antiquieren gleichzeitig
mit ihren Trägern.... Es ist wahr, die Juden, nachdem sie sich
ihrer Zukunftsidee begeben, Christus ausgestossen hatten, blieben nur
noch als entseelte Mumien zurück. Der Fluch der Stabilität lastete
von nun an auf den Kindern Israels, und einem Gespenste gleich
wandelten sie seitdem durch die lebendige, vom Geiste Gottes bewegte
Welt und konnten nicht sterben, nicht auferstehen. Das verjüngende
Prinzip des Judentums, der Messiasglaube, ist erloschen und
ihre Hoffnung auf Erlösung, nachdem sie die wirkliche missverstanden hatten, ist zu einer kahlen Abstraktion zusammengeschrumpft." — Die Christen haben aber wahrlich keinen Grund auf den
„ewigen Juden" verdriesslich herabzuschauen; auch ihnen ist die Wieder-
kunft des Herrn ebenso wie der Messiasglaube im Judentum, „nur noch
entbehrliches Anhängsel, das man auszuschneiden oder in die blaue
Ferne zu schieben geneigt ist."
       Die Juden, deren Bewusstsein tief in die Zukunft ragt — die
Juden, die verknöchert und mumienhaft sind! Das ist eine schreiende
Inkonsequenz.
       Hier müssen wir im Geiste einen Augenblick halt machen! Hier
liegt der Keim von Hessens jüdischer Weltanschauung — wie sie
zwanzig Jahre später zu sonniger Blüte entwickelt ist — offen zu
Tage: Es fehlt Hess noch das Bindeglied; die Brücke, die die beiden
getrennten Ufer verband. 1841 wusste er nur von der erbärmlich
verlogenen, eisigen Missionsidee der mosaischen Pfäfflinge. 1861 baute
er den erhabenen, altjüdischen sozial-humanitären, völkerverbrüdernden
Missionsgedanken aus, der den starren Mumiengestalten Leben gab
und wenigstens im Gedanken die Juden in die schöpferische, nicht mehr
destruktive Menschheit als lebenden Faktor einfügte. — —
       Für seine weitere Entwickelung gibt auch sein damaliger Stand-
punkt zur Nationalitätenfrage eine Perspektive. Zwar scheint er
die Juden als Staatsbürger noch — oder schon! — als Konfession;
sich selbst für einen „nationalen Rheinländer", anzusehen, aber für
den Nationalgedanken an sich wirbt er eifrig. Sein Zukunftsstaat
soll eine konkrete Einheit bilden. Trotz allen Strebens nach allgemeiner
Freiheit und bürgerlicher Wohlfahrt, das allen zivilisierten Nationen
gemeinsam ist, „sollen doch die ewigen Vorrechte der nationalen
Individualitäten gewahrt" bleiben. So wenig die Liebe von Mann und

Weib, die eine Familie bilden, den Unterschied der Geschlechter aufhebt, so wenig brauchen die Organisationen der Stämme, Nationen, Rassen, die sich liebend vereinigen, eine grosse Familie bilden, ein Interesse verfolgen, als solche vernichtet werden.

Fügt man diesen Gedanken an die Ideen der jüdischen Mission, so erkennt man den Wesensgehalt seiner späteren nationalen Weltanschauung hier schon in nuce wieder.

Die „europäische Triarchie", die aus dem geschichtlichen Bewusstsein die freie Tat, aus der „notwendigen" Vergangenheit die freiheitlich geschaffene Zukunft entwickelt hat, ging nicht spurlos vorüber. Die Fülle an geistvollen Aperçus (neben tausend anderen über die Diplomatie als die Ursache stehender Heere), die, weiten Gesichtspunkte, die philosophische Überwindung Hegels gaben, dem Werke eine Bedeutung, die weit über eine Zeitschrift hinausragt. Sie schliesst in gewissem Sinne einen Lebensabschnitt ab.

Die kommenden Jahre finden Hess mitten im Schlachtgetümmel. Er verlässt seine wolkige Höhe und steigt auf die Erde nieder, um dort zu kämpfen und dort — zu philosophieren.

IV.

Die „europäische Triarchie" ist anonym erschienen, wie denn auch Hess später noch seine Aufsätze als Verfasser der „europäischen Triarchie" zeichnete. Ihr Verleger war Otto Wigand in Leipzig. Das war schon ein Programm. Die „Vierteljahrsschrift", Feuerbachs Werke, später die „Epigonen" hatte er herausgegeben und vieles, was bös erschien in den Augen der preussischen Zensoren. Er hatte — wie Ruge einmal an Marx schreibt — den Ehrgeiz der progressistische Buchhändler zu sein und die Bücher der letzten Bewegung zu verlegen, wobei er sich freilich oft ein Kritikerrecht zutraute, zu dem er nicht berufen war.

Schon die Beziehung zu Wigand, mit dem Hess noch zwei Jahrzehnte in Verbindung stand (dem er auch den ersten Entwurf seiner jüdischen-nationalen Bestrebungen vorlegte, deren „ganze Tendenz" freilich Wigands rein menschlicher Natur zuwider war) — sie zeigt, dass unser Hess nicht nur in der stillen Klause seiner Gelehrtenarbeit lebte, sondern unter den schon bekannteren Sturmgesellen jener unruhigen und unklaren Zeit als Faktor mitgerechnet wurde.

So war es ganz natürlich gegeben, dass für die 1841 vorbereitete „Rheinische Zeitung" auch Hess herangezogen wurde. Er lebte damals in Köln. Nicht in Paris, wie Karl Hirsch und nach ihm Georg Adler angibt.

In Rheinland hatten sich allgemach unmögliche Zustände herausgebildet. Die Industrie, die in den reichen Mineralschätzen des Landes Triebkräfte in Fülle und in den günstig gelegenen Wasserstrassen die natürlichen Vorbedingungen einer ungezügelten Expansion fand, hatte die altständischen Schichtungen durcheinandergeworfen und teilweis planiert. Das Recht der unbeschränkten Landparzellierung hatte den Boden den Grossgrundbesitzern entrissen und auch die kleine Bauernschaft aufgerieben. In der ganzen Wirre der Situation und bei der Knebelung aller Geistesfreiheit konnte sich die strukturelle Veränderung in der Bevölkerung noch nicht in partei-, geschweige in klassenpolitischen Kämpfen äussern. Es gab eben nur eine allgemeine Unzufriedenheit in allen Abstufungen in den Rheinlanden: vom Unbehagen bis zur revolutionären Geste. Die Verhaftung des Kölner Erzbischofs, die von der preussischen Regierung in absolutistischer Widerrechtlichkeit erfolgt war, trieb in allen Kreisen die Erbitterung in die Höhe. Die Rheinländer hatten zuviel von französischer Freiheit, von französischem Recht und von französischem Geist gekostet, um für das Leitungsystem eines bigotten, verschimmelten, unfehlbaren Gottesgnadentums noch den rechten Appetit entgegenzubringen.

Aus diesen Stimmungen und Empfindungen heraus wurde die „Rheinische Zeitung" gegründet, die dann am 1. Januar 1842 herauskam. Hansemann und Camphausen waren die Hintermänner, zu denen sich noch ein Stamm angesehener Bürger fand. Das Programm war gegeben: Kampf gegen den preussischen Absolutismus, Kampf gegen die Rückständigkeit, Kampf um die Geistesfreiheit gegen das Knutentum der Zensur. Kampf auf der ganzen Linie. So war die ganz legitime Verbindung zwischen den bürgerstolzen Industriellen und der freiheitstolzen Literatur und Philosophie geknüpft. Die Einigkeit wuchs aus dem gemeinsamen Abscheu gegen das System hervor. Stirner, Rutenberg, Bruno Bauer, Hermann Püttmann, Karl Marx u. a. waren als Mitarbeiter oder Redakteure tätig. Hess scheint von Anfang an Redakteur gewesen zu sein. Es lässt sich schwer feststellen, von wem die einzelnen Arbeiten stammen. Die Aufsätze von Marx, der im Herbst 1842 in die Redaktion eintrat, hat Mehring herausgegeben. Hess urteilt über das Blatt in einer Studie vom Jahre 1856: „Sie machte der preussischen Regierung eine systematische, schonungslose, unversöhnliche Opposition. Das Blatt fand in ganz Deutschland Wiederhall, der schwer zu beschreiben ist. Es hat unter der Herrschaft der Zensur seine Stellung im Sturme erobert, hat die preussische Zensoren abgenutzt und alle fortschrittlichen Ideen jeder Schattierung verbreitet: Philosophen, Dichter, Gelehrte, ehemalige Staatsmänner, Liberale, Demokraten, Republikaner und Sozialisten — alles fand sich da zusammen."

Es kam, wie es kommen musste. Trotz der zwei- oder gar dreimaligen Filtrierung durch die Zensur drangen noch recht viele kontagiöse Freiheitskeime durch die Spalten des Blattes. Allerlei kommunistische Notizen, darunter ein Bericht über einen Gelehrtenkongress in Strassburg, zu dem wohl Hess als Korrespondent gesandt war, gespickt mit Mitteilungen über den französischen Sozialismus und verdächtigen Vergleichen zwischen der Mittelstandsbewegung 1789 und dem Proletarierproblem der Gegenwart, sie gaben den Anlass zu denunziatorischen Anzapfungen durch die Augsburger „Allgemeine" Das Wortgeplänkel ging so vier, fünf Monate hinüber und herüber und — die Rheinische Zeitung war den Streichen und Stichen der preussischen Zensur erlegen. Das Blatt wurde verboten und musste trotz aller Petitionen am 31. März 1843, also nach fünfvierteljährigem Bestande, seine Fahnen senken.

Noch vor dem Verbot der „Rheinischen Zeitung" war Moses Hess im Winter 1842-43 nach Paris, dem Asyl aller Freiheitsfreunde, als Pariser Korrespondent der Zeitung gegangen. Hier lebte eine deutsche Kolonie von fast 60 000 Leuten, die freilich nur wenig zusammenhielten. Es ist sicher, dass Hess erst späterhin in Fühlung mit den dortigen Sozialisten trat. Er schreibt in Grüns néuen Anektodis: „Als ich nach Paris kam, hatte ich von den hier bestehenden kommunistischen Vereinen der deutschen Handwerker eben so wenig gewusst, wie diese von mir wussten. Auch bis heute habe ich mich nicht weiter um die Geheimnisse dieser Vereine bekümmert, weil ich ein öffentliches Zusammenwirken mit meinen Zeitgenossen dem geheimen Verbindungswesen vorziehe." Wenn Hess also auch als Mitglied dem vorzugsweise aus Arbeitern bestehenden Kommunistenbunde, der 1836 als „Bund der Gerechten" gegründet war, nicht beigetreten ist, so hat er in der Folge doch durch Belehrung und Aufklärung der leitenden Männer den Zusammenhang des neuen Kommunismus mit den philosophischen Ergebnissen hergestellt. Wie aus einem Briefe von Dr. Ewerbeck an Weitling hervorgeht, verliess Hess Ende Mai 1843 wieder Paris, wohin er aber im August zurückkehrte. Auch Marx hatte sich trotz seines persönlichen Verkehrs mit den Leitern dem Bunde nicht angeschlossen.

Zu den Männern, mit denen Hess in Paris in näherer Beziehung stand, gehörte Arnold Ruge. Aus dem von P. Nerrlich edierten Briefwechsel Ruges erfahren wir, dass Hess ihn bei seiner Ankunft erwartet, ihm seinen Bruder und Freunde vorgestellt und, ausser vielen Liebesdiensten, auch in die Pariser Verhältnisse eingeführt hatte. Eine spätere Polemik lässt erkennen, dass Ruge Hess in Köln aufgesucht und mit ihm gemeinsam über Brüssel nach Paris gefahren ist, wo „wir beisammen wohnten und uns gegenseitig alle Freundschaftsdienste erzeigten, die ein Mensch vom anderen besonders unter den erwähnten Umständen verlangen kann" (Gesellschaftsspiegel 1846, Notizen S. 11). Es sollte bald anders kommen! Der Hass gegen die regierenden Bedrücker hatte Arnold Ruge an die Reihen der Sozialisten herangeführt. Es war ein Zusammensein, aber keine Gemeinschaft.

Ruge war im Kampf gegen die Zensur unterlegen. Seine „Hallischen Jahrbücher" hatte er 1841 aufgeben müssen, um nicht ganz in preussische Hände zu fallen. Er war dann nach Dresden gezogen, von wo aus er die „Deutschen Jahrbücher" als Fortsetzung erscheinen liess. Aber schon 1843 musste er die Herausgabe einstellen. Seine scharfe Kritik des Liberalismus, der in Demokratie aufgelöst werden sollte, wimmelte von so „verbrecherischen" Gedanken, dass Preussen, Sachsen und der Bundestag ein Verbot erliessen. Die „Rheinische Zeitung" und nun auch die „Deutschen Jahrbücher" waren gewaltsam unterdrückt. Für die Kämpfergeneration gab es also in Deutschland kein Organ, in dem sie ihre Gedanken vertreten, ihrem Ziele in der Gewinnung der Intelligenz und der Masse hätten vorarbeiten können. Natürlich richteten Ruge und Marx ihr Hauptaugenmerk zuerst auf die Schweiz. Herwegh, der wie ein Triumphator durch Deutschland gezogen war, aber durch die widerrechtliche Veröffentlichung des Prospektes einer geplanten neuen Zeitung wie ein Verbrecher nach der Schweiz heimkehren musste, hatte bereits alle Vorarbeiten erledigt, an die Stelle der unterdrückten preussischen Zeitungen einen „Deutschen Boten aus der Schweiz" herauszugeben. An diesem Unternehmen sollte sich auch Ruge beteiligen. Aber die Ausweisung Herweghs aus der Schweiz und allerlei verlegerische Gründungsmiseren liessen auch diesen Plan verkümmern, und so einigte sich denn Ruge mit Marx dahin „Deutsch-französische Jahrbücher" herauszugeben. „Titel und Prospekt — schreibt Ruge an Feuerbach, um dessen Mitarbeiterschaft sich auch Marx, der mit 500 Talern Gehalt angestellte Redakteur, eifrig, aber erfolglos bemühte — stellen so die geistige Alliance der zwei Nationen mit einem Schlage dar." Aber über all die Vorbereitungen, die Übersiedelung von Ruge und Marx, der inzwischen geheiratet hatte, das Werben um die französischen sozialistischen Schriftsteller, zu denen Hess die Verbindung hergestellt hatte, verging doch fast ein Jahr. Mittlerweile hatte Herwegh in Paris für seine Zeitschrift geworben. Allein die Verlagshandlung in Zürich entschloss sich, „aus gebietenden Gründen, deren Erörterung man uns erlassen wird, den vielfach angekündigten „Deutschen Boten aus der Schweiz" als Zeitschrift nicht erscheinen zu lassen". Nun gab sie die für die ersten Monatshefte bestimmten Aufsätze als ein Band heraus. Das Werk führt den etwas grotesken Titel: „Einundzwanzig Bogen aus der Schweiz" (herausgegeben von Georg Herwegh). Aus dem Titel kichert ironischer Spott: Bücher über zwanzig Bogen unterlagen nämlich nicht der preussischen Zensur! ...

Hess ist in diesem Werk mit zwei grösseren Aufsätzen vertreten: „Sozialismus und Kommunismus" und der Einleitung zu einem grösseren Werk (das aber später nicht erschienen ist) mit dem Titel: „Philosophie der Tat". Gerade der letzte Aufsatz hat eine gewisse Berühmtheit in der sozialistischen Literatur erlangt, weil das „Kommunistische Manifest", diese Bibel der modernen Sozialdemokratie, ihm einen besonderen Fusstritt — widmet.

Für unsere Betrachtung des geistigen Entwickelungsganges von Hess büssen die beiden Aufsätze dadurch nicht an Wert ein.․ Sie haben sich zum Teil auch eine gewisse historische Bedeutung erobert, weil sie den ersten Versuch in Deutschland darstellen, eine Theorie des Anarchismus zu geben. Man muss sich immer gegenwärtig halten, dass um die Wende der vierziger Jahre Sozialismus, Kommunismus und Anarchismus und auf der anderen Seite Demokratie, Republikanismus u.a. Begriffe waren, die immer wieder ineinanderfluteten. Die Scheidung der Begriffe ist heute — wenn auch noch nicht ganz reinlich — so doch in den Grundzügen vollzogen. Theoretisch und praktisch ist sie durch Marx und Bakunin erfolgt; durch Marx im kommunistischen Manifest und im „Kapital" nach der sozialistisch-kommunistischen Richtung hin. Durch Bakunin und Netschajeff nach der individualistisch-anarchischen. Praktisch durch die Sozialdemokratie, die Anarchistenbündelei und wohl auch durch — Bismarck.

Die Entwickelung der einzelnen führenden Persönlichkeiten jener Tage hat zur Genüge zeigen können, dass das Gemeinschaftsband, das sie in Beginn der vierziger Jahre umschlang, aus mannigfachen, philosophischen Abstraktionen, Sehnsüchten auf eine Verglücklichung der Gesellschaft und Unzufriedenheiten mit den obwaltenden äusseren und inneren Verhältnissen gewebt war. Wie sind die einst scheinbar so fest aneinandergefügten Menschen und Ideen doch so bald in die verschiedensten, in alle Richtungen der Windrose zersprengt worden!

Das Jahr 1842 war im gewissen Sinne für das geistige Deutschland ein entscheidendes. Die letzten bedeutenderen Schüler Hegels hatten die Führung übernommen. Bruno Bauer, einmal die Hoffnung des preussischen Geistesministers v. Altenstein, hatte eine so kräftige Schwenkung gemacht, dass er den festen Hegelturm — diese Säule des preussischen „Vernunft"staates und der preussischen „Vernunft"-religion — bedenklich ins Schwanken brachte. Und Ludwig Feuerbach, von dem gesagt wurde: er ist der Einzige, der Hegel verstanden hat — und der hat ihn missverstanden! – war nach seinem eigenen Wort, über Gott und die Vernunft zum Menschen gekommen. Diese beiden hatten auf Hess den machtvollsten Einfluss, der ihm ganz aus seinem theoretischen Gehäuse hinausspülte. Nur den Spinoza suchte er durch die Verquickung mit den Lehren jener Philosophen zu retten. Hatte Feuerbach den Menschen, seine Empfindungen, seine

Sinneseindrücke zum Mass und zum Schöpfer der Dinge gesetzt, so fand Bauer in dem „unendlichen Selbstbewusstsein" das schöpferische Prinzip. Es war ihm die Substanz, aus der das All stammt. Es war eine Loslösung von Hegels „Begriff", der „Gedanke" war. Aber Bauer blieb beim metaphysischen Ausgangspunkt, obzwar er ihn ins Ich verlegte. Nicht ins „empirisches Ich", sondern in das „Einzig-Wahre" im Menschen, von dem der ganze Mensch abhängt. Aus den dialektischen Bewegungen dieses unendlichen Selbstbewusstseins, die sich ausserhalb des Gegenständlichen vollziehen, wird dann — o Gotteswunder! — das Gegenständliche erzeugt... Der chemischen Bindung, der Hess die Philosophieen Bauers' und Feuerbachs unterzog, fügte er noch ein Quäntchen Fichteschen ‹subjektiven Idealismus' zu, durch den das Kantische „Ding-an-sich", das zwar unerkennbar, aber doch ein wirksamer Antrieb für den⁻Geist ist, durch das Ich überwunden wurde. Die Fichtesche Weiterfolgerung, dass die scheinbar durch äussere Gegenstände geschaffene Beschränkung des Ich nur eine Selbstbeschränkung des Ich ist, wird ein besonders wichtiger Faktor in Hessens Gemisch. Neben Fichte versuchte er aber noch die Lehren Proudhons chemisch zu binden. Proudhon: Qu'est-ce que la propriété? war 1840 erschienen. Hier war nicht nur das Wort, auch der Begriff der Anarchie als Abwesenheit jeder Herrschaft und souveränen Gewalt geprägt und aus der Definition des freien und gerechten Tausches, bei dem nur gleiche Werte ohne Vorteil für den Produzenten oder Konsumenten vermittelt werden, das „Eigentum als Diebstahl" charakterisiert worden.

Aus diesen Komponenten fügte Hess seine „Philosophie der Tat", von der theoretisch und in ihren praktischen Forderungen jene Aufsätze in den „Einundzwanzig Bogen" und einige spätere Arbeiten durchsetzt sind.

Das Bauersche „Selbstbewusstein" erscheint ihm so lange als nur theologisches, totes Bewusstsein, so lange es nicht mit Tätigkeit erfüllt ist. Das Ich ist in steter Bewegung und somit in stetem Wechsel. Bleibend ist nur seine Tätigkeit. Das Ich ist nur dadurch, dass es sich bestimmt, beschränkt; und in diesem Sichanderswerden oder Sichbeschränken erkennt es seine Sichselbstgleichheit oder freie Selbstbestimmung Das Individuum ist die einzige Wirklichkeit der Idee. „Tätigkeit ist Herstellung einer Identität durch Setzen und Aufheben seines Gegenteils, Erzeugung seines Gleichen. Tätigkeit ist Selbsterzeugung. Und hinter das Gesetz der Selbstzeugung kommt der Geist eben durch seine Selbsterzeugung"

Indem Hess nun für das Selbstbewusstsein das tätige, schöpferische Ich setzt, erscheinen ihm alle bisherigen Kämpfe nur als der Widerstreit zwischen dem Abstrakt-Individuellen und dem Abstrakt-Allgemeinen, das auch nur eine Abstraktion des Individuums ist. Diese Kämpfe sind aber gewissermassen nur eine dialektische Auseinanderspaltung, die sich dann im höheren Ich — von dem sie durch die „Sichanderswerdung" des Ich ausgehen — wieder vereinigen. „Der Mensch, der dass Allgemeine als sein Leben erkennt, ist seine höchste und vollkommenste Wirklichkeit."

Von dieser Voraussetzung ausgehend kritisiert Hess nun die bestehenden Verhältnisse und baut die Zukunft auf. Die Ansätze, die alte Ordnung zu reformieren, sind nur Ansätze geblieben, weil das Allgemeine — z. B. der Staat — dem Individuum entgegengestellt bleibt. Der Begriff des Staates muss aber negiert werden. Selbst der Rechtsstaat, in dem das Volk die Souveränität hat, ist kein Fortschritt. Indem dieser Staat die abstrakte persönliche Freiheit — das persönliche Eigentum — zu sichern hat, entsteht der Widerspruch, dass das Volk, welches sich selbst beherrschen will, in Regierer und Regierte auseinanderfällt. „Die Tyrannei bleibt, die Tyrannen wechseln."

Das führt Hess zu einer Kritik des Eigentums. Wer die Arbeit als seine freie Tat, als sein Leben begreift, der braucht nicht das zwar durch die Arbeit Geschaffene, aber durch den Nichtverbrauch als ein ausserhalb des Ich stehendes materielles Gut hinzunehmen. Nur dieser unpersönlich gewordene Wert kann uns geraubt werden. Und in der Folge wird jedes unpersönliche Eigentum nur Raub.

So läuft denn alle Entwickelung auf die freie Tätigkeit, die Arbeit zurück. Diese freie Tat unterscheidet sich aber von der bisherigen unfreien Arbeit dadurch, dass hier nicht die Schöpfung — das Produkt — den Schöpfer fesselt und dass alle Beschränkung nur noch Selbstbestimmung ist.

Die Tätigkeit ist Selbstzweck und darum höchster Genuss, höchste Lust, während Genuss und Arbeit im Zustande des getrennten Besitzes —, des Privateigentums — Gegensätze sind. Diese Arbeit braucht nicht organisiert zu werden, sie organisiert sich von selbst, indem jeder tut, was er nicht lassen kann, und unterlässt, was er nicht tun will. „Zu irgend einer Tätigkeit, ja zu sehr verschiedenartiger Tätigkeit hat jeder Mensch Lust — und aus der Mannigfaltigkeit der freien menschlichen Neigungen oder Tätigkeiten besteht der freie, nicht tote, gemachte, sondern lebendige, ewig junge Organismus der freien menschlichen Gesellschaft, der freien menschlichen Beschäftigungen, die hier aufhören, eine „Arbeit" zu sein, die hier vielmehr mit dem „Genuss" durchaus identisch sind:"

Diese absolute Freiheit der Arbeit, der Neigung, ist aber auch mit der absoluten Gleichheit vereinbar: sie sind nur die beiden sich gegenseitig ergänzenden Momente des Prinzips der absoluten Einheit des Lebens.

Damit ist natürlich die Aufhebung jeder Herrschaft gegeben: — die Anarchie. Nicht das Selbstbeschränken -- denn die Schranken, die der Geist sich selber setzt, bilden den Inhalt seiner freien Tätigkeit — sondern die Beschränkung von Aussen wird aufgehoben. „Wenn ich dagegen das Objekt denke, selbstbewusst nach dem Gesetze meines Geistes erzeuge, so beschränke ich mich selber, ohne von Aussen beschränkt zu sein".

Darum muss aller Kommunismus darauf hinauslaufen, die äusseren Schranken in Selbstbeschränkung, den äusseren Gott in den inneren, das materielle Eigentum in geistiges umzuwandeln. Die Negation des Bestimmtwerdens von Aussen kann nur durch die Selbstbestimmung von Innen erfolgen.

Jetzt muss Hess auch alle Naturbestimmungen oder die durch die Natur gesetzten Schranken auflösen, und somit kann er — auch die Schranken der Rasse und der Nationalität in diesem Stadium seiner geistigen Entwickelung nicht gelten lassen! Ganz im Gegensatz freilich zu Fichte, der von dem Gedanken der vernunftgemässen freiheitlichen Selbstbestimmung aus zu Nationalität gekommen war. Die selbständige Nationalität stellte sich ihm dar für das ganze Volk als Analogon der freien Persönlichkeit für den einzelnen. Denn die Nationalität erschien Fichte nicht als eine Engheit oder Zufälligkeit — als „Naturschranke". Das Volk muss als den tiefsten Kern seines Wesens das Vernünftige erkennen, dadurch wurde es wirklich! Die Nation muss erkennen, dass Prinzip und Ziel, Inhalt und Form ihres Lebens in allem Wesentlichen ihr selbst angehören.

Hess verharrte damals bei seiner Auffassung von der Naturbestimmtheit, die in Selbstbestimmung aufgehen müsse; und mit diesem Fichteschen Grundgedanken hat er sich dann über alle Schwierigkeiten hinweggesetzt. Freiheit ist nicht Schrankenlosigkeit. Gleichheit ist nicht Nivellierung. Einheit nicht nur Negation der Verschiedenheit, und die Freiheit der Person ist nicht in der Eigentümlichkeit des Einzelnen, sondern in dem allen Menschen Gemeinschaftlichen zu suchen. „Jeder Besitz, der nicht ein allgemein menschlicher ist, kann meine persönliche Freiheit nicht fördern". Nur dasjenige ist wahrhaft mein eigenes, unverletzliches Eigentum, das zugleich ein allgemeines Gut ist. Dem Einwurf aber, dass für diese idealen Menschenverbände nicht Menschen, sondern Engel voraus-gesetzt werden müssen, kann er leicht begegnen: „Er gibt nur eine Natur des Menschen, wie es nur ein Prinzip des Lebens gibt — nicht ein gutes und ein böses! Jede Neigung ist gut, wenn sie nicht durch äussere Hindernisse gehemmt oder durch Reaktion krankhaft gereizt war". Gut ist also, wer frei ist!

So strebt Hess in den Wegen Proudhons dem Ziele Spinozas, der höchsten Sittlichkeit, zu. Wer will, kann dieses Streben Religion nennen. Es ist Religion — freilich nicht in dem durch die Geschichte des Christentums befleckten Wortsinn. Die „Religion" hat wie die „Staatspolitik" einmal einen Zweck gehabt: dem rohen Materialismus der Individuen ein Gegengewicht zu geben, weil die noch nicht zum Selbstbewusstsein gekommenen Menschen einander bekämpften. Sie haben ihr Ziel durch das „Allgemeine" zu erreichen gesucht — durch Gott und den sozialen Staat. Sie musste auf ein Jenseitiges, Zu-künftiges hinweisen, und sie wird es immer tun, weil — wenn das Zukünftige Gegenwart wird — sie ihr Existenzrecht verlöre. Religion — die himmlische Politik — und die Politik — die irdische Religion — sind die Übergänge von der Bewusstlosigkeit zum Selbstbewusstsein des Geistes. „Es schlummert zwar Wahrheit in der Religion und der Politik, aber nicht die Wahrheit, sondern das Schlummern derselben ist der Religion und der Politik eigentümlich. Hört die Wahrheit auf zu schlummern, erwacht sie, so hört sie auf, im Dualismus der Religion und der Politik zu erscheinen".

So hart und oft verächtliche Worte er der „Religion" zuruft, man vergesse nicht: er will das Glück, die Freiheit, die Gleichheit, die Sittlichkeit. Nicht im Jenseits. Sondern hier und jetzt, Er hatte zu lange hegelisch verkapselt im christologischen Dusel geträumt, um bei seinem Herabsteigen auf die Erde nicht aufzuschrecken — und die Tafeln der Lehre zu zerschmettern! Er hat die Religion des Lebens später wiedergefunden, wo sie nur noch zu finden war — im Judentum.

Indessen führt Hess' Weg zu diesem Ziele noch über sehr viele Zwischenstufen. Er musste es erst lernen, die Welt nicht von wolkiger Höhe zu sehen, weil dieser Standpunkt zwar sehr erhaben ist, aber den bösen Nachteil hat, dass die irdischen Dinge — Menschen und Verhältnisse — im Nebel ihre Konturen verlieren und sich schliesslich verflüchtigen. . . . — Während seines Aufenthaltes in Paris scheint es

Hess nicht sonderlich gut gegangen zu sein. Warum auch gar? Mit
der Schriftstellerei war nichts zu holen. Denn für seine freiheitlichen
Ideen gab es in Deutschland keine Organe. In Frage kam noch der
„Telegraf", den Campe — Heines Verleger — ın Hamburg heraus-
gab. Heine, der mit Hess, Marx und den anderen deutschen Sozialisten
in Verbindung stand, suchte diesen Kreis für den „Telegrafen" zu
gewinnen. Er schrieb unter dem 29. Dezember 1843 an Julius
Campe, er solle dem Blatt eine bestimmte politische Richtung geben.
„Sind sie zu solcher Umwandlung entschlossen, so bietet sich die
Gelegenheit, die schiffbrüchigen Trümmer der ehemaligen „Rheinischen
Zeitung", nämlich die Redaktoren, besonders Dr. Hess und seinen
schreibenden Anhang zu erwerben. Dr. Hess ist eine der aus-
gezeichnetsten Federn, und er wäre sogar geeignet die Hauptredaktion
zu leiten".

Aus dem Plane ist aber nichts geworden. Wo die Schwierigkeiten
lagen, ist unschwer zu erkennen.

Mittlerweile konzentrierten sich die Interessen der „Schiffbrüchigen"
auf die Herausgabe der „Deutsch-französischen Jahrbücher". Nach
vielen Mühen sind sie endlich im März 1844 erschienen. Die beiden
ersten Lieferungen enthalten neben Versen von Heine, einer geistreichen
Antizensur den Journalisten Bernays die berühmten Arbeiten von
Marx „Zur Kritik der Hegelschen Rechtsphilosophie", „Zur Juden-
frage"; von Engels „Umrisse zu einer Kritik der Nationalökonomie"
und „Die Lage Englands".

Von M. Hess sind vier „Briefe aus Paris" in den Jahrbüchern
erschienen. Sie geben von hohen geschichtsphilosophischen Gesichts-
punkten aus gesehen eine Kritik der damaligen französischen Parteiverhältnisse, die aus den Prinzipien der grossen Revolution heraus-
entwickelt werden. Er führt die Gegensätzlichkeit der beiden Haupt-
gruppen, die ihrerseits wieder vielfache Abschattierungen haben, auf den
Antagonismus des Freiheits- und Gleichheitsprinzipes zurück. Die
Lösung aller Menschheitsprobleme — das bleibt ja der Grundzug
aller Gedanken von Hess — kann erst dann als abgeschlossen betrachtet werden, wenn es gelingt: die höchste Freiheit mit der ab-
solutesten Gleichheit zu vereinen. Diese Bindung kann erst nach
Änderung unserer Wirtschaftsordnung erfolgen. Bis dahin müssen die
Gegensätze bleiben. Aus der Gleichheit „im Zustand des sozialen
Egoismus" muss sich notwendig, weil sie jetzt noch Aufhebung aller
individuellen Selbständigkeit ist, ein despotischer Terrorismus ergeben
— „die Negation aller individuellen Freiheit" als Folge der Herrschaft

einer abstrakten, transzendentalen Einheit. Auf der anderen Seite muss die Übersteigerung der individuellen Freiheit — jetzt — wieder Ungleichheit erzeugen; weil diese Freiheit in Egoismus und Korruption ausarten muss.

Während die beiden Prinzipien in ihrem Wesen, also ungehemmt durch unsere sozialen Verhältnisse, nur das eine Lebensprinzip der Selbsttätigkeit ausdrücken, fallen sie „im unorganischen Leben" auseinander, weil hier die Freiheit nichts anderes ist als die Unabhängigkeit von einander.

Erst im Sozialismus kann eine menschliche Gleichheit und eine lebendige, menschliche Freiheit bestehen. Diese Zurückführung auf den Menschen ist die erste Vorbedingung sozialen Fortschrittes. Denn abstrakte, transzendentale sozialistische Systeme haben ebenso wie das Wahrheitsuchen in einem „Gott", einem ;„absoluten Geist", einer vom Leben abgezogenen „Logik" ihren theologischen Charakter noch nicht verloren.

Diese Charakteristik der französischen Parteien hat nur den einzigen Fehler, dass sie die Bestrebungen politischer Gleichberechtigung mit den Gleichheitsprinzipien identifiziert, gewissermassen Jean Jacques Rousseau durch Baboef ersetzt, wozu eben nur in der Theorie ein Recht vorliegt.

Hess, der gegen die philosophisch-theologische Transzendenz eintrat, steckt eben noch ganz in der Theorie. Aber er entwickelt sich. Er will schon auf die Erde und bildet sich schon ein, während er auf einer Wolke sitzt, auf der Erde einherzuschreiten.

Die „vier Briefe" waren die einzigen Beiträge von Hess für die deutsch-französischen Jahrbücher. Mehr konnte er nicht geben, denn die Zeitschrift ist nicht über die ersten zwei Lieferungen hinausgekommen. Neben materiellen Miseren und der Schwierigkeit, das Blatt über die Grenze zu bringen, war es in erster Reihe der wie in den Ansichten, so im Charakter der Beteiligten bedingte Gegensatz zwischen Ruge und den Kommunisten. Es kam zu einem völligen, unheilbaren Bruch.

Der Streit wurde zum Teil in dem Pariser „Vorwärts" ausgefochten, den ein geschickter Faiseur, Bornstein, mit Unterstützung Meyerbeers 1844 herausgab. Auch Hess hat an dieser Zeitschrift mitgearbeitet, ohne indes die Aufsätze zu zeichnen. Den „Vorwärts" erreichte sehr bald sein Schicksal. Er ist den Machenschaften der preussischen Regierung erlegen. Und trotz des Widerspruches der gesamten französischen Presse wurde durch die Vermittlung von Humholdt die Ausweisung aller nichtfranzösischen Mitarbeiter durch Guizot erzwungen. Heine blieb in Paris. Wie er es durchsetzte, ist nicht bekannt. Auch Ruge wusste den Schlingen des Ausweisungsbefehls zu entgehen. Marx zog im Exil nach Brüssel.

Hess konnte von diesem Schicksal nicht ereilt werden, da er schon Frühling 1844 Paris wieder verlassen hatte und in Köln lebte, wo er natürlich seine sozialistisch-literarische Tätigkeit fortsetzte. Er war Mitarbeiter an Karl Grüns „Sprecher oder Rheinisch-westfälischer Anzeiger", einem Weseler Wochenblatt, das sich seit 1844 aus einem verschwommenen politischen Radikalismus zum Sozialismus gewandt hatte. Die Geschichte dieses Blattes und der Bielefelder Monatsschrift hat Grün des Näheren erzählt — eine Tragikomödie höherer Art, die nicht durch eine Mischung von tragischen und komischen Elementen zustande kommt, sondern aus einer so überspannten Tragik, dass sie schon komisch wirkt. Grün hat später alle von der Zensur gestrichenen Aufsätze gesammelt und unter dem Namen Neue Anekdota (Darmstadt 1845 bei Leske) herausgegeben — in einer so jubelnden Freiheitslaune, die uns den Mann menschlich nahe führen könnte — trotzdem Marx-Engels, die die Menschen nur mit der Vernunftelle massen, ihn für zu kurz befunden haben.

Von Hess hat Grün in der Neuen Anekdotis aus dem „Sprecher" nur den Aufsatz „Fortschritt und Entwicklung" gerettet. Aus der Bielefelder Monatsschrift, die von der Zensur erst chikaniert und maltraitiert, dann von der Regierung noch vor dem Erscheinen einfach untersagt wurde, gibt Grün von Hess den Aufsatz: „Über die sozialistische Bewegung in Deutschland". Ob wir hier die erste unzensierte Fassung vor uns haben, ist nicht recht ersichtlich: gerade die Arbeit von Hess war von dem gestrengen Zensor, dem Hüter der Ordnung und des Schlafes des Gerechten, arg gezwickt, gezwackt, amputiert und reseziert worden, so dass es schon ein Meisterwerk literarischer Chirurgie war, aus den Fetzen noch ein Ganzes zu machen.

Es erscheint uns heut geradezu unverständlich, wie ein Aufsatz von der Art wie „Fortschritt und Entwicklung" die Zensur nicht hat passieren können. Gibt es einen besseren Gradmesser für die geistige Höhe, zu der die Regierung des Volkes der „Denker und Dichter" 1844 - zweihundert Jahre nach dem dreissigjährigen Krieg um die Geistesfreiheit! — bereits heraufgekrochen war, wenn die einfache Konstatierung: die Schöpfung sei nicht aus dem Nichts hervorgegangen; nach der Geologie und Zoologie könne die Welt nicht in acht Tagen, sondern erst in vielen Jahrtausenden entstanden sein, wenn diese einfache Konstatierung zur Streichung des Aufsatzes Anlass gibt: „er sei gegen die in den biblischen Schriften vorgetragenen Geschichtswahrheiten gerichtet!" Natürlich spielt die ganze Tendenz mit hinein, die „geeignet ist — Missvergnügen (!!) mit den bestehenden sozialen Verhältnissen zu erregen." —

Hess deutet Gedanken an, deren Ausbau ihn von den fünfziger Jahren bis zu seinem Tode beschäftigt hat. Es werden — freilich erst noch mit rohen naturwissenschaftlichen Kenntnissen — die Entwickelungsgesetze der kosmischen und sozialen Welt gesucht, ihre Analogieen angedeutet. Man hat zwei Entwickelungsformen zu unterscheiden — die Entwickelung zum Wesen hin und die Selbstentwickelung, die der Selbstbetätigung gleich zu setzen ist. Die Menschheit ist noch nicht als selbstbewusste Gattung organisiert. Wir ringen noch um unser Wesen. Revolutionen müssen erst die Existenzbedingungen schaffen, wie im Leben des Erdplaneten. Hier scheint die Cuviersche Katastrophentheorie auf die Gesellschaft angewendet zu werden. Die Kämpfe sind körperlich — also doch schon! — und besonders geistig. Das Ziel, die Einheit der Menschen, kann erst erreicht werden, wenn alles Menschliche im Menschen liegt. Und nicht ausserhalb seines Wesen — als Geld oder Gott entäussert! — gesucht wird. Um das von Feuerbach postulierte humane Bewusstsein praktisch werden zu lassen, bedarf es einer Organisation der Erziehung. Diese kann aber erst durch die Organisation der Arbeit (die Hess noch vor einem Jahre als Beschränkung verworfen hatte!) vorbereitet werden. Dann wird die vollkommene Menschheit in Liebe leben. „Wir stehen am Eingange, an der Pforte dieser neuen Welt der Liebe und fordern Einlass!"

Der für die „Bielefelder Wochenschrift" bestimmte Aufsatz hat vorzugsweise als Dokument der frühsozialistischen Bewegung historisches Interesse. Freilich gibt Hess nicht nackte Tatsachen. Dazu neigte er zu sehr zur Geschichtsphilosophie, die freilich recht oft in ihre Uebersteigerung — die Geschichtskonstruktion — ausartete. Wie schon in den „21 Bogen" sucht Hess den Entwickelungsparallelismus der deutschen Philosophie und des französischen Kommunismus blosszulegen: Theorie und Praxis! Erst ihre Vereinigung — der praktische Humanismus — wäre das Leben. „Der Sozialismus ist zwar auch eine Herzensangelegenheit, auch praktisch, auch ein Bedürfnis für das Individuum, aber er ist ebenso sehr Sache des Kopfes, theoretisch und allgemein menschlich.". . „In Frankreich vertritt das Proletariat, in Deutschland die Geistesaristokratie den Humanismus, das französische

Proletariat wird durch seine natürliche Humanität gebildet, die deutsche Geistesaristokratie durch ihre Bildung human." Diese Hinzielung auf das reale Leben fliesst aus seinem neugewonnenen philosophischen Standpunkt. Hess hat einen entscheidenden Schritt über Feuerbach hinaus getan. Die Lehre vom göttlichen Wesen ist auch ihm die Lehre von menschlichen Wesen. Während aber Feuerbachs Gattungsmensch immer noch ein metaphysisches Gebilde ist, und als solches unwirklich — will Hess den Menschen als soziales Wesen begreifen: „Das Wesen der Menschen ist das gesellschaftliche Wesen, das Zusammenwirken der verschiedenen Individuen für einen und denselben Zweck, für ganz identische Interessen, und der wahre Humanismus ist die Lehre von der menschlichen Gesellschaftung, d. h. Anthropologie ist Sozialismus". Hat der subjektive Idealismus dahin geführt, dass vom Ich sich wieder transzendentale Grössen ablösen, die sich dann dem Ich entgegenstellen, so will Hess gewissermassen den Himmel in den Menschen ganz und gar hineinziehen. Damit erscheint ihm auch der brutale Materialismus der Empirie — der Hess in tiefster Seele zuwider ist — als reaktionär. „Der Kultus der Tatsachen macht unfähig, frei zu handeln; wie jener der Vorstellungen frei zu denken."

Von diesem Gesichtspunkt aus erscheint ihm der Kultus der Nationalität in diesem Entwickelungsstadium zwar ein wichtiger Schritt in der Befreiung der Realmenschen vom theoretischen — aber doch nur praktische Gläubigkeit, weil er Tatsachenkult ist.

Trotz alles Bemühens konnte Hess den Philosophen nicht ganz ausziehen. Seine Ansicht trägt alle Charaktere einer Zwischenstufe zum soziologischen Realismus. Hess steht noch auf einem Beine. Er musste sich bald auf beide stellen — soweit es die Nationalitätenfrage anlangt.

In der Frage des Eigentums war sein Standpunkt aber gesichert, innerhalb dessen es wohl einen Fortschritt, besonders methodologisch, gab, über den hinaus aber kein Weg führte. Dauernd bleibt, dass das Privateigentum die entäusserte, vom Schöpfer getrennte Schöpfung ist. Dieses unpersönliche, falsche und veräusserliche Eigentum muss erst wieder unveräusserliches Gut werden — soziales Besitztum. „Was vom Zufalle der Geburt und von einer blinden Macht, dem Gelde abhängig ist, soll von der Vernunft der vereinigten Menschen abhängig gemacht werden. . . Es handelt sich nicht darum, die Eigentümer zu berauben, sondern die Räuber zu ehrlichen, gerechten und menschlichen Eigentümern zu machen."

Der Sozialismus ist ihm also eine Weltanschauung, die in gleicher Weise die „Herzensnot" und die „Not des Kopfes" auflöst.

V.

Das Ringen der deutschen Sozialisten in den vierziger Jahren galt vorzugsweise immer dem Ziele, sich Organe zu schaffen, in denen sie ihre Ansichten entwickeln und propagieren konnten. ' In jedem Jahr entsteht ein neues Blatt. Sie sind alle von asthmatischen Beschwerden geplagt. Die Zensur sass ihnen auf dem Brustkorb in so gediegener Weise, dass ihnen nach kürzester Frist schon das bischen Athem ausging.

So begreift es sich, dass Hess kaum wieder in Deutschland gelandet — oder eigentlich gestrandet an eine Zeitungsgründung denkt. In diesem Wunsche begegnet er sich mit seinem Landsmann Friedrich Engels, der seit einiger Zeit sich wieder in seiner Heimatstadt, dem frömmlerischen Barmen, aufhielt und . ödete. Am 20. Januar 1845 schreibt Engels an Marx: „Das Neueste ist, dass Hess und ich vom 1. April an bei Thieme & Butz in Hagen eine Monatsschrift „Gesellschaftsspiegel" herausgeben und darin die soziale Misere und das Bourgeoisregime schildern werden" Die nächsten Monate gelten ganz den Vorarbeiten; aber schon im Februar kann Engels nach Brüssel melden: „Der Gesellschaftsspiegel wird prächtig, der erste Bogen ist schon zensiert und alles durch. Beiträge in Masse" Engels ging kurze Zeit darauf nach Brüssel, und Hess blieb die ganze Arbeit, da Engels sich fortan nur durch einzelne Notizen beteiligte. Am 1. Juli erscheint dann endlich das Blatt. Nicht in Hagen, wie geplant, sondern bei Baedeker in Elberfeld. Baedeker scheint freilich auch nicht gerade der mutigste Verleger und ein gemütlicher Mithelfer gewesen zu sein. In einem Briefe an Marx jammert Hess: „Ich habe meine liebe Not mit ihm, dass er den „Gesellschaftsspiegel" gehörig unters Volk bringt; er will nichts riskieren" Und dazu kam natürlich die „ungeheure Ängstlichkeit" Über den Erfolg der ersten Hefte berichtet dann Hess in einem Briefe, in dem er Engels um den „nun doch endlich fertigen" Artikel bittet: „Es sind hier am Orte unter der arbeitenden Klasse bereits etwa 200 Exemplare vom ersten Hefte abgesetzt und werden wohl noch doppelt so viele wenigstens verkauft werden, was insofern bedeutend ist, als die armen Leute immer zu mehreren sich auf ein Exemplar abonnieren"

Der „Gesellschaftsspiegel" ist in der Tat ein geschickt redigierte-

Blatt, in dessen Vorrede den Lesern nichts vorgeredet und nicht zu viel versprochen wurde. Es soll das Zentralorgan für das edle Streben sein, der leidenden Menschheit zu Hilfe zu kommen. Wie schon der Name besagt, sollen die Verhältnisse der Gesellschaft sich in dem Blatte wiederspiegeln; vorzugsweise natürlich die Lage der arbeitenden Klassen in all ihren Beziehungen zur industriellen und technischen Entwickelung, Wanderung in die Grossstädte, zur Gesetzgebung, zur Medizin usf. „Wem eine so schonungslose Enthüllung der bisher grösstenteils gleissnerisch übertünchten oder verhüllten Zustände unserer industriellen sowohl wie ackerbauenden und übrigen Bevölkerung — wem eine so offene Darstellung unseres ganzen gesellschaftlichen Zustandes, wie sie der „Gesellschaftsspiegel" zu geben beabsichtigt, etwa zu viel Kopf- oder Herzweh macht, um sich mit diesem Unternehmen befreunden zu können, der mag bedenken, dass der Mut, der dazu gehört, einem Übel ins Antlitz zu schauen, und die Beruhigung, welche aus einer klaren Erkenntnis entspringt, am Ende doch noch wohltätiger auf Herz und Gemüt wirkt als die feige idealisierende Sentimentalität, welche in der Lüge ihres Ideals — das weder existiert, noch existieren kann, weil es auf Illusionen gebaut ist — Trost sucht, angesichts einer trostlosen Wirklichkeit! Solche idealisierende Sentimentalität trägt wohl heuchlerisch ihre Teilnahme an den Leiden der Menschheit zur Schau, wenn dieselben einmal zum politischen Skandal geworden sind, sobald aber die Unruhen aufhören, lässt man die armen Leute wieder ruhig verhungern" Der agitatorische Charakter des Blattes darf nicht zu gering bewertet werden. Die „Nachrichten und Notizen" aus aller Welt schleppen tausend Einzelheiten des Elends herbei, jede nur ein Seufzer; aber in ihrem disharmonischen Zusammenklang ein gewaltiger Aufschrei der Beladenen und Enterbten, der durch alle Glieder fährt. Alle Auswüchse der rohkapitalistischen Gesellschaftsordnung werden in diesem Panoptikum der Missgeburten vorgeführt: Fälle von Verhungern, die Prostitution, Vagabundentum, schauerliche Gerichtsszenen, welche die Zerrüttung des Familienlebens, Verschüttung aller Quellen der Moral und Zucht grausig demonstrieren; daneben werden dann die leisen Anfänge der Abwehrorganisationen von Seiten der Philanthropen und der betroffenen Klassen registriert. Strikeversuche, medizinische Statistik, Gewerbekrankheiten, Unfälle, die Miseren der vierten Wagenklasse, Selbsmorde aus Not — alles wird ganz harmlos registriert. Die „Verhetzung" wird nicht durch die landesüblichen Brusttöne der Überzeugung, sondern durch die nüchterne Referierung um so gründlicher besorgt.

IV

Auch die Aufsätze zeichnen sich durch Ruhe und Zurückhaltung aus. Der Damoklesrotstift der Zensur schwebt über ihnen. Darum erscheint es nicht ganz zutreffend, wenn die im „Gesellschaftsspiegel" gewählte Form später von einigen überheissen Sozialisten als Zeichen der feigen Konzession gebrandmarkt wurde. Denn jener Grundsatz der linken Junghegelianer, dass die Form das Wesen wird, hat doch nur ein Körnchen Wahrheit. Es ist darum verfehlt, auf die Gesinnung von Hess und seinen sozialpolitischen Standpunkt strikte Rückschlüsse aus den Aufsätzen zu ziehen.

Mit diesen Vorbehalten ist auch die Einleitung in den sich durch den ganzen „Gesellschaftsspiegel" hindurchschlängelnden Aufsatz über die gesellschaftlichen Zustände der zivilisierten Welt aufzunehmen. Er rührt sicher von Hess her, während der speziell-ökonomische Teil — wenigstens soweit er England betrifft — Engels zum Verfasser haben dürfte. Und es ist der ganze Hess, wenn er sagt: „Keine Klasse der Gesellschaft würde so herzlos sein, ihre Mitmenschen im Elend zu lassen, stände ihr ein Mittel zu Gebote, alle ihre Mitmenschen glücklich zu machen." Gewiss, das klingt sentimentalisch — aber in Hess war eben das Sentiment eine ungleich stärkere Triebkraft als die Vernunft — viel mehr, als er es je zugeben wollte. — Der Mensch ist gut und rein von Natur; nur die Verhältnisse bringen Elend und Schlechtigkeit! Das ist die Quintessenz von Hess' optimistischer Weltanschauung und die letzte Begründung all seiner Systeme: „Wir gehen mit der festen Überzeugung an die Schilderung des Elends, dass nicht die menschliche Natur oder die „irdische Unvollkommenheit" dieses Elend verursacht. Wäre es wirklich unsere Bestimmung, im Elende zu verbleiben, so wäre jeder Versuch, die gesellschaftlichen Übel zu beseitigen, eine vergebliche Arbeit; so müssten alle, welche im Unglück, sowie alle, welche im Glück sitzen und ein Herz im Leibe haben, verzweifeln; so wären die Herzlosesten und Borniertesten die weisesten Geschöpfe unter der Sonne und verrückt alle diejenigen, welche Kopf und Herz am rechten Fleck haben, so wäre der Trieb nach Vollkommenheit, Glückseligkeit und Menschenbeglückung, den die Natur in unsere Brust gepflanzt hat, ein geiles, fruchtloses Gelüste, welches gesühnt werden muss in der Einsamkeit des Klosters, des Zellengefängnisses und — des Grabes. Aber die Natur lügt nicht. Wir zweifeln nicht an die Menschheit. Kommen wird bald die Zeit, in welcher die Menschheit entwickelt, ausgebildet, vollendet ist, — und was wir zur Vollendung und Vervollkommnung unseres Geschlechts beitragen, ist weder für uns, noch für unsere Nachkommen verloren und fruchtlos."

Welche Artikel sonst von Hess stammen, ist bei der Anonymität der meisten Aufsätze recht schwer zu unterscheiden. So manche Arbeit, die ganz im Sinne Hess' geschrieben ist und seine Lieblingsfloskeln enthält, trägt dann die Unterschrift von F. Schnake. Die kleineren Premiers aus Elberfeld scheinen indes zumeist von Hess herzurühren. Wieweit die Zusammenstellung von Georg Adler (Vorgeschichte d. Sozialismus S. 85) das Richtige trifft und ob nicht andere oder auch andere Aufsätze Hess zuzuschreiben sind, ist im übrigen eine müssige Frage, da sie schliesslich nur die Verdeutlichung und — Verdeutschung der bereits in anderen Zeitschriften in wissenschaftlicher Form niedergelegten Ansichten über die Organisation der Arbeit und Erziehung, über Arbeit und Genuss, über Gleichheit und Freiheit, über die Gefahren der freien Konkurrenz sind.

Mit dem „Gesellschaftsspiegel" gings wie es mit all diesen Zeitschriften gehen musste: Der zweite Jahrgang ist noch nicht vollendet, da kommt auch schon die obligate Notiz: „Er muss für k u r z e Z e i t zu erscheinen aufhören". Diese „kurze Zeit" ist ein irdisches Analogon zu dem e i n e n Augenblick Gottes! . .

Noch während der Vorarbeiten zum „Gesellschaftsspiegel", der einen populär-p r o p a g a t o r i s c h e n Charakter haben sollte, betrieb Hess die Herausgabe einer wissenschaftlichen Vierteljahresschrift. Hermann Püttmann, der seiner sozialistischen Anschauungen wegen aus der Redaktion der Kölnischen Zeitung hatte ausscheiden müssen, zeichnete als Herausgeber. Unter dem Namen „Rheinische Jahrbücher zu gesellschaftlicher Reform" ist die Zeitschrift 1845 in Darmstadt bei C. W. Leske herausgekommen, der auch gleichzeitig ein „deutsches Bürgerbuch" in zwanglos erscheinenden Bändern ebenfalls von Püttmann redigieren liess. Beide Zeitschriften haben — natürlich — ihr zweites Jahr nicht überlebt. Die Verleger wurden eben eingeschüchtert und mutlos: Die zweiten Jahrgänge beider Editionen haben bereits einen anderen Verleger.

Im „Deutschen Bürgerbuch", das Hess selbst als „Mischmasch" charakterisiert hat, ist er mit zwei Aufsätzen vertreten. Seine Besprechung einiger „beachtenswerter Schriften für die neuesten Bestrebungen" ist ohne sonderlichen Belang. Sie zeigt von neuem seine Gegnerschaft gegen den Materialismus, der theoretisch: Sensualismus und praktisch: Egoismus ist. Auch seine Ansichten über die Nationalitätenfrage zeigt keinen Fortschritt. Nicht auf die B l u t s verwandtschaft und die Stammesgenossenschaft, sondern auf die G e i s t e s verwandtschaft und die fraternité als menschliche Ver-

IV*

brüderung muss das Vollgewicht gelegt werden.' Den inneren Widerspruch sah er noch nicht, der in den Worten lag: dass die Kultur und der Fortschritt der Menschheit nicht auf den engen Kreis einer einzelnen Nation beschränkt werden darf. Dass hier komplizierte Vorgänge der Wechselwirkung vorliegen, — zu dieser Realität war Hess noch nicht vorgedrungen.

Ungleich wertvoller ist die Abhandlung über „Die Not' in unserer Gesellschaft und ihre Abhülfe." Mit einem Reichtum an Geist und schmerzlich-ironischem Witze geht er an die Analyse der heutigen Sozialverhältnisse. Die Trennung der Menschen vom Werke ihres Geistes und ihrer Hände ist aller Übel Grund. Jetzt gibt es nur einen Stachel zur Arbeit: die übersinnliche Geldmacht. Jeder will, jeder muss verdienen. Mag der Antrieb zum Schaffen durch die Peitsche der Sklavenbesitzer, den Hunger der Proletarier, die Habsucht der Krämer und Bankiers, den Willen eines Despoten oder nur durch die abstrakte Genusssucht geschaffen werden: es ist äusserlicher Antrieb, und darum ist diese Arbeit eine Last und ein Laster! Und der Lohn dieser Arbeit ist der Lohn des Lasttieres — der Stall. Daran haben die französischen Kommunisten auch nichts geändert: sie haben nur das Ideal eines Stalles schaffen können. Der Lohn muss in der Tätigkeit selbst liegen. Nur so ist auch die Gütergemeinschaft zu verstehen: nicht als ein ausserhalb der Gemeinschaft liegendes Nutzungsgut, sondern als ein in jedem Menschen als einem Teile der sozialen Gemeinschaft liegender Wert. Darum muss auch über die heutige äusserliche Regelung von Arbeit und Genuss hinausgeschritten' werden. Erst die Überwindung des Geldes als der Transzendenz der angehäuften menschlichen Arbeit und die Gottes als des Inbegriffes aller geistigen Humanität kann zur neuen Gesellschaft überführen. Nicht Dekrete, nur ein allmählicher Übergang kann zum Ziele bringen. Zunächst muss die freie Konkurrenz unterbunden werden, die nur ein Produkt der dialektischen Entwickelung des Menschen ist und notwendig Entfremdung schaffen muss. Die einstige Aufgabe muss also die Vereinigung der Menschen sein, eingeleitet durch die Organisation der Erziehung. Bemerkenswert ist hierbei die Wandlung in der Beurteilung der Anlagen des Menschen. Erschienen sie ihm früher als von Natur gut und nur durch die Verhältnisse depraviert, so meint er jetzt, dass die Menschen nicht als „menschheitliche", gesellschaftliche Wesen zur Welt kommen, wenn freilich auch das private Erwerben dessen, was Gemeingut sein muss, sie erst so recht entzweit' und antisozial gemacht hat. Die Erziehung zum Menschentum kann ' natürlich nur durch die Organisation der Arbeit erfolgen, die Hess mit Nationalwerkstätten beginnen will, aus welchen sich dann die allgemeinen Wirkungskreise von selbst ergeben. Hier erst wird der Boden für eine gedeihliche Entwickelung vorbereitet, die Bestand hat. Die blosse theoretische Erziehung verschlägt nichts. Erst das willige, bewusste Zusammenwirken aller individuellen Kräfte erhebt die Menschen über das Tierreich.

Das Elend der menschlichen Gesellschaft führt ihn zu seinen Träumen — oder seiner Anschauung —, das Elend, das er nicht wie ein kalter Raisonneur, sondern mit dem sensibelsten Gemüt betrachtet und das potenziert durch die weitergreifende Industrie, die keine rückläufigen Bewegungen machen wird, ihr bleiches Haupt erhebt.

Deutlicher, wenn auch widerspruchvoller werden Hessens Theorien in seinen Arbeiten der „Rheinischen Jahrbücher" Dieser Zeitschrift hat er sich mit besonderer Liebe zugewandt: sie war „allen Verzweifelnden" gewidmet! In einem Brief von 17. Januar 1845 wirbt er um die Mitwirkung von Marx und dessen Einfluss auf Heine: „Püttmann selbst, der als Herausgeber zeichnen wird, ist eigentlich eine stumme Figur in diesem Drama und wird uns diejenigen Sachen, die nicht von uns ihm zugeschickt werden, zur Durchsicht resp. zur Zensur vorlegen. Er ist ein armer Teufel, dem man unter die Arme greifen muss, damit er sich mit seiner Familie erhalten kann.... und wir müssen sowohl seinetwegen, wie der Sache wegen die neue Zeitschrift in Gang bringen"

Im Mai ist dann das erste Heft — natürlich wegen der Zensurfreiheit zwanzig Bogen stark, wie alle diese Zeitschriften! — bei Leske in Darmstadt erschienen. Marx ist nicht vertreten. Die Gründe dafür lassen sich nur vermuten. Von Engels stammt ein Vortrag. Sonst treffen wir die frühsozialistischen Dichter Weerth, Püttmann, Wenkstern, ferner Karl Grün, Weller, Semmig u.a. mit grösseren Aufsätzen. Das geistige Gepräge hat das Heft vornehmlich durch Hess erhalten. Er leitet es auch mit einer grossen Studie „über das Geldwesen" ein, in der der Feuerbachsche Humanismus auch auf das Problem des Geldes angewendet wird. Die Arbeit lässt alle nationalökonomische Vorbildung vermissen. Ja mehr: Hess macht aus der Not eine Tugend und schleudert diese ganze Wissenschaft in den Tartarus der „Theologie" Sie kümmere sich so wenig, wie die Gottesgelehrtheit um den wirklichen Menschen. Durch einen logischen Zickzackkurs kommt er schliesslich zu der Annahme, dass die jetzige Unorganisiertheit der Arbeit, die „freie Konkurrenz" mit ihrer Überproduktion die Desorganisation in der

Gesellschaft schaffen. Malthus irrt, wenn er die Produktion nur arithmetisch, die Konsumption geometrisch ansteigen lässt. Gerade das Gegenteil ist jetzt wahr. Erst wenn die in den Himmel geflüchtete Liebe wieder auf Erden zurückkehrt und in der Brust des Menschen ihren Wohnsitz nimmt, in dieser Zeit der „Selbsttätigkeit und Selbstzeugung" hat nur Wert, was unser persönliches Eigentum ist. Dann wird auch das Geld, da es nur Tauschwert ist, „entwertet und überflüssig" sein — weil es in der sozialen Gesellschaft nichts mehr geben wird, was verkäuflich und vertauschbares Gut wäre. Während umgekehrt heut der Mensch nur nach der Schwere seines Geldsackes bewertet werden könne! In Wahrheit aber ist das Geld: das entäusserte Vermögen des Menschen, ihre verschacherte Lebenstätigkeit, „der geronnene Blutschweiss des Elenden", das entäusserte soziale Blut. Indem aber Hess das Ringen um Geld oder die Lebenstätigkeit im Gelde dem „Wesen" des Menschen schlechtweg gleichstellt oder wie er sich ausdrückt: „das Geld, das wir verzehren und um dessen Erwerb wir arbeiten, ist unser eigenes Fleisch und Blut, welches in seiner Entäusserung von uns erworben, erbeutet und verzehrt werden muss" — wird die Zirkulation des Geldes Menschenzirkulation — wird das Geld Menschensklaverei. In der Ära der Entfremdung der Produktion vom Produzenten, in der das menschliche „Wesen" nicht aus sich heraus, also frei wirkt, sondern nur eines anderen Wesens Tätigkeit ausübt, in dieser Ära hatte zwar das Geld eine gewisse Bedeutung, weil wenigstens dadurch zwischen den unvereinigten Menschen eine Vermittelung hergestellt wurde — ein gemeinsames aussermenschliches Verkehrsmittel. Dieser Zustand wird aber aufhören, sobald die Menschen unmittelbar in Liebe verbunden sein werden, wodurch sie ihre Kräfte erst entwickeln können. Und damit ist dann auch die Gefahr des Geldes für die Psyche, deren Tod es ist, beseitigt.

Mit dem scharfen Herausarbeiten des Diesseitigkeitsgedankens gewinnt auch Hess wieder eine neue Distanz zum Christentum. Dieser Entwickelungsgang vollzieht sich in logischer Konsequenz. Solange er den „absoluten Geist", den „Gedanken" und seine Äusserungen im Weltgetriebe suchte und wiederzufinden sich einredete, solange ihm der Mensch eine unpersönliche Verkörperung des „Begriffes" oder eines „absoluten Selbstbewusstseins" war, musste ihm das Christentum — unter Hegelschem Gesichtswinkel gesehen — als die letzte und höchste Offenbarung, als die Religion schlechterdings erscheinen. Je mehr sich aber seine Anschauungen humanisieren in der Richtung eines soziologischen Humanismus, bei dem das wirkliche Wesen der Menschen in ihrem Zusammenwirken, in der gegenseitigen Erregung ihrer individuellen Kräfte und daher auch als einzige Schöpfer erscheinen, musste Hess gerade das Christentum mit seinen überirdischen und jenseitigen Hoffnungen und Werten am entschiedensten bekämpfen: „Es ist die Unnatur par principe.“ Während in einer gesunden Weltordnung nur durch das Medium der Gattung das Individuum lebt, ist im Christentum die Gattung nur ein Mittel für das Inviduum, das letzter Zweck ist: „Das christliche „Ich“ braucht seinen Gott; es braucht ihn für seine individuelle Existenz, für sein Seelenheil.... Das Christentum ist die Logik, die Theorie des Egoismus Der klassische Boden des egoistischen Praxis ist die moderne christliche Krämerwelt (zu denen auch die „jüdischen Christen!“ gehören); denn das Geld und das Krämertum sind „das realisierte Wesen des Christentums“ Da dem Christentum die Wirklichkeit das Niedrige und Nichtige war, so konnte es sich um die Wirklichkeit überhaupt nicht kümmern. Gefährlicher wurde es erst, als die Christen aufhörten, theoretische Egoisten zu sein, die alles Heil erst im Jenseits erwarteten. Als sie anfingen, praktisch zu werden, führten sie „die scharfsinnige Unterscheidung zwischen Leib und Geist ein.“ „Es musste eine Form des sozialen Lebens gefunden werden, in welcher die Entäusserung des Menschen sich ebenso universell gestaltete, wie im christlichen Himmel.“ Sie fanden diese Form in der „absoluten, getrennten, isolierten Persönlichkeit“, deren egoistische Raubtierinstinkte der „absolute“ Staat schützt und aufhetzt. Und sehr geistvoll deutet er den inneren Widerspruch eines „christlichen Sozialismus“ an — in Gedankengängen, wie sie die bekannte Rede von Ladenburg auf der Casseler Naturforscherversammlung 1903 zum Entsetzen aller braven Christenmenschen entwickelt hat. Die soziale Arbeit ist innerliche Aushöhlung des Christentums, denn sie hat das Ziel: Macht hier das Leben gut und schön. Während das übersinnliche Christentum die Hoffnung auf das Gute und Schöne erst aufs Jenseits, aufs „Wiedersehen“ vertröstet!

Freilich bekommen die Juden — die Krämer! — auch ihren Fusstritt: sie haben in der Naturgeschichte der sozialen Tierwelt die welthistorische Mission, das Raubtier aus der Menschheit zu entwickeln. Und sie haben jetzt endlich diese Berufsarbeit vollbracht. Was bleibt ihnen aber jetzt noch zu tun übrig? Diese Frage lernte Hess erst später beantworten. — —

Der hier besprochene Aufsatz gab Arnold Ruge Veranlassung, seinen Groll gegen die Kommunisten gründlich abzuladen. Seit dem

Eingehen der „Deutsch-französischen Jahrbücher" hatte sich der Gegensatz zwischen dem Hesskreise, zwischen Heine und dem Paris geniessenden Herwegh — und Ruge immer mehr verschärft. Es waren andere Welten! Wie im Persönlichen, so in den Prinzipien. Nur die preussische Beschränkungswut hatte so differente Naturen eine Zeit lang auf einen gemeinsamen Weg drängen können.

Die Feindseligkeiten hatte Hess schon in seinem Beitrag in Grüns „Neuen Anekdoten" berührt. Aber er war ganz sachlich ·geblieben. Die deutschen Junghegelianer schienen ihm bei der theoretischen Freiheit stehen geblieben zu sein. Soweit Ruge revolutionärer Philosoph war, hat er sich dem neuesten Fortschritt angeschlossen. Aber als deutscher Philosoph findet er im Sozialismus die Philosophie nicht wieder. „Die Praxis des humanistischen Prinzips bleibt ihm eine äusserliche Tatsache, dem Zufalle unterworfen, wie jede andere." Die ganze Differenz liegt eben darin, dass Ruge den Humanismus als Denktätigkeit und nicht als das Zusammenwirken der Menschen, d.h. als Lebenstätigkeit in weitestem Sinne fasste.

Das klingt noch ganz ruhig Und auch bei Besprechung des „Unterganges der Jahrbücher" lässt Hess jedes gehässige Wort beiseite: „Ruge fand die Opfer, die er schon gebracht und noch zu bringen gehabt hätte, seinen finanziellen Kräften unangemessen. Die „Jahrbücher" mussten eingehen, weil sich kein zweiter Fröbel fand (ein Mineralogieprofessor, der sich als Verleger für den Sozialismus geopfert hatte), der alles an die Verwirklichung einer Idee setzen mochte". Darin lag höchstens ein versteckter Angriff. Aber Ruge verstand ihn sehr wohl. So schreibt er denn an seinen Freund Fleischer (27. Mai 1845): „. . Ich sei zurückgeblieben, als in Paris der praktische Sozialismus mir entgegengetreten sei und hatte nicht die Fähigkeit gehabt, an eine Idee alles zu setzen, d. h. die deutsch-französischen Jahrbücher herauszugeben und darin gegen mich und mein Programm schreiben zu lassen, um am Schlusse ein Proletarier zu sein. Denn eine andere Idee als die meinige ist ja, nach seiner eigenen Behauptung, der Kommunismus oder radikale Sozialismus, wie er vornehmer und kluger sagt; und eine andere Praxis des Sozialismus als die Gemeinschaft dieser greulichen Judenseelen und ihrer Genossen gab es doch wahrlich und gibt es noch jetzt in Paris nicht. Hess wird die kommunistische Diplomatie in Preussen nicht lange spielen; denn er ist leer und blauen Dunstes voll. Er hat die Philosophie der Tat erfunden. Welch eine alberne Phrase und welch eine traurige Praxis, diese Polizei im Namen der Armen — und alles

das ohne wirkliche Kenntnis und Stellung in der Wirklichkeit aus
der blauen Doktrin, — der logischen Sozialtheorie heraus. . . Aber
noch verkehrter als all die Einseitigen und Abstrakten, zu denen
Hess gehört, sind die Sophisten Marx und Bauer, die dadurch universell zu werden suchen, dass sie alles Mögliche nach Belieben und
nach Lust beweisen."

Ungefähr um die gleiche Zeit waren Ruges „Studien und Erinnerungen" aus dem Jahre 1843 bis 1845 erschienen. Ruge liess
jeden Einfall gleich drucken; es regte ihn auch auf, warum Marx im
Privatgespräch. so viele gute Gedanken verbrauchte — die man doch
so schön publizistisch verwerten könnte. Der gute Ökonom und Haus-
hälter gab seine „gesammelten Schriften" mehrmals und vorsichts-
halber — man kann nicht früh genug für die Unsterblichkeit sorgen! —
einige Dezennien vor seinem Tode heraus.

In diesen „Studien" schildert er auch — ungenau und voller
Gehässigkeit — sein Zusammentreffen mit Hess. Er nennt ihn den
„Kommunistenrabbi" — ein Titel, der Hess tatsächlich gut charakterisiert
und auch von seinen näheren Freunden akzeptiert wurde. „Hess ist
ein langer hagerer Mann mit wohlwollendem Blick und etwas hahnen-
mässig vorgebogenem Halse, die graue Kutte vollendete sein Priester-
ansehn." Ruge schildert dann seine Reise nach Paris, die er in der
Gemeinschaft des „Rabbi" mit den fanatischen, aber milden Augen
gemacht und verweilt dann mit philiströser Pedanterie bei einer
Episode, wie Hess sein mit Zigarren gefülltes Etui über die Grenze
geschmuggelt hat. Damit führt er den Sozialismus Hess' ad absurdum, mit
dem er den ganzen Weg über die Idee debattiert hätte. In einem späteren
Brief, bei Gelegenheit seiner Ausweisung aus Paris, apostrophiert er
Hess sächsisch-gemütlich und doch bitter boshaft: „Sie erhalten mir
Ihre gute Gesinnung, Mr. le Bourgeois, Bürgermeister der Gemeinde
der Zukunft, Rabbi aller Querköpfe und mein vortrefflicher Stuben-
genosse in der rue St. Thomas du Louvre. . . Nehmen Sie sich in
Acht vor dem Kommunistenschuss! Diese Doktrin macht verrückt,
wenn einer immer, ohne links oder rechts zu sehen, in ihrem Geleise
fortrutscht."

Diese gute Gesinnung scheint Hess aber nicht gehabt zu haben.
Im „Gesellschaftsspiegel" springt er Ruge schon kräftig an die Gurgel:
„wenn nach dem Tode die Unsterblichkeit beginnt, so ist Ruge längst
— wenigstens literarisch — unsterblich". Und dann wird das freilich
durchsichtige Lügengewebe zerfetzt, das Ruge aus den sozialistischen
Reisegesprächen gewoben.

Einige Zeit später wurde Ruge auch in der Öffentlichkeit schon deutlicher. In den „drei Briefen über den Kommunismus" holt er sich Hess vor, über den er den ganzen Sprachreichtum der Psychiatrie giesst. Mit den platten Witzen eines commis voyageur tritt er an das Problem heran. Hess spricht von dem innerlichen Verwachsensein von Besitzer und Besitztum. Gewiss, das sind unklare Formeln, und Ruge hat darin im Prinzip recht, wenn er die unverständliche philosophastrische Sprache und die mystischen und übersinnlichen Begriffe als störend zurückweist. Wie aber versteht Ruge das innerliche Verwachsensein, das sich doch schliesslich dem Verständnis nicht verschliesst? „Herr Hess wird manches, wenn auch noch so ungern, besitzen müssen, mit dem er nicht innerlich verwachsen sein möchte; z. B. ein Hemde, eine Hose, einen Stuhl, vielleicht noch eine Knackwurst; und es ist bekannt, wieviel Verdruss die Knackwurst jenem Manne gemacht, als seine Frau sie ihm an die Nase wünschte, mit der sie sofort „innerlich verwuchs".. Und an einer anderen Stelle: Hess hatte den bösen Schnitzer stehen lassen, der nur ein ganz grober Druckfehler sein muss — denn Hess hatte akademische Bildung! — als er von Anthropophagen und Theopophagen statt Theophagen sprach. Aus den Theopophagen macht Ruge die Theopopophagen. Man sieht, Ruge ging nicht sparsam mit seinem Geiste um.

Allein, was ungleich ergötzlicher ist: Ruge tut nur so, als ob er Hess missversteht. Er stiehlt Hess bis in die Wortfixierung hin alle Gedanken, um sie dann als seine eigenen dem „Unsinn von Hess" entgegenzusetzen!! Ein geradezu grotesk wirkendes literarisches Gaunertum.

Hess hat ihm das später im einzelnen in einem Aufsatz der „Deutschen Brüsseler Zeitung" nachgewiesen in einer hastigen, überstürzten und darum drollig wirkenden Sprache, bei der fast die einzelnen Worte verschluckt werden. Aus Ruge wird da ein Brei gemacht! Und es ist wirklich ein Zeichen, dass wir Menschen im Ebenbilde Gottes geschaffen sind, wenn spätere Autoren Ruge noch einmal zusammenfügen konnten. — — — Gestorben ist Ruge als Ehrensöldner aus dem — — Bismärckischen Geheimfonds! . . .

Im Jahre 1845 nahm Hess noch eine andere Abrechnung vor mit Männern, die zunächst auch zum Kreise der „Aktionäre", der Antireaktionäre gehörten: Mit Max Stirner, dem Einzigen, dem Philosophen von „der Eigene und sein Eigentum". Nur nebenher mit Bruno Bauer, der sich allmählich zur „kritischen Kritik" durchphilosophiert hatte, die den schöpferischen Grundsatz vertrat: Sobald eine Sache oder ein Gedanke anerkannt wird, ist er schon nicht mehr wahr! „Wahr ist nur das kritisierende, alles zerstörende, aller sittlichen Bande ledige Ich" (R. Falkenberg).

Der Eindruck, den Stirners Juchhephilosophie im ersten Moment auf die radikalen Zeitgenossen machte, kann nur ein verblüffender genannt werden. Selbst eine so realistische Natur wie Engels wurde doch für eine Weile stutzig. Sie hatten ja schliesslich alle einen gemeinsamen geistigen Heimatsort: Hegel-Feuerbach. Und Hess selbst ist erst nach einigen Meinungsschwankungen zu einem festen Standpunkt gekommen. Das begreift sich schnell. Sieht man genauer hin, so entdeckt man so manche inneren Beziehungen zwischen der Auffassung beider Männer. Und es ist nicht unwahrscheinlich, dass der Hess der „einundzwanzig Bogen" so manche Gedankenwelle erzeugt, die bei Stirner dann laut ans Ufer schlägt: der Kampf Stirners gegen den „Staat" stammt sicher von Hess. Erst in der Auflösung des Staates — hatte Hess entwickelt — als von etwas abstrakt Allgemeinem kann das Ideal der anarchistischen Gesellschaft, die Freiheit des Ich Wahrheit werden. Stirner freilich ist viel weiter gegangen. Er hat einfach tabula rasa gemacht mit Gott, Geist, den Sittlichen, der Menschlichkeit, der Ehe, dem Recht, dem Liberalismus, dem Kommunismus — kurz mit allem, hinter dem eine wie immer geartete Transzendenz lag. Besonders aber mit der Philosophie, mit dem Denken: „Ich aber sage, nur die Gedankenlosigkeit rettet mich vor dem Gedanken... Ein Ruck tut mir die Dienste des sorglichen Denkens, ein Recken der Glieder schüttelt die Qual der Gedanken ab.. ein aufjauchzendes Juchhe wirft jahrelange Lasten ab. Ich hab mein' Sach' auf nichts gestellt! Juchhe!"

Sobald Hess sich zurechtgefunden hatte, machte er sich an die Arbeit, die drohende Gefahr abzuwenden. Schon im Frühjahr 1845 erschien seine Streitschrift bei Leske in Darmstadt unter dem Titel „Die letzten Philosophen". Es ist ein Heftchen von 28 Seiten. Hess hat davon am 17. Januar Marx Mitteilung gemacht: „.. Als Engels mir Ihren Brief zeigte, hatte ich gerade eine Beurteilung Stirners zu Ende gebracht; und ich hatte die Genugtuung zu sehen, dass Sie den „Einzigen" ganz von demselben Gesichtspunkt aus ansahen. Er hat das Ideal der bürgerlichen Gesellschaft im Kopf und bildet sich ein, mit seinem idealistischen „Un-Sinn" den Staat zu vernichten, wie Bruno Bauer, der das Ideal des Staates im Kopfe hat, mit diesem „Un-Sinn" sich einbildet, die bürgerliche Gesellschaft zu vernichten. Ich komme mit meiner Arbeit nebenbei auch auf Feuerbachs „Philosophie der Zukunft" zu sprechen, die ich als Philosophie der Gegenwart (einer Gegenwart also, die in Deutschland noch als Zukunft erscheint) betrachte, und womit ich den Prozess der Religion als abgeschlossen erkläre."

In der Einleitung seines Werkes betont Hess, dass diese Schriften, obwohl sie sich wie Anstiftungen der Reaktion ansehen — nicht irgendwie jemals von aussen bestimmt worden sein können. „Vielmehr ist es gerade die innere vom Leben abgezogene Entwickelung dieser Philosophen, welche in diesen „Un-Sinn" auslaufen musste." Das ist vollkommen deutlich, und nur die blinde und verblendete Liebe des Stirnerpropheten John Henry Mackay macht es erklärlich, wenn er Hess hiermit eine Verdächtigung unterschiebt und Erfolgbuhlerei bei der Masse. Man kann von dem Anachronismus ganz absehen — 1845 und die sozialistische Masse! Aber an dem von allen, selbst gegnerischen Seiten gewürdigten reinen Adelscharakters Hessens gleitet dieser Anwurf spurlos ab.

Die Argumente, mit denen Hess gegen Feuerbach, Bauer — den „Einsamen", Stirner — den „Einzigen" ankämpft, sind nur die Zusammenfassung seiner Grundansichten, wie sie sich allmählich bei ihm herausgebildet hatten. Sie zeigen die weite Entfernung von der Hegelei und Nebelei der Erstlingsschriften. Einst war ihm der Mensch, der die Erkenntnis der Natur und der Geschichte besitzt, schon die Gattung und das All, so dass — wie Hess jetzt ironisch folgert — der Astronom, der das Sonnensystem erkennt, demnach selbst das Sonnensystem ist. Nun kann er nicht starke Worte genug gegen diese Selbstlüge finden. Alle Versuche, die Unterschiede zwischen Mensch und Gattung aufzuheben, müssen scheitern, solange die Vereinzelung der Menschen nicht praktisch aufgehoben ist. In der Vereinzelung ist der Mensch nichts. Er wird erst etwas durch die gesellschaftliche Vereinigung. Über den durch das Christentum gesetzten Zwiespalt zwischen Göttlichem und Menschlichem, Diesseits und Jenseits sind auch die modernen Philosophen — die „Pfaffenphilosophen" — nicht hinausgekommen, denn sie haben den Menschen nur theoretisch aufgenommen. Alles Nachdenken muss im Praktischen enden, damit aus der Wechselwirkung des Denkens und Handelns die sozialen Forderungen sichtbar werden. Denn erst im Sozialismus werde der Gegensatz von Mensch und Gesellschaft überwunden.

Hier beginnt nun Hess den „Einzigen" zu zerzausen, dessen grösstes Verbrechen es ist: den Egoismus nun gar noch zum Bewusstsein bringen zu wollen, damit er nicht als Sünde empfunden werde.

Der Egoist solle ohne Arbeit geniessen, denn sonst schaffte er doch nur um des Genusses willen. Und das wäre Verrat! Nein — ruft Hess da aus — ich schaffe und liebe keineswegs um zu geniessen, sondern liebe aus Liebe, schaffe aus Schöpferdrang, aus Lebenstrieb, aus unmittelbarem Naturtrieb. Wenn ich liebe, um zu geniessen, dann liebe ich nicht nur nicht, dann geniesse ich auch nicht — wie wenn ich arbeite, um etwas zu erwerben, ich nicht nur nicht freitätig bin, nicht nur keine Lust und Liebe zur Arbeit habe, sondern mir in der Tat auch nichts erwerbe." Das Ichbewusstsein bringt Entfremdung. Durch das Bewusstsein des Egoismus als die Grundlage der allgemeinen Menschheitrechte der „unabhängigen", „freien" Menschen ist der Krieg aller gegen alle sanktioniert. Bauers Egoismus — der Egoist ohne egoistische Bedürfnisse — ist das sündlose Paradies.

Stirners kategorischer Imperativ aber heist: Werdet Tiere! Die menschlichen Eigenschaften sind unausgebildet nicht wirklich, sondern nur eine Möglichkeit. Ausgebildet in sozialer Erziehung und in der Gemeinschaft betätigt werden sie wie persönliches Gut, so auch inneres soziales Vermögen. Humanität, Vernunft und Liebe — die Stirner als Abstrakta ablehnt — sie können Realitäten werden im Leben, wenn sie auch in der Philosophie Abstrakta sind.

Stirner kann sich einen „Verein der Egoisten" denken: -- den gab es längst, sagt Hess — die ganze bisherige Menschheitsgeschichte bezeugt es.

„Bauer hat sich den theoretischen Un-Sinn, Stirner den praktischen „Un-Sinn" in den Kopf gesetzt... Vereinigt würden sie wie unsere Zustände und wie ihr philosophischer Repräsentant Feuerbach notwendig einer ferneren Entwickelung entgegengehen, und man hätte die Hoffnung, sie einstmals als Sozialisten auferstehen zu sehen, nachdem sie der innere Widerspruch aufgerieben. Getrennt, wie sie sind, bleiben sie einsam, einzig, ohne Leben, ohne Streben, ohne auferstehen zu können. — Sie sind und bleiben Philosophen."

Marx scheint durch die Ausführungen von Hess nicht ganz befriedigt worden zu sein. In manchen Punkten bieten sie dem Gegner tatsächlich manche Blössen. Freilich hat sie Stirner nicht alle entdeckt. Er hat sich den Schädel gerade an den bestgepanzerten Stellen eingerannt. Gegen den Vorwurf der Phrase wendet sich Stirner auf sonderliche Art: „Der „Einzige" ist ein gedankenloses Wort, es hat keinen Gedankeninhalt. Es ist darum auch undenkbar und unsagbar; damit ist diese vollständige Phrase — keine Phrase." Man sieht, Stirner dreht sich hierbei wie ein Kreisel oder richtiger: er dreht sich wie ein — Pfau! Und so auch in vielen „Argumenten": Den Kernpunkt der ganzen Streitfrage hat er zwar auch behandelt. Aber nur als einen Punkt, wie alle anderen. Er hat nicht erkannt, dass hier das Zentrum des Missverständnisses oder des Gegensatzes liegt. Denn logisch durchgeführt hätte die Liebe des „Einzigen" nicht zu einer Abweisung des Sozialismus führen können. Indem sich Hess auf das Wort Egoismus festlegt und es in alltäglichem Sinne fasst und nicht in der Stirnerschen Bedeutung und darauf weiterarbeitet, muss er notwendig vorbeischlagen. Stirner fasst diese Kardinalschwäche Hessens, durch die seine ganze Beweisführung in sich zusammenbricht; aber weil er wiederum den Kommunismus trivial als Gleichmacherei, als Beugung des Ich versteht, kommt er in die Irre und wird widerspruchsvoll. Ruge hat sehr richtig gesehen, wenn er an Hess schreibt: „Sie scheinen es nämlich nicht gemerkt zu haben, dass er au fond dasselbe will wie Sie. Während Sie vom Ganzen ausgehen, kommt er als Einzelner und verlangt, dass es jeder so machen soll." Tatsächlich kann man beider Anschauungen vollkommen zur Deckung bringen. Sie sind kongruent. „Ich liebe die Menschen auch, nicht bloss einzeln, sondern jeden. Aber Ich liebe sie mit dem. Bewusstsein des Egoismus; Ich liebe sie, weil die Liebe Mich glücklich macht, Ich liebe, weil Mir das Lieben natürlich ist, weil Mirs gefällt. Ich kenne kein Gebot der Liebe" so heisst es in Stirners Hauptwerk. Und in der Ewiderung: „Wie kann gegen Stirner (die Erwiderung ist zur Abwechselung in dritter Person gehalten) ein solcher Gegensatz von egoistischem Leben und Leben in der Liebe geltend gemacht werden, da sich in ihm beide vielmehr vollständig vertragen...." Und später: In mir ist die Vernunft und Liebe real, wohl haben sie „Realität":

Emanzipiert man sich aber erst von dem landläufigen Begriff des Egoismus und packt ihn im Stirnerschen Sinne als das freie, von allen idealistischen Zwangsjacken (Hess würde sagen: von allen theologischen, jenseitigen Göttern), nicht aus der eigenen Art gedrängte Ich, so sind alle Gegensätze aufgehoben. Denn was ist Stirners Eigener und Einziger anderes als Hess' Mensch ist, der in Selbstbeschränkung, Selbstbestimmung, Selbsttätigkeit sich auslebt! Hess' entgötterte oder entgötzte Zukunftsgemeinschaft ist ja geradezu darauf aufgebaut, dass Lust, Lohn, Genuss und Liebe nicht durch Selbstentäusserung zu erjagende, sondern in unserem schöpferischen Sein liegende Eigenwerte sind. Aber Stirner, der doch das Ich und die Menschenliebe als Ichgenuss verbinden kann, wird inkonsequent und tobt unlogisch gegen alle Sozialtheorien, weil sie alles entfernen und entwerten, was den Menschen vom Menschen trennt! Das musste einem Manne wie Hess, der n i c h t mit dem Kopfe, wie er sich mühet, sondern doch vorzüglich mit dem Herzen Sozialist, Menschenbeglücker war, in tiefster Seele verletzen. Aber statt Stirners Inkonsequenz aufzudecken und „Ihm" in der sozialen Gemeinschaft die Erfüllung seiner Strebung zu zeigen, läuft Hess blindlings dem Egoisten nach, um ihn — der doch ganz sein Genosse ist — zu erwürgen....

Hess hat sich bei der einmaligen Vernichtung nicht beruhigt. Der landläufige Egoist muss vom Sozialisten tatsächlich mehrmals totgeschlagen werden. Er hat sich an der Marxschen Schrift vom „Sankt Max" beteiligt, die neuerdings von Bernstein — „so weit die Mäuse sie nicht zerknabbert haben" — in den Dokumenten des Sozialismus Bd. II und III veröffentlicht worden ist. Die ersten sechzehn Seiten stammen von Hessens Hand; und Bernstein hat sicher Recht, wenn er den Gedanken zurückweist, dass Marx den „Senior des Sozialismus" einfach als Abschreiber — missbraucht hätte.

VI.

Hess blieb nicht bei seinen schriftstellerischen Arbeiten stehen; Die „Idee" sollte ins Volk kommen. Die Stimmung in der, noch ganz akademischen Bewegung hat Engels trefflich gezeichnet: „Es ist doch ein ganz anderes Ding, vor wirklichen,. leibhaftigen Menschen zu stehen und ihnen direkt, sinnlich, unverhohlen zu predigen als dies verfluchte, abstrakte Schreibertum mit seinem abstrakten Publikum „vor den Augen des Geistes" zu treiben". Für eine gross angelegte Propaganda freilich waren weder die Zeiten, noch die — Regierungen. Im allgemeinen blieb der Kreis, der an den Sozialproblemen ein Interesse nehmen konnte, beschränkt auf die Literaten verschiedenster Observanz und auf einige Intellektuelle, die sich von den geistigen Strömungen mittreiben liessen. Das natürliche Rückgrat für eine sozialistische Agitation — die Arbeiterschaft — war zwar embryonal schon angedeutet. Aber es fehlte ihr noch ganz jedes Klassenbewusstsein. Natürlich musste der Sozialismus gerade dort zuerst Wurzel schlagen, wo die in der Erde schlummernden Reichtumsquellen am ehesten eine grosse Industrie und damit ein Proletariat erzeugen mussten: im Rheinland. Es ist kein Zufall, dass die Schöpfer der neuzeitlichen Arbeiterbewegung in den Kohlenrevieren geboren sind.

Mit zu den ersten Arbeitern, denen die sich immer schärfer zuspitzenden Verhältnisse das Verständnis der wirtschaftlichen Entwickelung aufschlossen, gehörten die Bandwirker des Wuppertales, bei denen die Proletarisierung schon in den vierziger Jahren auf der ganzen Linie erreicht war. Der oder jener vorgeschrittene Fabrikant, der nicht mit blöden Blicken die Strukturveränderung der Bevölkerung verfolgte, ahnte zwar, dass hier ein Unwetter heraufziehe, suchte sich zwar durch mancherlei gemeinnützig Werk den brutalen Formen der Verelendung entgegenzustemmen. Dass sie trotz alledem kommen musste, diese Tatsache einzusehen war man aber ausserstande, solange man sich über die letzten Gründe dieser wirtschaftlichen Erscheinung noch nicht Klarheit verschafft hatte.

Es entstand die Gegensätzlichkeit der Interessen von Industrie und Arbeiterschaft. Was noch fehlte, war das Bewusstsein dieses Gegensatzes. So ergab es sich leicht, dass zu einer Zeit, in der die objektive Interessendivergenz noch nicht zu subjektiver Feindseligkeit gesteigert war, in den gebildeteren Kreisen das Verlangen nach einer Aufklärung lebhaft wurde. Man hatte ja mancherlei vom Kommunismus gehört. Aber das klang nicht nur, das war so grotesk, dass man sich nach authentischerer Interpretation sehnte. In Elberfeld traf es sich gut. Dort waren einige „kommunistische Wortführer", Hess, Engels, der Maler Koettgen, beisammen, und so wurde dann am 8. Februar 1845 auf Betreiben der geistigen Elite Elberfelds ein Diskussionsabend über den Kommunismus veranstaltet. „Man ging — heisst es in den Rhein. Jahrbüchern — am folgenden Samstag, aber ohne eigentliche Verabredung wieder in denselben Gasthof (Zweibrücker Hof), am dritten Sonnabend ebenfalls und würde solchergestalt die Zusammenkünfte ad infinitum fortgesetzt haben, wenn nicht alles in der Welt einmal ein Ende haben müsse. Aber diese Versammlungen starben eines gewaltsamen Todes, wenn es auch wahr ist, dass zuletzt das grösste Lokal zu klein gewesen wäre, um alle die Leute zu fassen, welche sich herandrängten, das neue Evangelium des Sozialismus anzuhören." In der Tat waren zuerst 40, dann 120, schliesslich 200 Zuhörer anwesend — eine peinliche Progression!

Engels schreibt über die Versammlungen in höchster Ekstase an Marx: „Ganz Elberfeld und Barmen, von der Geldaristokratie bis zur Epicerie, nur das Proletariat ausgeschlossen, war vertreten. Das Ding zieht ungeheuer. Man spricht von nichts als vom Kommunismus, und jeden Tag fallen uns neue Anhänger zu. Der Wuppertaler Kommunismus ist une vérité, ja beinahe schon eine Macht ... Das dümmste, indolenteste, philisterhafteste Volk, das sich für nichts in der Welt interessiert, fängt an beinahe zu schwärmen für den Kommunismus. ... Die Polizei ist jedenfalls in höchster Verlegenheit und weiss nicht, woran sie ist."

Sie hatte aber bald ihre kostbare Besinnung wiederbekommen. Das ganze Register der Staatsretterei wurde aufgezogen: Warnung an sämtliche Wirte, solche Versammlungen zu dulden, unter Androhung des Verlustes der Konzession, von Geldstrafen, Gefängnis, Gendarmerie-Überwachung. Hess selber erhielt ein Schreiben des Bürgermeisters von Carnap, seine Vorträge einzustellen auf Grund von einviertel Dutzend staubiger Paragraphen: Nur Personen, die polizeiliche Erlaubnis zum Halten öffentlicher Vorträge haben etc. etc. ... Polizeiliche Gewalt etc. etc. Hess und Köttgen haben darauf eine massvolle und überzeugungsehrliche Beschwerdeschrift eingereicht, über die sich Ruge in seinen „Drei Briefen" und später noch andere „Konsequente" entrüstet haben. Ruge kann nicht genug schmählen über die „Kriecherei"

V

Hessens vor dem „raubtierbeschützenden Staate" und über die Feigheit, von einem Hass der Kommunisten gegen die Revolution zu sprechen. „Patre Hess (höhnt Ruge), ehe der Hahn dreimal gekräht, solltest du den Kommunismus zweimal verleugnen, einmal als Politiker und dann als Philosoph oder als Narr der Wahrheit." Es war ein Angriff auf Hess' Charakter. Wer aber die Beschwerdeschrift liest, sieht, dass der Angriff nur eine Infamie des späteren bismärckischen Ehrensöldners ist. Mehring hat mit guten Gründen und entrüstet diese Verlogenheit gebrandmarkt und darauf hingewiesen, dass auch Engels mit dem Protest einverstanden war, den er nur deshalb nicht unterzeichnet hat, weil er abgereist war; nicht aber, wie Ruge andeutet, sich vor dem Rencontre gedrückt hatte. In Engels' Brief findet sich auch eine Stelle über Hess, die wichtig ist: „Hess ist wieder ungeheuer sanguinisch, weil Alles sonst so famos abläuft und unsere Fort-. schritte sonst so ungeheuer sind. Der gute Kerl macht sich nur immer Illusionen. . . ."

Die beiden Elberfelder Vorträge sind in den Rhein. Jahrb. (Bd. I.) abgedruckt. Sie liegen zwar ganz in dem Rahmen seiner nolens volens philosophischen Anschauungen, allein in ungleich stärkerer Weise tritt schon das soziologische und ökonomische Moment hervor. Und deutlicher noch blicken wir in die letzte treibende Kraft seiner Seele hinein: die Liebe. Es wäre falsch, das Betonen dieses Elements vor der Bürgerschaft einfach als agitatorischen Kniff hinzustellen. Die Liebe zu den Verwaisten des Glückes und nicht theoretische Ableitungen haben sein Handeln bestimmt. Sein Handeln — und sein Schicksal. „Wir wollen es, nicht in Abrede stellen, nein wir schämen uns dessen nicht, das unser Herz, unser Mitgefühl mit dem geistigen, sittlichen und physischen Elend unserer Nebenmenschen, uns zur Idee und Fortbildung des Kommunismus antreibt". Aber auch das zu Verstand gekommene Herz. Die Idee des Kommunis-. mus — setzt er seinen Mitbürgern: „Menschen von Herz!" aus-. einander — mit der sich jeder einverstanden erklärt, ist das Lebens- gesetz der Liebe, angewandt auf das Sozialleben. Das Gesetz der. Liebe lag stets im Menschen, wie in allem Leben; aber der Versuch, dieses Gesetz auf das Sozialleben anzuwenden, wurde erst gemacht, als in dem Menschen das Bewusstsein ihres Lebens zu reifen anfing, als der Mensch sein eigenes Leben immer deutlicher zu fühlen begann, als er immer klarer erkannte, dass eben in der Liebe allein die Kraft, die Lebenskraft, die Schöpferkraft liegt." Das Ziel alles organischen Lebens, das Leben in der Liebe, ist aber die Einheit, der Zusammenschluss der Menschen. Die ganze Menschheitsgeschichte ist nichts weiter als ein ewiger Kampf, entstanden aus dem Verkehr und der Wechselwirkuug der annoch getrennten Individuen. Wären die Menschen schon zum Lebensbewusstsein gekommen, so würden sie erkennen, wo ihre Einheit liegt und wie sehr die Vereinigung auch die für jeden Einzelnen zuträglichsten Güter schaffen muss. Der Egoismus, unter dessen Zeichen sich bisher alles Menschenleben in Handel, Verkehr und Arbeit abgespielt hat, muss überwunden werden. Er aber ist nicht in der Natur der Menschenseele begründet, sondern in den äusseren Verhältnissen, im wirtschaftlichen Freibeutertum, das die Kluft zwischen Reich und Arm, Kapitalisten und Arbeitern vergrössert, den Mittelstand und die Arbeiterschaft aufreiht und schliesslich auch die Kapitalisten „hinschlachten" muss. Darum kann nur der Kommunismus der Schluss der Entwickelungsgeschichte der Gesellschaft sein.

In seiner zweiten Ausprache setzt sich Hess dann mit den Diskussionsrednern auseinander: Nicht den Verkehr an sich, sondern den heutigen Verkehr hat er als verkehrte Welt, nicht den Produktenaustausch an sich, sondern den heutigen ungerechten Produktenaustausch als Räuberei bezeichnet, bei dem nicht Arbeit gegen Arbeit, sondern Arbeit gegen Müssiggang und betrügerische Spekulation ausgetauscht wird. Man muss sich erst von der die Probleme überkleisternden Gemütlichkeit emanzipieren. Dann wird die Erkenntnis reifen, dass wir neue Bahnen wandeln müssen. Gewisslich sind wir weitergekommen. Es sind die Schätze vergrössert worden. Aber sie sind nicht das Gut der ganzen Menschheit, sondern einzelner reicher Privilegierter! So kommen die Kontraste zwischen dem gesteigerten Überfluss und der groben Armut. Diese Verarmung ist nicht die Folge der Industrie, sondern der freien Konkurrenz der Privateigentümer. Die Unterdrückung der freien Konkurrenz würde freilich noch lange nicht die Zersplitterung des gemeinsamen Eigentumes, die gegenseitige Ausbeutung und das Gegeneinanderhetzen der Menschen unterbinden. Die Vernichtnng aller Übel, die Rettung der Menschheit aus Not und Elend, die Rettung der Menschlichkeit, der Vernunft und der Liebe, sie werden einst durch die Organisation der Gesellschaft auf kommunistischer Basis erfolgen.

Zu einer Apotheose der Arbeit erhebt sich ein ebenfalls aus dem Jahre 1845 stammender Aufsatz, der aber erst in den Rhein. Jahrb., Bd. II erschienen ist. Aus dem Plane, die Jahrbücher als Vierteljahrsschrift herauszugeben, war natürlich nichts geworden. Der zweite

V*

Band erschien erst ein volles Jahr später (Juli 1846). Durch eine Ungesetzlichkeit der hessischen Regierung war die weitere Veröffentlichung der Zeitschrift inhibiert worden — obwohl sie doch über zwanzig Bogen stark war! Aber nicht genug damit, der Verleger wurde wegen „Hochverrats" und „Verspottung der Religion" angeklagt und ihm mit Entziehung des Debits für seinen ganzen Verlag gedroht. Ja, man zwang ihn, alle Buchhandlungen zu nennen, denen er Exemplare übersandt hatte. Solchen Verfolgungen hält selbst der stärkste Verlegersmann nicht lange stand — und der zweite und letzte Band erschien in Belle-vue bei Konstanz in der Schweiz, wohin Püttmann hatte flüchten müssen.

Der Aufsatz von Hess bespricht „die Verhandlungen des gesetzegebenden Staatskörpers der Republik Waadt über die soziale Fragen. Das Waadtland war einer der politisch am meisten vorgeschrittenen Kantone der Schweiz. An den Ufern des Genfer Sees hatten die Märtyrer der Freiheit gastliches Asyl gefunden und ihren Dank dafür abgestattet, indem sie der Bevölkerung die Ideen der Menscheitsbeglückung brachten. Im Waadtland wurde ohne Blutvergiessen die alte Regierung gestürzt, und stark sozialistisch gefärbte Männer kamen ans Ruder. Nun hiess es, die Gedanken der Freiheit Wirklichkeit werden zu lassen. Es gab erregte Verhandlungen. Den alten Bourgeois mit ihren philanthropischen Gefühlen und den Zwischenstuflern gegenüber galt es den sozialistischen Standpunkt verteidigen: — das Ende waren Kommunistenverfolgungen! Hess' Kritik, die sich gleich an die Verhandlungen anknüpfte, war nur ein Protest gegen die Vertreter der quasikommunistischen Anschauung. Sie oszillierten eben nur sozialistisch. Der Staatsrat Druey, der nachmals das schweizer Asylrecht an die Reaktion verschacherte, hatte einen Konstitutionsentwurf in sechs Paragraphen ausgearbeitet, der sich fast wie ein sozialistischer ausnahm. Aber Hess sah, dass er nur verkappte Konzession an die alte Verfassung war und gefährlicher, weil er den geistigen Gehalt des Sozialismus verdrehte. Hess hat ihn gründlich abgefertigt, denn in allen Parteien sind die „sympathisch Gegenüberstehenden", die Drittel-, Viertel-, Halbgenossen schlimmer als der offene Feind! Druey hatte eine Organisation der Arbeit gefordert auf der Basis der gleichmässigen Verteilung. Gegen diese triviale Formulierung musste Hess eintreten, wobei er ein paar kräftige Seitenhiebe gegen List austeilt So lange die Arbeit Lohnarbeit ist, ist sie nicht sanktioniert. Ehrenvoll ist nur die freie Arbeit, die unschätzbar geworden ist. „Frei ist meine Arbeit nicht, wenn es mir frei steht, eine mir unangemessene, folglich unangenehme Arbeit entweder beständig zu verrichten oder zu verhungern. Frei ist nur die Arbeit, die aus innerem Berufe, aus Lust und Liebe zu ihr geschieht, nur diejenige, in welcher ich zur Entwickelung der mir innewohnenden Fähigkeiten und Kräfte komme." An die Stelle der gleichmässigen ist die zweckmässige Arbeit zu setzen. Denn nicht aus Müssigkeit und Arbeitsscheu leitet sich alles Elend her, sondern aus der unorganisierten Produktion, aus dem Ueberfluss an Arbeitern, die keine Konsumenten werden können. Die Arbeit muss wieder Selbstzweck werden und nicht mehr nur ein Mittel zum Leben, nicht mehr eine Möglichkeit, Werte aufzuspeichern und sie andern zu entziehen. Der Kommunismus aber will nicht teilen, sondern vereinigen. Die Aufhebung der isolierten Menschen ist darum die Voraussetzung alles Glückes. Und alle Versuche der Einmischung des Staates in die bürgerlichen Verhältnisse, der Überwachung der Mildtätigkeit und allerlei kleinliche Organisationen können, ohne die Veränderung der sozialen Basis, niemals die Kluft zwischen Reichtum und Armut ausfüllen. Sie könnten im besten Falle die „Not des Magens" lindern. Aber darin könnte ein wohlverstandener Kommunismus sich nicht erschöpfen.

Diese grosse soziale Revolution wird aber nie von der Bürgerschaft ausgehen. Hess tritt hier mit aller Deutlichkeit für den Klassenkampf ein und setzt alle Hoffnungen auf das Proletariat. Drei Jahre vor dem Kommunistischen Manifeste! „Es sind nur wenige Männer unter der besitzenden Klasse, welche hochherzig genug sind, den ganzen Plunder, dem sie ihr Glück verdanken, von sich zu werfen und zur Idee des Kommunismus sich zu erheben; und wiederum nur die wenigsten unter den Wenigen haben den Mut, die Feuerprobe der Praxis zu bestehen. Die meisten Kommunisten aus der Klasse der Bourgeoisie bringen es höchstens zu Vermittlungversuchen und allgemeinen Phrasen, welche um so hohler werden, je mehr es sich um ein entschiedenes prinzipielles Auftreten handelt; zu einem ernstlichen Bruch mit dem Bestehenden bringt es nur das Proletariat."

Von nun an nannte sich Hess Kommunist, indem er den philosophischen Begriff des sozialen Kommunismus und die begriffliche Trennung von Sozialismus und Kommunismus fallen lässt. „Die Unterschiede von französischem und deutschem Kommunismus sind nur Unterschiede zwischen Theorie und Praxis" Er erkennt aber der Theorie das Recht nicht zu, sich pedantisch von der Praxis zu sondern.

Damit ist — wenigstens im Willen — der Bruch mit dem philosophischen Sozialismus vollzogen. Hess ist auf die Erde zurück-

gekehrt. Eine zehnjährige reiche Entwickelung jagte ihrem Ende entgegen. Welche Bedeutung aber dem Philosophen Hess in seiner
Zeit beigemessen wurde, erhellt aus einem Aufsatz von Hermann
Semmig in den Rhein. Jahrb. Er setzt ihn an die Seite von Feuerbach.
Wie dieser den Scholastizismus und die theoretische Abstraktion und
die religiöse Illusion „Gott" zerstört hat, so hat Hess die „Spaltung"
des Lebens, die politische Illusion, die Abstraktion seines Vermögens
d. h. das Vermögen aufgelöst. „Nur durch die Arbeit der Letzteren
ward der Mensch von den letzten Mächten ausser ihm befreit, zu sitt-
licher Tätigkeit befähigt (alle Uneigennützigkeit der früheren Zeit war
nur eine scheinbare) und in seine Würde wieder eingesetzt. Nun erst,
nach Zerstörung jener Illusionen, kann an eine neue menschliche
Ordnung der Gesellschaft gedacht werden, ohne dass es von neuem
einer Deklarierung der Menschenrechte bedürfe." ·

Dass Hess diesen Hymnus nur mit gemischten Gefühlen hat aufnehmen können, ist fraglos. Er war ein anderer geworden und hatte
willig — wie es es bei einer so ehrlichen und selbstlosen Natur nur verständlich ist — die geistige Suprematie an das immer heller auf-
leuchtende Doppelgestirn Marx-Engels abgegeben. Er kämpfte fortan
in ihrem Schatten.

Der „Gesellschaftsspiegel", der Hessens innerer Wandlung schon in
jeder Zeile Zeugnis ist, war im Juni 1846 der Zensur erlegen. Schon
während der letzten Monate hatte Hess die Redaktion nicht mehr
am Erscheinungsorte geführt. Er zeichnet zwar noch als Herausgeber. Die Notizen aus Elberfeld — zumeist programmatischer kritischer
und apologetischer Natur — sind grossenteils von F. Schnacke geschrieben. Hess selbst hielt sich in Verviers auf, von wo aus er im
Mai mit Marx korrespondiert.

In der kommunistischen Gruppe, die ohnehin kein festes Band
umschlang, zeigten sich je länger, um so deutlicher klaffende Risse.
Marx war durch die Kraft seines alle weit überragenden Genies, wenn
auch nicht formell, so doch tatsächlich der Meister der Geister geworden. Die höchste Instanz. Der Pontifex maximus. Seine
scharfe Kritik löste aus dem unklaren Brei die zukunftsstarken Elemente
heraus. Den „schäbigen Rest" schleuderte er mit sicherem Schwunge
in den Tartarus. Einer nach dem anderen aus der Schar der bisherigen „Führer" (Geführte gabs freilich noch nicht) wurde erwürgt.
Gewiss ist es zwerghaft gesehen, wenn Heinzen dieses Aufräumen unter
den Vorkämpfern auf absolutistische Gelüste, auf „Rangläuferei" zurückführt. Ohne die durch Marx herbeigeführte Scheidung wäre niemals

jene grosse Bindung erfolgt, die heut als sozialistische Organisation ein Faktor von geschichttreibender Kraft geworden ist. Allein es fehlte auch Marx die nötige Brutalität nicht. Ein besonderer Gemütsmensch dürfte er nicht gewesen sein. Vielleicht durfte er es kraft seiner historischen Sendung auch nicht sein. Das erste Opfer war Karl Grün. Er war kein starker Kopf. Aber er hatte sich doch als Vorkämpfer manches Verdienst erworben und hat auch durch sein ganzes Leben die Ueberzeugungstreue bewahrt. Marx hatte ihn aber schon bei Zeiten aufs Korn genommen. Da Grün nicht ohne Einfluss auf Proudhon war, so sparte Marx nicht mit Warnungen. Gegen Grüns „soziale Bewegung in Frankreich und Belgien" ist er nicht weniger heftig vorgegangen wie gegen dessen Behandlung Goethes „vom menschlichen Standpunkt". Grün war ihm nur der Ignorant und Hessnachbeter. Dabei fielen ein paar heftige Worte auch gegen Hess: „Sachen, die im Anfang noch anzuerkennen waren, sind sie durch ihre ewige Wiederholung zu einer Zeit, wo sie bereits wieder antiquiert waren, langweilig und reaktionär geworden."

Nach Grün kam Proudhon an die Reihe. Proudhon hatte in Paris im Kreise der deutschen Exsulanten freundschaftlich verkehrt, wobei Proudhon von Marx in die deutsche Philosophie eingeweiht wurde. Aber kaum waren sie durch Guizots Ausweisungsbefehl ein Jahr einander getrennt, als sich der Gegensatz herausstellte. In einem Briefe, den Proudhon als Antwort auf die Bitte um Mitarbeit an der „Kommunistischen Korrespondenz" Marx schrieb, finden wir ein paar Sätze, die für die späteren Beziehungen von Marx und Hess von mittelbarem Interesse sind: „Denken wir an unserem Teile nicht daran, das Volk mit Doktrinen einzuseifen, nachdem wir alle Dogmatismen a priori zerstört haben — schaffen wir dem menschlichen Geschlecht nicht neue Arbeit durch neuen Wirrwarr — geben wir der Welt das Beispiel einer weisen und weitsichtigen Bildung, aber machen wir uns nicht, weil wir an der Spitze der Bewegung stehen, zu den Führern einer neuen Intoleranz, spielen wir uns nicht als die Apostel einer neuen Religion auf, und wäre es selbst die Religion der Logik und Vernunft."

Die Abschlachtung Proudhons wird dann im Winter 1846 zu 1847 durch Marx besorgt in dem Werke, „das Elend der Philosophie" — ein grundlegendes Werk, das bereits die Kerngedanken der marxistischen Geschichtsauffassung gibt.

Nach Proudhon kam Weitling an die Reihe. Das Zerwürfnis war zunächst aus theoretischen Meinungsverschiedenheiten hervorgegangen. Zur Explosion kam es dadurch aber, dass Marx dem Herausgeber der Volkstribüne in New York, Hermann Kriege, an die Gurgel ging. Kriege war ein Schüler Feuerbachs und hatte in den sozialistischen Kreisen, nicht zum geringsten auch bei Engels, grosse Hoffnungen erweckt. In Amerika schien er für den Kommunismus eifrig zu arbeiten. Aber die deutschen Genossen, zumal der Brüsseler Kreis, sahen in den Anschauungen, die er als Kommunismus ausgab, nur eine Verschleimung der Ideen, weil er den ganzen Gedankenreichtum des Sozialismus ausschliesslich auf den Egoismus und die Liebe reduzierte. Márx übernahm das literarische Henkersamt gegen die „Liebessabbelei". Damit war Weitling nicht zufrieden. Er hatte den „Bund des Gerechten", gegründet, dann in der Schweiz fleissig und mit Erfolg agitiert. Theoretisch war er mit bemerkenswerten Schriften hervorgetreten, die' für einen Schneidergesellen, der er war, erstaunliche Leistungen darstellen. Viel bewundert und von den Handwerkern gefeiert kam er sich allmählig wie ein Apostel der neuen Weltanschauung vor und gefiel sich in Posen, in denen nur noch der Heiligenschein zum Abschluss des Evangelistenbildes fehlte. Wie seine Schriften ja auch stark mit christlich-religiöser Mystik durchtränkt waren: „die Religion — heisst es in seinem Evangelium des armen Sünders — muss also nicht zerstört, sondern benutzt werden, um die Menschheit zu befreien." Solche Männer konnte Marx nicht gebrauchen. Und Weitling scheint auch nicht ohne Neid auf den neuen Stern vom „Osten" gesehen zu haben. Als er Ende September 1845 in London weilte, um bei der von den Chartisten veranstalteten Erinnerungsfeier an die Errichtung der französischen Republik (22 IX. 1792) die Ansprache zu halten, merkte er, dass er in seiner eigenen Schöpfung, dem „Bunde der Gerechten" den Boden verloren hatte. Man wollte sich nicht mehr auf seine Lehre festlegen, für die er ein Leben, überströmend an Verfolgung, Gefängnisnot und Entbehrung, durchgekämpft hatte. Der Vertreter des „stehlenden Proletariats" ging dann nach Brüssel. Aber überall trat ihn der neue Geist — der Geist Marxens feindlich entgegen Die Kritik gegen Kriege brachte dann den offenen Kampf und die Klärung: „Ich kann nicht anders denken — schreibt er nach New York — als der Angriff gegen dich war im Voraus schon gegen mich berechnet. . . . . Jeder will Kommunist sein und einer den andern als Nichtkommunisten hinstellen, sobald er seine Konkurrenz fürchtet". Weitling hat die Situation richtig erkannt, wenn er die letzten Ursachen auch menschlich, allzu menschlich erklärt: „Ich kriege zuerst den Kopf herunter geschlagen, dann die andern und zuletzt ihre Freunde und ganz zuletzt schneiden sie sich selbst den Hals ab. Die Kritik zerfrisst alles Bestehende und wenn

nichts mehr zu zerfressen ist, frisst sie sich selber auf. Dabei macht
sie den Anfang an der eigenen Partei, besonders seitdem die andern
sich nicht darum scheren." Zum Schluss eine Bemerkung über Hess; man beachte, der Brief
ist vom 16. Mai datiert. „Ich stehe von dieser Seite allein mit Hess;
aber Hess ist, wie ich, in die Acht erklärt".

Es ist nicht · anzunehmen, dass diese Schlussbemerkung nur ein
Versuch ist, Hess in einen Gegensatz zu Marx zu treiben. Weitling
hätte sich also in der immer sicherer nahenden qualvollen Vereinsamung
eines Genossen versichern wollen. Zum Troste oder zum Trutze. Wie
immer: Die Tatsache bleibt bestehen als Massstab für die sittliche
Wertung der kommenden Ereignisse: Hess stand schon im Mai 1846
auf der Proskriptionsliste! Die Schnitter dengelten schon die Sensen.
Aber Hess war noch nicht ganz reif.

Es lag System in der Aufräumungsarbeit. Hess wurde zunächst
noch festgehalten. Man liess den Anschein, als sei er ein wichtiges
Glied des „Triumvirats" — wie Heinzen sie in seiner kostbarlich groben
Schrift: Die Helden des teutschen Kommunismus nennt: Marx, Hess
und Engels. So kam Hess als Partisane des „Wadenbeissers" —
epitheton „ornans" für Marx — mit allen andern in die Brüche. Dann
wurde er selbst zerbrochen. Die Loslösung Hess' von Weitling war
auch ein Schritt zu diesem Endziel.

Die Beziehungen Hess' zu den genialen Schneidergesellen gehen
noch auf das Jahr 1843 zurück, in dem Hess als Korrespondent der
Rheinischen Zeitung in Paris weilte und in persönlichem Konnex zu den
Leitern des „Bundes der Gerechten", in Sonderheit zu Dr. Ewerbeck
stand. Hess hatte eine längere Kritik des damals erschienenen Werkes:
„Garantien der Harmonie und des Friedens" geschrieben, in der
Weitling doktrinär zerstückelt wurde. Weitling war besonders durch
die französischen Kommunisten beeinflusst, gegen die, weil sie Praktiker
waren, der philosophisch abstrahierende Hess damals heftig ankämpfte.
Aber die Kritik — die bei Froebel in Zürich erschienen sein soll,
aber nirgends sonst genannt wird — liess die Person des „Lumpen-
proletariers" ganz aus dem Spiel, so dass die Freunde Weitlings auf-
schäumende Wut gegen Hess leicht zum Abbrausen brachten: „Schlage
dir nur aus dem Sinn, dass Doktor Hess dir Leid antun will. Er
tadelt dein Werk mit Recht, mit Unrecht, wies geht Aber was er
einigen hier vorlas, ist nicht beleidigend." So schrieben ihm die
Pariser Genossen. Sie suchten die beiden in Freundschaft einander
näher zu führen: „Männer, wie Hess, sind direkt wirksam in ihrer

Sphäre, indirekt auch darüber hinaus. Schliesse mit ihm ein nahes Band, das wird euch beiden heilsam sein." Aus den empfehlenden Briefen sind hier einige Urteile über Hess in vieler Beziehung bemerkenswert: „Hess ist sehr wirksam für die Bekehrung der sehr Gebildeten; aber er spricht in Begriffen, nicht in Anschauungen, mithin für die nicht sehr Gebildeten unverständlich. Er siehts ein und verspricht Besserung. Er hat auch manche Barockseiten; z. B. will er durchaus nur Atheismus und Anarchie predigen, mit diesen Ausdrücken, wobei man sich natürlich nichts Untugendhaftes zu denken hat. .... Aber diese Schwächen abgerechnet, ist Hess sehr tüchtig; in kurzem wird — sagt er — die ganze junge Philosophie Deutschlands sozialistisch sein." In der Tat wurde das Verhältnis zwischen Hess und Weitling — wie die Korrespondenz ergibt — recht intim. Ungeachtet aller sachlichen Differenzen! Hess tadelte insbesondere die Auffassung der Freiheitsideen, die in dem Gleichheitssystem Weitlings zu kurz kämen. Die Bindung von Genuss und Arbeit, auf die Hess grosses Gewicht legte, schien ihm in der „Harmonie" nicht vollzogen: Die Arbeit war ein Zwang. Und die Lust floss nicht wie alle Tugend aus der freien Tätigkeit.

Trotz dieser Gegensätze, die uns heut mehr als Jongleurübungen mit Begriffen erscheinen, im Beginne der vierziger Jahre aber die Volksmänner grimmig auseinandertrieben, blieben Hess und Weitling gute Kameraden. Und nun, in den bösen Kämpfen mit Marx schüttet der Märtyrermessias dem Rabbi Moses sein Herz aus. Er schildert die Szene, in der Marx und Weitling gegeneinander standen und aus der sich dann der unheilbare Bruch ergab. „Marx war sehr heftig." Das Resumé der Debatte war: Es muss eine Sichtung in der kommunistischen Partei vorgenommen werden. .... Der Handwerkerkommunismus, der philosophische Kommunismus müssen bekämpft, das Gefühl verhöhnt werden; das ist blos so ein Dusel. Der Kommunismus kann erst verwirklicht werden, nachdem die Bourgeoisie ans Ruder gekommen wäre." Weitling fügte dem Resumé noch ein paar saftige Grobheiten gegen Marx an, der sich an die Geldmenschen herandrücke. Weitling war damals in höchster Not. Marx hatte ihn einen Freitisch besorgen müssen, und dem armen Hess lag Weitling mit seinen Klagen in den Ohren. Hess stand zwischen den friedlichen „Brüdern" und musste nun beider Verbitterung fühlen, bis ihm die leidige Sache über wurde: „Ihr habt ihn ganz toll gemacht — schreibt er Marx — und wundert euch nun darüber, dass er es ist." Nur Hessens Nachgeben konnte die offene Feindschaft mit Marx niederhalten. An Sticheleien hatte es

Marx nicht fehlen lassen. Die Wut auf den philosophischen Sozialismus, dessen Schöpfer Hess war, wenn er auch sein Vertreter nicht mehr sein mochte, der Kampf gegen Kriege, der schliesslich doch nur die von Hess eingeführten Kategorieen von Egoismus und Liebe als Urquell sozialen Geschehens promulgiert hatte — all diese Schärfen konnten Hess nicht ganz ruhig lassen. Wenn man ihn auch persönlich nicht — noch nicht! — zur Zielscheibe genommen hatte. Der Schriftwechsel zwischen Marx und Hess wird nun recht gereizt im Tone. Hess lenkte zwar ein — aber der Stachel im Gemüte sass doch fest: „Wenn du übrigens auch Recht hast, dass die Privatmisere mit den Parteistreitigkeiten nicht zusammenhängt, so sind doch beide zusammen hinreichend, einem das gemeinschaftliche Wirken in dieser Partei zu verleiden, und so wenig du auch für erstere verantwortlich gemacht werden kannst — da du selbst am meisen darunter leidest und ich wahrhaftig viel weniger wegen meiner, als gerade wegen deiner Privatmisere unsere Partei anklage — so sehr könntest du doch dazu beitragen, die Parteistreitigkeiten zu verhindern. Indessen, du bist einmal ein „auflösendes", ich vielleicht zu sehr ein versöhnendes Naturell — „ein jedes Volk hat seine Grösse — und jedes Individuum seine Blösse. .... Mit dir persönlich möchte ich noch recht viel verkehren; mit deiner Partei will ich nichts mehr zu tun haben." Einige Tage später — 5. Juni 1846 — wieder die Reue: „Dass ich in Sachen der Partei nicht mehr mit dir in Kommunikation stehe, daran bin ich nicht Schuld. Tut auch weiter nichts zur Sache, die ohne mein Zusammenwirken mit dir doch marschieren wird." Und zugleich damit das Geständnis, dass Weitling ihm widerlich geworden — der Bruch war erreicht.

Hess war wieder nach Köln zurückgekehrt, wo er neue literarische Unternehmungen plante. Mit ihm rechneten auch die Pläne, die damals durch die Unterstützung zweier reicher Westfälinger ihrer Verwirklichung entgegensahen. Es handelte sich um eine Vierteljahrsschrift, die Marx, Hess und Engels redigieren sollten. Gleichzeitig um die Herausgabe einer kritischen Abrechnung mit der deutschen Ideologie, in der Marx-Engel sich Feuerbach, Stirner, Ruge u. a. vornahmen. Zugleich aber wurde die Herausgabe einer „Bibliothek der ausländischen Sozialisten" näher getreten: ein Lieblingsgedanke von Engels schon aus der Barmener Zeit 1842, in dem er sich mit Marx wie durch Fernwirkung fast gleichzeitig traf. Auch hier sollte Hess Mitarbeiter am Werke sein. Ihm war die Herausgabe der Conspiration pour l'égalité dite de Baboef zugedacht, jenes Werkes, das den kommunistischen

Agitator Michel Buonarotti zum Verfasser hatte und das schon im Beginne
der dreissiger Jahre auf die Propagierung der kommunistischen Gedanken
starken Einfluss gehabt. Aber all die Pläne zerrannen, und Hess blieb
in bitterer Not zurück. Er hatte jetzt viel freie Zeit. Und er verwandte sie auf Studien — Hess der Philosoph! — auf Studien national-
ökonomischer Werke. Wie hatte er noch vor kurzer Zeit auf diese
Form der Auchtheologie geschmählt. Jetzt warf er den philosophischen
Ballast von sich. Er wollte mit beiden Beinen auf dem Boden stehen.
Diese Wandlung hat sich gewiss unter dem Einfluss von Marx-Engels
vollzogen. Aber ebenso stark war doch die Erkenntnis, dass die Ver-
dichtung der wirtschaftlichen Verhältnisse nicht mehr in verflüchtigender
Spekulation begriffen werden konnte.

Diese Umkrempelung der ganzen Menschen sahen die beiden
Dioskuren deutlich sich vollziehen. Sie haben fortan auch wohl Hess
zu den Ihrigen gezählt; Fleisch von ihrem Fleisch und Geist von
ihrem Geiste. Die Axthiebe gegen die Ideologen und die philosophischen
Sozialisten schienen nicht für Hess bestimmt zu sein. Er selbst gab
ihnen ja Recht. „Er kapitulierte" Am 28. Juli 1846 schreibt er an
Marx: „Mit Deinen Ansichten über die kommunistische Schriftstellerei
bin ich vollkommen einverstanden. So notwendig im Anfang eine
Anknüpfung der kommunistischen Bestrebungen an die deutsche Ideologie war, so notwendig ist jetzt die Begründung auf geschichtliche
und ökonomische Voraussetzungen, sonst wird man weder mit den
„Sozialisten", noch mit den Gegnern aller Farben fertig. Ich habe
mich jetzt ausschliesslich auf ökonomische Lektüre geworfen"

Marx hatte schnell mit allen alten Kommunisten aufgeräumt.
Und in den Brüsseler Kreisen stand seine geistige Suprematie auf
festem Grund. Es machte ihm keine grosse Schwierigkeit, sich allmählich die „Deutsche Brüsseler Zeitung," die Adalbert von Bornstedt,
ein früherer preussischer Offizier, seit Beginn 1847, herausgab, immer
mehr zu seinem Organ zu machen. Bewährte Genossen wurden aus
allen Orten herangezogen. Auch Hess wurde Mitarbeiter, der nach
Brüssel übergesiedelt war. Welchen Ansehens er sich auch hier und
damals erfreute, beweist die Tatsache, dass er in dem Ende August
1847 dort unter Marx' Auspizien gegründeten deutschen Arbeiterverein
zum Vorsitzenden gewählt wurde. Auch unter den Mitgliedern der
demokratischen Gesellschaft für Vereinigung aller Völker, die am 7.
und 15. November in zwei Hauptversammlungen in Brüssel zusammen-
trat, wird Hess als einer der wenigen Deutschen zusammen mit Marx
genannt.

Die „Deutsche Brüsseler Zeitung" brachte von Hess ausser der
Atomisierung von Ruge eine Reihe von vier geistvollen Aufsätzen
über „die Folgen einer Revolution des Proletariats." Hess hatte seinen
alten Adam ausgezogen! Kein Satz, kein Gedanke erinnerte auch nur
leise noch an den einstigen philosophischen Sozialisten. Marx, Du
hast gesiegt! Der Wandel in Hess' Kernanschauungen war in der Tat
jedem sinnfällig geworden Auch Marx! Und als Heinzen, dieser
„Erneuer der grobianischen Literatur", gegen den Pontifex Sturm lief,
nahm er sich gleichzeitig Hess vor, diesen „herzensguten, unschulds-
vollen Jüngling, der, nachdem er der Gefahr entgangen war, durch den
Hegelianismus närrisch zu werden, sich befleissigt hat, durch den
Kommunismus möglichst dumm zu werden". Und so schlägt dann
der starkknochige Revolutionshäuptling Heinzen, der das Schimpfen
mustergiltig verstand, auf den guten Hess los, der alle kommenden
Umwälzungen nur von den Fabrikarbeitern erwartet. Wenn Hess nicht
mehr von Prinzipien, sondern von Interessen ausgeht, dann fällt es
ihm nicht mehr ein — meint Heinzen — zu bedenken, dass auch
andere Leute Interessen zu vertreten, dass z. B. „dem König von Berlin
nicht vorgeworfen werden kann, dass er Zensur, Beil, Kasematten usw.
beibehält, denn der hohe Herr tut das in seinem Interesse und fragt
so wenig wie Herr Hess nach dem rechtlichen, vernünftigen oder
menschlichen Prinzip. So höhnt Heinzen voll Wut, denn das Prinzip
der Freiheit, das er in der Republik verkörpert sieht, steht ihm am
höchsten. Der Brandruf Heinzens gegen den zum Klassenkämpfer gewordenen Marxisten Hess, muss uns noch ein Weilchen im Ohre klingen,
weil er für die Beurteilung des Marx'schen Verstosses gegen Hess von
Wichtigkeit ist.

In seinem Artikel der Deutschen Brüsseler Zeitung hatte Hess
anschliessend an einen nationalökonomischen Kongress, in dem über
Freihandel und Schutzzoll debattiert wurde, die Frage behandelt:
welche Massnahmen haben die Proletarier zu ergreifen, nachdem sie
durch den Sturz der herrschenden Klasse die politische Macht errungen
haben. Durch diese Fragestellung erst wird ein Unterbau geschaffen,
auf dem man weiter arbeiten kann. Und haltlos sind alle die Fiktionen
der „Systemmacher, die ohne Rücksicht auf die existierenden gesellschaftlichen Zustände und Kämpfe nicht im Interesse der unterdrückten Arbeiterklasse, sondern lediglich im Interesse eines
beliebigen Prinzips ausgetrachtet werden" Hess sieht jetzt lediglich
in der Entwickelung der Grossindustrie die „objektiven Faktoren",
welche die Umwälzung der bisherigen gesellschaftlichen Organisation

herbeiführen. Er entwickelt das eherne Lohngesetz: Die freie Konkurrenz drückt die Arbeitslöhne auf ein gleiches Minimum herab, das gerade hinreicht, den Menschen bei der Arbeit am Leben zu erhalten. Damit wird aber die Produktion selbst unterbunden, weil es an Konsumenten fehlt. Aus der Unkenntnis der Bedürfnisse des Weltmarktes ergeben sich dann · Handelskrisen, die schliesslich dahin führen, dass weniger produziert als konsumiert wird. Jetzt tritt nach der Zerschmetterung vieler Existenzen zwar wieder eine Besserung ein — ohne dass indess die Aufbesserung der Löhne damit gleichen Schritt hält; denn auch die Arbeiterschaft hat sich durch die soziale Degradierung von Mittelstandspersonen während der Krisen vermehrt. Die Kapitalien, die doch nur aufgespeicherte Arbeit sind, für die der Besitzer nichts getan, häufen sich in wenigen Händen an. Der Arbeiter wird nur eine Ware. Er könnte auch produzieren, aber Mittel fehlen ihm und Instrumente. Sonst kennt er alles. Die Grossindustrie muss die Technik entwickeln und, ohne dass sie es will — auch das Klassenbewusstsein. Damit ist der gordische Knoten gegeben und der kann nur mit dem Schwerte durchhauen werden. Die Revolution ist die stillschweigende Voraussetzung! Diese Umwälzung wird sich da zuerst vollziehen müssen, wo die Grossindustrie die Verhältnisse bereits gereift hat, z. B. in England. Sie wird vielleicht anfangs nur eine partielle sein, aber die Rückwirkungen auf andere Länder werden nicht ausbleiben können. Schon die partielle Revolution muss den Gemeinbetrieb allmählich, aber sicher bringen. Die transitorischen Massregeln, die das auch zur politischen Herrschaft durchdringende Proletariat einführen wird: Aufhebung des Erbrechtes, Progressivbesteuerung aller noch bestehenden privatkapitalistischen Unternehmungen und aller Kapitalisten, Mediatisierung aller herrenlosen Güter zu Gunsten nationaler Erziehungsinstitute, Unterstützung der kranken Arbeitsunfähigen u. a. — ergeben in Bälde die Aufhebung des Privateigentums und die gemeinschaftliche Industrie.

Hess hatte schon in früheren Werken die Krisen-, Zusammenbruchs-, Konzentrationtheorieen angedeutet. Nun traten sie in aller Schärfe hervor. Nur die Interessen des Proletariats bringen die neue Weltordnung. Damit ist die völlige Absage gegen die prinzipienvertretende Ideologen erfolgt. Aber die Hoffnung verlässt Hess nicht, dass auch die Spaltungen im Lager der Radikalen sich überbrücken werden, wollen sie nicht die Schmach auf sich laden, über den Kampf um Prinzipien die realen Interessen zu vergessen.

Die Aufsätze, die auch heute noch lesenswert sind und mancherlei ganz aktuelle Probleme berühren, stammen aus den Monaten Oktober und November 1847. Dem ersten Artikel fügte die Redaktion eine Bemerkung an, die wichtig erscheint: „Wir bitten um die Fortsetzung dieser sezierenden und belehrenden Aufsätze. Der gemässigte fortschreitende Michel kann darin studieren und wird sich nicht über zu starkes Schimpfen zu beklagen haben." In Marx' Organ haben die Arbeiten gestanden, ein tatsächlicher Beweis, dass Hess die Phase seines philosophischen Sozialismus überwunden hatte. Wenige Tage darauf geht Marx als Abgesandter der demokratischen Gesellschaft nach London, um an dem Feste zur Erinnerung an die polnische Revolution teilzunehmen. In demselben Monat begannen auch die geheimen Verhandlungen im Bunde der Kommunisten, der sich nach dem Ausschwitzen des Weitlingstum und ähnlicher halbmystischer Fantasien reorganisiert hatte und nun ein einheitliches Programm beriet. Das Ergebnis war das „kommuuistische Manifest", bis zum heutigen Tage die Basis der internationalen Sozialdemokratie. Marx und Engels haben es gemeinsam aufgesetzt. Diese kleine kraftvolle Schrift durchzieht wie ein breiter, nährender Strom der Gedanke: alle Geschichte ist nur Klassenkampf zu dem Ziele hin, dass das Proletariat, das Joch der ausbeutenden Bourgeoisie sprengend, die Gesellschaft für immer von Ausbeutung und Klassenkämpfen befreit. Dahin führe die Gewalt der ökonomischen Entwickelung Darum stellen die Kommunisten keine besonderen Prinzipien auf, nach denen sie die proletarische Bewegung modeln wollen.

Diesen Grundsatz kennen wir schon von Hess, der ihn mit aller Schärfe ausgesprochen. Und nun, da sich die beiden Dioskuren Marx-Engels daran machen, alle Formen des Sozialismus niederzuschlagen, durch deren Geäder ein Prinzip als Pumpstation seine blassen Doktrinen jagt, nahmen sie sich auch den „deutschen" oder „wahren Sozialismus" vor. Mag man diese die Zusammenhänge deutscher Philosophie und französischer Gleichheitstrebung scharf herausdeutende Kritik auch als notwendige Voraussetzung einer rationellen Arbeiterpolitik objektiv ansehen, so setzten sich Marx-Engels subjektiv ins Unrecht, dass sie ihre Bomben gegen Hess schleuderten. Ganz abgesehen davon, dass Hess von allem Anfang an systematisch die Entwicklung nicht als eine Kategorie des Willens, „des Willens, wie er sein muss, des wahrhaft menschlichen Willens," sondern immer als eine Kategorie des Müssens, der objektiven Notwendigkeit betrachtet hat — ganz abgesehen weiter, dass Hess niemals des Wort vom „wahren" Sozialismus nur geprägt oder übernommen hat — Hess hatte sich schon seit zwei

Jahren zum ökonomischen Sozialismus durchgerungen und hatte mit
Marx-Engels gemeinsam diese Auffassung verfochten — es war ein
persönliches Unrecht, ein hinterlistiger Ueberfall, eine Treulosigkeit,
nun den Hess von früher als abschreckendes Paradigma zu präsen-
tieren: „Sie schrieben ihren philosophischen Unsinn hinter das französische
Original, z. B. hinter die französische Kritik der Geldverhältnisse
schrieben sie „Entäusserung des menschlichen Wesens",· hinter die
französische Kritik des Bourgeoistums schrieben sie „Aufhebung der
Herrschaft des Abstrakt-Allgemeinen."

„Die Unterschiebung dieser philosophischen Redensarten unter die
französischen Entwicklungen tauften sie „Philosophie der Tat", „wahrer
Sozialismus, deutsche Wissenschaft 'des Sozialismus, philosophische
Begründung des Sozialismus".

.. Die französische sozialistisch-kommunistische Literatur wurde so
förmlich entmannt. Und da sie in der Hand der Deutschen aufhörte,
den Kampf einer Klasse gegen die andere auszudrücken, so
war der Deutsche sich bewusst, die „französische Einseitigkeit" überwunden, statt wahrer Bedürfnisse die Bedürfnisse der Wahrheit und
statt der Interessen des Proletariers die Interessen des
menschlichen Wesens, der Menschen überhaupt vertreten. zu
haben, des Menschen, der keiner Klasse, der überhaupt nicht der
Wirklichkeit, der nur dem Dunsthimmel der philosophischen Phantasie
angehört."

Jedes Wort ist hier auf Hess gemünzt! Lässt man den objektiven,
den Tatbestand ganz ausser Acht, geht man darüber vollends hinweg,
dass Hess eben nach Analogie seiner französischen Lehrmeister nur die
Endstationen der Entwicklung behandelt — in denen es doch auch
nach Marx keine „Klassen" mehr gibt — während Marx die gegenwärtige Situation, den gegenwärtigen Kampf anpackt und die
Zukunft— in jeder Richtung klug— „verdunstet", es war nicht nur „über-
trieben" zu erklären: der „wahre" Sozialismus „diente den deutschen
absoluten Regierungen mit ihrem Gefolge von Pfaffen, Schulmeistern,
Krautjunkern und Bureaukraten als erwünschte Vogelscheuche gegen
die drohend aufstrebende Bourgeoisie." Zwar·lässt das Manifest die
Frage geschickt offen, ob es die Absicht, die Tendenz des frühen
Sozialismus war, dem Absolutismus in die Hände zu arbeiten." Aber
diese beabsichtigt unklare Formulierung war eine Treulosigkeit gegen
Hess, über die nur ein unmarxistischer Heroenkult von Marx hinüber-
gleiten kann.

Das objektive Unrecht hat Mehring neuerdings mit anerkennenswerter

Offenheit gut zu machen versucht. Das genügt aber nicht! Marx'
Charakter weist hier einen bösen Defekt auf. So nötig es war, gegen-
über den „Wahren", den Prinzipienmännern der Bedürfnisse, die
Interessen des Proletariats in den Vordergrund zu rücken — der spezielle
Hinweis auf Hess ist und bleibt der Ausfluss einer kleinlichen,
persönlichen Ranküne. Hess war nicht ein enthirnter Bewunderer des
Menschen Marx; er hatte für seine Weltanschauung Verständnis und
Liebe; nicht aber für seine „Wadenbeisserei". Es ist auch nicht ganz
abzulehnen, dass Marx-Engels versucht haben, ihn in allerlei philo-
sophische Irrgärten zu locken, um sich über ihn lustig zu machen.
Sie hatten ihn freilich etwas dünkelhaft unterschätzt. Hess merkte die An-
zapfungen und — schwieg vornehm. Aber der Groll setzte sich bei ihm fest.
Oder richtiger ein Widerwille. Die Rache dafür kam dann im „Manifest".
Marx aber und Engels beruhigten sich dabei nicht. Alte psychologische Erfahrung: Adelsmenschen (— sie brauchen keine grossen
Geister sein! —) sehen ein Unrecht ein und machen es gut. Dabei
vergeben sie sich nichts.

Marx hat seine Beschimpfungen fortgesetzt, und Engels spricht
noch in der Ausgabe des „kommunistischen Manifestes" von 1890 von
der „schäbigen Richtung" dieser schmutzigen, entnervenden Literatur,
ohne ein Wort für Hess zu finden, der doch noch 1870 im „Volksstaat"
Aufsätze veröffentlichte, für die Liebknecht und Bebel die Verantwortung
vor den Richtern im Leipziger Hochvertatsprozess übernahmen.

Das Manifest ist im Februar 1848 erschienen. Indess ist es nicht
ganz ausgeschlossen, dass er in einer noch nicht aufgefundenen früheren
Ausgabe existiert. Hess hatte jedes Falles genug an dem Treiben
seiner „Freunde". Seine innerliche Entrüstung bebte noch lange in
ihm. Der „gute Kerl" litt sein Lebelang an dem Wahnsinn: die
Menschen nicht nur nach ihrem „Klassenbewusstsein", sondern auch
nach ihren sittlichen Qualitäten zu werten. Noch während seiner
lassalleanischen Periode war sein Widerwillen gegen Marx — dem
Menschen! — nicht ganz überwunden. Auch in seinem „Rom und
Jerusalem" zittert er leise, im Gesinnungsadel gedämpft, nach: „Andere
Völker haben nur Parteistreitigkeiten; die Deutschen können sich auch
dann nicht vertragen, wenn sie zu einer und derselben Partei gehören.
Meine eigenen Gesinnungsgenossen haben mir die deutschen Bestrebungen
verleidet und im Voraus das Exil erträglich gemacht, das erst einige
Jahre später, infolge des Sieges der Reaktion, aus einem freiwilligen
in ein unfreiwilliges verwandelt werden sollte. — Schon kurze Zeit
nach der Februarrevolution ging ich nach Frankreich".

Das war 1848.

In den zahlreichen Konventikeln deutscher Flüchtlinge, die zumeist ihrer republikanischen Gesinnung wegen die Heimat hatten verlassen müssen, arbeitete er im sozialistischen Geiste. Nach Engels herrschte damals in Paris die Manie der revolutionären Legionen. „Spanier, Italiener, Deutsche taten sich in Haufen zusammen, um ihre respektiven Vaterländer zu befreien". Engels-Marx widersetzten sich „der Revolutionspielerei aufs Entschiedenste". Hess aber nahm von der Ferne her an den deutschen Kämpfen regen Anteil. Aber dabei liess er es nicht bewenden. Er trat mit vielen Verbannten in das Freikorps der politischen Flüchtlinge ein, die in Baden für die Reichsverfassung kämpften.

Baden war durch die französische Revolution aufs tiefste aufgewühlt worden. Umgeben von zwei freiheitlichen Republiken war es bis in den höchsten Schichten des Volkes von dem Zauber der Freiheitsreden ergriffen. Galt in anderen Ländern Deutschlands der Kampf vorzugsweise der Befreiung des Bürgertums von dem aussaugenden Polypen Feudalismus, so spielten in die badische Erhebung proletarische und kleinbürgerliche Interessen und republikanische Träume mit hinein. Zu einem verständigen Anpacken der Aufgaben konnte es nicht kommen, weil die treibenden Männer von verschwommenen Phantastereien sich leiten liessen. Zwar fehlte es nicht an Kampfgenossen. In der Bürger- und Volkswehr waren viele Tausende organisiert. Und die Soldatenschaft beseelt vom Geiste der Massen, aus denen sie eben erst ausgehoben waren, trat ganz auf die Seite der Freiheit. Aber die Leitung war verworren, weil gar zu gemischte Elemente sich zusammenfanden. Vollends unfähig erwies sich vor allem die Kriegsführung. Mit der freien Wahl der Offiziere war nichts getan, wenn diese von Strategie keine Ahnung hatten. Und der Elan allein reicht gegen gut ausgerüstete, disziplinierte Armeen nun eben nicht aus. Zu dem kam, dass die Ohnmacht des Volksheeres einen Einfluss weder auf Frankfurt, noch auf die Bevölkerung der anderen Bundesstaaten erzwingen konnte. Die Bewegung blieb auf Baden beschränkt, und damit waren ihr schon die Beine abgehackt. Zwar leisteten die Volkstruppen ehrliche Kriegsarbeit, die in keinem Verhältnis zu ihren primitiven Hilfsmitteln stand, zwar haben die Freikorps mit Heldenmut gefochten, aber der Ausgang konnte keinem mehr neblig erscheinen. Die Freiheitsehnsucht, die roh und ungestüm explodiert war, wurde von den herannahenden preussischen Armeen niederkartätscht. Wer nicht in der Schlacht umkam, den liess das Standrecht „blaue Bohnen schlucken". Wars gnädig, so nahm das Zuchthaus die Verbrecher in Liebe auf für den schäbigen Rest des Lebens. Die anderen Kämpfer suchten in gastlichere Asyle zu kommen. Viele Tausende fanden im Elsass und vorzüglich in der Schweiz Zufluchtsstatt.

Über Hess, den Kriegersmann, lässt sich bis jetzt wenig eruieren. Vielleicht, dass neue biographische Quellen reichlichere Angaben bringen. Nach dem Niederwerfen der Revolution ging er nach Strassburg für einige Monate, dann hielt er sich über ein Jahr in verschiedenen Städten der deutschsprachlichen Schweiz auf, bis er sein Domizil für fast zwei Jahre nach Genf verlegte. Nach Deutschland durfte er nicht zurückkehren: er war wegen Beteiligung am Aufstande in contumaciam zum Tode verurteilt worden....

Über die revolutionär-sozialistische Bewegung jener Zeit nach dem Unterwerfen der Aufstände von 1848 und 1849 liegen fast keinerlei Mitteilungen vor. Es lag in der ganzen Natur der Verhältnisse, dass literarische Erzeugnisse, wenn sie überhaupt veröffentlicht wurden, jedenfalls keine Verbreitung fanden. Der Schmuggel solcher papiernen Bomben war schier gefährlicher als der rechter Mordinstrumente.

In der sozialistischen Demokratie kriselte es bedenklich. An eine wirkliche Organisation war nach dem Siege der Reaktion nicht mehr zu denken. So blieb als Krystallisationspunkt nur noch der Bund der Kommunisten. Aber auch hier trieben Spaltungen die Mitglieder auseinander. In London hatte sich allerlei revolutionäres Volk angesammelt: Flüchtlinge aus aller Herren Länder. Besonders stark waren die Männer vertreten, die in Deutschland für die Freiheit ihr Leben gewagt und nicht lange nach Doktrinen gefragt hatten. Vor allen Dingen gegen das verhasste Regiment kämpfen! Vielleicht käme doch etwas für die Sache des Volkes heraus. Marx stand während der Revolution fern vom Schuss. Beileibe nicht aus Feigheit. Er wusste auf Grund seiner Geschichtsauffassung ganz genau, dass diese Revolution nur bürgerlich ist und nur die Bourgeoisie zur Herrschaft bringen kann. So ergab es sich leicht, dass in der Partei zwei Richtungen sich sondern mussten, die Partei Marx und die Partei Schapper-Willich. Diese hegten die Hoffnung, dass die Revolution bald wieder aufflammen müsse und dass man sich zu rüsten habe für die kommenden Tage. Marx war gegen diese „Revolutionsspielerei". Er trat mit der genialen Ruhe seines kühl rechnenden, die Verhältnisse auf Grund wirtschaftlicher Deduktionen von hoher, stiller Warte überblickenden Geistes den Ekstatikern entgegen: „Eine Revolution ist erst möglich, wo die modernen Produktivkräfte und die bürgerlichen Produktionsformen

miteinander in Widerspruch geraten. ... Statt der wirklichen Verhältnisse wird der blosse Wille zum Triebrad der Revolution." Die
eine Gruppe warf die andere heraus — kurzum es gab zwei Fraktionen,
von denen jede — alte und ewig junge Geschichte! — sich für die
alleinigen Vertreter des kommunistischen Bundes hielt.

Zu welcher Fraktion Hess gehörte, wenigstens durch die Auffassung
gehören musste — ergibt sich leicht. Gräbt man unterhalb alles
Doktrinären noch eine Schicht weiter, so kommt man auf die Tempera-
mente. Hess gehörte nicht zu den kühlen. Er war heissblütig.
„Sanguiniker" hatte ihn Engels genannt. Ihn trieb nicht nur wägender
und rechnender Verstand, sondern die Freiheitliebe. Er stand also
zu Schapper und zu Wallich, unter dem er gefochten. Das Zerwürfnis
mit Marx braucht man nicht erst zur Erklärung heranzuschleifen.

Über seine damalige Stimmung, seine instinktive Hoffnungselig-
keit besitzen wir ein wertvolles Dokument. Natürlich eine aktuell
geschichtsphilosophische Studie: es ist die besondere Psychologie bei
Hess, dass er alle seine Sentiments erst verstandesgemäss — entschuldigt.
Das Werkchen führt den Titel: Jugement dernier du vieux monde
social und ist bei F. Milly in Genf 1851 erschienen. Eine nicht ganz
vollständige Übersetzung hat Bernstein in den Dokumenten des
Sozialismus (Bd. I. 533 ff) veröffentlicht. Das Motto: „Unité dans l'action,
liberté dans la discussion" spielt deutlich auf die Parteiverhältnisse an.

Alte Gedankengänge wieder aufsuchend, erneuernd und ausbauend
sucht Hess die Zusammenhänge der Philosophie und des Sozialismus
blosszulegen und in einer geistvollen Parallelisierung Feuerbach als
den Proudhon der religiösen Revolution zu zeichnen. Aber beide haben
das Problem nicht gelöst, dem Menschen „seine von dem irdischen
und himmlischen Kapital aufgesogene lebendige Schöpferkraft wiederzugeben. Sie konnten auch zu einer befriedigenden Lösung nicht
kommen, weil erst eine neue Welt revolutionär geschaffen werden
muss, die das den Händen der Volksfeinde entrissene Kapital im
Gemeinbesitz der Gesamtheit aufweist. So musste es dahin kommen,
dass in Deutschland die jungen Philosophen linkshegelscher Observanz
nach schweren inneren und äusseren Kämpfen politisch — d. h. sozialistisch werden mussten.

„Somit sind die deutschen Sozialisten, die Karl Marx als ihren
Führer anerkennen, die einzigen, die, nachdem sie den philosophischen, politischen und nationalökonomischen Konservativen die Maske
abgerissen haben, nicht mehr in irgend eine Falle gehen, weder in
die der als Revolutionäre verkleideten Utopisten oder in die der als

Erforsche von Lösungen verkleideten Bourgeois." Von diesem Gesichtspunkt au kritisiert er Proudhon ganz im Geiste von Marx' bekannter
Schrift geen den grossen Franzosen. Hess hielt die gesellschaftlichen
Zustände 10ch in höherem Grade als Marx für den „grossen Kladde-
radatsch"gereift. Darum musste er auch zu der sofortige Revolution
fordernde Gruppe gehören. Wie Unrecht er hatte und wie viel schärfer
Proudhon sah, der die Utopisterei in der Gegenwart bekämpfte, hat
die Zukuft gelehrt. Was hat die proletarische Partei anders tun
können, ls im Rahmen der immer noch bestehenden Ordnung die
„kleinlich" Interessenpolitik der Arbeiter zu vertreten. . . .

Indes so entschieden sich Hess auf marxistischen Boden stellt, eines
trennte im von dem „Führer" — die Aktivität. Denn im letzten
Grunde snaltet der marxistische Gedanke jede zielstrebige Organisation a riori aus. Es entwickelt sich alles nach fest bestimmten
Gesetzen ius den Produktionsverhältnissen heraus. Und diese Entwickelung allein unterminiert schon von selbst ihre Basis, so dass die
privatkapitalistische Wirtschaftsform durch sich selbst in sich zusammen-
stürzt. Dmit ist aber für die Sozialisten, die an „Aktivitätshypertrophie"
leiden, ach ein veränderter philosophischer Standpunkt entschieden.
Die älteo Schulen — zumal die französischen — haben darum den
Willen inden Vordergrund geschoben. Hess kommt nun ins Gedränge:
für ihn var alles Geschehen wie in der Vergangenheit, so in der
Zukunft aturgegebene Entwickelung — die Kategorie des Müssens.
Jetzt muss er seine Grundfeste verteidigen, um zum Handeln zu
kommen nd die Konzession an den Willen war in diesem revo-
lutionlüternen Augenblick nicht zu umgehen. Hess konnte die
Entschuligung bei sich selbst nur dadurch anbringen, dass der Anta-
gonismusder „Klassen" die Verhältnisse eben schon hatte zur Revolution branreifen lassen. So muss sich Hess denn — in diesem
Punkte — gegen Marx wenden: Die deutschen Sozialisten — meint
er ironish — wissen alles! Aber sie können nicht handeln. „Sie
besitzen ichts als die Waffen der Kritik, um die alte soziale Welt
anzugreifn. Sie verstehen aufs vorzüglichste die Kunst, den Körper
unserer·esellschaft zu sezieren, ihre Ökonomie zu entwickeln und
ihre Krakheit klarzulegen. Aber sie sind zu materialistisch, um den
Schwungzu besitzen, der elektrisiert, der das Volk hinreisst. . . . Sie
haben da nebelhaften Standpunkt der deutschen Philosophie mit dem
engen ud kleinlichen Standpunkt der englischen Ökonomie vertauscht.
Die deutchen Sozialisten bilden nur eine Schule gelehrter Ökonomen,
mit ebero wenig Anhängern und ebenso vielen Prätensionen, wie die
philosoplsche Schule, der sie früher angehört haben."

Nach dieser Einleitung vollzieht dann Hess das Urteil in dem „Jüngsten Gericht" über die jetzige Welt. Die Katastrophe wird wieder in Frankreich beginnen; und sie muss die ganze Welt erfassen, weil die französische Republik ohne die Erkämpfung der Weltrepublik eine Unmöglichkeit ist. Hess erörtert dann den Begriff des Fortschritts. Schon hier tritt das Bestreben hervor, die Sozialgesetze aus den Experimentalwissenschaften herzuleiten. Auf Grund des biologischen Grundgesetzes, das Haeckel später dahin fixiert hat, dass die Seinsgeschichte die Wiederholung der Stammesgeschichte ist, unterscheidet Hess den Fortschritt von der Keimanlage bis zur Geburt und die abgelöste Weiterentwicklung des ausgebildeten Organismus. Die embryonale Werdenszeit der Gesellschaft ist durch die Sklaverei jeder Form bezeichnet. Dieser Antagonismus von Herrschenden und Beherrschten, in dem wir bis heute treiben, war notwendig, um seine Ursache aufzuheben: die Armut an Produktionskräften, an Verkehrswegen und an hinreichenden Lebensmitteln. Nachdem diese Werte aber geschaffen sind, ist der weitere Fortschritt der selbständigen Sozialkörper ausschliesslich durch die Gemeinschaftlichkeit, durch Assoziation möglich. Zwar war die Arbeit stets organisiert, und die grossen Revolutionen hatten immer den Zweck, die Produktionsweise auf die Höhe der Produktivkräfte zu erheben (— Gedanken, die Marx später (1859) in seiner „Kritik der politischen Oekonomie" ausgeführt hat —), allein sie ebneten nur den Weg für neue Formen der Akkumulation und Produktion in den Händen der herrschenden Klassen. Die Aufhebung dieser Klassenherrschaft kann aber einst den Fortschritt bringen. Die Überproduktion, die jetzt noch Krisen und Elend schafft, kann erst durch die Steigerung des Konsums, durch die Assoziation aller Kräfte, reguliert und ausgeglichen werden.

Diesen Wandel kann nur die schöpferische Arbeiterklasse selbst herbeiführen und die französische Nation, in der soziales Gefühl mit starkem Tätigkeitsdrang und Freiheitsliebe verknüpft sind und dessen Temperament die Harmonie der menschlichen Anlagen bewahrt hat. Erfüllt aber Frankreich seine Mission nicht, dann ist der moralische Tod der menschlichen Gesellschaft besiegelt. Dieser moralische Tod der Völker, dessen Form die Sklaverei darstellt, ist schlimmer als der physische: „Die Geschichte hat nur zwei fürchterliche Beispiele unglücklicher Völker bewahrt, die exemplarisch dafür bestraft wurden, dass sie sich mit ihren toten Einrichtungen identifizierten, von Völkern, die sich in der letzten Stunde ihres sozialen Lebens, als dieses abgelaufen war, an ihre Institutionen klammerten, deren Lebens- und Fortschrittsbedingungen erschöpft waren." Die Chinesen — ein der Seele verlustig gegangener Körper und die Juden — eine des Körpers beraubte Seele. Dieses Volk „muss wie ein Gespenst durch die Jahrhunderte umherirren — zur gerechten Strafe für seine spiritualistischen Verirrungen!"

Wenn man von dem ganz spezifischen Geisteseinschlag bei Hess absieht, erkennt man die starke Beeinflussung durch die marxistischen Lehren. Bernstein weist mit gutem Rechte darauf hin, wie Hess in dieser Broschüre die theoretischen Leistungen von Marx besser würdigt, „als irgend einer der sozialistischen Gegner und wahrscheinlich auch mit grösserer Sachkunde, als die grosse Mehrzahl der sozialistischen Freunde von Marx."

Hess arbeitet die theoretischen Differenzen zwar deutlich heraus. Und einer gewissen Verstimmung wird er auch nicht ganz Meister; sie blinzelt zwischen einigen Zeilen hervor. Aber roher Gehässigkeit, brutaler Feindschaft ist keine Spur zu finden. Dazu war Hess ein zu vornehmer, offener und reiner Charakter.

Marx freilich suchte den wackeren Ueberfall von hinten her, den er im „Manifest" gegen den Freund Hess unternommen hatte, nur noch immer schimpflicher zu machen. Er biss sich in seinen Hass immer fester. Für die sensible Natur eines Hess fehlte Marx jedes Verständnis. Als bei Gelegenheit des Kölner Kommunistenprozesses 1852 auch der „rote Katechismus", eine in Paris gedruckte Agitationsbroschüre, zur Belastung der Angeklagten benutzt wurde, wimmelte Marx jede Verantwortung für diese Schrift von sich ab. Er hielt Hess für ihren Autor und schrieb: „Moses Hess, der Fraktion angehörig, der Verfasser des roten Katechismus, dieser unglücklichen Parodie des Manifestes der kommunistischen Partei, Moses Hess, der seine Schriften nicht nur selbst schreibt, sondern selbst vertreibt, er wusste genau, an wen er Partien von seinem „Roten" abgelassen hatte. Er wusste, dass Marx ihm den Reichtum am „Roten" auch nicht um das Mass eines einzigen Exemplars geschmälert hatte. Moses lässt ruhig auf den Angeklagten den Verdacht, als hätte ihre Partei sein „Rotes" mit melodramatischen Begleitschreiben in der Rheinprovinz hausiert." Jedes Wort in dieser Stelle ist eine Unwahrheit. Der Vorwurf, dass Hess der politischen Polizei in die Hände gearbeitet habe, ist die Umprägung eines Schlagwortes aus dem Manifest für die besondere Angelegenheit — sonst aber eine bedingunglose Gemeinheit. 1875 gibt Marx ein Nachwort zu den „Enthüllungen". Er entschuldigt einige Irrtümer, sucht seine

Gegner Schapper und Willich in günstiges Licht zu rücken. Ueber Hess spricht er so nebenher: „Er soll nicht der Verfasser des roten Katechismus gewesen' sein". Die Irrtümer und andererseits erklären die Umstände, unter denen die „Enthüllungen" verfasst wurden, die Bitterkeit des Angriffs auf die unfreiwilligen Helfershelfer des gemeinsamen Feindes. Hess nun aber eine Ehrenerklärung zu geben, unterlässt Marx auch jetzt noch — ein rechter Gemütsmensch. Das ganze Verhalten zu Hess, das Übertrumpfen eines Unrechtes durch neues Unrecht, gehört nicht zu den Ruhmesmitteln von Marx, und es genügt nicht, wenn Bernstein objektiv feststellt, dass die Einreihung von Hess in das Register von Verfassern „schmutziger, entnervender Schriften als sachlich berechtigt nicht anzuerkennen ist." Der Hinweis auf Marx' Zwangslage, den Sozialismus vor verschlammender Konfusion zu schützen, trifft für Hess weder im Persönlichen, noch seit dem Jahre 1846 im Sachlichen zu, wenn auch Hess nicht bis zur Selbstbewusstlosigkeit im Marxismus untertauchte.

Hess war zur Zeit des Kölner Kommunistenprozesses der Appetit an der Arbeit seiner Parteigenossen schon gründlich vergangen. Neben den Zankereien war es besonders die Zerschmetterung seiner grossen Hoffnung auf die nahe Revolution, die ihn vom Kampfplatz trieb und ihm alle Politik verleidete: Frankreich, von dessen Veranlagung er die schnelle, die morgige Erlösung der Menschheit erwartete, war der Tyrannis des dritten Napoleon erlegen.

VII.

Im Jahre 1852 verliess Hess sein Asyl in Genf. Nach den Angaben von Carl Hirsch soll er „im strengsten Geheim" nach Deutschland zurückgekehrt sein, um an der Bestattung seines Vaters teilzunehmen. Diese Mitteilung steht freilich im Gegensatz zu Hess' Bemerkung in „Rom und Jerusalem" (S. 3), denn dort schreibt er, dass der Vater „während meiner langen Abwesenheit" beerdigt worden ist. Immerhin ist es nicht ausgeschlossen, dass Hess Deutschland passiert hat. Denn von Genf verlegte er sein Domizil nach Lüttich. Indess kaum hatte er sich dort häuslich niedergelassen, als die preussische Regierung mit aller Entschiedenheit seine Auslieferung forderte. Belgien beschränkte sich jedoch darauf, Hess auszuweisen. So musste er denn wieder zum Wanderstab greifen und ging dann nach Antwerpen, wo er aber durch die Polizei solange chikaniert wurde, bis er sich entschloss, sich wieder in Paris ein Heim zu gründen. Was ihn abhielt, gleich nach Paris zu gehen, erklärt sich aus der ganzen Veranlagung von Hess: Am 2. Dezember 1851 war es dem Neffen des grossen Napoleon gelungen, durch einen geschickt arrangierten und durchgeführten Staatsstreich sich der Herrschaft in Frankreich zu bemächtigen und seine Machtstellung durch mancherlei glückliche Manöver zu befestigen. Damit waren Hess' grosse Hoffnungen auf die Revolution zu Grabe getragen und — Gräber hat er nach eigenem Bekenntnis nie besucht.

Jetzt war ihm aber keine andere Zufluchtstatt gegeben. In schmerzlicher Resignation wollte er nun aller Politik Valet sagen! und Vergessenheit suchen in dem „ausschliesslichen" Studium der Naturwissenschaften. Seine philosophische Entwickelung hatte ihn auf diesen Weg gedrängt. Seitdem er erkannte, dass man mit blassen Theorien und Prinzipien nicht mehr die Welt aus den Angeln heben konnte, war er immer mehr zur Realität der Dinge gekommen. In der Geistes-Schule von Marx hatte er gelernt, die Gesellschaft zunächst in allen ihren Äusserungformen zu studieren und aus den Fakten die Gesetzmässigkeiten herzuleiten. Aber war selbst diese ökonomische Wissenschaftspolitik nicht letzten Endes auch nur Ideologie? Waren die Gesetze, die man als eherne und ewige bezeichnete, nicht auch nur Abstraktionen, die genaueres Detail und unbekannte oder nicht einbezogene Faktoren umblasen mussten wie Kartenhäuschen? Da

schien es ihm als der sichere Weg, einmal die Elemente alles Seins
erst zu studieren und aus ihrer Bindung zu Erkenntnissen vorzudringen. Leitend war für ihn die Kernanschauung seines Denkens,
dass es nur ein Gesetz auf der Welt gibt. Dieses Gesetz aus dem
tausendfältigen Spiel der Kräfte, aus der Wechselwirkung des kosmischen,
organischen und sozialen Lebens herauszulösen — das wäre erst der
grösste Fund, die stärkste Entdeckung, die sicherste Methode die zukünftige Gestaltung zu erkennen und durch diese gesicherté Erkenntnis
unnötige Kraftverschwendung, Kämpfe und Irrwege zu vermeiden.
Denn wie schon in den ersten Arbeiten leitete ihn die Überzeugung,
dass das Bewusstwerden, das Wissen — das Leben ist.

Dass Hess kein „reiner" Naturwissenschafter wurde, werden
konnte, versteht sich von selbst. Dazu fehlte ihm schon die nötige
Unbefangenheit. Die Naturwissenschaft, die experimentellen Arbeiten
setzen bedingunglose Objektivität voraus, soweit das Subjekt, der
Forscher — ein Mensch überhaupt zur Objektivität vordringen kann.
Und weiterhin schliessen sie alle Teleologie aus. Nicht um zu diesem
oder jenem Ergebnis zu kommen, sondern um des Ergebnisses
willen schlechtweg soll geforscht und experimentiert werden.

Für diese „voraussetzunglose" Wissenschaft brachte der philosophie-
durchtränkte Hess natürlich nicht genügende Naivität mit. Seine
naturwissenschaftlichen Studien waren eben nicht Selbstzweck. Er sah
sich auf diesem Gebiet mit Ernst und Eifer um; aber er wollte doch
nur Bausteine suchen, um seinen gedanklichen Gebilden die materiellen
Stützen zu schaffen. Es ist natürlich nicht dahin gekommen. Die
Steine, die er auflas, hängen wie die Probefassaden auf allerlei Gebälk
vor seinem Gebäude, das doch nur aus Ideen zusammengebracht und
zusammengedacht war.

Der Übergang zu seinen naturwissenschaftlichen Studien leitet
— es wäre ein Wunder, wenn es anders wäre! — die Astronomie ein.
Es ist psychologisch nicht uninteressant, daran zu erinnern, dass
auch Wilhelm Weitling in der Sternguckerei sich bis zur Resignation zu
vergessen suchte.

Hess hat seine Arbeiten in den Zeitschriften „Die Natur", die
Ule und Müller herausgaben, und in Wigands „Jahrhundert" veröffentlicht. Sie behandeln die „Physische Beschaffenheit und Geschichte
der Weltkörper", „Die Sonne und ihr Licht" u. a. Er ist jedenfalls
mit grosser Energie an die Probleme herangetreten und hat weit-
schichtige mathematische Studien betrieben. Mit gleichem Eifer pflegte
er die Geologie; denn aus den Schichtungsgesetzen der Erde mussten

sich doch entschieden Analogieen mit den sozialen Schichtungen ergeben!

So ernsthaft er sich mühte, von der Philosophie freizukommen, sie trat ihm immer wieder in den Weg. Schon nach drei Jahren der natuiwissenschaftlichen Arbeit fixierte er die Umrisse eines encyklopädischen Sammelwerkes, in dem er seine „genetische Weltanschauung" entwickeln wollte durch Zusammenfassung der experimentellen Wissenschaften unter dem Gesichtswinkel der Einheitphilosophie. Er hat für diesen Gedanken eifrig und lange geworben. In seinem Nachlass befinden sich eine Reihe von Briefentwürfen an Freunde, eine Menge „Überschriften im Unreinen" und ein stattlicher Band, in dem die Ergebnisse der Astronomie festgehalten werden. Diese Bearbeitung bildet auch den Grundstock seines späteren Werkes: „Die dynamische Stofflehre".

Seine publizistische Tätigkeit, die er natürlich nie ganz unterbrach (— unterbrechen konnte —) galt der Referierung wichtiger naturwissenschaftlicher Arbeiten. Viele hundert Zettel seines Nachlasses sind mit Exzerpten aus allen möglichen Wissensgebieten beschrieben. In der „Revue philosophique et réligieuse" suchte er dann auch wie ein Jahrzehnt vorher Heine in weiteren Kreisen der französischen Gebildeten ein Verständnis für deutsche Geistesarbeit zu schaffen. Deutschland ist für die Franzosen erst sehr spät — durch die Frau von Staël entdeckt worden, und mit der Kenntnis deutschen Lebens waren sie auch in der Folge immer um ein paar Jahrzehnte im Rückstand. So wies denn Hess auf die Bedeutung Hegels hin und ging dann in raschem Fluge über Feuerbach, Bauer und die Junghegelianer zu den freiheitlichen Bestrebungen über, wobei er eine geistvolle Schilderung der Stimmung und der geistigen Grundlage der grossen Masse in Deutschland gibt. Deutschland steht auf einer Weltanschauung, die Goethe und Humboldt geschaffen, die ihrerseits ihre Meister in Spinoza und Newton hatten.

Voller Finessen ist dann die Begründung, warum die Reaktion in Deutschland gerade die Naturwissenschaften hat entspriessen lassen. Er spricht von Büchner, dessen „Kraft und Stoff" damals eine Bildungquelle der Deutschen war, wie dieses Werk ja auch heut noch die Elementargrammatik im rohen Atheismus unserer angehenden Sekundaner ist. Mit besonderer Liebe verweilt Hess dann bei Feuerbach.

Feuerbach hat für die Schwenkung Hessens die Hauptanregung gegeben. Er hatte die Welt anthropologisiert. Aber Hess hatte bald erkannt, dass Feuerbachs „Wesen" des Menschen durchaus nur ein theologischer Begriff war und dass es gelten müsse, dieses „Wesen" im sozialen Milieu real zu erkennen. Nun aber lernte Hess einsehen, dass auch diese soziale Anthropologie noch nicht genüge und dass man — um zum Wesen des Menschen zu kommen — ihn erst einmal in seine realen Bestandteile zerlegen müsse. Die Erkenntnis des Menschen kann erst geschaffen werden durch die Anatomie und weiterhin durch die physische Anthropologie (Anthropologie nicht in dem alten Feuerbachschen, sondern im modernen rassenanatomischen Sinne gefasst). Es war noch Neuland. Aber in rascher Folge mehrten sich die anatomischen, besonders die gehirnanatomischen Funde, und die Grundlagen einer Ethnologie wurden damals gelegt. Grosse kraniologische Atlanten erschienen. Anthropologische Gesellschaften wurden gegründet. Praktische Fragen wie die Negeremanzipation gaben den akademischen Kämpfen der Polygenisten und Monogenisten einen Resonanzboden in der Öffentlichkeit. Die Anhänger der Lehre, dass die Rassen aus einer einheitlichen Menschenart durch Kreuzung und Milieu entstanden seien, fochten mit denen, welche die Vielheit und ihre unbeeinflussbare Stabilität behaupteten. Hess beteiligte sich an diesen Kämpfen. Es war Polygenist in dem Sinne, dass die Verschiedenheit der Rassen das Ursprüngliche ist; aber er erweiterte diese Überzeugung dahin, dass die Verschiedenheit der „organischen" Rassen zur „sozialen" Einheit der Menschheit führen müsse.

Und an diesem Punkte setzt seine neue Bewertung der Nationalitäten ein. Sie sind ein Faktum! Hatte er sie früher weggewischt in seinen Theorien, so erscheinen sie ihm jetzt als die realen Träger der Gedanken. Ihre Verschiedenheit ist gewissermassen ein Kunstgriff der Natur. Sie sollen bestimmte Qualitäten durch Inzucht und besondere Pflege hochzüchten und schliesslich durch den Austausch mit den Gütern der anderen Nationen und Rassen das grosse, friedliche Zusammenwirken der Menschheit schaffen. Jetzt konnte er auch nicht mehr von den „toten" Juden sprechen. Waren sie denn verknöchert? Sie lebten ja. Sie wirkten ja. Sie betätigten sich auf allen Gebieten menschlichen Geistes- und Wirtschaftlebens. Sie konnten nicht mehr aus dem System gewälzt werden. Es lag viel näher zu erforschen, warum sie noch existierten und warum sie noch — existieren mussten: „Rom und Jerusalem" war in der Keimesanlage fertig.

Erschienen ist dieses Werk erst im Jahre 1862. Hess war 1860 nach Köln zurückgekehrt, nachdem beim Regierungsantritt Wilhelms I. am 3. Januar 1861 eine allgemeine Amnestie für politische Verbrecher erlassen worden war.

Ins Judentum war Hess schon länger zurückgekehrt. Wir haben seine Anschauungen der nur sozialistischen Periode kennen gelernt. So harte Worte er auch gegen sein Volk geschleudert hatte, wer feiner blicken konnte, übersah nicht, dass es eben nur Worte, doktrinäre Ableitungen, Anwendung der Zeitphilosopheme auf das Judentum und nicht zuletzt die Lehrmeinungen Feuerbachs waren, der das Christentum niederreissen wollte und darum die Axt gegen dessen Wurzel schwingen musste. Aber es war deutlich, dass die heisse, opferfreudige Liebe „für die grösseren Leiden des Proletariats" letzten Grundes nur Antrieb aus seiner jüdischen Rassenanlage heraus war, aus dem eingeborenen und vererbten Mosaismus, der ja nach Hess nur Sozialismus ist. Aber es war unbewusstes Judentum. Aus seinen Rassenstudien war ihm wieder die Judenheit entstanden. Und die Stimmungen und Regungen seines jüdischen Herzens, die er so lange gewaltsam niedergehalten — nicht indem er sie herausriss aus seiner Seele, sondern indem er sie abdämmte und abbog auf andere Interessen hin, sie nehmen nur in Reinheit und Gewalt ihren natürlichen Lauf: „Vor allem war es mein eigenes Volk, das jüdische, welches mich mehr und mehr zu. fesseln anfing. Die Geister meiner unglücklichen Stammesgenossen, die mich in meiner Kindheit umschwebten, kamen wieder zum Vorschein und längst unterdrückte Gefühle liessen sich nicht mehr abweisen. Der Schmerz, der zur Zeit von Damaskus ein vorübergehender war, wurde jetzt vorherrschende Geistesrichtung. Nicht mehr suchte ich die Stimme meines jüdischen Gewissens zu unterdrücken, im Gegenteil ich verfolgte eifrig ihre Spuren."

Man kann sich heut kaum noch eine Vorstellung machen von jener aufwühlenden Erregung, welche die Damaskusaffäre 1840 in der Judenheit machte. Aller Hass und das namenlose jüdische Elend sind der heutigen Judengeneration nach Xanten, Tisla-Eslar, Polna, Konitz, Kischinew und Homel fast zur abstumpfenden Selbstverständlichkeit geworden, wie ihren Ahnen im Mittelalter. Aber in den vierziger Jahren empfanden — zumal die westeuropäischen — Juden die Schmach von Damaskus wie einen Faustschlag ins Gesicht. Zwar waren sie noch nicht überall — von Frankreich abgesehen. — zu gleichberechtigten Bürgern de iure geworden. Allein das praktische Leben hatte sie den anderen Staatsbürgern in der Tat gleichwertig gemacht. Sie nahmen an allen wirtschaftlichen und geistigen Arbeiten regen und tätigen Anteil und konnten in dem lieblichen Wahne leben, dass die Vergangenheit versunken und dass sie in aller Stille ihr Sondersein vergessen machen und in die Menschheit restlos untertauchen könnten.

Da riss sie aus aller Assimilationsseligkeit die Brutalität von Damaskus. Ein kurpfuschender Kapuziner, der Pater Thomaso, war verschwunden. Er musste wohl ermordet sein. Alles Suchen nach dem Täter war vergebens. Also wird er wohl ein Jude gewesen sein. Sechs Wochen vor Passah war Thomaso verschwunden. Man überlegte: die Juden können nicht früh genug mit der Beschaffung von Menschenblut für ihre Osterkuchen beginnen. So wichtige Ingredienzen —, ohne die ein anständiger Osterkuchen nicht leben kann — darf man nicht am letzten Tage besorgen. Denn Menschenblut ist nicht so feil wie Brombeeren. Aber die verstockten Juden wollten nichts gestehen. Es war zwar so etwas wie das 19. Jahrhundert. Allein das Mittelalter hat doch nicht vergeblich existiert. Sollten alle Kulturerrungenschaften der „christlichen Liebe" vergessen sein? Das köstliche Gewaffen der Liebe: Daumenschrauben, spanische Stiefel, Gefängnis, Hunger, Folter und Hiebe auf die Sohlen — war es stumpf geworden. Diesen schmachvollen Glauben durften der französische Konsul Rati - Menton und seine Henkersknechte nicht aufkommen lassen: in maiorem dei gloriam. Wollte die zivilisierte Welt gegen die Greuel protestieren, die katholische Kirche. sah ein, dass ihr mühselig zusammengefoltertes Renommé auf dem Spiele stand; und so war es Ehrenpflicht, das Blutmärchen bei guter Gesundheit zu erhalten. Sie hatte alles angewendet, um nicht der Treulosigkeit gegen den Gemütsadel der Inquisition bezichtigt zu werden. Und es ist eine Weile gelungen. Aber wie alles Erhabene in dieser traurigen Welt, so hatte auch die Heldentat von Damaskus ihre Schattenseiten: die Juden rafften sich zur Verteidigung ihrer Ehre auf und gaben ein kräftiges Zeichen ihres alten Nationalstolzes. Was Cremieux, Montefiore, die Rotschilds, Fould getan, wird unvergessen bleiben. Davon weiss die Geschichte.

Für die Stimmung der Stillen aber sprechen so manche Aufzeichnungen, die nicht zur pragmatischen Geschichte gehören, aber für die Zeitpsychologie bedeutsam sind. Man erinnere sich der Worte, die der jugendliche Brausekopf Lassalle damals in sein Tagebuch schrieb (Donnerstag, 21. Mai 1840): „O, es ist schrecklich zu lesen, schrecklich zu hören, ohne dass die Nerven erstarren und sich alle Gefühle des Herzens in Wut verwandeln. Ein Volk, das dies erträgt, ist schrecklich, es räche oder dulde die Behandlung. Wahr, fürchterlich wahr ist folgender Satz des Berichterstatters: „Die Juden dieser Stadt erdulden Grausamkeiten, wie sie nur von diesen Parias der Erde ohne furchtbare Reaktion ertragen werden können". Also sogar die Christen wundern sich über unser träges Blut, dass wir uns nicht erheben, nicht lieber auf dem Schlachtfelde, als auf der Tortur sterben wollen. Waren die Bedrückungen, um deren Willen sich die Schweizer erhoben, grösser? Gab es je eine Revolution, welche gerechter wäre als die, wenn die Juden in jener Stadt aufständen, sie von allen Seiten anzündeten, den Pulverturm in die Luft sprengten und sich mit ihren Peinigern töteten? Feiges Volk, du verdienst kein besseres Los! Der getretene Wurm krümmt sich, du aber bückst dich nur tiefer! Du weisst nicht zu sterben, zu vernichten, du weisst nicht, was gerechte Rache heisst, du weisst nicht, dich mit deinen Feinden zu begraben und sie im Todeskampf noch zu zerfleischen! Du bist zum Knecht geboren!"

In jenen Schreckenstagen tauchte auch wieder der Plan der Begründung eines Judenstaates auf. Diese Mahnrufe, die in Fürst's Zeitschrift „Der Orient" wiedergegeben sind und auf die Heinrich Loewe von neuem die Aufmerksamkeit gelenkt hat, verhallten natürlich. So stark das Entsetzen auch bei den jüdischen Westlern war, für so weit ausschauende Gedanken fehlte jeder Wurzelboden.

In Hess schossen damals seine jüdisch-nationalen Instinkte auf. Der Sturmwind der erregten vierziger Jahre hat sie zwar zu Boden gedrückt. Und sie haben sich nur langsam wieder aufgereckt. Aber sie sind für Hess doch bezeichnend. Er erkannte schon damals den nur relativen Wert der Emanzipation, die durch Verleugnung jüdischen Stammestums zu teuer erkauft und gänzlich wertlos sei. Denn sie hat den Juden ihr nationales Rückgrat gebrochen und hat doch den Makel im Namen „Juden" nicht fortwischen können. Im Gegenteil: Die Art, wie die modernen Juden sich der Emanzipation „würdig" zu zeigen bestrebten, hat sie ungleich verächtlicher gemacht als sie je früher erschienen. „Nicht der alte, fromme Jude, der sich eher die Zunge ausreissen liesse, als sie zur Verleugnung seiner Nationalität zu missbrauchen; der moderne Jude ist der verächtliche, er, der gleich den deutschen Lumpen im Auslande, seine Nationalität verleugnet, weil die schwere Hand des Schicksals auf seiner Nation lastet."

Seitdem in Hess die Liebe zum angestammten Volkstum alle Dämme niedergerissen und nicht mehr in künstlichen Wendungen, sondern in ihrem natürlichen Lauf starkwellig flutete, nahm er die Studien seiner Kindheit und Jünglingsjahre wieder auf. Im Kommunisten war ja der alte „Rabbi" auch nicht erstickt gewesen. Jetzt treibt er mit voller Bewusstheit und in der Absicht, seiner Liebe zum Judentum neue Schwungkraft zu geben, jüdische Studien. Die Bibel lockt ihn wieder, und wundersame Gedanken, die er als letztes Ergebnis anderer Wissenschaften gefunden, sieht er darin in aller Reinheit und Eindeutigkeit ausgesprochen. Auch die geheimnisvolle Welt des Sohar entschleiert sich ihm; ihm, der gegen die Mystik mit solcher Wucht Sturm gelaufen. Die Ethik des Talmuds erscheint ihm in neuer Beleuchtung. Und die jüdische Volks- und Geistesgeschichte tritt ihm jetzt entgegen aus den bibelkritischen Arbeiten der christlichen Theologen und vor allem Luzzattos, aus den genialen Leistungen Munks, der das wuchernde Gestrüpp herausgerissen und breite Pfade für das Verständnis der jüdischen Philosophen des Mittelalters geschlagen. Vor allem war es aber Grätzens in verinnerlichtem Sinne grossangelegtes jüdisches Geschichtswerk, das ihm mit seiner flammenden Beredsamkeit, dem leidenschaftlich jüdisch-patriotischen Pathos, dem nationalen Stolz und Trotz neue Welten erschloss, in denen zu leben Lust und Weihe war.

Die alten, ihm aus frühen Tagen vertrauten Laute der hebräischen Sprache weckten nun wieder tausend Seligkeiten in ihm. Ein süsser Duft quoll ihm aus den alten Gebeten wieder auf: „Das Echo von tausend Generationen, die sie täglich aus bedrängtem Herzen zum Himmel aufsteigen liessen, klingt mir aus ihnen entgegen."

Die totgesagte Sprache war wieder erstanden. Die Meister der jüdischen Wissenschaft Krochmal, Rappaport, Luzzatto gaben ihren jüdischen Gedanken die adäquate Form in der hebräischen Sprache. Zeitschriften, wie Schorrs Chaluz, Silbermanns Hamagid, erschienen hebräisch, und die Sprache strafte all diejenigen Lügen, die ihr senile Verknöcherung nachsagten. Sie war gelenkig und schmiegsam, graziös und kräftig zugleich, um sich in den Fechterkünsten des Geistes zu bewähren.

Noch lag eine Eisdecke über der westlichen Judenheit. Allein hier und dort blickte doch schon schwarzer Humus durch. Und ein paar grüne Keimchen grüssten zum Himmel. Er gab also ein Leben unter der starren Kruste. Sie musste bald bersten. Die Zeichen mehrten sich Tag um Tag. Jüdische Wissenschaft war rüstig am Werke, und die jüdische Kunst trieb junge Zweige

Konnte Hess schon den Pulsschlag jüdischen Lebens — schwach annoch wie nach schwerer Ohnmacht, aber doch voll Rhythmus — spüren, so wuchs ihm aus den Ereignissen des Tages gute Hoffnung auf. Der nationale Gedanke, noch in der Rohform des Nationalitätenprinzipes, bestimmte das Schicksal der Länder. Hess hatten die Rassenstudien die tieferen Zusammenhänge von Geschichte, Rasse und Nationalität aufgedeckt. Er war von einer anderen Richtung gekommen, um bei denselben Forderungen zu landen wie die leitenden Staatsmänner.

Napoleon der Erste war gewissermassen der Schöpfer des Nationalgedankens. Und die Hegelianer bezeichneten die Zustände, die er geschaffen, gern als die Antithese. Gerade die gewaltsame Nieder-
werfung der Volksstämme und ihre Einzwängung unter gemeinsames
Gesetz entband die latenten Volkskräfte. Die Heere, die gegen
Napoleons Zwangsherrschaft organisiert wurden, waren nicht mehr die
beruflichen Vollstrecker eines königlichen Willens. Der nationale
Gedanke der Freiheit und der Eigenheit hatte sie geschaffen; und
nationaler Geist hatte ihre Kraft zu dem wilden Enthusiasmus gesteigert,
dem Napoleon erliegen musste.

Wenn nach den grossen Befreiungkämpfen der ursprünglich
wohl harmlosen heiligen Allianz mystisch-romantischer Verbrüderungs-
rummel christlicher Liebe durch Metternichs Ränkespiel auch in eine
krämerhaft kleinliche Knebelung aller nationalen und freiheitlichen Regungen auslief; wenn auch Napoleon die bei seiner Rückkehr
in Cannes gemachten Versicherungen, die Rechte der Völker unberührt
zu lassen und die ganze Nation für die Staatsleitung heranzuziehen, nicht
ausgeführt hat und wenn auch unter Ludwig XVIII die „weissen Jakobiner"
die Hochroyalisten-Partei alle Errungenschaft der grossen Revolution
wieder verschüttet hatten, es verschlug nichts. Das Volk war mündig
geworden. Und es war kindliches Verkennen des Zeitenwandels, wenn
durch Unterdrücken der Volksrechte versucht wurde, alte Zeitläufte
wieder zurückzuführen, die für immer dahin waren. Selbst in den
südromanischen Ländern war ein neuer Geist lebendig geworden, der
sich schliesslich aller bewaffneten Macht gegenüber durchgesetzt hat.

Vollzogen sich diese Kämpfe auch unter dem Zeichen der Verfassung, so blieben sie eine spezielle Anwendung der neuen, obzwar
nicht formulierten Nationalideen. Die Staaten waren nicht mehr die
Spielbälle in der Hand der Fürsten. Und die Volksindividualitäten
anders geartet, wie der Tropfen am Eimer. Schon in den zwanziger
Jahren rissen sich die südamerikanischen Staaten von ihrem spanischen
Mutterlande los. Und langsam bereiteten sich die neuen Völkerschichtungen
vor. Und sie mussten zu staatlicher Geschlossenheit und Einheit führen, die
nicht mehr auf rohen Prinzipien und Machtgelüsten und glücklichen
Heiraten aufgebaut war. Sondern auf einer kulturellen, historischen,
sprachlichen und nativen Gemeinsamkeit. Während Österreichs buntes
Völkergemisch durch die straffe Zentralleitung noch zusammengezwungen
wurde und sich in das zwanzigste Jahrhundert in schönster Un-
appetitlichkeit hineinwälzte, als wollte es der übrigen Menschheit die
Unnatur antinationaler Staatsgebilde als warnendes Exempel vorhalten,

begann die nationale Zertrümmerung für Europa zuerst in der Türkei, die immer stärker zerbröckelte. Zuerst hatte sich Griechenland freigemacht. „Hier rangen — wie Gervinus*) schreibt — in glücklichem Zusammentreffen die physischen Volkskräfte einer verwilderten Nation mit den christlichen und humanistischen Sympathien von ganz Europa zusammen, um, wenn auch spät und verkümmert, doch einen Erfolg zu erringen gegen die Künste der Diplomatie ... die politische Schlafsucht zu brechen, die infolge der Erschöpfung nach den grossen früheren Bewegungen über dem Weltteile lag, dafür wirkte die griechische Sache das Wesentlichste mit. Sie übte auf die politischen Stimmungen, besonders in Frankreich, einen gewaltigen Einfluss. Ohne den durch sie veranlassten Aufschwung waren die Verordnungen von 1830 schwerlich von jenen grossen Folgen. ... Der Juliaufstand (1830) gab den Anstoss zu neuen Ereignissen, die Spanien verjüngten; veranlasste die Reform in England, er demokratisierte die Schweiz, er trennte Belgien von Holland, er stachelte Polen zur Empörung; selbst in Deutschland gelangen einige rasche Veränderungen. ... In Spanien regte sich der alte Stammesgeist der baskischen Lande, in Italien der von Sizilien". Zwar spukte noch immer der weltbürgerliche Gedanke in den Köpfen philosophischer Männer und nicht zum wenigsten und vielleicht am längsten in Deutschland; aber ihre Träumereien verblichen an der Morgenröte der neuen Tage, die heraufzogen. .Wenn Gervinus noch 1853 sagen konnte: Der Zukunft bleibt ein Rätsel gestellt, an dessen Lösung viele verzweifeln, so sollten ihm die kommenden Jahre Klarheit schaffen. Schon der Krimkrieg zeigte, dass die europäischen Grossmächte die russischen Ambitionen auf die Türkei nicht dulden wollten. Sebastopol fiel. Freilich die Türkei ging geschwächt aus dem Kampfe hervor. Es war aber nicht nur Interessenpolitik und· die dunkle Macht der Diplomatie, wenn sich nun so grundlegende Wandlungen auf der Balkanhalbinsel vollzogen. Hatten die Mächte auch ein Interesse, die Zerstückelung der Türkei anzubahnen, ohne Russland zu stärken, so wären ihre Absichten unmöglich geworden, wenn nicht die Sondernationalstrebungen der Rumänen und Serben einen praktischen Unterbau geschaffen hätten. Die Donaufürstentümer Moldau und Walachei vereinigten sich zu einem Fürstentum Rumänien. In Serbien bekam die Nationalpartei die Oberhand.

Allein so bedeutsam auch von prinzipieller Seite die Kämpfe weit hinten in der Türkei waren, praktisch und gewissermassen zu einer

---

*) Einleitung in die Geschichte des 19. Jahrhunderts. Leipzig 1853. S. 154.

persönlichen Frage jedes Zeitgenossen wurden die Einheitsbestrebungen in Italien.

Italien ist das klassische Paradigma für die Kraft des Nationalgedankens, gegen den schliesslich der Witz der Diplomaten und die Gewalt grosser Armeen auf die Dauer eitel werden. Hatte einst Metternich Italien nur als einen geographischen Begriff bezeichnet, so hat der italienische Volkswille doch eine andere Anschauung durchgesetzt. Nach mannigfachen vergeblichen Versuchen mit unzulänglichen Mitteln schien dann die Revolution von 1848 eine Wandlung zu bringen. Metternich war gestürzt, und Karl Albert (der Form nach nur Träger der piemontesischen Königskrone, aber die Seele der italischen Einheitbestrebungen) holte nun zum Schlage aus. Allein in der blutigen Schlacht bei Custozza wurde er niedergeworfen und bald darauf auch die zahlreichen Aufstände in Oberitalien und Sizilien. Die alte „Ordnung" wurde wieder hergestellt — so parodox es klingt: die österreichische Ordnung!

Aber der Einheitwille war nicht niedergeschlagen. Er fand in Napoleon einen Förderer. Am 25. April 1859 rücken die Franzosen in Italien ein. Mochte ihr Kaiser sein Eingreifen nur als Mitarbeit an der Durchsetzung des Nationalitätenprinzips in die Welt hinausposaunen, es als einen der Vergangenheit Frankreichs schuldigen Befreiungakt hinstellen — „Italien frei bis Adria!" — so begriff doch alle Welt, dass sich eine vollkommen neue Konstellation vorbereite, dass Tage von weltgeschichtlicher Bedeutung heraufziehen. Die aktuellste Frage war, wie sich Preussen zu den aufgeworfenen Problemen stellen würde. Es war das keine Angelegenheit, die nur in den Geheimsitzungen der Ministerien behandelt wurde. Die ganze öffentliche Meinung in Preussen war aufgewühlt und nahm in endlosen, aufgeregten Debatten Stellung. Soll Preussen neutral bleiben oder soll es gegen Österreich oder Frankreich aggressiv vorgehen? Das war die Frage. Wie die Ereignisse des nächsten Jahrzehnts zeigten — eine Lebensfrage für Preussen. Sein oder Nichtsein!

Österreich warb mit Schmeichelworten um die Gunst der deutschen Kleinstaaterei: der Kampf um Italien liege in deutschem Interesse Und Frankreich peitschte durch bezahlte und freiwillige Agitatoren die öffentliche Meinung gegen Österreich auf. In all den leidenschaftlichen Pronuntiamentis lag mehr oder weniger erkannt der Gegensatz von Kleindeutschen und Grossdeutschen. Aus dem wirren Stimmengesumme jener Tage hallt die Lassallesche Schrift „Der italienische Krieg und die Aufgabe Preussen" wie ein Posaunenschall. Die Schrift hat Lassalle

VII*

voll hinreissender Verve verfasst, „jede Nacht durchschreibend, aus Logik und Feuer ein Gewebe machend". Sie gipfelt in der Forderung: Krieg mit Napoleon, wenn er die den Österreichern abgejagte Beute für sich oder für seine Vettern behalten will. Aber nur dann!! „Wenn dieser Fall nun nicht eintritt, oder bis dahin? ... Wenn Friedrich der Grosse auf dem preussischen Throne sässe, so kann wenig Zweifel sein, welche Politik er befolgen würde. Er würde erkennen, das jetzt der Moment gekommen sei, den deutschen Einheitsbestrebungen endlich einen Ausdruck zu geben. Er würde erkennen, dass selbst jenes Kriegsgeschrei nur die in verkehrter Form sich äussernde Wirkung des deutschen Einheitstriebes, dieses zu allen Poren der Nation ausbrechenden nationalen Dranges ist. Er würde den Moment für den geeignetsten erachten, in Österreich einzurücken, das deutsche Kaisertum zu proklamieren und der habsburgischen Dynastie zu überlassen, ob und wie sie sich in ihren ausserdeutschen Ländern behaupten kann. ... Ja, noch einmal liegt die deutsche Kaiserkrone auf der Strasse. Aber ... „es wäre unbillig, von jedermann zu verlangen, dass er ein Friedrich der Grosse sei!" ... Marx und Engels sind nicht ganz zu den gleichen Forderungen gekommen. Sie sehen in Napoleon den Erzfeind aller Demokratie, und dieser muss niedergeworfen werden.

Auch Lassalle blieb in seiner bündigen Beweisführung natürlich nicht stehen bei rohnationalem Machtgelüste und der Selbstbeschränkung auf die Einheit Deutschlands als deutsches Kaisertum. Vielmehr sah er darin erst die Vorbedingung für den Sieg der Demokratie. Hier liegen denn auch die breiten Berührungflächen mit der nationalen Weltanschauung von Hess: „Da hinein — sagt Lassalle — werden sich alle demokratischen Fraktionen vereinen, dass dieser Begriff (Demokratie) auf einen allgemeinsten Ausdruck reduziert nichts anders bedeutet als: Autonomie, Selbstgesetzgebung des Volkes nach Innen. Woher aber sollte dieses Recht auf Autonomie nach Innen kommen, wenn ihm nicht zuvor die Rechte der Autonomie nach Aussen, auf freie vom Ausland unabhängige Selbstgestaltung eines Volkslebens vorausginge! Das Prinzip der freien, unabhängigen Nationalitäten ist also die Basis und Quelle, die Mutter und Wurzel des Begriffes der Demokratie überhaupt! Die Demokratie kann nicht das Prinzip der Nationalitäten mit Füssen treten, ohne selbstmörderisch die Hand an ihre eigene Existenz zu legen, ohne sich jeden Boden theoretischer Berechtigung zu entziehen, ohne sich grundsätzlich und von Grund aus zu verraten". Und später der Kerngedanke, bei Hess die Basis aller Argumentation: „Eine Demokratie, welche in der Freiheit, die sie für die eigene Nationalität fordert, nicht zugleich die unverbrüchliche Notwendigkeit erblickte, dieselbe Freiheit auch anderen Nationalitäten zukommen zu lassen, eine Demokratie, welche ihre Nationalität in dem finstern, barbarischen, mittelalterlichen exklusiven Sinne auffasste, andere Nationalitäten erobern und beherrschen zu wollen, würde sehr bald selber die Beute eines in ihr „aufstehenden Eroberers," oder „glücklichen Soldaten" werden."

Lassalle ist sich keinen Augenblick darüber im Zweifel, dass Napoleon selbstsüchtige Zwecke bei seinem Befreiungwerk in Italien leiten. Im Gegenteil: Lassalle mascht das ganze, so geschickt verknotete Gewebe der napoleonischen Politik auf. Aber er lässt sich nicht dazu verleiten, „die objektive Beschaffenheit der Sache" deshalb abzulehnen, weil die Motive nicht ganz reinliche sind. Die Nachwelt wird schon dafür sorgen, dass die Erbärmlichkeit der Beweggründe Napoleon jedes persönliche Verdienst rauben wird.

Hess beurteilt Napoleon nicht anders. Aber das Eintreten Frankreichs für Italien erscheint ihm doch in wesentlich hellerem Lichte als den damaligen Politikern. Hess hat nicht die geringste realpolitische Ader. Alles Geschehen vollzieht sich nicht aus zufälliger momentaner Konstellation. Sondern, nach einem bestimmten, vorgesehenen Plane, den die Bewusstheitlosigkeit der Menschen zwar über ein Weilchen hemmen und abbiegen kann, der sich aber doch durchsetzt. Und wenn Frankreich jetzt für Italien das Schwert beim Knaufe fasst, um der Freiheit eine Gasse zu schlagen, so folgt es einer inneren Stimme. Es bedient sich der kaiserlichen Diktatur zu völkerbefreienden Taten. Es ist Frankreichs Beruf in der Weltgeschichte, für den es alle Qualitäten erhalten hat, Begeisterungskraft, Temperament, soziales Empfinden, Freiheitsliebe und Tatwille, es ist sein Beruf, den nach Selbständigkeit ringenden Geschichtsvölkern freie Bahn zu ebnen. Denn nur so kann der Geist der grossen Revolution in die Menschheit dringen.

In der Mannigfaltigkeit der Erscheinungen, die ihn früher geschreckt hatte, lernt er jetzt Notwendigkeiten kennen: Absichten im Schöpferplan; Voraussetzungen der Zukunft. Das „Allgemeine" ist nur philosophische Abstraktion, die um so gefährlicher ist, als sie den Dualismus zwischen Sein und Denken, zwischen Wesen und Gedachten nur mehr zerklafft, anstatt ihn durch die Zielsetzung zu überwinden. „Wie die Natur keine allgemeinen Blumen und Früchte, keine allgemeinen Tiere und Pflanzen, sondern nur Pflanzen- und Tiertypen produziert, so der

Schöpfer in der Geschichte nur **Volkstypen.**" Ihre Vielheit ist Naturschöpfung. Und wenn Hess jetzt den Feuerbachischen Humanismus
definieren will, so erscheint ihm der Mensch weder als mystisches
Gattungwesen, noch als Sozialprodukt — sondern als Rassenglied.
Nicht der abstrahierte und nicht der durch ökonomische Gesetze kon-
struierte, sondern der Mensch, der in seiner Rasse wurzelt — er ist
der Schöpfer der Dinge Und jetzt kann Hess sagen: „Das Leben
ist ein unmittelbares Produkt der Rasse, die ihre sozialen Institutionen
nach ihren angeborenen Anlagen und Neigungen typisch gestaltet. Aus
dieser ursprünglichen Lebensgestaltung entsteht die Lebensanschauung,
welche allerdings auf das Leben zurückwirkt, aber nur modifizierend,
nicht schöpferisch einwirkt und niemals fähig ist, den ursprünglichen
Typus, der stets wieder hervorbricht, wesentlich umzugestalten." Und
auf das Judentum gewendet lautet sein Gesetz, dass **nicht die** „Lehre",
sondern die Rasse das Leben gestaltet: „Das patriarchalische
Leben der jüdischen Stammväter ist vielmehr der schöpferische Grund
der Bibelreligion, welche nie etwas anderes war, als ein aus Familientraditionen sich fortbildender nationaler Geschichtskultus." Damit aber
muss Hess auch die marxistische Geschichtauffassung, diese genialste
Einseitigkeit, zurückweisen. Auch die sozialen Lebenseinrichtungen
sind wie die geistigen Lebensanschauungen, typische und ursprüngliche
Rassenschöpfungen. Hess weist den Klassenkämpfen eine starke Triebkraft für die geschichtliche Entwickelung zu. Aber sie sind sekundäre
Erscheinung. Das Ursprüngliche ist der Rassenkampf. Und darum
wird es Maxime bei Hess, dass eine erspriessliche Lösung der sozialen
Frage erst erfolgen kann, wenn die Rassenfrage entschieden ist. So
lange noch Völker an Rassenhochmut leiden und wie die Deutschen
mit dem Betonen der Rasse zugleich Herrschaftgelüste verfolgen, die
sich in der Unterdrückung anderer Völker und im Hass — wie dem
Antisemitismus Luft schaffen, ist der Fortschritt geknebelt. Den Weg
zum Fortschritt bricht erst die Erkenntnis, dass jede Rasse, deren
Charaktere in einigen Völkern zu besonderer Reinheit und Höhe entwickelt werden, im Plane des Weltganzen ihre „Mission", oder in
unserer Sprache, ihren Zweck zu erfüllen hat. Mit der Durchführung
dieses Gedankens hat Hess den Riff glücklich passiert, an dem die
Rassenbiologen von Gobineau bis Chamberlain so elend gestrandet sind.
Sie haben die gesunde Rassenidee durch ihre Wertigkeitsetzungen
lächerlich gemacht. Die zur Herrschaft bestimmte dolichokephale
Edelrasse wirft das ganze System als konstruiert über den Haufen.
Jedes Volk, jeder Mensch, jedes Mitglied der geschichtlichen

Völker, hat seine Eigenheit und seinen speziellen Beruf. Dringt diese Erkenntnis durch, dann ist der Friede und die geruhige Entwickelung, der Menschheit gewährleistet. Denn dann muss es dahin kommen: „Je mehr ein Volk in seinem speziellen Berufsfache leistet, desto neidloser erkennt es die speziellen Leistungen anderer Völker an — desto unbefangener nimmt es von anderen auf, was ihm fehlt und was doch zum modernen Leben unentbehrlich ist." So muss denn Hess fordern, dass die verschiedenen Volkstypen wieder frei hervortreten und sich entwickeln können. Und dieses nationale Ausleben kann nur in einem freiheitlichen Sonderstaate seine höheren Zwecke erfüllen. Die Völker müssen diese Zwecke erfüllen. Wollen sie sich aber abschliessen und vollends einander ignorieren, so wäre ihre Nationalität nur Lüge und würde an dieser Lüge verrecken. Diese Gefahr kann aber Hess in den heutigen nationalen Bestrebungen nicht fürchten. Denn sie schliessen nicht nur die Humanität nicht aus, sondern haben sie zur Voraussetzung. „... Sie sind eine gesunde Reaktion, nicht gegen die humanitären Bestrebungen selbst, aber gegen deren Übergriffe und Entartungen, gegen die Nivellierungstendenzen der modernen Industrie und Zivilisation, welche jeden urkräftigen organischen Lebenstrieb durch einen unorganischen Mechanismus zu ertöten drohen." Diese Drohung muss man freilich als eine harmlose setzen, der die Tat niemals folgt — folgen könne. Denn sonst würde Hess von der marxistischen Geschichtsauffassung nicht eine Weltanschauung, sondern nur ein wackliger Stacketenzaun trennen, den schon ein sommerlicher Wind umwürfe. Aber Hess erholt sich bald von diesem Schrecken und findet den Anschluss an seine Leitmotive. Er dringt zu einer organologischen Auffassung der Volksdifferenzierung vor, wie Schäffle sie später für die Gesellschaft durchgeführt hat. Sind ihm die Rassen und Völker Organe und Glieder des lebenden Menschheitorganismus, so müssen auch die embryologischen Tatsachen der Atrophie und rudimentären Entwickelung auf das Rassenleben anwendbar sein. Die Menschheit ist mit der französischen Revolution in ihre Blütezeit eingetreten. Nun kommt das selbständige Leben der Frucht. Da mögen die Kräfte mancher Völker, die für das fötale Sein notwendig waren, rückläufige Entwickelungen haben und absterben. In den Juden aber sieht Hess die schöpferischen Organe der Menschheit, die immer wieder neue Befruchtung bringen. Aber all diese Prozesse, die in komplizierten zeitlichen und räumlichen Beziehungen zu einander stehen, müssen nach dem vom Schöpfer vorgezeichneten Plane zu einem Ziele führen: zur All-Einheit des Menschengeschlechtes. Diese aber ist kein unmittelbares Produkt des

organischen Lebens, sondern das letzte Erzeugnis des sozialen, geschichtlichen Entwickelungprozesses; sie hat die Mannigfaltigkeit der ursprünglichen Volksstämme zur Voraussetzung, ihren Kampf zur Bedingung, ihr harmonisches Zusammenwirken zum Ziele. So aufgefasst
zerbröckelt der Wahn, der sich bei vielen eingenistet: dass die
Nationalität nur eine Zwischenstufe auf dem Wege von Humanität
zur Bestialität sei. Für Hess muss die Entwickelung auch über die
Nationalität gehen; aber die Rohheit ist ihm der Ausgangszustand.
    Allein Hess kann bei der Betrachtung des Menschengeschlechts
nicht stehen bleiben. Auch dieses kann nur begriffen werden im Zusammenhang mit der ganzen Erscheinungswelt. Im kosmischen, organischen und
sozialen Leben waltet nur ein Gesetz, das nicht mechanistisch aufgefasst werden darf. Die Planmässigkeit der ganzen Welt und ihres
Inhaltes setzt eine Inspiration, einen ewigen Schöpfer voraus, dessen
Wesen nicht metaphysisch als ausserweltliche Macht — spiritualistisch
und supranatural gedacht werden soll, sondern als Wesen, das im
Sinne Spinozas — und des Judentums das Weltall beseelt und sich in
dem selbstgesetzten Gesetz der Zweckmässigkeit immer von neuem
offenbart, bis es sich in seinem Ziel, der Aufhebung alles Dualismus
— in der Einheit — realisiert hat. Als Bindung von Hegel und
Spinoza rettet er die Entwickelunggedanken durch eine Mischung
von Pantheismus und Panentheismus als Verwirklichung des absoluten
Geistes. Indem Hess dann die Analogie der triadischen Entwickelung
in den drei Lebenssphären nachzuweisen sucht — nicht ohne manche
erzwungene Deutung von naturwissenschaftlichen Tatsachen, die sich
bald als falsch ergeben haben (so werden symbiotische Erscheinungen
und der später aufgehellte Generationwechsel als Beweis für die
generatio aequivoca genommen) — indem er also den Kreislauf des
Lebens zu ergründen sucht, begreift er das Leben der Menschen-
gesellschaft, wie es sich heute gibt, als einen Entwickelungzustand
der Unreife. Die Rassen sind nur die höchsten Formen des organischen
Lebens. Erst die soziale Epoche kann die freie und letzte Entfaltung
der Menschen bringen, ohne dass dadurch aber die Wechselbeziehungen
und Abhängigkeiten mit der kosmischen und organischen Sphäre
schwänden! Selbst die höchstmögliche Entwickelung des Menschen
löst ihn weder von der Rasse, noch vom kosmischen Milieu (Leben
der Erde, der Sonne etc.).
    Aus der heutigen Unentwickeltheit der Menschen erklärt sich weiter-
hin auch, dass Gelüste und Launen, Unvernunft und Unsittlichkeit noch
die Macht über uns haben. Es sind Entwickelungkrankheiten. Heut

können und sollen wir nach Sittlichkeit streben. „Nach vollendeter Ausbildung der Erkenntnis Gottes oder seines Gesetzes müssen wir sittlich leben. Diese sittliche Notwendigkeit ist die Heiligkeit". Denn sittlich frei ist nur dasjenige Wesen, welches mit Bewusstsein und Willen seiner Bestimmung gemäss lebt, dessen Wille mit dem Gesetz und Willen Gottes übereinstimmt". So landet Hess wieder, von einer anderen Richtung kommend, bei dem anarchistischen Idealzustand, den er zwanzig Jahre zuvor in der „Philosophie der Tat" zu begründen suchte.

Die Weltauffassung — so muss man die Brücke schlagen — ist nicht seine unabhängig persönliche, seine individuelle. Er ist ein Jude, er trägt alle Rassen- und Nationalitätcharaktere der Juden an und in sich: seine Weltanschauung liegt also im Judentum eingebettet!

In dieser Überzeugung tritt er nun an die Analyse des Judentums, seiner Geistesdenkmale, seiner Geschichte und seiner typischen Repräsentanten heran und ist glücklich, seine Überzeugung als die rechte bestätigt zu finden. . . .

Die Juden sind die höchste Ausprägung der semitischen Rasse wie die Hellenen die der indogermanischen Völkerfamilie. Die Hellenen haben das Sein, die sichtbare Natur in der Geschichte, das Individuum geadelt; die Juden suchten die Menschheit, das Weltprinzip — Gott —, suchen das Werden zu erkennen. Für die Hellenen liegt das goldene Zeitalter in der Vergangenheit; die Juden sehen die messianische Zeit in der Zukunft. Ihr Ideal ist die Entwickelung zur Einheit, die sie allein als Plan der Weltgeschichte erkannt haben. In ihnen lebte diese Idee zuerst und blieb dauernd leben. Gott hatte sich eben in ihnen mit seiner Planmässigkeit offenbart. Sie sind das auserwählte Volk. Und das Judentum ist Geschichtsreligion, Geschichtskultus im Gegensatz zum Naturkultus der Heiden. Die Juden setzten sich nicht in einen Gegensatz zur Natur — denn sie waren nicht spiritualistisch. Sie setzten sich der Natur auch nicht gleich — denn sie waren nicht materialistisch. Sie haben die rohe Materie geadelt, weil sie Natur, Welt und Mensch als die Offenbarung Gottes erkannten. Sie waren ‚diesseitige", beseelte Realisten. Das ist aber nicht ihr Verdienst. Es ist lediglich die Veranlagung, die Eigentümlichkeit ihres Genies, ihre Organisation (ihre Konstitution) — Rassenprädisposition. Und damit ist ihre Stellung in der Menschheit gegeben. Und ihr Beruf — ihre „Mission"! Bei der grossen Arbeitsverteilung ist den Juden die Aufgabe zugefallen, den Entwickelunggedanken, die Einheit des Alls, die Einsicht in die Gottesoffenbarungen, die sich immer deutlicher und umfassender kund tun, die Hoffnung auf die Messiaszeit als die Zeit, da Gott auch von jedem Menschen bewusst erkannt wird, als die Zeit des Friedens, der selbstbeschränkten Freiheit, der Aufhebung der Willkür und Unsittlichkeit — diese ganze Weltanschauung zu verbreiten und für diese Erkenntnis gegen die Nochroheit der Menschen zu kämpfen. Wahrlich, sie sind nicht „auf Rosen gebettet". Die Juden sind oft im Kampfe erlegen; sie sind schwach geworden und haben ihr stolzes Privilegium „durch tiefe Schmach" abbüssen müssen.

Wollen die Juden aber ihre „Mission" erfüllen im modernen Völkerbunde, dann müssen sie erst wieder beginnen, sich selbst zu erkennen. Denn die Erkenntnis ist in Hess' Auffassung schon das Sein. Als Spinoza das Reich des Geistes als gegenwärtiges begriffen hatte, war es „also" mit Spinoza angebrochen!

Die 'Juden sind eine Nationalität. Diese Tatsache muss erst wieder begriffen werden. So haben Spinoza und Mendelssohn die Judenheit aufgefasst. Erst die neuere Zeit hat in feiger Interessenpolitik aus dem Judentum einen „Glauben" gemacht. Und doch ist niemals der Glaube, sondern das Forschen von den Juden gefordert worden. Nur so wird es verständlich, dass sich trotz der vielen bedeutenden Männer in unserer Gemeinschaft niemals haben Sekten bilden können. Sie war eben eine Volksgemeinde, innerhalb deren die verschiedensten Ansichten haben bestehen können; denn sie waren im Grunde nur die Andersformung der gleichen Rassen- und Volksanlage. So prononziert diese aber auch ist, und so sehr sie sich in Rassenkreuzungen durchsetzt und durch eine gesteigerte Akklimatisationfähigkeit auch den Einwirkungen des Milieus standhält, mag es sich nun rein örtlich als veränderter Wohnsitz oder geistig als Taufe — Schmarotzerwohnsitz in einer anderen Konfession — geben: mit der nationalen Umgrenztheit war niemals ein Gegensatz zum humanitären und sozialen Leben verbunden. Die jüdische Nation musste sich eben erhalten, damit der Gottesgedanke einen kraftvollen Träger und Verteidiger habe. Das Individuum sollte nicht zerdrückt werden; sondern seine Weihe und Auferstehung in der Nation finden. So tragen denn auch alle Gebete den Charakter der „Kollektivgebete". Die solidarische Verantwortlichkeit war stets Grundsatz. Und „nichts ist dem Geiste des Judentums fremder als das egoistische Seelenheil des isolierten Individuums, der Hauptgesichtspunkt der Religion nach modernen Vorstellungen". Eine atomistische Unsterblichkeit konnte es in der jüdischen Auffassung nicht geben, denn sie verneinte das Leben nicht, und Leben und Tod erschienen ihr von gleicher Giltigkeit: „Die

Ewigkeit fängt nicht erst an, wenn wir gestorben; sie ist, wie Gott, stets gegenwärtig.

Alles geistige Leben ist im Volke, aus dem es herausgewachsen, verankert. Darum ist es unmöglich, das Religiöse vom Nationalen im Judentum zu trennen. Jeder Versuch muss scheitern, und die Absichtlichkeit der „Reformer" stempelt derlei Versuche zum Verbrechen. Sie können nur die Gemeinden und die Geschlossenheit Israels zerreissen und Unklarheit schaffen, die zum Untertauchen in die „Notreligion" führt. Und somit Israel der Menschheit rauben, der Menschheit aber die Erkenntnis der Gott-Einheit erschweren.

· Indem Hess die bewusste Scheidung vom Politischen und Religiösen als missglückt erkennt, gewinnt er erst den Standpunkt für die Beurteilung der jüdischen Zeitfragen. In den sechziger Jahren des vorigen Säkulum war die ursprüngliche Tendenz der Reformpartei ganz vergessen. Im Geschichtleben sind Jahre und Jahrzehnte nicht als Zeitmasse giltig. Oft ist ein Jahrhundert nur wie ein Tag. Und ein Jahr wie ein Jahrhundert. Die aufgeregten Zeiten der vierziger und fünfziger Jahre, die Beteiligung der Judenheit am öffentlichen Leben, ihre aktive und passive Interessiertheit, haben äusserlich ihre ganze Gestalt verändert. Zudem kam, dass der völlige Indifferentismus gegenüber allen jüdischen Angelegenheiten notwendig Unkenntnis und Verständnislosigkeit für die jüdischen Probleme zeitigen musste. Alle hielten sich für die Anhänger der „mosaischen Konfession". Und das Wunder hatte sich begeben, dass die Holdheimischen Reformideen — nicht durch Holdheims agitatorische Rührigkeit — sondern durch die Gunst oder Ungunst der Zeiten bis tief in die Orthodoxie hinein gesiegt hatten. Denn auch in dieser Partei — ein Analogon zu der christlich-orthodoxen — war das nationale Segment des Judentums in der Versenkung verschwunden. Das Volk war nichts. Der Glaube alles. Das Priestervolk war im Priestertum vergeistigt und vergeistlicht.

Holdheim, der einzig klare Kopf, den die modern-jüdische Reformbewegung hervorgebracht hat, hatte zwanzig Jahre zuvor den clou schnell entdeckt. Die Fragen der bürgerlichen Gleichberechtigung lagen noch immer in der Schwebe. Das „Korporationsgesetz" drohte den Juden. Immer wieder wurde von den Verfechtern der Rechtlosigkeit den Juden ihre Nationalität vorgehalten, um dem instinktiven arischen Judenhass eine Scheinberechtigung für die Verweigerung bürgerlicher Gleichstellung zu geben. Die gescheiten Juden sagten einfach: Nun, schaffen wir die jüdische Nationalität ab und werden wir mosaischer Konfession! Holdheim sah aber ein, dass diese terminologische Umänderung blauer

Dunst ist, den die Gegner durch eine müde Handbewegung fortfächeln würden. Darum ging er konsequent vor; und allem Biegen abhold wollte er systematisch alles Politische aus dem Judentum herausbrechen. Er hatte Recht: wenn dann noch etwas übrig blieb, so müsste es ein Konfessiönchen sein. In seiner „Autonomie der Rabbiner und das Prinzip der jüdischen Ehe" (1843) hat er das Problem durchgeführt. Und es ist ein schmerzlich köstliches Vergnügen, zu verfolgen, wie er auf der Braunschweiger Rabbinerversammlung (1844) die wirren, von allerlei dunklen Regungen, „atavistischen" Empfindungen umhergeschleuderten Reformmännlein auf ihre schwachen Beinchen stellt und „an der Strippe" hält. In alle Konfusion fliegt.dann immer wie ein Blitz sein Losungwort: National oder religiös.

In der Negation konnten die Reformer Erkleckliches, im Positiven nur Klägliches leisten. Natürlich! Schon Heine amüsierte sich über die „orthografischen Gesänge" der Hamburger Templer. Und Hess wetterte gegen die theatralischen Vorstellungen, die „neuerfundenen, Zeremonien und die abgestandene Schönrederei, die dem Judentum das letzte Mark aus den Knochen saugten und von dieser grossartigsten Erscheinung der Weltgeschichte nichts als den Schatten eines Skeletts übrig liessen." Ein Greuel sind ihm „die Reformen, die jeder geistliche Stümper nach eigenem Muster zuschneidet und die schliesslich auf den inhaltslosen Nihilismus und die schrankenloseste Anarchie hinauslaufen, welche nur Verwüstungen in den jüdischen Gemütern anrichten und unsere jüngeren Generationen mehr und mehr dem Judentum entfremden". Dann zerpflückt er den Unsinn, das mosaische vom talmudischen Judentum trennen zu wollen, als ein Plagiat fremder Geistesbestrebungen. Sie sind aus einem Geiste geflossen, der nicht weniger heilig wie bei Moses, bei den Soferim in der Zeit der Restauration nach der babylonischen Gefangenschaft war. „Jede Befreiung aus politisch-sozialer Knechtschaft ist zugleich eine geistige Befreiung und eine Befruchtung des nationalen Genius".

Nicht mit gleicher Schroffheit, aber entschieden genug weist Hess aber. auch die Orthodoxie zurück. Freilich nicht jene alttraditionelle Treue zur jüdischen Vergangenheit, wie sie zumal den Juden der östlichen Länder eignet. Für sie hat Hess alle Liebe und Verehrung. Denn er weiss die Ganzheit dieser Juden, die nicht nur in Denken und Forschen, sondern auch in allen Lebensäusserungen keine Konzessionen machen, sehr wohl zu unterscheiden von jener dummen Neuorthodoxie, die nichts gelernt hat und kein junges Reis mehr treiben kann: sie ist die „Umkehr in den alten kritiklosen Glauben, der bei ihr jedoch seinen naiven, wahrheitgetreuen Charakter eingebüsst hat. In ihrer Verzweiflung, aus dem Nihilismus herauszukommen, verharren sie im bewussten Widerspruch mit der Vernunft". Von dieser Konfession S. R. Hirschs trennt ihn eine ganze Welt. Ist ihm Judentum, als Geschichtsreligion gefasst, die lebendige Überzeugung der immerwährenden und sich verdeutlichernden Offenbarung Gottes im All, so kann kein Frieden walten mit denen, die nur eine einmalige Offenbarung auf dem Sinai annehmen. Die zielstrebige, ewige Entwickelung – der Lebensgehalt des volkständigen Mosaismus — wäre damit geleugnet. Diese Neuorthodoxie ist auf fremdem Boden gewachsen. Sie ist ein Plagiat des supranaturalistischen Christentumes. Der Esel, der in das Löwenfell der altjüdischen Formen geschlüpft ist. Mit dem Christentum aber, dessen unwahre Liebesduselei ihm früher die Sinne narkotisiert hatte, kann Hess jetzt mit freiem Kopf abrechnen. Es ist die Inschrift auf den Grabsteinen, die barbarische Gewalt auf die Nationen gewälzt. Seine welthistorische Bedeutung war, die Heidenwelt mit dem Geiste des Mosaismus zu erfüllen. Nun ist es aber seines Wesensgehaltes bar. Es hat den Dualismus von Lehre und Leben, von Liebe und Kanonen in die Welt gesetzt. Im Abfall vom Judentum hat es die Verachtung dieser Welt gelehrt und für das individuelle Seelenheil in sentimentaler Resignation den Trost auf ein mystisches Jenseits verabreicht. Dieser Trost war gratis zu haben. Wer ihn aber nicht mochte, für den standen ein paar Folterblöcke der Liebe bereit. Ist das Christentum in seinem ursprünglich lauteren Gehalt nur jüdischer Messianismus und strebt es zum bewussten, d. h. heiligen, sittlichen Leben der Menschheit, so hofft es jetzt alles Heil und allen Adel erst im übersinnlichen Himmel.

Auch das Judentum hat auf seiner schmerzenreichen Wanderung durch die Roheit der Völker manchen Flecken erhalten. Nicht nur blaue von den Hieben. Die Läuterung kann nur das Bewussthalten seines Wesens, das seine Mission ist, bringen. Die Menschheit macht jetzt einen entscheidenden Schritt in die soziale Lebenssphäre hinein. Es ist kein Zufall, dass an den Wendepunkten der Geschichte jüdische Männer auftreten, die im Nebel den rechten Pfad erleuchten. Die grossen Männer haben den Geschichtgang bestimmt. Aber Hess lässt die heroische Geschichtauffassung nur mit einer Einschränkung gelten: Nicht die grossen Männer an sich machen die Geschichte, deren Gesetzmässigkeit daher nur Konstruktion wäre, weil Menschen — nach H. Oncken — irrationale Grössen sind. Die grossen Männer sind Hess nur die Zusammenfassung der ihrer Rasse und ihrer Nationalität eigenen Kräfte, die Zusammenfassung und die Potenzierung. Es mussten jüdische Heroen — Christus, Spinoza — an der Zeitenwende erscheinen, weil es die Mission des jüdischen Volkes ist, das Bewusstsein der historischen Höher- und Weiterentwickelung zu verkörpern und daher diesen Fortschritt zum planmässigen Ziele zu leiten.

Aber die Gegenwart sieht die jüdische Nation zerrissen und verirrt. Sie muss — will sie ihre Aufgabe erfüllen — wieder stark sein und geschlossen. Und muss wieder den eigenen Staat haben. Denn die staatliche Organisation ist die normale Lebensform und die zweckdienlichste der Nationalität „Bei den Juden noch mehr als bei Nationen, die auf ihrem eigenen Boden unterdrückt sind, muss die nationale Selbstständigkeit jedem politisch-sozialen Fortschritte vorangehen. Ein gemeinsamer heimatlicher Boden ist für sie die erste Bedingung gesunderer Arbeitsverhältnisse. Der gesellige Mensch bedarf zu seinem Gedeihen und Fortkommen eines weiten, freien Bodens, ohne welchen er zum Schmarotzer herabsinkt, der sich nur auf Kosten fremder Produktionen ernähren kann." Nicht im Exil — nur in Palästina kann dieses Gemeinwesen erstehen. Alte historische Traditionen fesseln die Juden an diesen Flecken Erde. Sie haben ihn einst mit dem Schwerte erobert und mit dem Geiste von dieser Stätte aus die Welt. An der Scheide dreier Erdteile liegt es; und darinnen muss ein Volk leben, dass der Bindung ein Symbol ist und dessen Mission dahin drängt, die Güter der Bildung auszugleichen zum letzten Ziele der Menschenbrüderschaft hin. Die politische Konstellation scheint ihm für die Erlangung der Heimat recht günstig. Der Suez-Kanal, den die Franzosen jetzt bauen, macht ein Nachbarvolk wie die Juden nötig. Und die Franzosen werden nach dem inneren Gesetze ihrer welthistorischen Veranlagung: den Menschen die Gleichheit und Freiheit zu bringen, auch diesem gehetzten Volke die Kraft ihres Volkstums weihen. Drum muss sich Juda politisch-sozial an Frankreich, an Deutschland aber für das geistige Leben halten. Und es ist Hess' Überzeugung, dass die Juden Garantieen für den Bestand ihrer Gemeinschaft von den massgebenden Völkern erstreben müssen und erhalten werden. Die Gleichberechtigung, welche die Juden als Menschen nicht vom Menschen erlangen konnten, wird das Volk vom Volke erreichen.

Die praktische Durchführung seines Planes will Hess mit der Kolonisationarbeit in Palästina beginnen. Der Jude muss wieder Ackersmann werden. Nur seine Urheimat wird ihn dazu machen. Im Exil kann er durch Reformen und philanthropische Bemühungen („Verbreitung des Ackerbaues unter den preussischen Juden") höchstens zur Abtrünnigkeit gebracht werden. Wir müssen zunächst trachten, der jüdischen Arbeit im alten Lande den gleichen gesetzlichen Schutz zu schaffen, den sie im Okzident besitzt. Und dann langsam, in steter Ausbreitung vorwärts. Der Orient muss erschlossen werden. Alle Völker arbeiten an diesem Werk. Die Juden werden dann zeigen müssen, ob sie ihrer Aufgabe gewachsen sind. Aus kleinen Anfängen soll das Werk erstehen; und „es versteht sich übrigens ganz von selbst, dass bei dieser Aufforderung zu jüdischen Niederlassungen im Orient nicht von einer allgemeinen Auswanderung der okzidentalen Juden nach dem Lande der Väter die Rede sein kann. Selbst nach der Herstellung einen modernen jüdischen Staates werden ohne Zweifel die relativ wenigen Juden, welche die zivilisierten Länder des Okzidents bewohnen, meist dort bleiben, wo sie ansässig sind.“ Als den Stamm des jüdischen Staatswesens denkt Hess die grosse Masse der Juden östlicher Barbarenstaaten. Der Druck wird die Stammesbrüder einen, und die Sehnsucht, die in ihnen lebendig wirkt, wird sie in die alte Heimat bringen. Und ein Abglanz ihrer Arbeit wird auch um die Juden des Auslands schillern. Auch ihnen wird der jüdische Staat zum Segen sein.

Es werden gute Tage kommen. Aber es muss schon jetzt zum Ziele hingewirkt werden. Ohne Regeneration kein Volk. Überall muss der Renaissancegedanke verbreitet werden zu den vier Ecken der Erde. Das jüdische Volk muss erst das Bedürfnis seiner nationalen Wiedergeburt fühlen, um sie zu erlangen. „Bis dahin haben wir noch nicht an den Tempelbau, sondern nur daran zu denken, die Herzen unserer Brüder für ein Werk zu gewinnen, das der jüdischen Nation zum ewigen Ruhme, der ganzen Menschheit zum Heile gereichen wird.“ Die Kenntnis jüdischer Geschichte wird die Bahn freilegen; das Judentum braucht die Wissenschaft nicht zu fürchten. Ihr Fortschritt ist auch sein Fortschritt. Denn das Judentum zielt in die Zukunft. Auf drei Dingen beruht also die Gewissheit, die alte Heimstätte zu erwerben: Kolonisation des Landes; Agitation unter den Juden; Gewinnung der Sympathie, des Schutzes der Mächte.

Die Fragen nach der zukünftigen Gestaltung des jüdischen Lebens, des Opferkultes rückt Hess beiseite: heut sollte an altem Brauch und alter Satzung nicht gerüttelt werden. Dereinst aber wird ein Synhedrion gottbeseelter Männer die Fragen entscheiden und giltige Formen finden. Wichtiger dünkt ihm, der Zeichen regenerativer Kraft, die in unsern Tagen schon wirksam werde, zu achten. Seines Scharfblickes Zeugnis kann es sein, dass er vor mehr als vierzig Jahren schon den tieferen Sinn und die nationale Bedeutung des Chassidismus erfasst hatte. Noch Graetz hatte diese nach Millionen Getreuer zählende Bewegung mit der Engheit des Rationalismus als Verirrung verworfen. So stark in Graetz auch nationales Instinktleben flutete, ein Stückchen posenschen Aufklärertums steckte doch sein Füsschen heraus. Hess aber sah im Chassidismus die Verinnerlichung des jüdischen Geistes gegenüber der Werkeltagheiligkeit und den instinktmässig richtigen Übergang des mittelalterlichen in das regenerierte Judentum. Die nationale Bewegung sollte sich seiner bemächtigen! Hess hat Erkenntnisse vorgeahnt, wie sie ein liebevolleres Studium dieser merkwürdigen halbsozialistischen Welt gezeitigt hat. Der Chassidismus hat wieder die Freude in jüdischem Volkstum lebendig gemacht: Wein und Lieder. Er hat den dummen Sensualismus durch luftige Träumereien verscheucht. Und ein wenig hellenischer Lust in die Trübheit der Ghetti gerettet.

Der Lust zu leben und dem Stolz ein Jude zu sein — ihnen müssen neue Altäre gebaut werden in jüdischen Häusern. „So lange ein Jude seine Nationalität verleugnen wird, weil er eben nicht die Selbstverleugnung hat, seine Solidarität mit einem unglücklichen, verfolgten und verhöhnten Volke einzugestehen, muss seine falsche Stellung mit jedem Tage unerträglicher werden." Die Juden werden als Anomalie von allen Völkern empfunden. Die Emanzipation, die sie gewähren, gewährt nicht die Liebe, sondern ein totes Prinzip. Und um dieser Gnade willen sein Judentum verleugnen! Nein! Und dann ein kraftvolles Wort: „Wäre es war, dass die Emanzipation der Juden im Exil unvereinbar sei mit der jüdischen Nationalität, so müsste der Jude die Emanzipation — der Nationalität zum Opfer bringen." Hess glaubt zwar nicht an solch Dilemma. Aber wenn es käme! — Hess war im Opferbringen und Märtyrertum geübt. ...

Und was sind die kleinen Opfer gegen das grosse Ziel! Die Menschheit tritt aus ihrer paläontontologischen Epoche in die Zeit der Reife. Die Tage des Messias sind nahe — die Zeugnisse mehren sich Tag um Tag. Und Israel hat seine Mission erfüllt: es hat den Völkern den nationalen Geschichtskult gebracht. Wie sieht doch diese Mission so anders in die Welt, als das auf Rabbinertagen ausgeklügelte, aus Feigheit und Unwahrheit geborene Missiönchen. Hess hat dieser Lüge jedes Glied einzeln ausgerenkt und zerbrochen. Denn brächte nur noch das Missiönchen den Juden die Existenzberechtigung, wahrlich: für den Fortbestand des Judentums gäbe es dann keinen „irgend nur haltbaren Grund."

Allein Hess hatte den starken Glauben an jüdische Stammeskraft.

„Die junge Generation, die für alles Erhabene und Heilige empfänglich ist, wird sich den nationalen Bestrebungen mit Begeisterung anschliessen; und hat einmal der frische Nachwuchs seine Triebkraft nach dieser Richtung hin genommen, so wird auch das dürre Holz sich mit den Blättern und Blüten Israels schmücken."

... Ein Schwälblein schoss über ein schneebedecktes Land — und Hess sah den Lenz schon knospen....

VIII.

Mit den Ideen ists nicht so wie mit den Geschossen. Ihre Flugbahn ist ungleich komplizierter, und der Zeitpunkt, da sie einschlagen, lässt sich nicht ohne weiteres berechnen. „Rom und Jerusalem" ist erst in den neunziger Jahren wieder auferstanden, und gar manche Gedanken ragen noch in die Zukunft. Bei seinem Erscheinen hat es nach vielen gleichzeitigen Angaben sofort nur grosses Aufsehen gemacht. Es muss jenes Aufsehen gewesen sein, das die Schaustellung eines fünfbeinigen Kalbes in einem Wanderpanoptikum erregt. „Da will einer einen Judenstaat gründen!" Die Sache war aber nicht einmal zum Lachen. Eher schon zum Weinen. Die Leute waren einfach starr. Und ein eigenes zeitpsychologisches Interesse gewinnt die vollkommene Ratlosigkeit der jüdischen Kritik jener Tage. Sie ist überrumpelt und stammelt erst vor sich hin, bis sie sich zu einer Gegenargumentation zusammenraffen kann. Freilich gab sich die Gedankenwelt Hessens nicht jedem leicht hin. So geistvoll auch die Beweisführung ist und so reich an überraschenden Beobachtungen, die ganze Anlage des Werkes schliesst doch die bündige Systematisierung aus. Das Werk zerfällt in drei Teile: Briefe, Epilog und Noten. Um in die Voraussetzungen seiner Weltanschauung einzudringen, empfiehlt es sich — es ist ein gut jüdisch Werk — von hinten anzufangen. In den Epilogen sind die Leitmotive dargestellt. Die Briefe zerfasern schon durch die Form den Gedankengehalt in Aperçus, so dass es dem Werk an Geschlossenheit vollends gebricht.

Allein diese mehr äusseren Schwierigkeiten verschwanden freilich gegen die frappierende Bestimmtheit, mit der Hess eine neue Welt vor seine Zeitgenossen hinstellte. Wie sehr sich Hess alter, lieber Freund Berthold Auerbach über so böse Gedanken entrüstet hat, die man doch sogar im verschlossenen Kämmerlein nicht laut äussern dürfe, berichtet Hess selbst. Er stand der feigen, verlogenen Halbheit verständnislos gegenüber.

Simon Szanto, der Herausgeber der Wiener „Neuzeit", der sonst nicht so leicht die Contenance verlor — er hatte sich im Kampf mit dem Leuchten der ungarischen Dunkelmännerei einen kecken Mut angeschafft — kommt doch auch dem Hesswerk gegenüber ins Schwanken. „Seit Wochen liegt uns das wunderliche Schriftchen vor, ohne dass

wir uns zu einer Besprechung anschicken konnten. Es ist eine neue
Idee, die mit ihren Theorien viel zu spät kommt, es ist ein alter
Gedanke, der mit seinen praktischen Forderungen viel zu früh kommt"
Man merkt dieser Antithese ihre Selbstgefälligkeit an. Aber sie
fliegt nicht gar so weit vom Ziele vorbei. Szanto verspricht, erst
das Werk zu referieren und dann den kritischen Massstab anzulegen.
Er bringt auch einen vielspaltigen Auszug — aber den kritischen
Massstab scheint er verlegt zu haben....

In der Monatschrift für die Wissenschaft und Geschichte des
Judentums wird das Werk sorgsam und liebevoll gewürdigt. Bezeichnend
ist auch hier das Zugeständnis: dass man von dem Gedankengange
zunächst überrascht wird und sich nicht leicht dareinfindet. Deshalb warnt der Referent ausdrücklich davor, „den Verfasser eine
Stunde früher zu bekämpfen, eh man ihn — verstanden hat." Seine
Ausstellungen beschränken sich auf einige strittige Fragen, ob der
Gottesbegriff dem jüdischen Volke immanent sei oder sich in jahrtausendlanger Entwickelung erst herausgebildet habe. Hess selbst ist in späteren
Arbeiten von seinem alten Standpunkt abgerückt und hat sich der
letzten Anschauung angeschlossen. Auch über die Nationalität drückt
sich der Referent spiralig aus. Freilich merkt man aus allem Winden
und Drehen, wie wertvoll ihm der Nationalgedanke für die Weiterentwickelung der religiösen Idee und des religiösen Lebens erscheint
und welchen Stolz er in die bewährte jüdische Rasse setzt. „Es
kann niemand leugnen, dass auch das religiöse Leben ein
lebendigeres ist, wenn es zu seinem Träger eine ungebrochene
Nationalität hat" Balanzierend sucht dann der Referent — der
M. zeichnet — die Leitsätze von Hess anzugreifen, dass das Judentum
nur eine aus Familientraditionen entstandene Geschichtsreligion sei.
Aber die Rasse will es gelten lassen. Denn die göttliche Offenbarung
an Moses kann nicht ein Akt der Willkür sein, sondern der Wahl.
„Die göttliche Wahl wird sich wohl die geeignete Rasse, das geeignete
Volk ausgewählt haben" Mit geradezu mustergiltiger Fürsichtigkeit
umkreist aber der Referent die Judenstaatsforderung und weicht ihr
durch eine geschickte Wendung im letzten Augenblick vor dem Zu-
sammenprallen aus. Er gibt zwar zu, dass über die Bedeutung der
Nationalität für die religiöse Weiterentwickelung zu reden wäre.
Aber die Rasse hat sich doch auch im Exil bewährt. „Denn wenn
sie an der Bibel auch nicht ein portatives Vaterland besass, so
besass sie doch an ihr einen nie versiegenden Quell, aus dem sie
die Kraft zu leben uud zu wirken sog"

VIII*

Wenn auch nicht — so doch! Man könnte diese Floskel direkt als Motto für die Breslauer Rabbinerschule setzen... Immerhin lässt der Referent seine Sympathieen für die nationalen Forderungen von Hess sichtbar durchleuchten: „Das Ganze müssen wir jedenfalls nicht bloss als originell, sondern auch als nach vielen Seiten hin bedeutend und von jedem Standpunkte auch berücksichtigenswert bezeichnen." Die Scheu, sich trotz aller inneren Wahlverwandtschaft deutlich zu erklären, ist historisches Dokument — 1862!

Es bleibt jeden Falles bemerkenswert, dass die „Kölnische Zeitung" in einem kurzen Hinweis auf die günstige Beurteilung des Werkes „von Breslau her" aufmerksam macht.

Kurz und wenig erbaulich ist der Schächtakt, mit dem M. Kg. — wohl Meyer Kayserling — „Rom und Jerusalem" ins Jenseits spediert, vor dem Hess doch einen so grimmen Widerwillen hatte. „Das Buch ist à la Heine geschrieben, soll geistreich sein. Der Verfasser ist von der Reform unbefriedigt, der er selbst vollkommen fremd geworden ist; eine solche Prinzipienreiterei ekelt wirklich an". M. Kg. Die Besprechung erschien in der hebräischen Bibliographie Hamaskir (Bd. V). Ihr Herausgeber — M. Steinschneider — scheint aber durch das „abgekürzte Verfahren" nicht ganz befriedigt worden zu sein, und so fügt er eine Note an: „Orthodoxe und anscheinend orthodoxe Blätter (wie Hamagid) weisen mit Wohlgefallen auf diesen Baal-Teschubah (den Reumütigen) dessen Begriff, der angeblich uralten Synagoge und ihrer Zukunft die radikalsten Reformen bedingt. Es ist nur zu wünschen, dass man sich dem gegenüber nicht dieser Bücher gegen besonnene Bestrebungen für die traurigen Verhältnisse des Juden in Palästina bediene." Also der später so scharf betonte Standpunkt der Chowewe-Zion gegenüber dem national-politischen Zionismus!

Einen ähnlichen Standpunkt wie Steinschneider nimmt auch Josef Lehmann in seinem so schicksalsreichen „Magazin für die Literatur" ein. Auch er ist für die Begründung von Kolonisationgesellschaften durch französische, englische und deutsche Juden, mit dem Ziele, jüdischen Auswanderern die Niederlassung im Lande ihrer Väter, in Palästina, möglich zu machen und für die Sicherheit und das Gedeihen dieser Niederlassungen Sorge zu tragen. „Es sind das Unternehmungen, die jeder Menschenfreund im Interesse der Zivilisation und Kultur des Orients unterstützen kann und wenn sich daraus ein neues Liberia befreiter jüdischer Heloten aus allen unzivilisierten Ländern der Erde gestaltet, dann um so besser." An Sympathieen für die Besiedlungidee Palästinas durch Juden hat es eben nicht gefehlt.

Sie blieben aber platonisch und mussten platonisch bleiben, so lange
der nationale Antrieb und die nationale Tendenz fehlten. In dieser
Richtung kann aber Lehmann keine Zugeständnisse machen: „In ganz
Europa sind die Juden unserer Zeit keine Orientalen mehr. Sie fühlen
sich in Deutschland so sehr als Deutsche, dass sie auch die Partikular-
gelüste der Deutschen teilen und hier gute Österreicher, dort gute
Preussen, Sachsen und selbst gute Reuss-Greiz-Schleizer sind". An
einem ernsteren Verständnis für die Gedankenwelt Hess' gebricht es
Lehmann ganz. So paradox es klingt: er versinkt in seine Untiefe.
Nur seine Kleinheit ermöglicht ihm das Untertauchen. Ein typischer
Repräsentant des jüdischen Kleinbürgertums, das auch heut noch nicht
ausgestorben ist, begreift er nur die Verbitterung wegen der Antipathieen
gegen die Juden. Aber er vermag nicht zu erkennen, wie die anti-
jüdischen Insulte nur ein ganz äusserer, äusserlicher Anlass für Hess'
nationale Anschauung sind. Denn Hess ist nicht vom Antisemitismus,
sondern von jüdischer Rassenartung ausgegangen. Und strebt nicht
zur „Abwehr" des Judenhasses, sondern zur bewussten, freiheitlichen
und gleichberechtigten, wenn auch nicht gleichgearteten Menschheit.
Die Empfehlung der Schrift, die wie Lehmann gern zugiebt, das Werk
eines charakterfesten und wissenschaftlichen Mannes ist, verfehlt aber
ihren Zweck, wenn sie sich an alle diejenigen wendet, „denen es um
die Beseitigung des letzten Unrechtes zu tun ist, das noch jemand —
um seines Glaubens (!) willen zugefügt wird". Mehr Verständnislosigkeit kann man nicht gut verlangen!

Mit ähnlichen Argumenten arbeitet auch der Referent M. K. aus
Frankfurt, dessen Kritik den Jahrgang 1862 der Allgem. Zeitung des
Judentums schmückt. Ludwig Philippson, ihr Redakteur, bescheidet
sich bei diesem Referat. Ursprünglich wollte er überhaupt keine
Besprechung geben, weil, ja weil „zu viel angreifbare Sätze in dem
Werke ständen!" Hess hat später in einem Brief an die „Archives
israélites" und in den Noten zur „Religiösen Revolution im 19. Jahrhundert" die Demaskierung von Philippson vorgenommen. Er ist ihm
der Mann, der sich hütet, wo anders zu stehen — weder rückwärtig
noch im Vorderplan — als das Publikum. Hess hätte sagen müssen:
als sein Publikum. Dann wäre ihm der Typ Philippson zeitpsychologisch
geworden!

Die Besprechung ist in mannigfacher Beziehung von Interesse.
Sie bringt das ganze Arsenal von Pappewaffen und ähnlichem Kinder-
spielzeug, mit dem das „Halb und Halb" der mosaischen Konfession
seit einem halben Jahrhundert dem jüdischen Volksgedanken Wunden,

sogar blutige!, hat schlagen — wollen. Nur in der Rassenfrage gibt der Referent nach. Er ist noch nicht aus der jüdischen Rasse ausgetreten und will unsere alte Kultur als nationale gelten lassen. Dagegen wendet er sich mit aller Schärfe gegen jede Ambition politisch-nationalen Charakters. „Wir sind vor allem erst Deutsche, Franzosen, Engländer und Amerikaner und dann erst Juden. Unsere Liebe und Verehrung für alles, was uns an unser Stammland, an Palästina, erinnert, hat auch nichts mit einem Patriotismus gemein und nur den Wert und die Bedeutung, wie die Pietät zu urväterlichem Geräte, dem wir wohl in unseren modernen Prunkgemächern einen ehrenvollen Platz einräumen, ohne dass es uns in den Sinn käme, unser ganzes Leben mit diesen Erinnerungen in Einklang zu bringen." Dieser Mann mit den Prunkgemächern lehnt natürlich die Bedeutung Frankreichs für die Freiheit ab, hatte sich doch sein Schirmherr Philippson vor lauter Patriotismus geweigert, der Alliance isráelite beizutreten! Etwas vorsichtiger spricht er sich schon über das Nationalitätenprinzip aus. Er ist ein teutscher „Patriot", und da muss man erstlich gegen die Franzosen, und dann darf man aber nicht gegen das Nationale schlechtweg sein. So scheint ihm das Recht der freien Nationalität nur denen zuzukommen, „die ihr Stammland nicht in Kämpfen verloren und nur ihrer staatlichen Herrschaft und staatlichen Institutionen beraubt sind." Wie ganz anders liegen doch die Verhältnisse bei den Juden, die in der Zerstreuung und der Amalgamierung mit allen Kulturvölkern sich ihrem Stammland so entfremdet haben. „Wir bilden nunmehr (?) nur eine grosse religiöse Genossenschaft, vereint durch das Band eines gemeinsamen Glaubens, durch unsere historische Vergangenheit, unsere Literatur und gemeinsame Sprache des Gebetes. Ein einheitliches Band wird aber in Wahrheit weder erstrebt, noch gewünscht." Übrigens eine Redefloskel, die auf dem Frankfurter Rabbinertag 1845 für die deutsche Judenheit entdeckt worden ist. Die auf die Heimkehr ins Ahnenland zielenden Gebete „sind uns nur noch stereotype Formeln, welche wie mit einer malayischen Gebetmaschine abgebetet werden." Man kann jetzt verstehen, warum die nationalen Zukunfthoffnungen aus den Betbüchern herausgerissen worden. Wer will denn Malaye sein? Sehr bezeichnend ist auch die Parallele mit der Rückkehr aus dem ersten Exil. „Würde auch in unsern Tagen ein französischer Koresch ausrufen: „Wer unter euch seines Volkes ist — er ziehe hinauf", so würden, wie früher unter Esrah, nur wenige ihr liebgewordenes Vaterland verlassen, um auf Gräbern und Trümmern ein neues Vaterland zu gründen." Man braucht die sehr zutreffende Parallele nur weiterzuführen, um den Untergang der

Assimilationjudenheit zu erkennen. Durch den kleinen Stamm der Heimgekehrten ist das bedeutendste Kulturgut der Menschheit gerettet und ausgebaut worden, ward eine moderne welthistorische Entwickelung eingeleitet! ·Von· den jüdisch-babylonischen Krämerseelen — den Zurückgebliebenen — haben sich nur ein paar — Rechnungen auf Ziegelsteinen, sonst keine Spuren in der Welt erhalten.

Aber der Referent hat noch schlagendere Beweismittel zur Verfügung. Man kann die Gedanken von Hess nicht tot genug machen. Die Judenstaatgründung ist einfach eine Unmöglichkeit. Wie sollen der aristokratische Engländer, der demokratische Amerikaner und der frivole Franzose einen Staat bilden können?! Er setzt also einfach für den Juden Frankreichs und der anderen Länder die nationalen Eigenschaften der Franzosen in brutal-groben Verallgemeinerungen. Und dann muss das Exempel stimmen. Die Folge würden Kämpfe sein, von denen der Gegensatz aschkenasischer und sephardischer Juden schon heut einen bitteren Vorgeschmack gibt. Und weiter: Die Voraussetzung eines Heims in Palästina wäre doch die Erweckung des Orients durch die andern Nationen. Die Juden können keine Kultur bringen; sie stehen immer nur auf der geistigen Höhe der sie umgebenden Völker — sehr konsequent für die Leute, denen die Auserwähltheit der Judenheit eine so blamable Eigenschaft ist. Wahrlich! Man kann die feige Selbstentmannung nicht weiter treiben. Es würde in diesem Gesamtbilde noch ein Farbenton fehlen, wenn der Referent nicht zum Schlusse noch für die Besiedelung Palästinas und die Beförderung des Ackerbaues und der Industrie unter den dortigen Juden einträte — aber nun als Mittel, unseren orientalischen Brüdern Zufluchtort und einen Wirkungkreis anzuweisen. Auf die Juden der östlichen Länder aber dürfe man nicht rechnen, denn wenn sie erst so sehr zivilisiert sein werden wie die deutschen Juden, werden sie nicht mehr in Sehnsucht nach Jerusalem blicken.

Der Referent der Allgem. Ztg. d. Judent. musste so weit zum Schlage ausheben, weil „keine Tendenzschrift in unserer Zeit so grosses Aufsehen gemacht hat." —

Ungleich gehaltvoller ist die eingehende Besprechung des Szegediner Reformers Leopold Loew, die zuerst in seiner Zeitung Ben-Chananja (Bd. V) erschienen ist und später in seinen Gesammelten Schriften Bd. I neu abgedruckt wurde.

Auch Loew ist überzeugt, dass „das merkwürdige, originelle, pikante, sehr anziehende Buch „Rom und Jerusalem" dank der lebendigen, oft hinreissenden Darstellung·ungewöhnliches Aufsehen erregen werde;'

und es wäre kein Wunder, wenn es die Herzen der jüngeren Leser und Leserinnen für die neue Messiaslehre gewinnen würde." Er macht darauf aufmerksam, dass schon im Jahre 1848 der sephardische Rabbi Alkaley in Semlin in zwei Schriften: Kol kore und Petach ke-Chuda schel Machat ein ähnliches Projekt wie Hess veröffentlicht habe und durch eine Reise nach London Moses Montefiore für die Idee zu gewinnen suchte. Prinzipiell weist Loew den Standpunkt einer Geschichtauffassung zurück, die aus den geistigen Triebkräften der Rasse die Geschichtentwickelung herleitet. Nach der orthodoxen Auffassung müsse ein Messias kommen; überhaupt beweist die Geschichte, dass nur die grossen Männer den Fortschritt bringen. Mit diesem Argument trifft er Hess freilich nicht, der ja die Bedeutung der „Heroen" nicht leugnet, sie aber aus den in ihnen konzentrierten Rassenanlagen herleitet.

Aber dieses Moment rückt Loew bei Seite und stellt die Frage des Patriotismus in den Vordergrund. Er gibt sich jedenfalls die Mühe, diesen Patriotismus zu analysieren, und ihn nicht als verschwommene Phrase Hess an den Kopf zu werfen. Er gesteht zunächst zu — und belegt die Tatsache mit einer grossen Reihe interessanter Talmudstellen — dass die Liebe zur palästinischen Heimaterde von den Talmudisten gepflegt und durch den Hinweis auf die wundersamen Kräfte des Landes gefördert wurde. Allein „das Wesen des Patriotismus" liegt nicht in der Liebe zu den Bergen und Tälern, Fluren und Flüssen des Vaterlandes. Loew meint, dass diese Tatsache von keinem Denkenden geleugnet werden könne. Er hätte sagen sollen, von keinem Entwurzelten. Er sagt es nicht: denn er ist ein Jude, selbst ein Entwurzelter! Patriotismus ist ihm vielmehr die Liebe zu den vaterländischen Institutionen, „insofern sie dem materiellen Wohle (—steht an erster Stelle! —) dem Bildungsgrade, den Sitten und Gewohnheiten, dem Ehrgefühle und den geschichtlichen Erinnerungen der Bürger in mehr oder minder vollkommenem Masse entsprechen". Man sieht: in nuce die Psychologie des ungarischen Rabbiners, der in Deutschland deutschnational ist, wenn die Institutionen „dem materialen Wohle entsprechen" und der von seinem „deutschen" Patriotismus aus dann die jüdisch-nationalen Gesinnungen denunziert. Freilich gehört „die patriotische Liebe nicht immer dem Geburtlande, vielmehr widmet sie sich, wie die Erfahrung lehrt, nicht selten mit aller Hingebung einem anderen Lande!" Zutreffender ist nie vom modern-rabbinerischen Standpunkt der — Patriotismus definiert worden! Also nicht „die patria naturae oder loci, sondern die patria civitatis und iuris ist die Wiege des

echten Patriotismus." Diese Institutionen können natürlich auch im
Geiste vorweggenommen werden, so dass man Patriot ist für Institutionen,
die erst errungen werden müssen. Und nun! „Welche Institutionen
hat aber der Herr Verf. bei seinem palästinensischen Patriotismus im
Auge? Worin wird die Umgestaltung bestehen, die sich Hess von der
Kraft des schöpferischen Geistes des jüdischen Volkes verspricht?"
Loew hat jetzt den armen Hess in die Enge getrieben. Hess kann
nichts erwidern, frohlockt der Szegediner. Als ob nicht das ganze
Werk nur den alleinigen Zweck hätte, die Juden für die letzte
Institution der Menschheit — für die soziale Freiheit, die Gleichheit
und das Glück — wie sie Moses und die Propheten gewollt, wieder
zu kraftvollen Vorkämpfern zu adeln. Das aber sieht Loew vor lauter
Gelehrsamkeit nicht. Auch die Grundbedingungen nationaler Existenz
sucht er vergeblich bei den Juden: Das räumliche Substrat und die gemeinsame Sprache. Eine gemeinsame Judensprache aber gibt es schon seit
fast zweitausend Jahren nicht. Selbst die alten Lehrer haben die hebräische
Sprache nicht aus patriotischen, sondern aus puristischen Gründen
empfohlen, um der Sprachmengserei zu begegnen. „Da aber keine
Spracheinheit erzielt werden kann, ist die ganze Wiedergeburt Israels
ein eitles Phantasiewerk". So unglücklich weiterhin Loew trotz aller Breite
gegen Hess polemisiert, weil er die Reformer einen Gegensatz der
Bibel zum Talmud konstruieren lasse, so zutreffend ist der Vorwurf,
dass Hess für die politisch-soziale Wiedergeburt den Anschluss an
Frankreich, für die geistige den Anschluss an Deutschland empfiehlt. In
dieser Form würde freilich die autochthone jüdische Nationalkraft nicht
mehr schöpferisch, sondern gebunden erscheinen. Und diese Forderung
würde einen wunden Punkt in Hess' Darlegungen markieren, wenn
eben nicht seine ganze Weltanschauung diesen Satz als ein formelles
Entgleisen charakterisierte. Nicht das Prinzip, sondern die äusser-
lich-praktische Durchführung des Gründungplanes erzwingt den Anschluss
an die Hauptrepräsentanten der Kulturvölker.

Trotz Hessens grober Verstösse gegen den „Patriotismus" hofft
Loew von dem „hochbegabten" Verfasser die Emanzipation von seiner
exzentrischen Anschauung. Das ist gnädig; aber Hess war gar zu
„verrannt", um die guten Erwartungen des Patrioten Loew zu erfüllen.
Jedenfalls treibt Loew die für den Liberalismus typische „Toleranz"
nicht so weit, Hess die Möglichkeit einer kritischen Kritik im Ben-
Chananja abzuschneiden. Hess' Erwiderung ist entschieden. Aber
massvoll. Sie zeigt den Gegensatz der Methode. Hess geht von den
gegebenen Faktoren aus, studiert die Erscheinungformen, in denen

sich das jüdische Leben geäussert hat. Loew stützt sich auf Zitate, die er so wendet, dass sie seine Wahrheit beweisen können. Hess' Messiasglaube ist der altjüdische, wie er sich vor der Verängstigung durch die römischen Machthaber dargestellt hat. Will man den Patriotismus nur von der Liebe zu den Institutionen — auch zu den antizipierten — herleiten, könnte es dann einen leidenschaftlicheren jüdischen Patriotismus und einen berechtigteren geben als seinen, der die Erlösung der Menschheit durch das regenerierte Judenvolk erwartet? Vom Volke erwartet er alles. Denn der Geist des Judentums — soll er nicht mystisch vernebeln — ist nur der Geist der Juden, der aktive Selbstoffenbarung ist. Auch die grossen Persönlichkeiten werden nicht ausbleiben, wenn aus dem Keim des Patriotismus und des Willens nach Wiedergeburt einmal in einem Volke erst Wurzeln spriessen. „Die Nationen, welche sich erheben, produzieren diese Persönlichkeiten; dieselben waren niemals die Schöpfer gewesen, sondern die Produkte einer gewissen Bewegung." Auch wegen der Sprache beruhigt Hess den Szegediner. Sie ist eine Schöpfung der Not, ein Zwang; und wenn sie anfangs noch fehlte, so kann sie kein Hemmnis gemeinsamen Strebens sein, wie vieler Völker Befreiungakte beweisen. Die Sprache muss schliesslich doch zu irgend einer Einheitlichkeit kommen.

Es ehrt Loew, dass er trotz dieser deutlichen Atomisierung seiner Zitatenbasis dem Gegner auch weiterhin sein Organ zur Verfügung stellt. Hess schreibt über den Gottesnamen und sucht — wovon er sich später freigemacht hat — die pluralische Form Elohim als Superlativum hinzustellen und somit die monotheistische Überzeugung der Juden schon für die frühesten Zeiten zu retten.

Mit dieser Studie beginnen eine Reihe jüdischer Arbeiten, die nicht nur aus dem Zufallsgrunde der Übersiedelung Hess' nach Paris in französischer Sprache erschienen sind. In Deutschland verklebten die Vertreter der freien jüdischen Wissenschaft die Spalten ihrer Blättlein, so dass kein Hauch vom Geiste Hessens hineindringen konnte. Gegen Abraham Geiger musste sich Hess darum in einem Flugblatt wehren. Geiger hatte anfänglich zu „Rom und Jerusalem" geschwiegen, aber doch seinen Freunden mitgeteilt, er werde dem tollen Spuk zu Leibe gehen. „Nächstens". Die Gedanken von Hess scheinen in dem totenruhigen, morastigen Teich der damaligen jüdischen „Öffentlichkeit" wie ein Stein hineingefallen zu sein, der Kreise zog und Wellen schuf. Allein Geiger ging im weiten Bogen um die gefährliche Broschüre herum; sogar in sehr weitem Bogen! Er gab in seiner Jüdischen Zeitschrift für Wissenschaft und Leben (Bd. I), einen Aufsatz über „Alte

Romantik und neue Reaktion". Es sind treffliche Gedanken, die Geiger hier ausspricht. Die Romantik erscheint ihm als Abwehr gegen die triviale Popularisierungarbeit. Die Reaktion aber, die nur das Alte erhalten will, ist grämlich wie das Alter; sie ist nicht die Geburtsstätte einer neuen Zeit; sie ist das geöffnete Grab einer vergangenen. Tatsachen der Natur und Geschichte wendet sie ihr Interesse zu und lässt die Tatsachen des Geistes bei Seite. Geiger hat die Neuorthodoxie von Hirsch dabei im Auge: „Sie will zwar die nur in alter Volkstümlichkeit wurzelnde sogenannte „religiöse" Absonderung nicht aufgeben, dennoch ist sie lüstern nach Emanzipation. Dem bürgerlichen Rechte nach will sie nicht im Golus leben. Die sog. religiösen Pflichten aber deduziert sie aus dem Lande Kanaan und aus der erhofften Rückkehr dorthin" — alles niedliche, aber geschickt maskierte Denunziatiönchen. Und diese Orthodoxie muss sich auch, da in ihr von einem konsequenten Gedankengange keine Rede ist, „fein vorsichtig" vor Leuten wie Hess zurückzuziehen. Jetzt wird Hess nebenbei in einigen Zeilen abgetan. „Gleich den Sylphiden wagt Geiger ihn nur im Davonlaufen zu besudeln." Hess ist ein „fast ganz ausserhalb stehender, an Sozialismus und allerhand Schwindel bankerott Gewordener, der in Nationalismus machen will und neben der Frage über die Herstellung der czechischen, montenegrinischen und szeklerischen usw. Nationalität auch die der jüdischen Nationalität erwecken will." Das war stark. Schon die Anwendung des für einen „Seelsorger" übrigens meisterhaft gehandhabten Krämerdialektes, die Hess geschäftliche Motive unterschiebt, war eine schwere Versündigung gegen den idealen, opfermütigen Kämpfer. Aber rührend ist direkt die Parallelisierung der jüdischen Nation mit den anderen. Der geistige Vertreter des Judentums kann seine Nationalität nur mit der montenegrinischen, der szeklerischen vergleichen. Er japst ordentlich nach noch tiefer stehenden Volksgruppen. Und sein „usw." ist ein schmerzlicher Weheruf, dass ihm hinter der szeklerischen keine rohere, kleinere, schmutzigere mehr einfallen will, die er der jüdischen Nationalität an die Seite stellen könnte —: Baustein für die Naturgeschichte eines gewissen deutschen Rabbinertyps.

Hess hat ihm ein paar Seiten gewidmet. Sachlich war mit Geiger nicht zu verhandeln. So entlarvte und entkleidete er denn den Pontifex, dass man vor der Nacktheit die Augen schliesst. — Geantwortet hat Geiger — scheints — nicht. Auch in den von seinem Sohn edierten Briefen wird unseres Hess nicht Erwähnung getan. Immerhin bleibt die Konsequenz Abraham Geigers doch anerkennenswert. Während die übrigen Besprecher die Abschlagzahlung der Kolonisation Palästinas

— theoretisch! — leisten¯:wollen, hat sich Geiger später mit aller Entschiedenheit gegen solch böses Vorhaben ausgesprochen. Mit der Fürsichtigkeit, welche die Häupter der Neoorthodoxie dem Hessbuche gegenüber obwalten liessen, hatte Geiger so ganz Unrecht nicht. Das Judentum des Samson Rafael Hirsch schwieg sich aus, obwohl Hess sich gerade mit Hirsch auseinandergesetzt hatte. Dagegen ergriff Lehmanns „Israelit" in lehrreichen Ausführungen das Wort. Zunächst konstatiert er mit schmunzelnder Genugtuung, dass'Hess, der früher vom positiven Judentum und seinen Satzungen abgefallen war, wenigstens zu den Satzungen zurückgekehrt ist. Wie überhaupt „Rom und Jerusalem" ein Anzeichen dafür sei, dass „die gefährliche Krisis der Aufhebung der Lehre und der Abschaffung der Gesetze von ihrem Höhepunkt herabgestürzt ist." Freilich eine Überbrückung der Kluft, die Hess selbst schon mit seiner Wertung der Neoorthodoxie aufgedeckt hat, ist unmöglich. Hess musste seiner ganzen Anlage nach gegen die versteinerte, einmalige Offenbarung und gegen die ihm roh erscheinende Auffassung eines ausserweltlichen Gottes sein, der die ganze Welt am Schnürchen hält. Lehmann musste sich also dagegen wenden, dass das jüdische Volk als schöpferische Instanz in das Weltgefüge gestellt war: „Es ist der Geist, der sich sein Gefäss bildet, die Thora mit ihren Gesetzen und Verboten, mit ihren Be-stimmungen und Beschränkungen. Die Thora, die veredelnd und ab-sondernd der eigentliche Stempel des jüdischen Typus ist." Übersetzt man diesen Satz aus der mainzerischen Israelitsprache ins Hegelsche, so hat man die absolute Idee, die alles schafft. Und weiterhin hat man die Ver-bindung der protestantischen Neoorthodoxie rechtshegelscher Observanz mit der jüdischen Neoorthodoxie. Oder historisch richtiger gefasst: Die Herleitung, eine Nebenquelle der Hirsch'schen Reform aus der starren Hegelei des Ministers v. Altenstein.

Von der Prämisse des spiritualistischen Gottesbegriffes aus be-handelt Lehmann dann auch das Messiasproblem und die Heimkehr nach Palästina: „Die Erscheinung des Messias und die Rückkehr ins heilige Land sind daher nicht blos eine sach- und naturgemässe Ent-wickelung, sondern zugleich ein spontaner Akt des Allgewaltigen, dessen wir uns würdig machen sollen." Die Rückkehr ist zwar ein notwendiges Moment der Erlösung. Aber nicht das einzige! Und gewaltsam dürfen wir die Rückkehr überhaupt nicht erzwingen. Davon hatte aber Hess nicht gesprochen. Im Gegenteil; all seine praktischen Forderungen wollen die langsame, ganz allmähliche und friedliche Besiedelung. Man müsste nun erwarten, dass Lehmann

darauf hinweist und seine Sympathieen für den Hess'schen Weg wenigstens
beteuert und zur Mitarbeit auffordert. Allein er resigniert: Gewaltsam
dürfen wir nicht die Heimat erwerben. „Und friedlich werden wir
wohl nicht zurückkehren können, bis der Einig-Einzige uns den lang-
und heissersehnten Erlöser sendet." So ist also wieder die gefährliche
Stelle passiert; und man kann getreulich sein ganzes Judentum in der
pünktlichen Erfüllung der דינים ausleben. Im Übrigen hat Lehmann gegen
die Kolonisation des heiligen Landes natürlich auch nichts einzuwenden.

Der einzige, der es wagte, offen Partei für Hess zu ergreifen, war
der Elsässer Alexandre Weill, ein begeisterter Jude. Ein freier Luft-
hauch zieht durch seine Studie. Die feige Scheu der Juden, sich einmal recht mit den Christen und den Vertretern ihrer Wissenschaft
auseinanderzusetzen, hat er abgeworfen. Er geht ihren Philosophen
hart an den Leib, die — nachdem sie sich an den Brüsten des Judentums vollgesogen, nachdem sie aus jüdischem Schrifttum gelernt, was
Menschenliebe, was Arbeit, was soziale Gerechtigkeit ist, — ihre geistige
Nährmutter durch den Kehricht der Gassen zerren.

Mit flammenden Worten brandmarkt Weill die erbärmliche Kriecherei,
die sich von aller Stammesart fortdrückt um der Emanzipation wegen.
Nicht die Verleugnung ihrer Nationalität, sondern ihr Menschentum
kann den Juden den Mut geben, die Menschenrechte zu fordern. Ob aber
das Herausarbeiten des nationalen Gedankens schon genügt, die staatliche Einheit zu erlangen, bezweifelt Weill. Erst die Befreiung von
den Schlacken des Talmud und den rein örtlichen Satzungen kann
dem Judentum seinen Ewigkeitstempel wiedergeben. Die Hoffnung
auf Frankreich, das den unterdrückten Völkern die Freiheit zu bringen
durch seine Volksanlage gezwungen sei, kann Weill nicht teilen.
Frankreich geht nicht vorwärts. Soll Europa den Juden Gerechtigkeit
widerfahren lassen, dann müssen die Juden selbst ihre virtuelle Nationalität bestätigen und beweisen durch unsterbliche, nationale Werke.
Nicht Millionäre, sondern die Daniels und die Esras werden uns
erlösen!

Geht auch Weill nicht in allen Punkten mit Hess konform, spiri-
tualisiert er auch den Nationalbegriff zu sehr, so bringt er ihm doch
jenes Verständnis entgegen, das nur Bekennermut aufkeimen lässt.
Weill schliesst mit dem Wunsche, dass das Werk durch eine Übertragung auch den Franzosen zugänglich gemacht werde.

Von den nichtjüdischen Besprechungen kommt nur das eingehende
Referat von Michelet in Betracht. Die Bemerkungen von Carl Hirsch
im „Armen Konrad" verdienen keine Würdigung. Es sind die

Interjektionen eines sozialistischen Wald- und Wiesenagitators. Hess solle später selbst das Unmögliche und Zeitwidrige seiner Idee eingesehen haben; zudem habe ihm nichts ferner gelegen, als die jüdische Religion zu verteidigen. Denn über religiöse Vorstellungen sei er trotz seiner ihm von den Lehrern beigebrachten idealistischen d. h. verkehrten Auffassung der Welt, hinweggekommen und habe ihre historische Berechtigung nur insoweit anerkannt — als sie auf dem Aussterbeetat stünde. Gewiss kämpfte Hess gegen den Supranaturalismus, aber er war eine tief religiöse Natur, ein Getreuer der jüdischen Religion; der Religion der Menschen und des gottbewussten Erdenlebens.

Mit dem ganzen wissenschaftlichen Apparat ging Michelet an die Kritik des Werkes heran. Hess war auf Michelets Vorschlag in der Sitzung vom 28. Dezember 1861 zum auswärtigen Mitglied der „Berliner philosophischen Gesellschaft" ernannt worden und hatte sich auch durch Mitteilungen über die Einwurzelung der Hegelschen Gedankenwelt in Frankreich an den Arbeiten der Gesellschaft beteiligt. Michelets Referat erschien im 4. Bande der Zeitschrift: „Der Gedanke", des Organs der Gesellschaft. Die Nationalitätenfrage war in jenen Jahren auch von den Hegelianern eifrig diskutiert worden. Sie wollten ja nachweisen, dass alle Möglichkeiten schon im „System" implizite enthalten seien. Denn Hegel war ihnen nicht ein -- sondern der Philosoph. Die Debatten, die durch viele Wochen gingen und alle Köpfe der Gesellschaft zur Stellungnahme zwangen — auch Lassalle hat sich eifrig an ihnen beteiligt — hatten die Nationalitätskämpfe in Italien zum Vorwurf und drehten sich um die Frage, ob die Nation ein Naturprodukt sei und wie weit die eine sich durch die Energie der eigenen „Selbstrealisierung" über die anderen erheben könne. Zur Herrschaft sei nur die Nation berufen, die als Eigenschaft (als „natürliches Prinzip") dasjenige Moment der Idee, des Weltgeistes besitze, das gerade seine „Stufe" habe. Hess hat in diese Debatte eingegriffen, die wegen der barocken Form für unsern Geschmack nicht ohne komische Wirkung ist. Anstatt sich zu mühen, das Nationalitätenprinzip in das Fachwerk der Hegelschen Philosophie einzuklemmen, legt er ihre Begrenztheit bloss. Hegel klebt am christlich-germanischen Element, missachtet die Berechtigung aller welthistorischen Rassen und vermag nicht zu einem allumspannenden Monismus vorzudringen, weil er die Naturwissenschaften bei Seite lässt. Erst das Einschliessen des kosmischen und organischen Lebens und der sozialen Stufe, die ihre Basis in den Nationalitäten hat, könnte das Weltganze systemisieren. (Das waren recht ketzerische Ansichten.) Aber der Pontifex maximus der starren

Hegelei, Michelet, drückte sein Jupiterauge gnädig zu. Und liess Milde walten gegen Hess, den er übrigens gerade wegen seiner auch die Erfahrungwissenschaften in die genetische Philosophie hineinziehenden Richtung gern gegen die materialistischen Feinde des Hegeltums ausspielte.

Michelet untersucht das Hessbuch nach zwei Seiten, nach den theoretischen Voraussetzungen und den praktischen Konsequenzen, nachdem er als Gesamteindruck festhält: es ist „ein merkwürdiges, ja ein interessantes und, wenn man will, wichtiges Buch". Er gibt gern zu, dass die Juden ein Recht und·vielleicht die Aussicht haben, ihre Nationalität in einem selbständigen Staate in Palästina wiederherzustellen. Aber er leugnet ganz entschieden, dass dieser restaurierte „Hebräerstaat" oder einzelne erleuchtete Juden die Erreichung des Zieles der Weltgeschichte ausschliesslich oder auch nur vorzugsweise als ihren Beruf in Anspruch nehmen dürfen und den Abschluss der letzten Weltepoche herbeiführen werden. Wenn sie sich — schon wegen ihres zweitausendjährigen Zusammenlebens mit arischen Völkern — sicherlich auch auf Europas kultureller Höhe behaupten werden, so wäre es doch ein exorbitantes Vorrecht der Juden, zweimal welthistorisch zu sein, „denn das ist noch keinem Volke geglückt." Ohne jede Unterlage scheint ihm die Behauptung von Hess, dass das Judentum die positive Einheit des individuellen Lebens mit dem „Absoluten" begünstige, da es ja die unendliche Freiheit der Einzelnen in der selbstlosen Anschmiedung an die Familie und den Stamm aufhebe. Wo sollten also die Keime wahrhaft sozialen Lebens im Judentum gefunden werden, da der „Verein" als freier von Freien und ihrer unendlichen Freiheit sich bewussten Personen geschlossen sein soll?! Das Judentum sei spezifisch national im Sinne der Absonderung. „Die absolute Durchdringung des substanziellen, allgemeinen Lebens mit dem individuellen ist nur das letzte Resultat der das Christentum erfüllenden und abschliessenden Religion der Humanität". Das Judentum lehre.die Transzendenz Gottes — darüber komme man eben nicht hinweg. Durch den Menschensohn sei sie in etwas zwar zerbrochen. Aber Spinoza hat von den Juden leiden müssen, weil er die Liebe der Menschen zu Gott als die intellektuelle Liebe Gottes, mit der Gott sich selbst im Menschen liebe, gedeutet hat. In der Tat muss man zugeben, dass Hess die Immanenz Gottes in der Welt widersprechend behandelt hat; in der Form: denn in seinem System hat der ausserweltliche Schöpfer keinen Raum. Aber im Einzelnen redet doch Michelet an Hess vorbei. Hess hat im Mosaismus die Keime der späteren Geschichtentwickelung gefunden, deren'wesentlichster Grundzug der soziale Charakter ist. Die „unendlich freie Persönlichkeit" hatte er nur aller Willkürmöglichkeit entkleidet, weil der am Ende der letzten Geschichtepoche vollkommen gotterfüllte Mensch (in dem Gott ins Bewusstsein eingedrungen ist und sich aufgelöst hat) so leben muss, weil er nicht anders leben will, dass sein Leben die Kreise der anderen Menschen nicht nur nicht stört, sondern sich in ihnen auslebt, wie sich das Leben der andern in seinem Kreise auslebt. Für dieses Sozialleben, das Wirklichkeit werden wird, hat das Judentum den Grund gelegt; und weil es allein das Bewusstsein des Endzieles hat, muss es auch dieses Endziel vorbereiten! Damit aber verschwindet das Christentum aus aller Zukunftrechnung, jenes Christentum, das sich vom Judentum abgetrennt hat und nicht mehr den Messianismus des jüdischen Volkes darstellt. Denn das Christentum sieht die Erfüllung des Weltreiches transzendental — im Himmel. Hess ist es aber nicht um das „Absolute" zu tun; darüber ist er seit fast zwei Dezennien hinausgeschritten. Er will die soziale, glückliche, gottbewusste Menschheit hienieden. So stellt sich die Hesssche Weltanschauung dar; und ihr gegenüber — die in den Propheten bereits angedeutet ist — verschlagen Tatsachen, wie die Härte gegen eroberte Städte, Wucher gegen Fremde nichts. Es waren Entwickelungstadien in annoch rohen Epochen; zeitlich und lokal bedingte Massregeln, die nichts gegen die Zukunfthoffnungen Israels sagen, für die es dulden muss und um derentwillen es den Sturm der Zeiten überdauert hat und überdauern muss.

Hess selbst hat sich gegen Michelets Einwände nicht gewehrt. Aber sie lassen sich aus seinem „Rom und Jerusalem" widerlegen. Volle Sympathie aber hat Michelet für den Rückkehrgedanken — sofern von der Idee der Wiederaufnahme der welthistorischen Arbeit durch die Juden abgesehen wird. Er hat freilich seine Zweifel, ob die reichen Juden mitmachen und ein „gutes Geschäft" wittern werden und ob Rothschild nicht lieber der Jude der Könige, als der König der Juden sein wolle. (Wie trivial doch auch „reine" Philosophen werden können, wenn sie sich entkleiden!)

Noch eines: das Grabmal Christi — meint Michelet — bliebe jedesfalls immer eine unangenehme Erinnerung. Allein trotz alledem: „wir können nur von ganzem Herzen diesem Plane beistimmen und wünschen, dass recht viele „Jüdische Herzen" sich zu diesem Lebensberuf bereit finden mögen. Der Ackerbau ist nach Steffens das noch nicht ganz verlorene Paradies. Und so würden die Juden in einem jüdischen Staate mit Jerusalem als Hauptstadt sich im Vereine mit allen übrigen

Völkern auf die messianische Zeit, die wir ja alle erwarten, auf die
Lösung der ungeheuren Krise, in die sich Europa immer tiefer hinein-
wühlt, in aller Ruhe und Gemächlichkeit vorbereiten können. Sie
würden den Druck los, der in einigen Ländern Europas noch immer
nicht ganz von ihnen genommen ist: — und Europa mit der Erinnerung
an den Vorwurf seines Unrechts, die Bürde, welche das Verwachsensein mit einer fremdartigen Nationalität, die sich eben nicht aufgeben will,
immer im Gefolge hat." In Hess' Argumentation war freilich das
momentane Elend kein Faktor. Aber er war eine zu menschenliebende
Seele, um nicht in seinem Judenstaat des hohen Berufes auch die
schnellste Befreiung vom Judenleide zu erblicken. — Hess ist aufgerichteten
Hauptes aus dem Kampfe hervorgegangen. Keine Wundmale bedeckten
sein Werk. Freilich: es gab nur ein rein akademisch-literarisches
Scharmützel. Der eigentliche Kampf in Erbitterung und Hass tobte
auf einem anderen, ferneren Schlachtfelde, so fern, dass man nur mit
geschärften Blicken den Herd des Krieges erkennt. Im Komperts
Jahrbuch für Israeliten hatte Graetz 1863 eine Abhandlung: Über die
Verjüngung des jüdischen Stammes veröffentlicht. Es ist einer der
besten Aufsätze Graetzens durch den starkwelligen Fluss der Gedanken,
die leidenschaftliche Glutsprache und trotzigsten Nationalstolz.
Er behandelt die Gestalt des zweiten Jesaias, des ergriffenen Künders
jüdischer Heimatsehnsucht, des prophetischen Mahners an Israels Welt-
beruf. Kein Wort des Aufsatzes deutet auf Hess hin. Allein nicht nur
die Entstehungzeit — ein halb Jahr nach dem Erscheinen von „Rom
und Jerusalem" — die ganze Gedankenführung, die Stimmung und
der persönliche Untergrund führen geradlinig auf Hess zurück. Von
Hess' Auffassung der jüdischen Mission, seinem jüdischen, spezifisch
getonten Patriotismus ist Graetzens Arbeit durchtränkt und durch-
duftet: „Gott hat seinen Geist auf diesen Volksstamm ausgegossen,
dass er das Recht, das Rechte, den Völkern bringen soll....
Israel ist das Messiasvolk,... es ist der Heiland der Welt, der
das Wort der Erlösung in die Nacht des Kerkers sprechen soll. Die
königliche Davidische Nachkommenschaft, auf welche die meisten
Profeten alle Herrlichkeit übertragen haben, verschwindet diesem
Profeten vor der idealen Grösse Gesamtisraels. Die verkümmerte,
verachtete, angespieene, zertretene Knechtsgestalt ist zu hohen Dingen
berufen, gerade durch ihren Leidensstand. Die Dornenkrone, welche
das Messiasvolk geduldig erträgt, macht es eines Königsdiadems würdig.
Ein Volk, das durch Leiden und Tod zur Auferstehung,
durch die Pforten des Grabes zum Leben erweckt werden

soll, das hat Sinn, auf eine Einzelpersönlichkeit übertragen,
wird es Karrikatur und führt zur romantischen Schwärmerei.
Der „heroischen" Messiasidee war die national-demo-
kratische entgegensetzt, die Hess als erster in der Neuzeit mit
Flammenworten gekündet hatte. Ihn hatten Kritiker literarisch
befehdet. Vor die Schranken der öffentlichen Gerichte aber kam diese
Auffassung durch den Grätzschen Aufsatz. Kompert wurde — der
Religionsstörung und der Beleidigung einer anerkannnten Religions-
gemeinschaft bezichtigt. Verurteilt wurde er nur wegen „Vernachlässigung
der pflichtgemässen Obsorge". Aber einen Brand entfachte dieser
Streit, dessen züngelnde Gluten die Gesichter der Drahtzieher der
Neoorthodoxie gespenstig beleuchtete. Verzerrte Gesichter! Nicht
um den Messiasglauben ward gekämpft, sondern um die Einheit der
jüdischen Volksgemeinde. Sie wollten Sekten und Schismen — und
Stellen für sich und dynastisch vorgewärmte Ruhebettchen für ihre
Nachkommen und Getreuen . . . ?

IX.

So stark Hess im Jahre 1862-63 die jüdisch-nationale Gedankenarbeit beschäftigte, — nach Philippson hätte er sich damals mit aller
Welt wegen seines Nationaljudentums herumgeschlagen — so konnte
doch der alte Kommunist in ihm nicht zur Ruhe kommen. Es lebte
am Rhein in einem jüdischen Milieu, das aus seiner Lethargie nicht
zu erwecken war. Zudem waren gerade die fünfziger und. sechziger
Jahre die traurigsten Zeiten der deutschen Judenheit. Von den Re-
formkämpfen, die einstmals noch die Gemüter erregt hatten, war·es
in der jüdischen Bevölkerung still geworden. Sie wurstelten sich
kümmerlich fort als die Zänkereien kleiner Männer, die sich in ihren
Blättchen, so unter völligem Ausschluss der Öffentlichkeit erschienen, von Zeit zu Zeit anheulten. Aber es war eigentlich kein Heulen,
sondern nur noch ein Winseln, das so wenig Nachhall hatte wie das
Piepsen der Mäuse in einer Mausefalle. Man greift wohl nicht· zu
niedrig, wenn der damalige Leserkreis aller jüdischen „Zeitungen" deutscher
Sprache auf kaum zweitausend Abonnenten eingeschätzt . wird. Im
Inneren braute die Stille eines Reformtempels. Von aussen her drängten
keine Feinde an die Judenheit heran. Eine „Abwehr" gab es nicht.
Der Kampf um die letzte Gleichberechtigung der Juden· wurde in
der Arena der öffentlichen Innenpolitik ausgefochten. Die Sache· der
Juden wurde von den Fortschrittsparteien als ein Teilprogramm ihres
Kampfes um die bürgerlichen Volksrechte betrachtet und behandelt. Und
es war nur die natürliche Konsequenz der Tatsachen, wenn sich die
Juden mit Haut und Haaren dem Liberalismus verschrieben.

Für die politische Kannegiesserei war in jenen Konfliktszeiten die
Hauptsaison. Nur scheinbar handelte es sich damals um die Bewilli-·
gung der Roonschen Militärvorlage. Die Erregung der Masse, der
Bürgerkreise, in denen die Juden und ihre Sonderinteressen nicht geringe Geltung hatten, fand ihren Antrieb in der berechtigten Anschauung, dass hinter der speziellen Frage der Heeresreorganisation prinzipielle Verfassungfragen über die Machtsphären von Krone ·und Volks-
parlament lagen. Aus der alten Fortschrittspartei lösten sich starke
Gruppen ab, welche die schärfere Tonart gegen die Regierung forderten.
Es half ihnen nichts. Das Parlament wurde aufgelöst; und gleicher
Zeit trat an die Stelle des liberalen. Ministeriums das Beamten-

regiment. Der Wahlkampf, den die für den 28. April 1862 angesetzten Neuwahlen entfesselten, wurde mit grosser Erbitterung geführt. Und hierbei geschah es, dass Lassalle aus seinen wissenschaftlichen und kritischen Studien heraus sich wieder in das Getümmel der Politik warf. Freilich nicht im Sinne und in der Richtung der damaligen Parteien. Mit immer mehr sich konzentrierender Deutlichkeit führte er in die preussischen Verfassungkämpfe ein neues Element ein, einen neuen Faktor, so jenseits aller mit einander ringenden Doktrinen lag: — den in der Arbeiterschaft Tatsache gewordenen ökonomischen Klassenkampf, der einen völlig anders gearteten Staatsunterbau voraussetzte und programmatisch vorerst sich selbst zum Ziele setzte. Erschienen Lassalles Reden (roh gewertet) noch im Rahmen der damals gebotenen Fragestellung, so empfand man doch hüben und drüben kräftig die „unterirdische Argumentation", welche die prinzipielle Auflösung der bestehenden Verhältnisse bedeutete. So sehr auch immer noch nur liberale Forderungen behandelt zu sein schienen, es wurde recht bald zu einer Gewissheit, dass sich der Hieb Lassalles gegen die Fortschrittler richtete. Offen kam diese Gegensätzlichkeit dann in dem Ringen um die damals von demokratischer Seite gepflegten Arbeiterbildungsvereine zum Ausdruck. In Leipzig hatte die Arbeiterschaft für Lassalle, — für den Lassalle des „offenen Antwortschreibens" — entschieden. Und hier wurde auch, nach der zweitägigen Redeschlacht in Frankfurt am Main mit Schulze-Delitzsch und der siegreichen Versammlung in Mainz, am 23. Mai der „allgemeine deutsche Arbeiterverein" begründet.

Elf Städte hatten Vertreter gesandt. Darunter auch Köln, wo Hess lebte und — wirkte. Für einen Mann wie Hess ist freilich leben und wirken eine Tautologie. Die leuchtende Gestalt Lassalles, des Mannes mit dem „jüdischen Goethekopf", hatte es Hess angetan. Schon seit 1848 waren sie mit einander befreundet. Aber mehr noch als die Persönlichkeit, die Hess später (1864 April) im Journal des Actionnaires liebevoll gezeichnet hat, waren es Lassalles Gegenwartforderungen, die ihn so stark anzogen. Der Gedanke der „Produktivgenossenschaften mit Staatshilfe" lag schliesslich doch mehr in der Richtung seiner Weltanschauung als die Marxschen Formulierungen. Produktionsgenossenschaften mit Staatshilfe schienen Hess ein gesundes Mittel, um der theoretischen Konsequenz der Freiheitidee der Revolution — dem Manchestertum, dem Liberalismus — die unsozialen Begleiterscheinungen abzuschnüren.

Schon im Mai 1863 hatte Hess im allgemeinen deutschen Arbeiterverein das „Bevollmächtigtenamt" für Köln übernommen, ohne indes zum Vorstande zu gehören. Wie ernst Hess seine Aufgabe nahm, geht auch aus der unscheinbaren Notiz in der durch die Benutzung authentischer Quellen wertvollen, aber durch den Hass gegen Lassalle entstellten „Geschichte der Arbeiteragitation Lassalles" (Braunschweig 1874) hervor, die der spätere unfähige Präsidialnachfolger Lassalles, Bernhard Becker, verfasst hat: Zu den wenigen Bevollmächtigten, die den Mitgliedsbeitrag ihrer Ortsgruppe ablieferten, gehörte Hess. Die Geldfrage war ja im Arbeiterverein immer die schmerzlichste Seite. Denn in ihr äusserte sich so recht deutlich, wie gering die Zahl der angeschlossenen Arbeiter war im Gegensatz zu der ungeheuren Agitation und dem Schrecken, den die kleine Organisation der bürgerlichen Gesellschaft in die Knochen jagte. Wie im Zionismus war es nicht die reale Macht der Organisation, sondern die Macht des Gedankens, der die armen Seelchen aus dem gewohnten Schlafe riss.

Hess hat sich schriftstellerisch und rednerisch an Lassalles Agitation beteiligt. Im Sommer 1863 hielt er in verschiedenen Städten des Rheinlandes Propagandareden, von denen die in Mühlheim a. Rh. gehaltene: „Über sozialökonomische Reformen" in dem armseligen, zum offiziellen Organ des Vereins ernannten Hamburger „Nordstern" abgedruckt wurde, der nur auf ein paar hundert Abonnenten seine dünnen Lichtstrählchen warf. Ungleich wertvoller war Hess' in Köln und Elberfeld gehaltener Vortrag, der später wesentlich ausgebaut als eigene Broschüre herausgegeben wurde. Sie ist unter dem Titel „Rechte der Arbeit" in Kommission bei Reinhold Baist (Frankfurt a. M.) erschienen. Lassalle hat sie hoch eingeschätzt: unter den 20 von ihm für die Verbreitung genehmigten und bevorzugten Broschüren war sie eine der wenigen, die nicht von — Lassalle waren. Sein stark ausgeprägtes Persönlichkeitbewusstsein, dem die mit allen geradezu absolutistischen Machtbefugnissen ausgestattete Präsidial-Diktatorenstellung Rechnung trug, liess prononzierte Mitarbeiter nicht gern aufkommen. Von der Hessbroschüre — die viele Jahre hindurch als Agitationmaterial benutzt wurde — schrieb Lassalle in einem Briefe ausserordentlich günstig, wobei er mit seltsamer Bescheidenheit hinzufügte, sie halte vorderhand noch die nötigen Grenzen ein; und es sei es sehr gut, „dass nicht immer nur von mir allein gesprochen werde; die Bewegung nimmt sonst vor Schafsköpfen die Gestalt einer blossen Person an."

Für den, der sich ein Gesamtbild von Hess als Menschen, von seiner seelischen Struktur machen will, muss eine Stelle aus dem

Vorwort des „Rechtes auf Arbeit" besonders wertvoll sein: „Wenn ich hier gegen Gesinnungsgenossen auftrete, die heute ihre Ansichten geändert zu haben scheinen, so soll damit keineswegs ihre Überzeugungstreue verdächtigt — im Gegenteil, sie sollen gegen ihre eigenen Illusionen in Schutz genommen werden. Sie selbst bilden sich ein, sich den Umständen anzubequemen, während sie in der Tat die Geschichtsauffassung der Sozialdemokratie niemals geteilt haben, deren klassischer Vertreter das französische Volk ist."

In seinem Vortrag behandelt er das Problem der Arbeit. Die Arbeit ist die Basis jedes politischen und sozialen Rechtes, die Grundlage aller Macht im Staate und in der bürgerlichen Gesellschaft, kurz: die Wurzel, ohne welche das soziale Leben weder bestehen, noch sich entwickeln kann.

Was ihm 20 Jahre zuvor unklar gewesen und woraus sich für ihn und seine ihm gedanklich näher stehenden Freunde noch die Unsicherheit ergab, die Stellung des Mittelstandes zwischen Feudalismus und Proletariat zu erkennen und aus eigner Erkenntnis die Folgerungen für die Arbeitrichtung herzuleiten, diese Unklarheit ist jetzt gewichen. Freilich hatte Marx in seinem Scharfblick den Gang der Entwickelung schon 1847 vorausgesehen und mit Engels im „Manifest" charakterisiert. Mochte noch der junge Hess in der unklaren Zeit vom Beginn der vierziger Jahre nicht die Grenze ziehen können zwischen politischen und ökonomischen Streitfragen, so hatte er jetzt Boden unter den Füssen. Und von seinem erkämpften Standpunkt aus konnte er nun in das Mittelstandproblem hineinschauen und zu einer Wertung gelangen. Er rückte von den Parteien des Mittelstandes weit, weit ab, weil sie bei ihrem ständigen ständischen Oppositiönchen gegen den Feudalismus schlapp und träge beharrten. Immerhin ein harmloses Treiben. Gefährlich schienen die Fortschrittsmänner erst zu werden, als sie anfingen, unter der Anführung von Schulze-Delitsch den Proletariermassen den Kopf zu verkeilen und die Organisation der Arbeit für den Sturmlauf gegen den Kapitalismus zu hintertreiben. Arbeit und Kapital müssen in der jetzigen Wirtschaftordnung Gegensätze sein, die keine Brücke überwölbt. In der Durchführung dieser These leitete Hess das eherne Lohngesetz und Gedankengänge des „Manifestes". Aber in den praktischen, schon jetzt realisierbaren Forderungen, die für Marx indiskutabel waren, weil sie den Verelendungprozess nur verschleierten und die reinliche und reinigende Scheidung der Interessengegensätze verzögerten, schloss sich Hess eng an Lassalle an. Im Rahmen der heutigen Sozialverfassung für die Arbeiterschaft bessere Lebensbedingungen schaffen zu können — dieser Hoffnung, die der Marxismus strenger Observanz und die auf ihm gegründete sozialdemokratische Partei Deutschlands in der Theorie ablehnt, sucht Hess im Geiste Lassalles Eingang zu schaffen. Schon jetzt bessern, was auszuflicken war, schien ihm richtiger zu sein als die vertröstende Aussicht auf die spätere Basisveränderung (an die er selbst ja auch fest glaubte) und sicherer, weil damit dem Zukunftbau vorgearbeitet werde. Die Sozialdemokratie der drei Millionen Stimmen hat sich praktisch auch in dieser Bahn bewegen müssen. Und was man „Revisionismus“ genannt hat, ist doch nur der Versuch, die Theorie der Praxis anzupassen. Hess verfocht die Forderung von Lassalle, dass vorerst durch staatliche Hilfe, Intervention und zinsfreien Kredit an die Arbeiterproduktivgenossenschaften die Regulierung der unerträglichen Zustände zu erfolgen habe. „Denn soziale Revolutionen sind Phantasien, die ins Irrenhaus gehören. Man kann durch keinen gewaltsamen Eingriff in die Produktionsweise eine bessere Verteilung der Güter bewirken, weil er die Quelle der Gütererzeugung selbst verstopfen, die Produktion lähmen und die ganze Existenz der Gesellschaft bedrohen würde.“

So heftig er auch gegen das Manchestertum wettert, so reicht er ihm doch noch ein Konzessionzipfelchen: „Die Staatsintervention schliesst den Wetteifer, die gute Seite der Konkurrenz so wenig als die Regulierung der Warenpreise durch Angebot und Nachfrage aus. Nach wie vor werden die Produktionkosten und die freie Konkurrenz den Wert der Arbeit bestimmen — und wenn auch die freie Arbeit des Arbeiters nicht mehr direkt als Ware behandelt und verhandelt wird, so bemisst sich doch ihr Wert nach dem Werte der durch sie erzeugten Produkte, der im Preise des Weltmarktes seinen ökonomischen Ausdruck erhält“. In der Folge entwickelt Hess dann, wie durch diese Staatsintervention der Zinsfuss fallen und und die Produktion sich in gesunden Formen steigern müsse. Dem Staate räumt er eine privatrechtliche Kontrolle ein, in dem Sinne, dass der Staat Vertreter präsentiere, die von den Arbeitern angestellt werden oder dass er die bestätige, so die Arbeiter vorschlagen. Die Regierung darf aber nur aus Wahlen mit geheimem, allgemeinem Stimmrecht hervorgehen. Von der eisernen Konsequenz, zu der das kommunistische Manifest vordrang: „Aufhebung des Privateigentums“ ist in Hess' Broschüre nichts zu spüren. Das mag der Broschüre für die Jetztzeit den sozialistisch-agitatorischen Wert nehmen. Aber interessant bleibt sie doch. Nicht zum wenigsten auch durch eine Reihe geistvoller historischer Analogien und — Konstruktionen. Für den Nationaljuden Hess ist es charakteristisch, dass er in den nationalen Unabhängigkeitbestrebungen die Voraussetzung sozialer Evolutionen sieht. Auch in der materialistischen Geschichtaüffassung vertritt er eine in der Form zwar kaum angedeutete, aber in tiefstem Wesen doch prinzipiell verschiedene Auffassung als die Marxisten: „Wenn es wahr ist, dass allen grossen politischen Umwälzungen sozial-ökonomische Klassengegensätze zugrunde liegen, welche sich im Laufe einer langen geschichtlichen Entwickelung ausgebildet haben, so ist nicht minder wahr, dass nur tatkräftige Nationen, wie die französische in der modernen, wie die römische in der antiken Welt, die Klassengegensätze zum Klassenkampf, das mächtigste soziale Element auch zur politischen Herrschaft bringen. — Deshalb bleibt Frankreich der politische Vorkämpfer in der modernen Entwickelung."

Von den Kritiken dieser Broschüre ist besonders die von Michelet, des Vorsitzenden der Berliner philosophischen Gesellschaft bemerkenswert. Michelet war die letzte Säule der orthodoxen Hegelei. Und wie es solcher Säule zukommt, bis ins Innere verkalkt und versteinert. Besonders wendet sich Michelet (Der Gedanke 1863) gegen die Staatstheorie von Hess. Aber näher besehen, ist seine Auffassung nicht gar so abweichend von Hessens. Will Michelet es nicht gelten lassen, den Staat als eine dem Volksganzen übergeordnete oder beigeordnete Instanz zu nehmen, so vergisst er, dass Hess den Staat, d. h. die Leitung des Staates als dessen konkreten Ausdruck aus den allgemeinen Wahlen gleichberechtigter und gleichgewerteter Bürger hervorgehen lassen will. Unüberbrückbar aber ist der Gegensatz zwischen ihnen in der Frage des Kapitals: die von Hess in Anlehnung an die Lassalleschen Lehren gestellten Forderungen müssten nach Michelet dahin führen, dass, wie früher das Kapital die Arbeit, so jetzt die Arbeit das Kapital erschlage. Und alle solche Gedanken bringe man zu einer Zeit, wo der Staat doch so viel für die Volksbildung und die Besserstellung der Arbeiter tue. Der gute Mann!

Weiterhin kamen die beiden nicht mehr in Berührung. Hess wird zwar noch lange in den Listen der korrespondierenden Mitglieder geführt. Aber Anteil an den Arbeiten der Philosophischen Gesellschaft hat Hess seitdem nicht mehr genommen. Möglich, dass die Differenzen doch zu stark waren, obwohl Michelet noch 1867 in einem Aufsatze seines „Gedankens": „Wo stehen wir in unserer Philosophie?" die Studie Hessens über die genetische Weltanschauung und die Erfahrungswissenschaften besonders herausstreicht. Hess habe zuerst nachgewiesen, das die genetische Anschauung, die zunächst die

Erzeugung der Dinge in der Wirklichkeit nachweisen will, nicht im Widerspruch mit der dialektischen stehe. Dadurch, dass Vernunft in der wirklichen Welt ebenso wie im Geiste ist, ist jeder Gegensatz aufgehoben. — Möglich ist aber auch, dass Hess mit Rücksicht auf Lassalle, der sich seit seiner Aufnahme am 28. November 1857 als ein eifriges Mitglied betätigt hatte, aber am 31. Mai 1862 wegen der scharfen Besprechung seines römischen Erbrechts ausgeschieden war, die Verbindungen abbrach. Die Gesellschaft fristete dann noch einige Jahre kümmerlich ihr Dasein, bis sie an Michelets Hegelorthodoxie — die etwas tragikomische Formen annahm — innerlich zerspellte.

Im „allgemeinen deutschen Arbeiterverein" stellte Hess bald seine Tätigkeit ein. Seinen Kölner Verein hat er nie über 32 Mitglieder hinausbringen können. Im September begleitet er Lassalle auf seinen Wunsch noch nach Elberfeld. Dort wollte Lassalle sprechen. In einem Brief vom 20. September 1863, der von Reinhold Rüegg aus dem Nachlass des Genfer Sozialisten Johann Philipp Becker in der Neuen Zeit, Bd. VI veröffentlicht worden ist, hat Lassalle um diese Begleitung gebeten, damit Hess, als ein mit den Kölner Verhältnissen besser Vertrauter, angebe, wie er seine Elberfelder Rede für Köln modifizieren müsse. (Nebenbei: Frau Sybille Hess hatte die Briefe an Becker übergeben, als Dank dafür, dass er durch die Vermittelung des Deputierten Talantier die Zurücknahme ihrer Ausweisung aus Frankreich 1880 erwirkt hatte.)

Ende des Jahres 1863 geht Hess nach Paris, von wo aus er Lassalle mitteilt, dass er nicht mehr nach Deutschland zurückkehren werde.

X.

Solange sich das Archiv des allgemeinen Arbeitervereins im Besitz
der Hatzfelds befindet — der jetzige Besitzer, der deutsche Botschafter
in London, reagiert trotz aller öffentlichen Apostrofierungen nicht —
wird man von dieser Seite nicht feststellen können, was Hess zu seiner
Übersiedelung nach Paris bewogen hat. Eine Zwiespältigkeit mit Lassalle gab sicher nicht den Anlass. Aus den Briefen des Nachlasses
J. P. Beckers geht hervor, dass die Beziehungen noch recht intime
waren. Am 19. März 1864 geht Lassalle ihn an, eine französische
Ausgabe der Bastiat-Schulze zu veranstalten und einen Verleger dafür
zu interessieren. Diese Übersetzung soll nach Carl Hirsch auch ange-
fertigt worden sein, ohne dass sie indes im Druck erschienen ist.
Auch in dem vorhandenen Nachlass ist sie nicht zu finden.

Von Paris aus war Hess ein fleissiger Mitarbeiter am offiziellen
Organ der Lassalleaner, dem „Sozialdemokrat". Das Blatt erschien,
nachdem im Dezember 1864 drei Probenummern veröffentlicht waren,
vom 4. Januar 1865 unter der Redaktion von Hofstetten und dem
später arg diskreditierten v. Schweitzer regelmässig als Tageszeitung.
Es fand nicht den gleichmässigen Beifall der leitenden Sozialisten.
In der Tat waren die damaligen Parteiverhältnisse, so lehrreich sie
auch sind, geradezu unerträglich geworden. Die ganze Geschichte des
Arbeitervereins nach Lassalles Tode war eine einzige Intrige, in der
die Gräfin Hatzfeld eine nicht sonderlich rühmliche Rolle spielt. Marx
und Engels mochten nur mit einigem Widerstreben mitarbeiten; und
kaum war ein Monat vergangen, als sie, wie sehr sie auch die
Schwierigkeit in Schweitzers Lage erkannten, ihre Mitarbeit aufkün-
digten: „die ganze lassalleanische Richtung, passte ihnen nicht". Besonderen Anlass zur Unzufriedenheit gab ihnen neben anderem ein
Brief aus Paris, der Hess zum Verfasser hatte. Auch Hess hatte den
alten Groll noch nicht vergessen; und bei der Besprechung der Engelsschen
Broschüre „die preussische Militärfrage und die deutsche Arbeiterpartei"
äusserte er: Engels habe für die darin behandelte preussische Militärfrage den preussischen Orden pour le mérite verdient. Trotz aller
Ärgernisse hielt Hess treu zum „Sozialdemokrat". Vielleicht, dass in
der Ferne die Wühlereien und die Korruption ihre peinigende Unsauber-
keit verloren: „Dieselben Motive, die mich vom Beginne der Lassalleschen

Agitation an veranlasst haben, mich derselben anzuschliessen, bestimmen mich auch jetzt, trotz aller Verdächtigungen einer Partei treu zu bleiben, die heute ist, was sie immer war". Seine Mitarbeit bestand in regelmässigen grösseren Korrespondenzen aus Paris, in denen alle Ereignisse des Tages, äusserer und innerer Politik, literarische Erscheinungen registriert und in sozialistischer Beleuchtung vorgeführt wurden. Ende 1866 stellte Hess seine Korrespondenzen ein. Mit dem Erfurter Wahlprogramm (vom 27. Dezember) konnte er sich nicht einverstanden erklären: Es schien ihm der Invasion einer verdächtigen arbeiterfreundlichen Bourgeoisie die Tore gar zu weit zu öffnen.

In gleicher Zeit war Hess auch der Pariser Korrespondent der Illinois-Staats Zeitung, und er blieb es, bis das Blatt anfing, bismärckische Tendenzen zu verfolgen. Er war aber kein Soldschreiber.

Es ist nicht unmöglich, dass diese Korrespondentenstelle Hess veranlasst hat, dauernd in Paris seinen Wohnsitz zu nehmen; indess ist es wohl nicht ganz von der Hand zu weisen, dass ihm eine nähere — mittelbare oder unmittelbare — Beziehung zur Alliance israélite universelle für die Domizilverlegung bestimmend war. Die Alliance war 1860 begründet worden in der Absicht: „überall an der Emanzipatiou und dem moralischen Fortschritt der Juden zu arbeiten." In den ersten Jahren hatte sie unter Netter, der 1870 die Ackerbauschule in Mikweh Israel (bei Jaffa) gründete und unter Narciss Leven eine stark jüdisch-nationale Tendenz mit ausgesprochen palästinophilem Einschlag.

Es kann immerhin möglich sein, dass man die agitatorische Kraft Hessens in den Dienst der Palästinasache stellen wollte. In seinem „Rom und Jerusalem" hatte er — so weit ausschauend seine Gedanken waren und so starke Hoffnungen er auf die Weltmission des palästinischen Zukunftstaates der Juden setzte — doch als den Anfang der Arbeit die kleine Kolonisation und die wirtschaftliche Erschliessung des heiligen Landes gefordert. Er war nicht der erste, der diese Ziele der jüdischen Nationalarbeit gesetzt hatte. Aber er war wobl doch der erste wirkliche Europäer mit den Kenntnissen einiger lebenden Sprachen und ein Mann von gutem Namen und weitem Ruf, der für die Kolonisationidee eingetreten war.

Es sind das nur Vermutungen. Aber es wäre doch nicht gar so schwierig und doch lohnend, die Tatsachen einmal festzustellen. Es ist jedesfalls bemerkenswert, dass die Archives israélites schon am 15. Dezember 1863 mitteilen: „Ein berühmter israelitischer deutscher Schriftsteller, Herr Moritz Hess, der bis zu diesem Tage in Köln lebte, hat sich soeben in Paris niedergelassen. Der Verfasser von „Rom und

Jerusalem" ist einer jener Männer, deren concours est précieux. Daher betrachten wir es als ein gütiges Geschick, unsern Lesern mitteilen zu können, dass die Mitarbeit Hessens für die Archives isr. gewonnen wurde." Zu beachten ist die auffallend schnelle Verständigung mit Hess sofort nach seiner Ankunft. Die Archives waren damals im Gegensatz zu dem orthodoxen l'Univers das offiziöse Organ der Alliance — oder doch der leitenden Alliancepersönlichkeiten.

Welcher Art die Beziehungen zu den Führern der französischen Judenheit auch gewesen sein mögen, vielleicht waren sie auch nur eine Hoffnung von Hess, seine Mitarbeit an den Archives lag sicher in der Richtung der Alliance.

Zwei Gebiete waren es vorzugweise, denen Hess seine Liebe zuwandte: der jüdischen Missionidee und der Urgeschichte des Christentums. Die Gedanken, die er verficht, sind dem Kenner von „Rom und Jerusalem" ziemlich vertraut. Wesentlich Neues bietet er nicht. Aber seine kritischen Aufsätze fundieren seine Anschauungen fester und lassen ihn in den literarischen Erscheinungen des Tages die Bestätigung seiner Lehren sehen. Die meisten Arbeiten sind Referate neuer Werke, oft voll überraschender Ausblicke und geistvoller Bemerkungen, die wertvolle Anregungen in der Richtung der damals erst noch embryonalen Völkerpsychologie sind. Nebenher gehen kleinere Aufsätze apologetischer Art: Abwehr gegen spiritualistische Rabbiner wie den Luxemburger Rabbiner Hirsch, Abwehr gegen die hämischen Angriffe der Judenfeinde, die sich ihr giftiges Gewaffen mit Bibelweisheit und Rassentheorieen harmlos lackierten.

Die umfangreichste Studie in den Archives behandelt in spielerischer Essayform Israels Mission in der Geschichte der Menschheit. Die Arbeit sollte noch weiter ausgebaut werden. Aber auch als Torso bietet sie mehr als biographisches Interesse.

Ihren spezifischen Wert hat Philippson schnell erkannt. (Er hatte besonders geschärfte Sinne für alle Ideen, die der mosaischen Konfession deutscher Nationalität gefährlich werden könnten.) Und er tobt seine Wut aus. „Ein deutscher Schriftsteller unseres Glaubens (?), der vor einigen Jahren mit einer Broschüre, in welcher er eine jüdische Kolonie in Jerusalem, am Suezkanal oder Euphrat als unerlässliche Bedingung der Fortexistenz des Judentums hinstellte, einiges Aufsehen, zugleich aber auch vollständiges Fiasko machte, lagert jetzt seine Expektorationen in den Arch. isr. ab." Philippson, der den Inhalt von „Rom und Jerusalem" so charakteristisch wiedergibt, macht sich die heftigsten Selbstvorwürfe —' man kann schier

Mitleid mit ihm haben! — dass er den ganzen Hess nicht mit Still-
schweigen übergeht, was doch in den „liberalen" Kreisen immer als
die beste Methode gilt, unangenehme Gedanken „voll und ganz" aus
der Welt zu schaffen. Denn Polemik würde ihnen ein Piedestal —
um Gottes Willen — geben können. Aber Philippson vertraut
„unentwegt" auf den „gesunden Sinn des Publikums, welches mit
Extravaganzen und verkehrten Meinungen schon selbst fertig wird".
Besonders erbost ihn die Malice von Hess, dass die modernen Reformtempel und ihr reinlicher Gottesdienst darauf Bedacht nimmt: was
werden wohl die Christen dazu sagen! Das ist eine Denunziation
des „Knappen des Herrn Lassalle". Hess hasst Deutschland und
hasst nun auch die deutschen Juden — „wir werden von seinen
Sophistereien keine Notiz nehmen". War auch das Vernünftigste, was
Philippson je tun konnte!

Der Messiasgedanke ist Hess die Seele des Judentums. „Jeder
Jude hat den Stoff zu einem Messias in sich." Wir erinnern uns der
Zeit, da ihm das Judentum mumienhaft erscheint nur deswegen, weil
seine Pfäfflinge den spezifischen Gehalt des jüdischen Volkstums vereist
und verbogen hatten. Die jüdische Renaissance kann ihm nur das
Wiederauferstehen der alten, nicht rationalistisch vergasten Idee des
Menschheitberufes Israels sein. Sie ist den Juden nicht zufällig
gekommen, weil zufällig Moses, der Mann, der Gottes voll war, ein
Jude war. Und sie ist nicht von aussen her den Juden willenlos
aufgedrängt worden. Sie ist in diesem Volke entstanden und gewachsen,
wie auch Moses nicht der Schöpfer, sondern das Produkt seines Volkes
war. Und als dieses Produkt konnte sein hochentwickelter Geist —
der Konzentration jüdischer Rassenartung — auch wieder erziehlich auf
sein Volk wirken. Denn alles historische Geschehen, die treibenden
Kräfte und die Zielsetzung, haben letzte Ursache nicht in super-
naturalistischen Mächten, sondern in den Rassen und ihren Spaltungen,
den Völkern. In ihnen ist die natürliche Grundlage der Menschheit
zu suchen; in ihren Kämpfen die geschichtlichen Bedingungen und in
ihrem Zusammenwirken der Menschheit Ziel oder Endzweck. Die
jüdische Rasse aber hat aus Gründen, die nur zum Teil im
Milieu liegen, vorzüglich aber aus einer letzten Rassenanlage den
gesellschaftlichen Trieb lebendig erhalten. Er ist eine Eigenheit der
Seele und nicht der Intelligenz. „Man kann an Wissen überlegen sein
und in der Nächstenliebe zurückstehen; und der Grad der Herzensliebe, deren eine Rasse fähig ist, bestimmt den Grad der Zivilisation,
den sie erreichen kann".

Für diese Herzensliebe, von der die höchste Kultur, die Menschen-
verbrüderung ausströmt, hat Israel. geblutet. Für sie ist Israel
erhalten geblieben". Soll aber sein Beruf nicht nur wesenloser Schein
sein — und wär es auch ein Heiligenschein — so muss er an ein.
Volk gebunden sein: „Man nehme der messianischen Religion das
Messias-Volk und diese Religion, die Gott selbst in uns gepflanzt,
existiert nicht mehr". Aber auch die Kehrseite ist wichtig gegenüber
jener äusserlich-materialistischen Doktrin, die in der 'Nationalität'
nur das rohe Band der Abstammung sieht: „Man nehme unserem
Volke seinen alten nationalen Kultus, und es hat keine Daseinsberechtigung mehr: es geht zu Grunde in dem ungeheuren Ozean der
Völker, zwischen die es geworfen ist, wie es teilweise schon zu i
Grunde gegangen ist, als es die Religion unserer Völker verlassen und
den Kultus der fremden Völker nachgeahmt hat". Wenn Hess hier
also die Existenzberechtigung nicht einfach aus der Existenz, nicht
aus dem Selbstzweck, sondern einer weiteren Zwecksetzung herleitet,
so fliesst diese Anschauung geradlinig aus seinem System der Welt-
einheit, in die alle Strebung eingeht; in der jedes Wesen seine Stellung
hat. Verliert eine Gruppe das Bewusstsein ihrer Aufgabe, so
verliert sie die Aufgabe — und damit die Existenz. Israels Mission
in der Menschheit ist „den starken Glauben an die Vorsehung, die
ihre hohen sozialen Geschicke leitet (diese Grundlage aller menschlichen Moral, die das Opfer des Egoismus verlangt) zu propagieren,
um das erschlaffende Gewissen der Menschheit aufzurütteln und mit
neuem Geiste zu füllen. Die Hoffnung, dass der Fortschritt der Wissenschaften, der Künste und der Industrie allein zum Endziel der Menschheit führen können, kann Hess nicht hegen. Die Regeneration kann
nur von Juda ausgehen, das seinen Beruf in der Geschichte trefflich bewährt hat. Soll es aber selbst nicht erschlaffen, so bedarf
es für die stete Erneuerung seiner Kraft der Heimaterde — eines
eigenen Landes. Der Verlust Palästinas war die Strafe für den Verlust.
des Bewusstseins seiner heiligen Berufung. Um es wiederzuerlangen
und durch eigene Einrichtungen zu sichern, braucht das jüdische Volk
eine Volksheimat: „Ja, das Land fehlt uns, um unsere Religion
auszuüben!" Wobei Religion nicht im christlichen Sinne des Glaubens,
sondern im hebräischen der Treue zu fassen ist. Bei diesem gesunden
Erfassen der Aufgabe kann auch die Reformarbeit nicht mehr das
gegebene Geleis verlassen. Ein Synhedrion wird die Institutionen so
gestalten, dass sie der sich immer mehr offenbarenden Gotteserkenntnis
angepasst sind. Und diese Reform wird eine andere sein, als die.

destruktiver Tendenz neuzeitlicher Rabbiner. Sie will Wege weisen,
und nicht der Entwickelung des „Zeitgeistes" nachhinken oder gar
nur das eine Ideal haben, ja nicht von den Kulten der anderen
Völker abzuweichen. Diese neue Reform, die ihre artfremde Herkunft
wie ein Kainszeichen auf der Stirn trägt, musste auch alle Erinnerungen
an die arteigene Heimatscholle aus dem Judentum herauslaugen und
in Hessens Gedankenwelt eine Gefahr sehen. Er muss daher seine
national-politischen Forderungen von neuem verteidigen. Nicht alle
sollen auswandern. Aber alle Juden sollen solidarisch mit einander
fühlen, für einander arbeiten. Was Hess will, das ist das heilige
Land als Heimat für die Unterdrückten der östlichen Barbarenstaaten
und als Stätte, wo sie die Bildung der Zeit organisch in sich einfügen
und weltbedeutend weiterbauen. Es brauchen der bewussten Arbeiter
nicht viele zu sein, die im alten Lande wohnen. Gedanken, wie sie
später der hebräische Denker Achad Haam (A. Günsburg) immer
wieder, mit leidenschaftlicher Energie verfochten hat, sie hat auch
Hess schon ausgesprochen. In einer geistvollen Kritik eines Werkes
von Eichthal: „die drei grossen mittelländischen Völker und das Christentum" führt Hess aus: „Wir glauben auch an die Wiederauferstehung
des Geistes unserer Rasse, dem nur ein Aktionszentrum mangelt, um
das sich eine auserlesene Schar von der religiösen Mission Israels
ergebenen Männern gruppieren könnte, um aus diesem Zentrum von
neuem die ewigen Grundsätze hervorsprudeln lassen, welche die Menschheit mit dem Weltall und das Weltall mit seinem Schöpfer verbinden.
Jene Männer werden sich einst in der alten Stadt Israels wiederfinden.
Die Zahl tut nichts zur Sache. Der Judaismus ist nie' von einem
zahlreichen Volke repräsentiert worden. Das goldene Kalb hat immer
die grössere Anzahl angezogen, und nur eine kleine Schar von Leviten
wird auf ihrem alten Herde das heilige Feuer unserer Religion bewahren."
    Für diese heilige Arbeit soll die Kolonisation Palästinas den
Unterbau legen. Keine Besiedelung, die erst auf Schleichwegen
ermöglicht wird, fordert er. Sie soll „mit der laut' verkündeten
Absicht" ins Werk gesetzt werden, die Basis für eine politische und
soziale Niederlassung zu schaffen.
    In dieser Richtung gehen denn auch Hessens Bemühungen. In
seinen „Jüdischen Schriften" finden wir einen Aufsatz, der ein wertvolles Dokument zur Geschichte der Palästinakolonisationidee ist.
Er behandelt den Versuch des Hohweissenburger Rabbiners Natonek,
einen Zusammenschluss aller Palästinavereine zu schaffen. Das Exposé
Natoneks für die Vorstandschaft der Alliance trägt ganz die Spuren

von Hessens Diktion. Der Versuch scheiterte. — Dreissig Jahre später ist er erst durch die Bemühungen von Willi Bambus geglückt. Aber die Blüte von Hess' Idealismus zierte das neue Werk nicht. Es ist in eine mikrige Wohltätigkeitgründung zusammengeschrumpft. Die grosse nationale Idee mit ihren weiten menschheitlichen Horizonten war für Hess der Regenerationgedanke Israels und der Quell seines Schaffens, nicht mitleidige Philanthropie. Israel muss regeneriert werden, damit auch das Christentum wieder seine ursprüngliche Reinheit und zugleich seine kulturelle Jugendkraft wiederfinde. Aber Israel kann auch regeneriert werden. Das beweist seine lebendige Anteilnahme an allen sozialzivilisatorischen Arbeiten. Während die Juden aber jetzt nur als Einzelwesen teilnehmen an der Bewegung der modernen Gesellschaft, sich aber mehr treiben und beeinflussen lassen, würden sie nationalstaatlich zusammengefasst der Gesellschaft mächtigen Impuls geben. „Als Individuen ziehen wir Nutzen aus der Mission der anderen grossen historischen Rassen; als Nation erfüllen wir die unserige. Als Individuen haben wir zweifellos Rechte zu beanspruchen und Pflichten zu erfüllen; aber unsere heiligsten Rechte und Pflichten sind die, welche wir als Nation zu fordern und zu erfüllen haben." Allein, ist auch der freiheitliche Staatsverband der Juden als die Lösung der letzten Nationalitätenfrage zu betrachten, so können Eifer zur Wiedergeburt und Wille nicht früh genug und nicht wuchtig genug jüdische Kraft in zielsichere Bewegung setzen. Unser Leben ist konzentrierter geworden; und inhaltsreicher jagen die Jahre dahin. Des Lebens Rhythmus hüpft hastiger als in einstigen Tagen. Man blicke auf die Geschichte. Die früher ein Jahrhundert füllten, die Ereignisse — heute wickeln sie sich in Dezennien, in Jahren ab. Geschichte ist nicht das Wiederaufleben alter Zeiten nur, hervorgezaubert durch die naive Schöpferkraft des Künstlers. Sie ist die Mutter der Weisheit: Werdet weise und erkennet eure Tage.

In Grätz hat Hess den Mahner gesehen. Hess war der ersten einer, der den national-erziehlichen Charakter des stärksten neuzeitlichen Historikers der Juden erkannt hat. Mag die weiter vordrängende Wissenschaft Einzelangaben berichtigen und neue Wissensquellen anbohren, und in der Folge so manchen Anschauungen und Wertungen der Boden genommen werden, die spezifische Note und die historische Bedeutung Grätzens bleibt, dass er seinem wegesirren Volk in einer Zeit der Selbstverachtung und somit der Verächtlichkeit bei anderen Israels Martyrium für die Menschheitgedanken wie einen Fanal aufgesteckt hat. Er hat mit wuchtigem Temperament das Werk geschrieben und mit jener patriotischen Liebe, die „viel scharfsichtiger ist als die Gleichgiltigkeit, die sich Unparteilichkeit nennt." Nur einige Bände waren erst des grossen Geschichtswerkes erschienen. Aber Hess konnte schon den Gesamtbau ahnen. Treue und Dankbarkeit waren Grundzüge in dem reichen Gemütsleben Hessens: Wie sein Auge leuchtete, da er der Lehren seines Grossvaters gedenkt, so hat er Grätz ein Denkmal gesetzt — denn die Renaissance des Judentums in Hess' Seele hat dieser Meister eingeleitet. So mühte sich denn Hess, dem Grätzwerke auch in der französischen Judenheit eine Heimstätte zu errichten. Er wies in einem flammenden Aufsatz auf die ersten Bände hin und hat selbst einen Band unter dem Titel: „Sinai et Golgatha" als einheitliches Ganze geordnet und ins Französische übersetzt. Die Übertragung ist 1867 in Paris bei Michel Lévy frères erschienen als erste Publikation der Société scientifique littéraire israélite, einer Vereinigung, die ungefähr die gleichen Ziele verfolgte, wie der in Deutschland jüngst begründete „Verein zur Förderung der Wissenschaft des Judentums". Die Kenntnis der jüdischen Literatur sollte verbreitet werden, um die Grösse der heiligen Beredsamkeit auch auf die jetzigen Generationen wirken zu lassen; um dem Ideengehalt des Judentums seine Stellung und seinen Einfluss im modernen Geistesleben wiederzuerobern. Die ersten Männer des französischen Judentums standen an der Spitze dieses Verbandes: Crémieux, Adolf Franck, Munk, Alfons Rothschild, Erlanger, Koenigswarter u. a. Auch Hess wird unter den Mitbegründern aufgeführt; und es ist nicht unmöglich, dass seine Anregung, den dritten Band des Grätzischen Werkes — die Urgeschichte des Christentums darstellend — zu verbreiten, den ersten Anstoss zu dem grösseren Plane gegeben hat. Der Missionscharakter des Aufrufes — den Hippolyte Rodrigues zeichnet — führt deutlich auf Hess zurück. Jüdische Mission als Tat. Nicht als narkotisierende Phrase. Die Hess'sche Übersetzung, eine mustergiltige Wiedergabe des Originals, hat in den interessierten Kreisen Anklang gefunden. Ob der Widerhall freilich ein vieltausendstimmiges Echo war, kann füglich bezweifelt werden. Wenn Abraham Geiger in seiner „Jüdischen Zeitschrift" gegen den „prunkenden Titel" wettert, der in keinem Verhältnis zu dem Inhalt stünde und wenn er das ganze Werk wegen der rückständigen Anschauungen, der Missverständnisse in der Deutung der Urquellen, und der falschen und gewagten Kombinationen, zu deren Richtigstellung, man eine eben so grosse Schrift anfertigen müsse, in Grund und Boden schimpft, so dröhnt hier die alte Feindschaft zwischen Grätz und Geiger wie eine Fanfaronade durch.

X

Mochte Hess in Einzelheiten auch irren und mochte die freudige Vertretung und Verbreitung der Lehren anderer Meister, die seiner Ideenführung parallel gingen, ihn oftmals exponieren, so hat man festzuhalten, dass es Hess nur auf das Leitmotiv ankam. Die Urgeschichte des Christentums lockt ihn immer wieder. Denn in ihr ist das Geheimnis eingeschlossen, warum der Einheitgedanke des Judentums — der die Grundlage aller menschlichen Entwickelung ist — durch fast zweitausend Jahre in den Juden wohl konserviert, den übrigen Völkern aber verschlossen blieb. Die grosse französische Revolution hat nicht nur die Fesseln des dritten Standes zerschlagen; das wäre nur ein Symptom! Es hat den immanenten Menschheitgedanken aus seiner Verkerkerung befreit und und ihm die lebendige Kraft, die Gestalterkraft wiedergegeben. Mit den Augen des Lenzsuchers und mit der seligen Hoffnung des zielgewissen Optimisten späht er nach allen Keimen aus, die der neuen Tage frohe Botschaft bringen. So begrüsst er denn mit junger Lust ein Werk, dass die Menschheit mit dem Glauben an die soziale Religion der Zukunft segnen will. François Huet, ein Schüler des französischen Philosophen Bordas Dumoulin hatte sich in schweren Seelenkämpfen vom Katholizismus abgelöst. Je mehr das patrimonium Petri sich zum Ultramontanismus wandte, um so weiter ward die Kluft, die Huet und viele Franzosen vom Katholizismus trennte. Er lernte das Christentum ablehnen: aus Religion. Religion soll Einheit bringen und die Menschen sozial verbinden. Die Religion aber war der Inhalt des jüdischen Messianismus.

Gestützt auf die Arbeiten der Tübinger Schule (Baur), von D. Strauss und Renan, sie aber kritisch zergliedernd, tritt er an die Probleme heran. Er entkleidet Christus seiner legendarischen Umhüllung und zeigt, dass der Autor des siegreichen vierten Evangelium mit vollem Bewusstsein die Christusdarstellung als eine Gegenschrift gegen die judenchristliche Auffassung gibt, mit dem Ziele, das durch den Juden Paulus von Tharsus unterminierte Judenchristentum ganz von seinem jüdisch-messianischen Mutterboden abzulösen. Huet will aber den wahren Christus wieder lebendig machen. Nicht nur aus wissenschaftlichen Gründen! Für das Leben und die Menschheit! Denn Christus, der jüdische Revolutionär, der Träger des jüdisch-sozialen Gerechtigkeitideals, Christus der Ebionite, der Befreier der Armen — sein Reich war von dieser Welt! Und damit es komme, muss das dualistische Christentum wieder zu jener Gedankenwelt zurückgeführt werden, das johannäische Christentum zum Judenchristentum, aus der die Menschheit wieder die Richtung in die Diesseitigkeit, wieder die

sozial-humanitäre Einheittendenz erhält. Darum kommt Huet auch
zu einer grosszügigen Schätzung Israels, dem man nicht nur Dankbarkeit,
sondern für die grausame Verfolgung auch eine Genugtuung schuldig ist,
um so mehr, als auch die freiesten Kritiker ihm nicht gerecht zu werden
verstanden. „Infolge seines sozialen, durch und durch demokratischen Geistes, ist das Judentum schon jetzt die
modernste aller Religionen. Am meisten übereinstimmend
mit unserer heutigen Zivilisation und Gesellschaft. Es ist
nahe daran, eine humanitäre Religion ohne Wunder und ohne Priester-
schaft zu sein. Es ist fast schon die reine philosophische, moderne
Weltanschauung, und es wird sich in kürzester Zeit mit ihr identi-
fizieren." Leider verfängt sich Huet in mancherlei Widerspruch. So
lange er sich seinen eigenen Reflexionen hingibt, findet er den rechten
Weg. In die Brüche gerät er erst, wenn er sich — der „Führung"
einiger modern-jüdischer Rabbiner anvertraut, in der holden Naivität,
dass sie doch des Judentums letzte Ziele kennen müssten. Hess hat
alle Mühe, in seinen Noten den der modernen jüdischen Wissenschaft
unkundigen Huet auf festen Grund zu bringen und ihn von jenen
„Führern" abzudrängen, die aus lauter Besorgnis um die Emanzipation
ihre Glieder wie einen Korkenzieher verdrehen und ihre Augen niemals
geradeaus richten, sondern in die kompliziertesten Schielstellungen
zwängen.... Nicht uninteressant ist die Kritik, die Gutmann an das
Werk knüpfte. (Mon. f. d. Gesch. u. Wiss. d. Jud. 1869.) Und sie ist
es um so mehr, als dieser selbe Breslauer Rabbi später gegen die
national-jüdische Idee aus deutschem — Patriotismus protestiert hat.
Er schreibt: „Das heutige Judentum kennt er (Huet) nur in jenen
beiden Richtungen, von denen die eine darauf ausgeht, alle nationalen
Eigentümlichkeiten zu verwischen, um sich desto leichter mit anderen
Stämmen amalgamieren zu können. Die andere jeder heilsamen Einwirkung von aussen sich verschliesst. Huet kennt ein konservatives
Judentum nicht, das bei nachdrücklicher Betonung unserer nationalen
und religiösen Traditionen doch auf der Höhe seiner Zeit steht... und
so recht geeignet wäre, die Erbschaft der alten Propheten unseren
modernen Verhältnissen anzupassen und für deren Verbreitung Sorge
zu tragen". Sonst hätte Huet das nationale Judentum nicht mit
dem eng-orthodoxen, das aufgeklärte mit dem farblosen Rationalismus
identifiziert.

Das Huet-Werk ist eine köstliche Gabe, für die die Zeiten noch
heranreifen werden. Und es ist ein Verdienst von Hess, dass er in
einer Übersetzung dem Gedankengange Huets als seines Sachwalters

X*

auch in Deutschland Eingang zu verschaffen sich bemüht hat. Hess nennt das Werk in seiner gehaltvollen, an feinen völkerpsychologischen Betrachtungen reichen Einleitung „die Bilanz des liquidierenden Christentums". Es ist gut, die Erinnerung an solche Abrechnungen lebendig zu halten in einer Zeit, da in geschickter Arbeit das Christentum seines ganzen spezifischen Inhaltes entleert, mit dem neuen sozialen Geist der Zeiten angefüllt wird — und immer noch als „Christentum" der Menschheit sich präsentiert. Und doch ist johanneisches Christentum nur „verinnerlichter Dualismus" während der Lebensgedanke der neuen Zeit — der Geist des Judentums ist: die Auflösung der Religion in soziales Leben, in Friede, Einheit, Freiheit. Man kann es begreifen, dass es Gutmann schwarz vor den Augen wird, wenn er hört, dass Judentum Sozialismus ist. Nichts kann auch den liberalen Neujudäer peinlicher sein. Hess kennt die Angst nicht. Er rettet das Judentum für die Zukunft; er rettet die Juden für ihre Prophetieen. Noch ist jetzt reales und zukünftiges ideales Dasein in Bewusstsein getrennt. Im reifen Mannesalter des sozialen Lebens werden sie zusammen fallen. Für diesen Gedanken hat Christus geblutet, haben die jüdischen Seher gelitten — für diesen Gedanken und durch diesen Gedanken lebt Israel!

Dieser Überzeugung ist Hess treu geblieben. Sie adelt seinen Rassenstandpunkt, der nicht zur „Hunderassenmoral" herabsinkt, sondern die Gleichheit in aller Differenzierung, die Freiheit in aller „Selbstbestimmung und Selbstbeschränkung" und die soziale Bruderliebe Jesaias' will im Leben der freien Nationalitäten.

Hier begegnet sich Hess mit dem rassenstolzen Grätz, mit dem er sein Lebelang in freundschaftlicher Verbindung blieb. Wenn Grätz in seiner bedeutungsvollen Ablehnung der Synode (1869) seines Aufenthaltes in Paris gedenkt, so hat Hess sicher zu jenen „massgebenden Freunden" gehört, die mit ihm die Gedanken, die zunehmende Anarchie im Judentum zu bannen, besprachen, wie denn auch ein gut Teil der Ansichten über die jüdische Nationalität als Sicherung gegen die rechts- und linksseitige Reform gradlinig auf Hess zurückzuführen ist.

Seitdem Grätz an der Herausgabe von Zacharias Fränkels „Monatsschrift für die Wissenschaft und Geschichte des Judentums" beteiligt war, trat auch Hess dieser Zeitschrift näher. Sie hatte damals noch nicht den rein- oder wohl richtiger den klein-wissenschaftlichen Charakter. Sie war ein Kampforgan, in dem die „Breslauer Schule" zu den Fragen des Tages ihren „historischen" Standpunkt vertrat und gegenüber Geiger und S. R. Hirsch verteidigte. Hess' erster Aufsatz erschien im Jahre

1869. Im Jahrgang 1870 folgte ein zweiter. Den letzten Beitrag lieferte er 1873. Es sind die einzigen jüdischen Studien, die er im Endjahrfünf seines Lebens veröffentlicht hat. Mit den Archives scheint er auseinander gekommen zu sein. Der Nachruf, den sie ihm widmeten, war kurz und wenig erbaulich, ein paar unauffällige Petitzeilen, wie man sie einem verdienten Synagogendiener auch nicht versagt. Und Hess war auch nur ein Diener der Synagoge! Aber Synagoge nicht im Sinne der imitierten Kirche, sondern in alter Übung als das Symbol des Judenvolkes genommen. War es ihm auch nicht beschieden, für die jüdische Weltanschauung, wie er sie sich errungen, die Gesamtheit seiner Stammgenossen oder auch nur ihre geistigen Führer zu Trägern und Kündern zu machen, Hess selbst blieb ihr treu; und nur wem der Zauber dieser stillen Persönlichkeit sich nie entschleiert hat, kann von seinem in „Rom und Jerusalem" festgehaltenen Gedanken als einer augenblicklichen Laune, als Kindern der Verzweiflung und Verbitterung sprechen.

Seine späteren jüdischen Aufsätze sind dessen beredtes Zeugnis. Innerhalb der heutigen religiösen Anarchie hat er des Judentums Einheit verfochten. Wenn neuerdings mit gutem Grunde behauptet wurde, dass zwischen jüdischer Neuorthodoxie und Reformisterei breiterer Abgrund klafft als zwischen Katholizismus und Protestantentum, so trifft diese gefährliche Konstatierung so lange das Rechte, als man das Judentum als Glaubensform ansieht. Um die Einheit, die hier die Wahrheit ist und keine Friedensduselei und Konzessionverängstigung, in einstiger Kraft zu erhalten, beweist Hess, dass Judentum nicht Glaubensbekenntnis, sondern die Überzeugung von der Richtigkeit des Weltgesetzes ist. Im Judentum hat es nie Sekten gegeben, die Stand hielten. Sie verschwanden wieder im Judentum oder versanken in andere Kulten. Soweit im Judentum Glauben liegt, ist er der subjektiven Überzeugung freigegeben. Die Einheit aber erwächst aus der Erkenntnis gemeinsamer Geschichte, gemeinsamer Abstammung, gemeinsamen Volkstums und der gemeinsamen Hoffnung, dass die fortschreitende Weltentwickelung die messianische Einheitzeit bringen muss. „Die objektive Einheit des nationalen und traditionellen Judentums beherrscht hier die subjektive Glaubensverschiedenheit". Diese Überzeugung haben die Juden festzuhalten und zur Lebensmaxime in sich zu festigen. Nur Glaubenssekten sprüht der Bekehrungfanatismus verzerrend aus den Augen. Das Christentum war die Abspaltung des Glaubenssegments im Judentum zu einer reinen Glaubensgemeinschaft, die sich aus der Zusammenschnürung der individuellen Glaubensbebedürftigen ergab. Hier mussten Glaubenshass und Gewissenszwang mörderische Brüderkriege zeitigen. Das Judentum trennte aber von vornherein den individuellen Glauben, der Freiheit hatte, vom sozialen Gesetz nicht ab. Sein Glaube setzt dieses Gesetz voraus. Und wenn es sich erfüllt hat, wenn Einigkeit und Frieden ihre Rosenketten um die Menschheit schmiegen, wird auch das tiefste und reinste Gemütsleben triumphierende Befriedigung finden. Die Religion des Judentums hat „zur Basis die organisierte Gesellschaft und einen wirklichen gemeinsamen Boden, das heilige Land!"

Gedanken voll aufgespeicherter Nationalkraft birgt der Aufsatz. Hess blieb allein, ein einsamer Rufer in der Wüste. Aber er verblutete nicht. Er lebte im Glücke der Zukunft. Die Verzweiflung strich er von sich ab und brauchte sie nicht zu einem menschenverachtenden System des „Einsamen" und „Eigenen" zu verdichten. Aber es lag doch Tragik in diesem Schicksal, dass der Mann, der die Hoffnung der Menschheit auf die jüdische Nation setzte, von dieser Nation, die sich selbst verleugnete, nicht gehört ward. Ein Schatten verbitterter Resignation umflorte ihm den Blick. Nur ein Schatten! Aber er zerteilte ihn bald. War es immer die Ganzheit der Völker, die in die Geschicke schöpferisch eingriff? Oder taten es nicht immer nur vereinzelte geistige Grossherren, zwar gewachsen auf nationalem Boden und genährt mit nationalem Gute?! Aber doch hochragend in den blauen Äther. Grätz hatte 1869 in einer seiner geistvollsten Konstruktionen den Begriff der Ebionim und Anawim durch exegetische Methode zu erhellen gesucht und war zu historisch und psychologisch bedeutungsvollen Ergebnissen voll überraschender Ausblicke durchgedrungen. Die Ebionim sind nicht die Armen schlechtweg, sondern eine Volksklasse im hebräischen Volksorganismus, die sich der Verderbnis der entarteten herrschenden Kasten ferngehalten, und an deren höherer Kultur und reinerer Gesittung die Propheten durch Beispiel und Umgang sich hatten bilden können. Die Ebionim sind vorzugsweise Leviten gewesen, ein gottgeweihtes Proletariat, identisch mit den Anawim, „die sich nicht genug tun konnten, die Starken, Schrecklichen, Frechen, Adeligen und Reichen zu verhöhnen." Die Reichen sind gleich wie Toren und Dummköpfe. Und ein Gegensatz zu den „Armen und Niedrigen, in deren Mitte tiefere Religiosität, Sittlichkeit, Poesie und Musik eine Heimat hat."

Hatte Hess schon früher seine Hoffnung nicht auf die „Viel-zu-Vielen" gesetzt, so führt ihn die Resignation des Lebensabends zu den Anawim, denen immer seine Liebe gehörte. Will Juda geblendet durch die Theatersonne der Emanzipation seiner Aufgabe sich entziehen durch die Flucht und durch die Lüge: die Armen, die Gebeugten und Elenden des alten Vclkes werden die Treue wahren, die Sitte der Völker nicht knechtisch nachahmen, ohne dass sie sich indess von dem breiten Strom verjüngter Wissenschaft abwendeten. So leidenschaftlich Hess' jüdischer Patriotismus pulst — national ist ihm nicht kleinlich-chauvinistisch. Nicht alles, was mit jüdischer Rasse und Geschichte zusammenhängt, darf man beschönigen. „Es gab stets nur einen kleinen Kreis im Judentum, dem alles Grosse und Heilige zuzuschreiben ist.... Aber es gab auch stets und gibt noch heute in der Mitte unserer Stammesgenossen eine egoistische, habsüchtige, eitle, nach Reichtum und Auszeichnung jagende Klasse voller Ansprüche, welche den schroffsten Kontrast zu den Gerechten und Anawim bildet und den Juden nicht ohne Grund das Misstrauen der Völker zugezogen hat. Während der Verfolgung waren diese hochmütigen uns weniger gefährlich — weil sie dann offen von uns abfielen und sich mit unseren Feinden verbanden — als in den Zeiten des Glückes und der Freiheit. Die Propheten haben sie nicht geschont, und man sollte sie auch heut nicht schonen. Die wirklichen Vertreter des Judentums sind verpflichtet, den Anspruchsvollen und Herrschsüchtigen die Wahrheit zu sagen und unsere Brüder von einer Solidarität zu befreien, die ihnen in jeder Beziehung nur verderblich sein kann."

So tönt die letzte Apostrophe Hessens an sein Volk aus; schmerzlich, aber nicht hoffnunglos.

XI.

In Frankreich hatte sich die politische Situation im Innern immer mehr verschärft, obwohl der Kaiser sich ernsthaft bemüht hatte, den Staatsstreich vergessen zu machen. Seine Heirat mit Eugenie Montijo sollte den demokratischen Anschauungen schmeicheln; die Amnestie und die glücklichen Handelsverträge manchen Gegner versöhnlich stimmen. Aber die anti-bonapartistischen, republikanischen Elemente drängten sich bald wieder in die Öffentlichkeit. Und sie hatten Erfolg, um so erschreckender die Folgeerscheinungen uneingeschränkten Kapitalismus zu Tage traten. Der mächtige Aufschwung der Industrie, die Förderung der Aktiengesellschaften durch die Regierung, die anwachsende Staatsschuld hatten der Spekulation mästende Nahrung gegeben. Die Rückwirkung auf die Massen konnte da auch nicht ausbleiben. Sie an der Kandarre zu halten, versuchte Napoleon Methoden, die im Lande der grossen Revolution recht gefährlich werden konnten. Die Presse wurde unter scharfe Kontrolle gestellt; das Vereinswesen so „sorgsam" überwacht, dass die Beobachtung einer Knebelung ähnlich sah Diese Reaktion gewann vollends die Oberhand seit dem Attentat Orsinis. Hatte es in Italien den Mut zu entschiedener nationaler Tat gesteigert, so war die Wirkung nach Frankreich hin ein nicht mehr nur chikanöses, sondern absolutistisches Schreckensregiment der Polizei. Napoleon war viel zu sehr Historiker, um nicht zu wissen, dass derlei Zustände sein sicheres Ende werden mussten. Allein wenn er sich auch noch 1865 bemühte, die Leine lockerer zu halten — er leistete sich diesen Luxus der Sorglosigkeit, nachdem er sich zuvor für alle Zufälle von innen und aussen her durch die Reorganisation der Armee gesichert hatte — und obwohl das Versammlungrecht liberaler gehandhabt wurde, blieb die Masse der Bevölkerung doch voller Argwohn. Im Frühjahr 1869 lief die Legislaturperiode ab, und die nun entfaltete Wahlagitation bewies, wie viel Zündstoff sich aufgehäuft hatte Die alten Demokraten und Republikaner standen wieder auf ihren Posten, um das Volk vor dem Abgrund zu warnen.

Wen darf es da Wunder nehmen, dass Moses Hess wieder auf dem Plane erschien? Für ihn handelte es sich nicht um Parteifragen und um Wahlmanöver. Frankreich, Frankreich der grossen Revolution, welche das embryonale soziale Leben in eine bewusste Daseinsform gehoben, drohte die Tragik, seiner welthistorischen Mission entrissen zu werden! So musste Hess in den Kampf eintreten! Seine Kampfbrochüre ist betitelt La haute finance et l'empire. (Paris 1869.) In dem Vorwort vertritt er ganz die materialistische Geschichtsauffassung. Selbst den religiösen Kämpfen lägen wirtschaftliche Probleme zugrunde. Um wie viel mehr der nahenden ·politischen Wahlschlacht. „Jedermann weiss, dass sich seit 1789 eine soziale Umbildung vollzieht. Heut handelt es nicht sowohl um eine neue ökonomische Frage als um die Feststellung des Reifestandes der modernen Gesellschaft — um die Krönung der französischen Revolution. Die Freiheit ist nicht der Gipfel; sie ist die Basis des Werkes der Umwälzung. Der Gipfel ist die neueWirtschaftordnung". Seine Untersuchung der natürlichen Grenzen der Einzel- und Gemeinproduktion, der kapitalistischen Produktion in all ihren Abstufungen, der Objekte und Methoden der Börsenspekulation zeitigt ihn folgende Ergebnisse:

An allen Nöten der Gegenwart hat der moderne Kapitalismus Schuld, der, ohne eigene Arbeit zu leisten, die Arbeit und die Ersparnisse des Arbeiters ausbeutet. Jeder Fortschritt auf ökonomischem Gebiet kann erst erfolgen, wenn die Arbeit unter eine staatliche, öffentliche, verantwortliche Verwaltung kommt. Diese Umwandlung kann ohne Entwertung des Kapitals erfolgen; zumal die Kollektivproduktion — die heut nur Finanzspekulation ist — im Grunde schon unpersönliche Kollektivproduktion, soziale Funktion und soziale Macht darstellt (wenn auch eine gar unreinliche). Statt aller Palliative, wie Änderung des Erbrechts etc. beseitige man die durch die Hochfinanz geschaffene widerrechtliche Verteilung des Reichtums. „Die unpersönlich gewordenen Produktivkräfte haben kein Recht mehr auf persönliches Eigentum."

Die staatlich geleitete Gemeinarbeit müsste alle produktiven Kräfte an sich und durch die erziehliche Einwirkung des Staates steigern. Hierdurch würde der Wert der ·Arbeit erhöht, und die Staatsschuld sinken, die Renten steigen und die Steuerlast· eine geringere werden. Die Abschaffung der Lohnarbeiterschaft und aller Privatproduktion, wie ihn sozialistische Utopisten fordern, wäre unter einem staatlichen Arbeitsregime durchaus überflüssig. Nur das Proletariat muss abgeschafft werden; und dahin führe die von Hess vorgeschlagene Reform. Im Gegensatz zu den meisten sozialistischen Lehren führt Hess· aus, dass man gerade den Wert der persönlichen Arbeit steigern solle, anstatt überhaupt den Preis der Arbeit abzuschaffen. In gleicher ·Weise macht Hess auch gegen die von ihm selbst früher so hartnäckig verfochtene Anschauung Front, dass alles Unglück durch die freie Konkurrenz verschuldet wird. Sobald der Staat die Arbeit leitet und beaufsichtigt, kann freie Konkurrenz geradezu förderlich werden. Denn auch sie ist eine freiheitliche Folge der französischen Revolution. Und weiterhin würde die Reform von Hess auf die Assoziation von Arbeitern nur segensreich wirken, während sie jetzt Arbeit und Kapital noch mehr auseinanderreisst.

Darum muss alle Agitation dahin gerichtet sein, Abgeordnete zu wählen, die der Schreckensherrschaft des Kapitals nur den Boden entreissen wollen. Der Kapitalismus hat die Errungenschaften der Revolution zur Ausbeutung der Mitmenschen ausgebeutet und ist letzten Grundes auch der Schöpfer des Kaisertumes. Jeder Abgeordnete sollte sich des bewusst sein, dass er die Güter Frankreichs, welche die Revolution für die Menschheit errungen, zu schützen hat.

„Um zu dieser heilvollen Reform zu gelangen — müssen da die sozialen Grundlagen, welche uns die Revolution übergeben hat, abgetragen werden? Im Gegenteil! Nur die wahre Rückkehr zu den Traditionen der grossen Revolution kann jene Reform herbeiführen. Sie hat damals ihre Aufgabe glücklich gelöst, als es galt die Arbeit von jedem Monopol zu befreien und alle Privilegien abzuschaffen. Damals war die Hoffnung fest begründet, dass aus dieser Freiheit und dieser Gleichheit sich das Gleichgewicht in den Privat- und Staatsverhältnissen entwickeln würde, wobei beide mit der Bildung und der Volksaufklärung fortschreiten müssten. Freilich konnte die Revolution nicht voraussehen, dass dereinst eine kleine Klasse sich des Staates bemächtigen werde. Jene konnte auch nicht wirtschaftliche Phänomene kennen, die damals nicht existierten, als sie die Grundlage der neuen Verfassung legte, die — obwohl sie von der Freiheit ausgegangen ist — heute ihre Urheberin zu vernichten droht."

Hessens Broschüre war eine gute Hilfstruppe im Kampfe gegen die Reaktion, die trotz aller Pressagitation der Regierung nur einen zweifelhaften Wahlerfolg hatte: in Paris und anderen Grossstädten siegten die Radikalen, Republikaner und sonstige Unversöhnliche. Der Kaiser musste sich schon zu einer prinzipiellen Systemänderung entschliessen. Mit der Übergabe der Regierunggeschäfte an den liberalen Olivier, und der Entlassung von Rouher, der den Kaiser immer weiter auf die schiefe Ebene des Absolutismus drängen wollte, und weiterhin mit seiner glänzenden Thronrede vom 29. November 1869 gewann Napoleon wieder starke Sympathieen. Aber mancherlei Zwischenfälle, die den Republikanern willkommenes Agitationmaterial gaben, zeigten doch, dass Napoleon alle Veranlassung hatte, dem Frieden nicht zu trauen. Um sich über die Volkstimmung zu vergewissern, legte er dann jedem wahlberechtigten Franzosen die Frage nach seinem Standpunkt zur freiheitlich abgeänderten Verfassung vor. Das Ergebnis war wohl ein Erfolg für den Kaiser, indem trotz der lebhaften Aufklärungarbeit der Republikaner nahezu 7½ Million sich für die neue Verfassung aussprachen gegenüber 1½ Million Dissentierender. Aber in manchen Grossstädten hatten die „Neinsager" die Überzahl, und auch das Heer war nicht ganz fest geblieben. Jetzt gab es nur einen Ausweg: Die gewaltsame Abdrängung von der Beschäftigung mit den Fragen der Innenpolitik. Trotz aller Friedensversicherungen kam dann der Krieg, der aus vielen, aus allen Ursachen schon längst fällig war.

Aus seinen einsamen naturwissenschaftlichen und mathematischen Studien, die sich je intensiver betrieben ihm immer deutlicher aneinanderfügten zu dem grossen Einheitbau, dem all seine Hoffnungen und Träume galten: dem Einheitbau des kosmischen, organischen Lebens — aus diesen einsamen Studien und flüchtiger Tagesschriftstellerei, die ihm seinen kärglichen Lebensunterhalt bot, riss Hess der deutschfranzösische Krieg heraus. Dieser furchtbare Krieg war nicht wie ein plötzliches Ungewitter gekommen. Er war — von einer anderen Richtung her gesehen — eine späte Folge des Nationalitätenprinzipes; und der Mann, der es in schärfster Prägung Europa verkündet und mit der Kraft des Schwertes und der gewundenen Sprache der Diplomatie zum sieghaften Durchbruch geführt hatte, sah jetzt seinen eigenen Thron bedroht. Gerade die italienische Frage, die er zur Lösung gebracht, war sein Verhängnis geworden. Als er an jenem denkwürdigen Neujahrsempfang dem österreichischen Gesandten Baron Hübner sagte, er bedaure, dass seine Beziehungen zur österreichischen Regierung nicht mehr so gute seien wie früher trotz seiner unveränderten persönlichen Gefühle für den Kaiser Franz Josef, da handelte es sich nicht mehr allein um die Freiheit Italiens. Sondern auch um seine eigene Herrschaft. Vergebens hatte ihn Tiers gewarnt, dass die Niederlage Österreichs Preussen in die Höhe bringen müsste und dass die Unabhängigkeit Deutschlands nur in einem Kriege gegen Frankreich geschaffen werden würde. Er hatte recht gesehen. Auf Frankreichs blutgetränktem Boden wuchs die Einheit und Stärke Deutschlands. Man muss weit zurückgehen, um wieder auf einen Krieg zu stossen, der die nationalen Leidenschaften so hoch aufgepeitscht hätte. Wir erinnern an jene wutschnaubenden Aufsätze Renans, an Quatrefages hasstriefende Argumentationen über die race prussienne. Aber es wird wenige Männer geben, die so vor Wut alle Besinnung verloren wie Hess. Nein, es war nicht Wut und Hass, wenn auch seine Aufsätze des Zorns übertriefen Es war tiefer, tiefer Schmerz. Wir müssen uns noch einmal vergegenwärtigen, in wie innigem inneren Konnex Hess zu Frankreich stand. Es war nicht die Liebe zu dem Lande, das ihm ein Asyl gegeben in den finsteren Zeiten preussischer Reaktion — der Contrerevolution. Frankreich war das Land der Revolution; das französische Volk hatte die Menschheitrechte gebracht und die Nationen mündig gemacht für die letzte grosse Befreiung aus sozialer Not zu kämpfen. Schon in seinem Jünglingswerk hatte Hess Frankreich gepriesen. In der „Triarchie" hatte er Frankreich die höchsten Aufgaben gestellt; und später in aller sozialistischen Gleichmacherei hatte er immer die Eigenart dieser Nation herausgehoben und ihren ewigen Beruf für die letzte Befreiung der Menschheit gerühmt. In seinem „Rom und Jerusalem" hatte er die Hoffnungen seiner jüdischen Nation, des Proletariers unter den Völkern, auf das Land der Revolution gerichtet Es würde auch den Juden in ihrem Freiheitkampfe zur Seite stehen und ihnen die Heimat geben. Dieser stille Mann mit der grossen Liebe zu allen Unterdrückten und der reinen Seele des Kindes sah nun sein Frankreich — die Geburtsstätte der modernen Menschheit, der Wiege aller Zukunfthoffnungen der Einheit und friedvoller, brüderlicher Gemeinsamkeit der Völker — Hess sah Frankreich von deutschen Heeren überschwemmt, die Felder zertreten, die Festungen in Flammen und Paris — den Nabel der Welt — wie Viktor Hugo, so konnte er es nur gesehen haben — von deutschen Armeen umzingelt. In tiefster Seele getroffen schrie es seinen Schmerz und seinen Zorn in die Welt. Seine Aufsätze über den Krieg sind am 27. Januar, am 3, 8, 11., 12. und 16. März im Peuple belge erschienen, nachdem er schon im Juni in der Solidarité seiner Verzweiflung Worte verliehen. Frankreich war in Not. Frankreich war ein Stück seiner Weltanschauung — die Seele seiner Weltanschauung. Und mit Frankreich war Hessens heiliges Leben vernichtet!

Er hat seine Aufsätze unter dem Titel gesammelt: Une nation déchu. Coalition de tous les peuples contre l'Allemagne prussifiée.

Das Buch ist in Brüssel (1871) erschienen. Seltsam Geschick! Der Mann, der einen flammenden Protest gegen die Eroberungpolitik preussischer Dynastenheere erlässt, der den geistigen Adel der Menschheit aufruft, schmachvoller Unterjochung des Schöpfervolkes moderner Bürgerfreiheit Einhalt zu tun — Hess wird wie alle Deutschen aus Paris ausgewiesen! Er geht nach Brüssel, das ihm schmerzliche Erinnerungen aufweckt.

Hess sah in dem Kriege nicht das Ringen um die Einheit Deutschlands und nicht die erste Bedingung einer starken nationalen Grösse; er sah ihn wie nur ein Freiheitkünder, ein Freiheitträumer, eine jesajanische Natur ihn sehen konnte. Es wäre ein Verbrechen an diesem idealen Menschen, wollte man seine Gedanken nur als geistreiche Bemerkungen über den deutsch-französischen Krieg betrachten. Sie sind mit seinem Herzblut geschrieben. „Nicht Frankreich musste niedergeworfen werden, sondern die Freiheit sollte in ihrer Wiege, in Frankreich meuchlings erdrosselt werden." Ce n'est pas, en effet, contre l'Empire, c'est contre la France révolutionnaire que la Prusse et ses alliés déchaînent une dernière fois toutes les haines et toutes les jalousies, pour en finir avec le „foyer de la révolution".

Es sei verlogener Vorwand, wenn die Preussen vorgäben, sich sichern zu müssen gegen die Ländersucht von Frankreich: „Heut wie 1792, wie 1814 verfolgt Preussen nur ein Ziel: Frankreich zu bedrängen, zu erniedrigen, zu teilen und Paris zu verbrennen, das Zentrum der europäischen Zivilisation, um Herr in Europa zu werden, das zu einem abendländischen China geworden". Diese schmerzliche Überzeugung begründet Hess dann im einzelnen in den zu der Brochüre zusammengefassten sechs Aufsätzen, deren Gedanken und Wortfügungen sich freilich mehrfach wiederholen — die Echolalie des Schmerzes.

Die deutsche Demokratie begrüsst die Wiederaufrichtung des alten teutonischen Kaiserreiches mit lautem Beifall. Einige sind still geworden; und nur wenige stehen zur alten Fahne, weil sie ahnen, dass der Sieg Preussens den sozialen Körper Deutschlands vollends brandig machen müsse. Niemals hat Deutschland in seiner Blindheit die Bedeutung Frankreichs erkannt. Frankreich war immer ein qualvoller Traum für deutsche Fürsten. Der Krieg musste kommen. Hess hat es seit vielen Jahren aus der Konstellation der sozialen Verhältnisse prophezeit. Gewisslich: Frankreich hat durch die Saturnalien des kaiserlichen Karnevals gelitten. Allein seine klaren Köpfe haben das grosse Menschheitziel nicht aus dem Auge verloren. Und sie werden Sieger bleiben! Niemals wird dieser Krieg aus dem Gedächtnis des Volkes schwinden: ein dauernder Ansporn zur Freiheit wird er sein. In der furchtbarsten Not, da alles zertrümmert war, hat das französische Volk im Anblick egoistischer, rasender Feinde die Kraft gehabt, sich von einer verbrecherischen und korrumpierten Regierung loszureissen. Das gibt gute Hoffnung für die Zukunft.

In dem zweiten Aufsatz gibt Hess eine Schilderung der französischen Bourgeoisie. Wie klingen die Worte so weich, da er jetzt von ihnen spricht! Über den Sozialisten hat der französische Patriot gesiegt. Auch die Bourgeois sind doch die alten Brüder des modernen Proletariats. Trotz aller Rückfälle, die sich aus den Verhältnissen ergaben, waren sie doch immer edle Menschenfreunde und gute Republikaner. Und die deutsche Bürgerschaft? Ist sie nicht geradezu eine höhere Potenz preussischer Eigenschaften?! Sie ist träge, kriecherisch und feige. Denn sie hat ihre Zustimmung zu diesem Morde des französischen Volkes gegeben, das der Herd der modernen Revolution und der modernen Nationalitäten ist. So handeln preussische Bürger, um ihre nationalen Interessen zu vertreten!

Aber ist nicht schliesslich eine Bourgeoisie der andern wert?! Nicht die Grosskapitalisten und die Hochfinanz habe er im Sinn. Sie haben ein Vaterland so wenig wie die enterbten Proletarier. Aber der französische Mittelstand und gar die kleinen Leute haben sich vorwärts entwickelt, wie die Wahlen und das Plebiszit von 1869 beweisen. In Deutschland sind sie national-liberal geworden — und das sagt doch alles! „Nicht die Verkäuflichkeit einiger Individuen: die Laschheit gerade des aufgeklärtesten Teiles der deutschen Nation hat allmählich alle jene Infamieen heraufbeschworen, und sie muss schliesslich den Hass und den Abscheu aller Völker gegen eine so verächtliche und so gefährliche Nation zum Überfliessen bringen. — Was mühselig an Kulturwerten errungen, geht durch Preussen jetzt zu Grunde. Gerade die Mischung der Rassen war die Voraussetzung gegenseitiger Wertschätzung und ein starkes Moment in der Erkenntnis, dass im friedlichen Ausleben nationaler Kräfte, im Gleichgewicht der menschlichen Rassen jeder Fortschritt auch auf sozialem Gebiete liege.

„Was haben wir den Deutschen getan — fragte jüngst eine Französin — dass sie uns so sehr hassen. Wir wollen doch keinem Böses." Schmerzlich antwortete Hess: Armes Frankreich! Nicht für das Schlechte — für das Gute, das du der Menschheit gebracht — hassen dich die Deutschen. — Die unterdrückten Rassen werden in unserem Jahrhundert die grosse Rolle spielen. Preussen hat nie für die Menschheit, nie für die Freiheit gearbeitet. Im Gegenteil! Wo es galt, Völker zu unterdrücken, waren sie sofort dabei. Aber gegenüber dem Pangermanismus wird der Panslavismus sich noch einmal als gutes Gegengift bewähren. Heut versuchen die Preussen noch den Polen ihre „Zivilisation" aufzuzwingen. Aber die Stunde der Rache wird kommen auch für die slavischen Völker, die heut noch durch das zwischengelagerte Preussen an der Verbrüderung mit den gebildeten freiheitlichen Völkern des Westens gehindert werden; und sie werden helfen, über den Leichnam Preussens hinweg die erhabenen Gedanken der vereinigten Staaten von Europa zur Ausführung zu bringen."

Das sind bittere Worte. Sie aus sinnlos erregter Schmerzstimmung zu erklären, wäre nur halb richtig, denn die groben Leidenschaften erregter Stunden glättete seine Menschenliebe und der Adel heiligen Warheitsuchens. Im deutsch-französischen Krieg kann er nicht das Ringen zweier Völker sehen um Menschheitgüter. Es ist ein dynastischer Unterjocherzug, durch den preussisches Junkertum noch einmal seine durch die wirtschaftlichen Verhältnisse längst zermorschte Stellung festen will — der letzte Versuch: durch Waffengewalt den Geist der neuen Tage, die Frankreich der Menschheit gebracht, zu erwürgen. Dass die Bürgerschaft diesem frevlen Treiben Vorschub leistet, ist ihre Schmach: denn sie schuldet Frankreich alles. Ist Hess' Schmerz: er hatte anderes erwartet. Die Schärfe seines Grimmes ist nur die Folge der hohen Wertung, die Hess allezeit deutscher Art hat angedeihen lassen. Im Gefüge der Völker hatte er gerade Deutschland, dem Lande der Gewissenfreiheit und der Geisteskämpfer, eine hohe Mission zuerkannt. Es ist der eine Arm der Vorsehung, welcher das innerste Wesen, den Geist erfasst und fördert.... „Wir Deutschen — so schrieb Hess in seiner „Triarchie" — sind das universellste, das europäischste Volk Europas."... Von den deutschen Intellektuellen, der Geistesaristokratie hatte er einst den Sieg des Humanismus erwartet. Nun trotteten sie im Joch der Feinde aller menschheitlichen Errungenschaften einher, welche Frankreich durch seine Revolution gemacht hat.

In seiner Wut gegen den Krieg von 1870 traf er sich mit Bebel und Liebknecht, wenn er auch aus einer andern Richtung kam. Als Gegner „aller Säbel- und Klassenherrschaft" hatten sie in einem motivierten Votum dis Kriegsanleihe nicht bewilligt. Sie standen noch allein, denn selbst des allgemeinen deutschen Arbeitervereins Vertreter im Norddeutschen Reichstag stimmten für die Anleihe. Als aber Napoleon zu Boden gestreckt war, und der Krieg nun nicht mehr dem Kaiser, sondern dem französischen Volke galt, fanden sich die deutschen Sozialisten in Einheit wieder. Der Krieg war jetzt Eroberungkrieg,

„ein Kampf der Monarchie gegen die Republik, der Kontrerevolution gegen die Revolution — ein Krieg, welcher der deutschen Demokratie eben so gut gilt, wie der französischen Republik". So schrieb damals das Organ der Eisenacher „Der Volkstaat" im Anschluss an den Aufruf der französischen „Genossen" Beslay, Vaillant.

Vor das Forum der Gerichte kam diese unpatriotische humanitäre Friedensanschauung in dem Leipziger Hochverratprozess' wider Liebknecht, Bebel und Hepner (11.—26. März 1872). Moralisch stand auch Hess vor den Schranken der Gerechtigkeit. Unter dem mit mehr Eifer als Verständnis herangezerrten Belastungmaterial befand sich auch eine umfassende Studie von Hess über „Die soziale Revolution". Sie war bereits im Februar 1870 im „Volkstaat" erschienen, an dem Hess seit seinem Bruch mit den Lassalleanern unter Schweitzer als Pariser-Berichter mitarbeitete. Der Aufsatz stellt sich als eine der reifsten Leistungen Hess' dar. Abgesehen von seiner höheren Bewertung der Mittelstände hat er ganz marxistische Betrachtungweise und Ergebnisse übernommen. Ehrlich und gründlich hat er in seiner Seele mit Marx Frieden geschlossen. Einseitiger Friede freilich! „Was Darwin für die Ökonomie der Natur, hat Marx für die soziale Ökonomie wissenschaftlich konstatiert. Es ist das grosse Verdienst dieser beiden Forscher, in Natur und Geschichte das Gesetz der fortschreitenden Entwickelung entdeckt und dasselbe auf den Kampf um die Existenz zurückgeführt zu haben". In strengster Konsequenz der Grundprinzipien des Marxismus löst Hess den Begriff der Revolution in Evolution auf und verwirft alle Theorieen und praktischen Versuche gewaltsamer Wirtschaftänderungen als spielerische Utopisterei, so lange der Stand der ökonomischen Entwickelung die soziale Revolution nicht als reife Frucht ergibt. Darum erscheinen ihm derlei Utopistereien nicht ganz ungefährlich, höchstens dass sie in reinster Ausprägung als Kunst und Wissenschaft der leidenden Menschheit Trost, Hoffnung und Ermutigung gewähren „in ihrem Streben nach einer ihr noch fern liegenden menschenwürdigen Existenz" — Jüdischer Messianismus!

In seiner Verteidigung gegen die Hochverratanklage konnte sich Bebel darum mit gutem Grunde auf die. Darstellung von Hess berufen: Reformen werden möglich und notwendig durch die Entwickelung der Produktivkräfte; „sie können und müssen sich auf die freie Zustimmung der grossen Majorität der Nation stützen, in deren Interesse und mit deren Einwilligung sie gemacht werden."

Half alles nichts! Bebel wurde (wenn man will: natürlich!) verurteilt. . . .

XII.

Im Mai 1871 konnte Hess sein Asyl in Brüssel verlassen und wieder in sein geliebtes Paris zurückkehren. Er kam in aufgewühlte Zeiten hinein. Die „Kommune" im Bunde mit republikanisch-sozialistischen Elementen aus aller Herren Länder führte ihr Regiment des Schreckens in der niedergezwungenen Metropole des Geistes. Schon Anfang November 1870 hatten die Sozialisten, angefeuert durch Rochefort und Blanqui, dem chronischen Gefängnisinsassen, die rote Fahne entfaltet. Das alte Pariser Stadtregiment von 1793 sollte wieder beginnen und des wilden Jahres 1848 Grundsätze sozialistisch durchgeführt werden. Aber der Feind, der seine Kreise immer enger zog, bis endlich der grossen Stadt ein Wall von Soldaten und Geschützen den Brustkasten eisern umklammerte, hatte der Nationalversammlung noch die Oberhand gelassen. Als aber im März 1871 das Schicksal entschieden hatte, brach die unterirdische Revolution in die Höhe. Hunger, Entbehrungen, seelische Zerknitterung und die Arbeitslosigkeit die vielen Monate hindurch, sie peitschten die Leidenschaften an. Bruderblut floss. Aber es war eine Sehnsucht, ein fieberhaft Lechzen aus aller Unterdrückung heraus nach sonniger Freiheit und paradisischem Glück, die der Umsturz aller verrotteten „Ordnung" entbinden musste. Als Hess nach Paris kam, waren die Hoffnungen des Proletariats erstickt in den Blutbädern, so die Rache der entfesselten Versailler Truppen unter den Aufständigen angerichtet hatte. Das Proletariat war niedergeworfen. Und in Hess' Seele, die so stark an die Freiheit der Masse glaubte, zog die tragische Resignation ein, dass er selbst den Sieg der Grundsätze von 1789 nicht mehr erleben würde. Er war den sechszigern nahe.

So verkroch er sich denn wieder ganz in seine Studien, die ihm den Trost im Leide und köstliche Zukunftträume gaben. Und nun, wo die Reife des Alters den Überschwang der Jugend glättete, nahm er nochmals das Werk auf, mit dem er sich in den fünfziger Jahren getragen. Es sollte die Zusammenfassung seiner Lebensarbeit sein. Sein œuvre im Sinne der Franzosen.

Durch das ganze Schaffen von Hess lässt sich ein bestimmtes Leitmotiv verfolgen. Der Einheit des Geistes, der Welt, des Menschenlebens — ein Monismus, der schliesslich immer nur jüdisch-spinozistischer Natur ist. Gott ist Alles. Gott ist in Allem. Alles ist Gott.

So mosaikartig uns die einzelnen Gedankenreihen seiner Lehre erscheinen, sie sind zusammengeschlossen durch die Anschauung, dass im kosmischen, organischen und sozialen Leben nur ein Gesetz vorwaltet. Eine Versöhnung höchster Ordnung — nur ein Abbild der versöhnlichen, liebevollen einheitlichen Seele Hessens. Sein Leben hatte Zielstrebigkeit, die geradlinig und allzeit zielsicher vorwärts drang — und wie gerissen und verbogen war die Entwickelung der anderen Junghegelianer.

Hess war es nicht vergönnt, sein Lebenswerk zu vollenden. Zwei Jahre erst nach seinem Tode konnte seine Frau aus der Hinterlassenschaft den ersten Teil im Selbstverlage edieren; so lange hat es gedauert, bis sie die materiellen Schwierigkeiten überwand. Hess, den seine Korrespondententätigkeit eine gute Einnahme brachte, ist als armer Mann gestorben: „soviel Geld er auch in der Tasche hatte, behielt doch nie einen sou, jeden Tag wo er ausging, gab alle sein Geld an Arme aus" schrieb vor zwei Jahren die Witwe.

Das Werk ist erschienen unter dem Titel: Dynamische Stofflehre. (Kosmischer Teil. Allgemeine Bewegungserscheinungen und ewiger Kreislauf des kosmischen Lebens. Mit Porträt des Verfassers, nebst Himmelskarten, Abbildung unserer Planeten, Kometen und Nebelflocken, Paris 1877.)

Der Hauptteil ist rein astronomischen Inhaltes, wobei Hess unter Benutzung aller damals vorliegenden Forschungen versucht, die Fülle der Erscheinungen unter ein einheitliches Bewegunggesetz zu bringen. Er konnte sich damals schon auf die astrophysikalischen Ergebnisse der Spektralanalyse stützen, zu deren wesentlichsten Sätzen er schon in seinen Arbeiten von 1855 bis 1859 spekulativ vorgedrungen waren. Über den wissenschaftlichen Halt und Gehalt werden sich kompetentere Beurteiler äussern müssen. Für uns kommt vorzugsweise die ausführliche Einleitung in Betracht, in der die Grundlinien des ganzen Werkes gezogen sind. Die Detailausführung der zwei noch ausstehenden Teile fehlt ganz. Sie ist auch in dem Nachlass nicht vorhanden. Und wie wertvoll wäre es doch gewesen, im sozialen Teil Hess' späteren Standpunkt zur nationalen Frage kennen zu lernen. Dass er die Bedeutung der Nationalität im sozialen Organismus geleugnet haben sollte, ist so unwahrscheinlich, wie sich sein Interesse an den spezialjüdischen Problemen noch bis 1873 sicher nachweisen lässt. Der Nationalgedanke war zu fest in seiner Weltanschauung verankert, die ja nicht den Charakter eines Parteiprogramms hat, sondern die Welt des im Geiste und in der Realität nun einmal Vorhandenen umspannte.

Die Einleitung fasst wieder Ideen zusammen, die er zuvor in den Epilogen von „Rom und Jerusalem" und seiner Studie im „Gedanken" 1862-63 festgelegt. Mit Hegel hat er soweit gebrochen, als reale Tatsachen ihm nur aus der „Erfahrung" d. h. durch Experiment und objektive Beobachtung gefunden werden können. Sie aus dem logischen Denken — wie es der absolute ¦Idealismus, der Panlogismus Hegels will — abzuleiten, lehnt er ab. Allein wie entschieden er sich gegen die Metaphysik wendet, in die letzten Endes auch Spinozas mathematische Methode zurückfällt, so betont er, dass die moderne Philosophie erst die Grundlage für die Identität der Denk- und Naturgesetze gelegt hat. Im Streit zwischen Materialisten, die des Stoffes, den Vitalisten, die der Keime, den Spiritualisten, die des Geistes Ewigkeit voraussetzen, erkennt er die alten abstrahierten Begriffe wieder. In der Wirklichkeit existiert nicht der Stoff und nicht der Mensch. Das wissenschaftliche Ziel muss sein: die Existenzbedingungen zu suchen. Den Stoff hält er mit Moleschott für die Summe seiner Eigenschaften; und darum sei es falsch, ihn als Ursache zu setzen, wo er doch nur die Wirkung zum Teil unbekannter, zum Teil bekannter Bewegungerscheinungen (der Schwere und der Wärme) ist. Den Dualismus der Materialisten, die die Kraft als unendlich, unbegrenzt und unbestimmbar, aber doch wirksam und begrenzt nehmen, kann nur die Einsicht überwinden, dass das Wirkliche keine Grenze hat, sondern durch den Kreislauf des Werdens und Vergehens die Gewissheit der ewigen Wiederholung bietet.

Die drei „Lebenssphären" stehen zu einander in enger Bindung. Die organische ist die höhere Entwickelungstufe des kosmischen, wie die soziale die höhere des organischen Lebens ist. Sobald das kosmische Leben in den Samen seinen Höhepunkt erreicht, bildet sich das organische, deren höchster Ausdruck die welthistorischen Menschenrassen sind, die weiterhin zur sozialen Sphäre führen.

Die Lehre, die den Kreislauf des Lebens, somit jede Entwickelung leugnet, bekämpft er als gleich falsch wie die, so eine unendliche Entwickelung annimmt. „Sie lähmen unsere Arbeit an der Ausbildung der sozialen Lebenssphäre". Dieser Satz in der abstrakten Beweisführung hat Leben. Hier blickt aus der Philosophiererei die persönliche Seele Hessens hervor. Hier wird uns so recht entschleiert, dass er nicht durch Denken zum Leben, zum Wirken kommt. Sondern dass alle Grübelei nur der Versuch ist, die autochthonen Antriebe w e f zu begründen. Im Anfang ist ihm die soziale Liebensgemeinschaft

Seine Anschauungen über die Entstehung der Weltkörper decken sich mit kantischen und die der organischen und organisierten Welt im Grossen mit Haeckelschen Gedanken. Auch er nimmt den Weltraum krafterfüllt und „mit kosmischen Wärmequellen bevölkert". Er betrachtet den Äther als den vierten Aggregatzustand, dadurch erklärt, dass die durch die stets aktive, zusammenziehende Bewegung (Schwere) erzeugte reaktive, ausdehnende Bewegung (Wärme) noch keinen Widerstand findet. Der Äther und die Elektrizität, die er gleichsetzt, sind also kein Stoff. Dadurch unterscheidet er sich von den modernen Monisten und „Elektrophilosophen". Der Stoff ist erst Konzentration des Äthers, entstanden durch das Übergewicht der zusammenziehenden Bewegung. So kommt Hess natürlich zu einer Ablehnung der Atomtheorie. Für ihn ist es wichtig, dass die einfachsten Bestandteile die stofflosen dynamischen Zentren der Bewegung sind.

Vom Kleineren zum Grossen übergreifend behandelt Hess dann die verschiedenen Entwickelungsstufen, die in allen Lebenssphären — enger oder weiter — aber gleichgerichtet sind. 1) Die Entstehungsgeschichte, 2) Ausbildung (Höhepunkt, Rückbildung, Erstarrung, Ende), 3) Die Reproduktion. Nachdem er diesen Prozess für die kosmische und organische Sphäre verfolgt, sucht er die Analogieen im sozialen Leben. „Die soziale Paläontologie geht erst mit der Geburt der modernen Gesellschaft in der französischen Revolution zu Ende.... Vor uns liegt die selbständige Entwickelung der sozialen Sphäre, deren Höhepunkt der Höhepunkt allen wirklichen Lebens und Lebensbewusstseins ist.... Was in unserer sozialen Embryologie als Götterwelt, als jenseitiges und zukünftiges Ideal des Schönen, Wahren und Sittlich-Guten vorschwebte, scheint uns heute nach kaum erfolgter Geburt eines sozialen Lebens als im Leben zu verwirklichend. Individuen und Völker, welche nach vollendeter Geburt der modernen Gesellschaft noch andere Ideale als die im sozialen Leben zu verwirklichenden verfolgen, werden bald inne werden, dass sie im wachen Zustande zu träumen fortfahren."

Die Rasse steht zum Individuum wie das ausgebildete Leben zum Lebenskeim — höher und mächtiger. Und das soziale Leben wird das organische Leben des Individuums immer überragen, solange das reife Mannesalter des Individuums nicht mit dem der Gesellschaft zusammenfällt. Im Gegensatz zu den schwanken Trieben des Individuums hat die höhere Sittlichkeit der selbständigen humanen Gesellschaft — weil sie höhere soziale Instinkte hat — auch grosse Permanenz.

Wir sehen hier wieder den Ringkampf in Hess, die höchste individuelle Freiheit mit dem Gemeinschaftleben zusammenzubringen. Er scheint sie preiszugeben, indem er das Individuum als die tiefere Entwickelungstufe, soziologisch und ethisch, setzt. Damit hat er das Problem nicht gelöst. Er ist ihm ausgewichen. Aber er ist in grosser Gesellschaft!

Am Schluss der Einleitung geht er dann auf das Rassenproblem ein, den Wert der Rassen an ihren grossen Männern — gewissermassen der Kondensation der Rasseninstinkte — schätzend. Er verfährt nach der dialektischen Methode Hegels: durch Thesis und Antithesis zur Synthese. Alle Entwickelung vollzieht sich durch Spaltung zur höheren Einheit. So ist die Spaltung in Arier und Semiten nur ein dialektischer Naturprozess. Darum ist es müssig, über die Wertigkeit dieser beiden Rassen, welche durch die Juden und Hellenen verkörpert wurden, zu streiten. Sie waren einst eine Einheit. Hess knebelt sie beide in Egypten zusammen. Die Spaltung brachte eine selbständige Entwickelung von gleicher Dauer. Nicht der Monotheismus trennt sie. Auch die Juden haben die Elohim angebetet und sind erst ganz allmählich und spät zum Eingott und zum Messianismus gekommen. Ihr Gegensatz ist vielmehr, dass die Arier (Hellenen) die Objektivität, die Lebensverschönerung, die Semiten (Juden) die Subjektivität, die Lebensversittlichung, die Lebensheiligung vertreten. Aber sie mussten zu Grunde gehen, weil die Judensubjektivität in Fanatismus und Egoismus, die Griechenobjektivität in Blasiertheit und Genusssucht ausmündeten. Und in dieses kunstvolle oder vielleicht nur erkünstelte Gewebe wirkt Hess nun seinen jüdischen Traum, jüdischen Messianismus hinein. Die Arier repräsentieren in der Menschenwelt das nach aussen sich ausbreitende, die Juden das sich verdichtende, beseelende Leben. Der Grieche konnte zu einem Abschluss kommen in der Objektivierung, weil der Gegenstand — der Mensch ausgebildet war. Die Juden repräsentieren den sozialen Typ, der noch in der Entwickelung ist. Aus dem Stadium der Mythologie ist er heraus. Aber sein höchstes Ziel muss er noch erreichen: die Überleitung zur sozialen Gesellschaft Auch die Juden müssen wie alle Völker durch eine Revolution wie die französische hindurchgehen; sonst fehle der sozialen Demokratie die feste Grundlage.

Wie immer man sich zu einzelnen Gedankenzügen und zu dem Aufbau stellen mag, es ist in der Richtung moderner „Energeten" wie Ostwald ein tapferer Versuch: den Menschen in das Weltall, das Weltall in den Menschen, den Geist in den Stoff, den Stoff in den Geist hineinzustellen — ein mutiges Ringen um die Alleinheit.

Schon die Einleitung zur dynamischen Stofflehre zeigt, dass Hess auch in den letzten Jahren seines Lebens die jüdischen Studien nicht unterbrochen hat. Ein besonderer Abschnitt über die mythologische Gottauffassung stellt eine verkürzte Wiedergabe von Hessens letzter Arbeit in Grätz' Monatschrift dar, einer Exegesè von Psalm 82. Sie beweist, mit welcher Sorgfalt Hess auch im Alter noch, die jüdische Wissenschaft gepflegt und straft diejenigen Nekrogolisten, insonderheit Carl Hirsch Lüge, die sein Interesse an der jüdischen Religionsnation als eine Schrulle hinstellen möchten, welche er sich bei Zeiten abgewöhnt habe. Er hat bis zu seinem Ende an dem Gedanken der jüdischen Rasse und Nation festgehalten, die als das auserwählte Volk sittlich-religiöser Weltanschauung einen sozialen Beruf in der Menschheit auszufüllen hat. In einer Ansicht hat er geschwankt. Von der Überzeugung, dass die Juden von allem Anfang Monotheisten gewesen sind, ist er abgekommen. Hatte er noch 1862 in Loews Ben Chananja Elohim nur als eine pluralische Form zur Bezeichnung der höchsten Abstraktion im Sinne von Allmächtiger genommen und als Mystagogen und Mythologen bezeichnet und als unfähig das Wesen unserer Geschichtsreligion zu begreifen, alle diejenigen, die einen ursprüngliche Polytheismus bei den Juden annehmen — so ist er später durch seine Studien zur Entwickelung der Geschichte selbst zu solchem Mythologen geworden. Aber es charakterisiert seinen Nationalstolz, dass ihm selbst die prinzipielle Änderung seiner Grundauffassung seine Bewertung der Elohim nicht wandelt. Ob ursprünglich die Juden nur an einen Gott oder an Götter glaubten — „was verschlägt dieses alles, wenn der Fond ihres Götter- und Gottesdienstes das Streben nach Recht, Gerechtigkeit und Humanität war, Dinge, um welche sich die Götter der ausgebildeten arischen Mythologie, die Götter Griechenlands, blutwenig kümmerten!" — —

So ' flossen ihm im Schaffen die Tage dahin. Er war ein alter, schwacher Mann geworden, der ein langes Arbeitsleben hinter sich hatte, ein Kriegerleben, dem die Tage doppelt gerechnet werden. Aber er war nicht stumpf geworden, sondern nahm freudigen, wenn auch mehr beschaulichen Anteil an den Kämpfen, denen er seine besten Kräfte geopfert hatte. Es konnten nur die wachsenden Erfolge der deutschen Sozialdemokratie sein, die aus der Übersteigerung des Kapitalismus Kapital für reinlichere Daseinsformen schlug. Am jüdischen Leben konnte sich Hess nicht beteiligen. Weil es keines gab. Denn selbst die Missionidee, der Hess ihre immanente Gedankenweihe zu einem Nationalstolz und einem starken Lebenziel hin freigemacht, sie war in dem Munde der Pfäfflein mosaischer Konfession noch immer zur Lüge erstarrt. Was taten die amtlich gesiegelten Vertreter des Judentums am Anfang der siebziger Jahre! Sie waren Leichen auf Urlaub.

So blieb Hess nur die Sozialdemokratie. Und doch hatte er alles Zeug dazu, der Judenheit ein schönes Beispiel dafür zu geben, dass jüdisch-nationale Pflichtarbeit und sozialistische Lebensbegründung sich nicht ausschliessen. Sondern einander bedingen. Er hätte durch sein Lebensbeispiel bewiesen, wie jüdische Sozialisten ihre eigensten Ziele missdeuten, wenn sie die eingeborene Quelle ihrer sozialen Humanität, den durch die Seelenstruktur ihrer Rasse und ihrer Nationalität bedingten Mosaismus — das Judentum — treulos verlassen....

... Als seine immer bedrohlicher werdende Krankheit ihn ans Krankenbett band, konnte es darum nur seine höchste Beglückung sein, als ihm ein junger, flüchtiger Sozialdemokrat von der Kraft und dem organisatorischen Ausbau des deutschen Sozialismus sprach.

Wie ein Philosoph, der selbst gelehrt, dass der Kreislauf ewig ist und dass dem Vergehen eine „Reproduktion" folgen müsse, heiter und mutig starb Hess am 6. April 1875, früh 5 Uhr.

Hess war gewiss kein bahnbrechender Geist, kein Neuland erschliessender Forscher. Aber er war eine Persönlichkeit, deren Grösse in ihrer Geschlossenheit liegt. Sein Leben war seine Lehre. Seine Lehre war sein Leben. In dieser Einheitlichkeit flossen alle Kräfte aus einer Quelle — der Liebe — zu einem Ziele: der sozialen Humanität.

Hess' letzter Wunsch war es, im Erbbegräbnis seiner Eltern, im jüdischen Friedhof zu Deutz am Rhein begraben zu werden. Aus Köln war ein Neffe nach Paris gekommen, um den Sarg nach Deutschland zu begleiten.

Am Nachmittag versammelten sich deutsche, französische und vorzugsweise polnische Sozialisten in der Wohnung des Verstorbenen, um ihm das letzte Geleit nach dem Nord-Bahnhof zu geben. Am Sarge sprach Herr Fauvety, der Redakteur einer philosophischen Zeitschrift, dann Carl Hirsch, der das literarische und politische Schaffen Hess' schilderte und einen Strauss roter Blumen auf den Sarg legte: „Rot ist die Liebe! Der Bruderliebe die menschliche Gesellschaft zuzuführen, war sein Bestreben; möge nun auch mit diesem Symbol sein Sarg geschmückt sein."

Als letzter Redner sprach Paul Kersten, von dem auch der Nachruf im Neuen Sozialdemokrat stammt. (28. April 1875.)

„Ich halte es für meine Pflicht, der Trauer Ausdruck zu geben, die 100 000 deutsche Arbeiter mit uns empfinden werden, wenn die Nachricht vom Tode dieses Mannes Deutschland durcheilt. So sehr aber sein Tod uns schmerzt, er ist uns zugleich auch ein Sieg, weil dieser Denker starb, wie er lebte, treu der Sache des arbeitenden, leidenden Volkes, der Menschheit — sein letzter Gedanke drehte sich um die Sonne der Arbeit. Er ist eingeschlossen in die Herzen des deutschen Proletariats, in die Herzen, die so warm für ihre Verteidiger schlagen, und einst, wenn das Ziel seiner Wünsche erreicht, wird man auch den Helden der sozialen Revolution eine Ruhmhalle weihen, in welcher ehrend und anerkennend ihrer gedacht wird.

Obgleich in der Klasse der Unterdrücker geboren, zog es Hess vor, seine bedeutende Geisteskraft den Armen und Elenden zu widmen; zog es vor, denen die Rechte zu verschaffen, die er zu seinem Vorteil hätte ausbeuten können.

Er wirkte für das Volk und wurde verfolgt. . . . Weil er der Schlange der Niedertracht, der Verdummung, der Unterdrückung den Kopf zu zertreten bemüht war, musste er ruhelos flüchten von Land zu Land, und er ist gestorben in fremder Erde. Wenn ich all des Unrechts, all der Gehässigkeit gedenke, die an ihm begangen worden, dann verwandeln sich die Trauergedanken in Gedanken der Rache.

Und nun lebe wohl, Freund! Was du gewollt, wir werden es verwirklichen. Deine Schriften, Dein Handeln sichern dir ein ewiges Gedächtnis. Du Sohn und Kommentator der Revolution, kein Schwert legen wir dir auf den Sarg; nein! nur die Blumen der Natur, aus welcher du geschöpft und uns getränkt, an welche du allein geglaubt und der wir jetzt zurückgeben, was von dir sterblich ist. Du hast dich unsterblich gemacht in tausenden von Herzen; auferstehen wirst du, so oft ein hilfesuchender Proletarier zu deiner Idee flüchtet, denen du durch Wort und Tat Leben verliehen hast".

Bewegt dankte Frau Hess: „Ich bin stolz, dereinst dieses Mannes Frau gewesen zu sein. Nie habe ich durch ihn eine traurige Stunde gehabt, keine Königin, keine Fürstin kann diesen Stolz mit mir teilen."

Hierauf bewegte sich der Zug dem Nordbahnhof zu; und nie werde ich — fügt der Korrespondent hinzu — den fast unbeschreiblich rührenden Eindruck vergessen, den die anwesenden alten, im Dienste der Revolution ergrauten Polen auf mich machten.

„Hess musste sich sein Vaterland wie den Staub von den Schuhsohlen abstreifen. Die Gewalthaber vertrieben" ihn 'aus der 'Heimat. lm fremden Lande musste er leben. Möge der tote Hess im Vaterlande wohnen, wohnen in den Herzen des Proletariats." Vielleicht, dass in Zukunft noch Hess eine Stätte liebevollen Gedenkens wird in der Seele seines Judenvolkes. Nur wenige seiner Stammgenossen freilich hielten in der Unrast des Werktages für eine stille Andacht inne, als er starb. Grätz ruft dem geistvollen, gemütreichen Mitarbeiter liebe Worte ins Grab. Die andern haben seiner vergessen oder denken erbittert an ihn zurück. Philippson wirft ihm — in etwas übertragenem Sinne freilich als es am Grabhügel des Prager Rabbi Loew die fromme Übung will — ein paar Steine nach: „Ohne Veranlassung habe Hess alle, die nicht seiner Meinung waren, verketzert und geschmäht, was er eine Zeit lang fortsetzte, bis keiner mehr auf ihn achtete." — Der Zwerg nahm Rache — sondern Furcht und Zagen."

Sonst blieb alles stumm umher. Und es hat Jahrzehnte gedauert, bis die Nachgeborenen wieder die rechte Wertung für Hess fanden. Seine jüdischen Ideen trug der Wind lange durch die Luft. Nun senken sie sich langsam nieder, wo sie in dem aufgerissenen Humus ihre Keimkraft erweisen. Aus der Geschichte des Zionismus, der unverbogenes Judentum ist, kann sein Name nicht mehr herausgelöst werden. Er hat alter Sehnsucht, die in der Zerstörung des Tempels geboren ward, Kraft und Wucht wieder zum alten Ziele gewendet. Ohne Scheu. Nur wo die Wahrheit ist, gedeiht auch das Gute.

Ob Hess aber auch im Sozialismus Furchen gezogen? Er hatte weder das vulkanische Temperament Lassalles, noch die geniale, zergliedernde und fügende Forschergrösse von Marx. Milde und Herzensgüte glätteten Hess' Leidenschaft. Mitleid und Liebe glänzten in seinen Augen. Vielleicht: dass sie den Blick für die nüchterne Betrachtung sozialen Gegenwartlebens umflorten. Sie sahen klarer und freudiger in die goldige Zukunft, welche der Menschheit sittliche und kulturelle Reifung bringt. Die Probleme, zu denen es Hess hindrängte und aus deren Lösung er Kulturgut, bereicherndes und beglückendes, zu gewinnen suchte, hat der marxistische Sozialismus, der Sozialismus der Getreuen, lange verächtlich bei Seite geschoben. Aber die Zeichen mehren sich nun Tag um Tag eines gewissen Unbehagens und eines Unbefriedigtseins. Liegt denn hinter den ökonomischen Fragen nichts mehr, wonach die Menschenseele sich sehnt? Nichts mehr, das die Geister zum Sinnen, Ringen und Schaffen lockt? Es „ist — schreibt Bernstein im Vorwort zu David Koigens gedankenreicher „Kulturanschauung im Sozialismus" — die unmittelbare Wirkung des Sieges der marxistischen Doktrin längere

Zeit die gewesen, die Horizonte der literarischen Vertreter des Sozialismus über Gebühr zu verengen und zu vereinseitigen." Es ist nicht ganz unmöglich, dass für die Wertung Hessens noch einmal andere Massstäbe gefunden werden, als das kommunistische Manifest sie verwandte. In den Nationalitätenproblemen und Rassenfragen dürfte seine Anschauung auch noch einmal innerhalb des Sozialismus siegen, der hochmütig und dünkelhaft an ihnen vorbeigeschritten ist. Die Bedeutung der Nationen im Sinne einer kulturellen Arbeitteilung, die ethische Weihe, die Hess der Idee der Rassen als naturgegebenen Faktoren verliehen, werden sich durchsetzen als Gegengewicht für die bleichsüchtige Gleichmacherei der einen, für die faustfrohe Knebelunglust der anderen.

Sollten seine Gedanken aber im hellen Lichte der Zeiten verblassen, das Ganze seiner reinen, edlen, guten Persönlichkeit wird seinen Wert behalten, seinen Wert als Menschentyp, der aufrecht und zielgewiss, ewig sich selbst gleich in Denken und Kämpfen, im Schaffen und Sehnen, in Lust und im Leide durchs Leben zieht mit dem Berufe, der Menschheit die Profetie der jüdischen Rasse zu erhalten: in 'der Gewissheit dereinstigen Nahens sonniger Zukunft, freien Menschentums, ewigen irdischen Friedens und beglückender Liebe nicht an Gott und Welt zu verzweifeln im Dunkel schmerzlicher Tage.

Literaturnachweise.

Verfasser hat es vermieden, die Darstellung mit Quellenangaben, Anmerkungen und sonstigen Attributen der Gelehrsamkeit zu wattieren. Soweit sie nötig waren, sind sie in den Text hineingearbeitet.

Die stärksten Anregungen verdanke ich dem trefflichen Werke von David Koigen, zur Vorgeschichte des modernen philosophischen Sozialismus in Deutschland (Bern 1901), in dem Hess' Anschauungen — vorzugsweise unter philosophiegeschichtlichem Gesichtswinkel betrachtet — zum ersten Male liebevoll, sorgsam und grosszügig gewürdigt werden.

Reiches Material gaben mir Franz Mehring's gediegene Einleitungen zu Bd. I u. II des Nachlasses von Marx-Engels (Stuttgart).

Von anderen herangezogenen Werken seien noch genannt:

Georg Adler: Die Geschichte der ersten sozialpolitischen Arbeiterbewegung in Deutschland, Breslau 1885.

Fr. Mehring: Geschichte der deutschen Sozialdemokratie (2. Aufl.), Stuttgart 1904, Bd. 1, 2, 3.

H. Grätz: Geschichte der Juden Bd. XI, 2. Aufl. bes. von M. Brann, Leipzig 1902.

Oskar Jäger: Welt-Geschichte Bd. 4, Bielefeld 1902, 6. Aufl.

H. Oncken: Lassalle, Stuttgart 1905.

Handwörterbuch der Staatswissenschaft, 1. Aufl. Artikel Anarchismus und Sozialdemokratie (G. Adler).

Ferdinand Lassalle: Briefe an Georg Herwegh, herausgegeben von Marcel Herwegh, Zürich 1896.

Max Stirner's kleinere Schriften und Entgegnungen auf die Kritik seines Werkes: Der Einzige und sein Eigentum (aus den Jahren 1842—1847) herausgegeben von John Henry Mackay, Berlin 1898.

John Henry Mackay: Max Stirner. Sein Leben und sein Werk, Berlin 1898.

Emil Kaler: Wilhelm Weitling. Seine Agitation und Lehre im geschichtlichen Zusammenhang. Sozialdemokratische Bibliothek, Bd. I, Hottingen-Zürich 1885—87.

Der Hochverrats-Prozess wider Liebknecht, Bebel, Hepner, mit einer Einleitung von W. Liebknecht, Berlin 1894.

Mein Messiasglaube.

Erwiderung an Immanuel Loew.

Mein Messiasglaube wäre also historisch weniger gerechtfertigt als der phantastische des Mittelalters, den Sie den orthodoxen nennen und mit welchem Sie den meinigen aus dem Felde schlagen. Zwar geben Sie zu, dass das messianische Reich auch nach orthodoxen Grundsätzen einen schwachen Anfang haben könne; wie ja auch in der Tat alle grossen Dinge, alle wichtigen Ereignisse, nicht nur auf dem Gebiete der Kultur, sondern auch auf dem der Natur mit einem solchen Anfange beginnen: ganze Organismenreihen, wie ganze soziale Reiche beginnen mit einem unscheinbaren Keime. Der äusseren Erscheinung, von deren Grossartigkeit die Welt in Erstaunen gesetzt wird, geht immer eine verborgene, stille, innere geistige Arbeit vorher. Insofern stünden meine Bestrebungen mit der orthodoxen Anschauung des geistigen Vorläufers, mit dem welthistorischen Gesetze vorläufiger Entwickelung und dem Naturgesetze anfänglicher, unscheinbarer Keime in Übereinstimmung. — Aber inbetreff der vollen Verwirklichung unserer messianischen Hoffnungen befände ich mich doch, wie Sie meinen, im Widerspruch mit der Orthodoxie und dem Weltgesetze, welche diese Verwirklichung von einer eminenten Persönlichkeit abhängig machen.

Ich könnte mich schon mit Ihrem Zugeständnis des Anfangs begnügen. Die eminenten Persönlichkeiten bleiben nie aus, wo der Keim des Patriotismus und das Streben nach Wiedergeburt einmal in einem Volke Wurzel gefasst haben. Die Nationen, welche sich erheben, produzieren diese Persönlichkeiten: dieselben waren niemals die Schöpfer, sondern die Produkte einer gewissen Bewegung — und die Geschichte hat bewiesen, dass es auch solche jüdische Persönlichkeiten geben kann. — Indessen, Sie stellen meinen Messiasglauben dem orthodoxen, und meine Bestrebungen den echt jüdischen prinzipiell gegenüber. Die letzteren charakterisieren Sie durch Bibelverse, welche alles der allmächtigen „Hand" überlassen, die nicht „verkürzet" sei. Sie charakterisieren damit zugleich den theologischen Standpunkt, auf den Sie sich selbst schliesslich stellen, um meinen historischen als angeblich philosophischen zu verwerfen. Sie halten das „Wort Gottes" gegen „Menschensatzungen" aufrecht . . . . Sie wollen mich wohl bekehren?

Wären Sie nicht als Talmudist und jüdischer Forscher bekannt, ich würde Sie für einen jener modernen jüdischen „Geistlichen" halten, die sich vortrefflich zu einem christlichen Theologen qualifizieren, und die man nur darüber beklagen kann, dass sie ihre Karriere verfehlten. Bei solchen Geistlichen, die nicht unpunktiert hebräisch lesen können und mit der Bibel einen Götzendienst und — eine Industrie treiben, fände ich Ihre Argumente ganz in der Ordnung. Sie aber wissen besser als ich, dass unsere Autoritäten, welche das Judentum geschaffen, konserviert und fortgebildet haben, mit den Werken ihres eigenen Geistes keinen Götzendienst treiben konnten. Sie können unmöglich die kritiklose Orthodoxie einer späteren Zeit, gegen welche ich mich allerdings im Gegensatze weiss und bekenne, mit dem biblisch-talmudischen Judentum verwechseln, mit dessen keineswegs phantastischem Messiasglauben ich mich in vollster Übereinstimmung befinde. — Sie wissen, dass die grössten jüdischen Autoritäten des Altertums und Mittelalters die nationale Wiedergeburt auf natürlichem Wege erwarteten. — Cyrus wird schon von den Propheten des babylonischen Exils „der Messias" genannt, obgleich er nicht aus dem Hause David stammte, und Bar Kochba wurde von unserem grössten Mischnalehrer, von Rabbi Akiba, als Messias proklamiert, obgleich er nicht aus den Wolken herabgefahren kam. — Sie wissen auch, wie und wann der phantastische Messiasglaube entstanden ist. Als unsere letzten Aufstände gegen die römische Herrschaft im Blute unserer heldenmütigen Väter erstickt waren, als bei fortgesetzter Empörung gegen die Unterdrücker dem Judentume gänzliche Vernichtung drohte, da erklärten unsere Autoritäten — zuerst, wenn ich nicht irre, ein Ben Chananja, R. Jehoschua, mit dem damals beliebten Anschluss an einen Bibelvers — dass die Erlösung durch keine menschliche Hilfe herbeigeführt werden dürfe, sondern dem Himmel allein überlassen bleiben müsse. Nur in den schlimmsten Zeiten unseres Exils suchte und fand man in einem phantastischen Messiasglauben, der damals seine volle Berechtigung hatte, Trost und Hoffnung inmitten einer trostlosen und verzweiflungsvollen Gegenwart. Heute dagegen würde der alte Ben Chananja in meinen nationalen Bestrebungen schwerlich etwas Antijüdisches oder Heterodoxes finden und es seinen modernen Namensvetter fühlen lassen, was der jüdische Messiasglaube, was jüdischer Patriotismus ist.

Von diesem Patriotismus hatte ich gesagt, er sei ein naturwahres Gefühl, das weder demonstriert zu werden brauche, noch wegdemonstriert werden könne. Ihn zu charakterisieren, nicht zu demonstrieren versuchte ich durch Schilderung einiger Züge aus dem jüdischen Leben,

welche seine Physiognomie kennzeichnen sollten. Sie, Herr Redakteur,
ziehen dagegen vor, ihn zu demonstrieren. Sie sind in Ihrem Rechte.
Aber Sie sind auch unparteiisch genug, mir zu erlauben, Ihnen zu antworten.

Mich bedünkt, dass dasjenige, was das gegenwärtige Leben noch
bezeugt, durch keine gelehrten Zitate bewiesen zu werden brauche.
Sie aber finden im gegenwärtigen jüdischen Leben keinen Funken
jüdischen Patriotismus mehr. Sie suchen die, wie Sie zugeben, einst
glühende, jetzt, wie Sie behaupten, erloschene Liebe zum heiligen
Lande der Väter unter einem Aschenhaufen von gelehrten Zitaten, die
zu viel, und eben darum nichts beweisen. — Das war aber Ihre Absicht. Es wäre daher albern, Ihnen aus Ihrer Methode einen Vorwurf
machen zu wollen. Sie wollen ja den jüdischen Patriotismus nicht
nur demonstrieren. Ihre Methode ist jene bekannte dialektische, welche
nicht das Konkrete analysiert, um es synthetisch zu rekonstruieren,
wobei ein grosser Gewinn für die Wissenschaft und das Leben heraus-
kommt — sondern nur deshalb das Konkrete in seine Bestandteile zerlegt, um von demselben zu abstrahieren und an deren Stelle das „Wahre"
zu setzen, welches wieder nichts ist als das subjektive Belieben des
Dialektikers, der irgend eine beliebige Seite seines analysierten Ob-
jektes als das allein Wahre festhält. — Man hat bei dieser Art Dialektik nur zu zeigen, wie ein einzelner durch die Analyse gewonnener
Bestandteil nicht das Ganze, folglich nicht das Wahre, in unserem Falle
also nicht der wahre Patriotismus sei. — Durch diese Operation eli-
miniert man, was einem unbequem ist, um nur dasjenige als das
„Wahre" übrig zu behalten, mit welchem man am leichtesten fertig
zu werden hofft.

Zuerst eliminieren Sie als unwahres Objekt des Patriotismus „die
Berge und Täler, Fluren und Flüsse des Vaterlandes", natürlich auch
die „Früchte" desselben, die mir von meinem Grossvater gezeigt
wurden, sodann die ganze patria naturae oder loci, die Sie so mühsam
aus mehr als zwanzig Belegstellen als das Objekt des jüdischen Patriotismus zusammen gesucht haben, um nur die patria civitatis oder
juris, die Institutionen des Vaterlandes, als würdigen Gegenstand
der Liebe, als das Objekt des „wahren" Patriotismus übrig zu lassen.
— Jetzt haben Sie leichtes Spiel mit dem jüdischen Patriotismus:
„Welche Institutionen", fragen Sie, „hat aber der Herr Verf. bei
seinem palestinensischen Patriotismus im Auge?" — Mich geniert nur,
wie Sie meinen, der alte Opferkultus, dessen Restituierung doch in dem
altjüdischen Kultus, in welchem ich kein Gebet verstümmelt wissen

will, erfleht wird. Also ein doppelter Widerspruch! Ich glaube nicht an die Wiederherstellung des Opferkultus im zukünftigen jüdischen Staate, spreche mich doch für den altjüdischen Kultus in der Gegenwart aus und muss den einzigen würdigen Gegenstand des Patriotismus, die Institutionen meines Vaterlandes, preisgeben. Denn es sind „ja nicht die Opfer allein, sondern auch die übrigen Institutionen", welche ich fallen lassen muss, da ich „kaum in der Lage sein dürfte, auch nur einem kleinen Bruchteil derselben einen Platz" zu reservieren.

Sie vergessen bei diesem ganzen Räsonnement nur eine Kleinigkeit. Sie selbst, Herr Redakteur, haben schon vorher die Basis desselben, die Institutionen, als den einzigen würdigen Gegenstand des Patriotismus fallen gelassen und müssen daher auch schliesslich Ihre ganze Operationsbasis ändern.

Bei den „Institutionen" sind Sie nämlich auf eine Schwierigkeit gestossen. — Völker und ganze gesellschaftliche Klassen können unmöglich, wenn sie auch über jede „gereizte Gefühlsstimmung" erhaben sind, Institutionen lieben, die sie als Parias behandeln. Dennoch findet sich auch bei ihnen, wie wir selbst täglich erfahren, Patriotismus. Man könnte hier wieder an die patria naturae, an gemeinsame Sprache, Geschichte und Abstammung denken. Sie beeilen sich daher zu erklären, dass auch hier nur die Liebe zu den Institutionen der ganze Inhalt des Patriotismus sei, aber — zu den Institutionen der Zukunft. — Nun erinnern Sie sich noch, dass auch ich die Institutionen der Zukunft „antizipiert" habe. Ja, diese bilden, wenn nicht den ganzen, doch den vorzüglichen Inhalt meines jüdischen Patriotismus. Mit dem, was infolge Ihrer dialektischen Methode als wahrer Patriotismus übrig geblieben, haben Sie kein so leichtes Spiel als Sie anfänglich glaubten. — Aber Sie wissen sich zu helfen.

Einen „antizipierenden Patriotismus" hatten die Nichtadeligen in Ungarn vor 1843 und 1848, die deutschen Untertanen im Jahre 1813, wohl auch die Russen im Jahre 1812, sowie andererseits alle Völker, die gleich dem französischen Volke im Jahre 1789 erst nach einem modernen Vaterlande ringen und streben. — Ein Volk jedoch gibts, ein einziges, bei welchem auch vom Gegenstande des „antizipierenden Patriotismus", von den zukünftigen Institutionen, abstrahiert werden muss. Nichtadelige Ungarn, deutsche Untertanen und russische Leibeigene können für eine Zukunftsidee schwärmen. Die Juden nicht. — Andere Völker, die sich jene Idee der Gerechtigkeit und Humanität, welche die Seele der jüdischen Geschichtsreligion ist, erst nach einem langen historischen Prozess teilweise aneignen konnten, sind befähigt,

dieselbe ins Leben einzuführen. Die Juden nicht. — Bei allen westeuropäischen Völkern ist die Lösung des grossen sozialen Problems,
an welchem sie seit der ersten französischen Revolution arbeiten, ohne
sie noch gefunden zu haben, selbstverständlich; sie haben wohl, meinen
Sie, ihre „Konstitution" schon in der Tasche? — Bei den Juden dagegen, die bereits im Altertume, soweit die damals noch unentwickelten
Arbeits- und Verkehrsverhältnisse es zuliessen, ihr Volksleben „nach
mosaischen, d.h. sozialistischen Grundsätzen" gestalteten, ist die Lösung
jenes Problems unmöglich.

Wie kommen Sie dazu, allen anderen Völkern den Glauben an
eine neue humanitäre Schöpfung, den jüdischen Glauben an die messianische Weltepoche zu vindizieren und ihn dem jüdischen Volke selbst
abzusprechen?

Vielleicht werden wir uns gegenseitig besser verstehen und dulden,
wenn wir uns die Verschiedenheit unserer Gesichtspunkte nicht ver-
hehlen. — Ihnen ist der Geist des Judentums, sein schöpferischer
Genius, sein Gott und Gesetzgeber ein jenseitiger. Hiermit will ich
nicht sagen, dass Ihr philosophischer Standpunkt, den ich nicht kenne
und den Sie ja selbst von Ihrem theologischen unterscheiden, ein super-
naturalistischer — ich meine nur, dass für Sie wie für die ganze nicht-
jüdische Menschheit das schöpferische Wesen des Judentums, welches
meiner Ansicht nach vom jüdischen Patriotismus unzertrennlich ist,
ein jenseitiges geworden sei, weil Sie heute kein jüdischer Patriot
mehr, sondern ein ungarischer geworden sind. Das Judentum hat für
Sie nur noch die historische Bedeutung einer durch dasselbe den weltgeschichtlichen Völkern gewordenen, von diesen passiv empfangenen
„Offenbarung", also die Bedeutung eines Bekenntnisses, nicht die
einer stets aktiven Selbstoffenbarung. — Für mich dagegen ist
der Geist des Judentums der Geist der Juden; der jüdische Gott ist
der Gott unserer Väter, unser unveräusserliches Erbteil, an dem wir
nicht blos zehren, das wir zu weiteren Schöpfungen verwenden wollen.
Sie wollen mich nicht zu jener modernen Religion, noch zum Patriotismus des ubi bene ibi patria bekehren. Sie haben in meiner Schrift
finden können, dass und warum ich jene moderne Reformreligion für
den Widerschein eines sozialen Auflösungsprozesses halte, dass und
warum ich von der Wiedergeburt der Völker auch die Wiedergeburt
einer lebendigen Religion erwarte, die jedes Volk zu einem Volke
Gottes gemacht. — Auch die Ungarn mögen, ich wünsche es ihnen von
Herzen, ihre Wiedergeburt erringen, und ich halte es für eben so ver-
dienstlich, aus den jüdischen, katholischen und protestantischen Ungarn

ungarische Ungarn, als aus den ungarischen, polnischen, deutschen und anderen Juden jüdische Juden zu machen. Nur die Halbheit der modernen Fortschrittler ist mir zuwider, welche ohne alle Autorität reformieren und mit den Trümmern eines längst zerstörten Gebäudes den neuen Gesellschaftsbau aufrichten wollen. Bei den Juden wie bei allen nach Regeneration strebenden Völkern handelt es sich um kein Reformflickwerk, sondern um eine Neugestaltung des ganzen sozialen Lebens.

Worin aber, fragen Sie, wird diese Neugestaltung bestehen? „Von welchen Prinzipien wird sie geleitet werden? Welche Verfassung wird ihr als Ideal vorschweben? darauf weiss der Herr Verf. natürlich nicht zu antworten''

Sollte es wirklich Ihrem Scharfsinn entgangen sein, dass mein ganzes Buch eine Beantwortung dieser Frage ist? — Aus welchem anderen Grunde habe ich mich an das jüdische Volk gewendet, als weil ich die Überzeugung gewonnen habe, die ich auch überall zu begründen suchte, dass gerade dieses Volk berufen ist, die zukünftigen Institutionen, den „Geschichtssabbath", den es zuerst verkündet hat, auch zuerst zu verwirklichen?

Religion, Philosophie und Politik lassen mich kalt, wenn sie die Lage der arbeitenden Klassen nicht durch Institutionen verbessern helfen, welche jedem Kastengeiste, jeder Klassenherrschaft ein Ende machen. Das Judentum kennt aber keinen Kastengeist und keine Klassenherrschaft. Der Geist des Judentums ist ein sozialdemokratischer von Haus aus. Der Geist des Judentums, ich wiederhole es, ist der Geist der Juden. Die Wurzel seiner vergangenen, gegenwärtigen und zukünftigen Schöpfungen liegt nicht im Himmel, sondern im Geiste und Herzen unseres Volkes. So lange dieses Volk einen gemeinsamen Boden hatte, auf dem es seinen Geist frei entwickeln konnte, verwirklichte es ihn in Institutionen und einer Litteratur, welche für die Gesamtmenschheit die Bürgschaft ihrer Vollendung enthält. Seit dem Untergange des jüdischen Staates konnte es nur das Geschaffene durch Observanzen heilig halten, welche einen rein konservativen Charakter haben. Es liegt kein Widerspruch darin, wenn ich den Geist der alten jüdischen Institutionen als Basis der zukünftigen betrachte, ihn darum durch Observanzen konserviert wissen will, welche sich nur an die alten Institutionen anschliessen können, und dennoch glaube, dass gerade dieser Geist, wenn er sich wieder auf dem Boden der Väter frei entwickeln kann, die Macht haben wird, neue Gesetze nach dem Bedürfnisse der Zeit und des Volkes zu schaffen. Die konservativen

Observanzen des Judentums haben nur für uns Juden eine Bedeutung, nämlich die, unsere Nationalität für zukünftige Schöpfungen zu konservieren. Diese dagegen werden, wie die alten, als freie Geistesproduktionen wieder einen direkten Einfluss auf die gesamte Menschheit haben, und ich glaube, wir dürfen uns für die zukünftigen Schöpfungen unseres Volkes mindestens in gleichem Masse interessieren, wie jedes andere nach Wiedergeburt ringende Volk für die seinigen. Ihre theoretischen Einwürfe, die doch meine ganze Weltanschauung, mit welcher mein jüdischer Patriotismus steht und fällt, unberührt liessen, wären somit beseitigt; ich hätte nur noch den einzigen praktischen Einwand zu beleuchten, den Sie gegen die Möglichkeit einer nationalen Wiedergeburt unseres Volkes erheben. Allein ich fürchte, Sie und Ihre Leser durch längere Erörterungen zu ermüden. Ich werde mich daher kurz fassen.

Es handelt sich um die Sprache einer jüdischen Nation. Sie geben zu, dass die hebräische Sprache in unserer Zeit wieder kultiviert wird, wenn Sie auch das Aufblühen der neuhebräischen Litteratur von der Mendelssohnschen Schule her datieren. Dass im westlichen Europa, von dem ich überhaupt, wie Sie wissen, kein Kontingent für den neuen Staat erwarte, Neu-Orthodoxen sich der deutschen und französischen Sprache bedienen, ändert nichts an der Tatsache, dass man sich im östlichen Europa zur Verständigung mit den dort so zahlreich lebenden Juden hebräisch geschriebener Zeitungen und Zeitschriften bedient. Aber, wenden Sie ein, im Leben sprechen die jüdischen Volksmassen drei verschiedene Idiome, jüdisch-deutsch, spagnolisch und arabisch. „Und diese Elemente", rufen Sie aus, „sollten sich zu einer Nationalsprache vereinigen können? Der Herr Verf. wird hierauf schwerlich anders als mit einem entschiedenen „Nein" antworten; damit hat er aber das, was er die nationale Wiedergeburt Israels nennt, für ein eitles Phantasiegebilde erklärt!"

Und Sie, wenn man Sie fragte, ob in Ungarn, wo mehr als drei grundverschiedene Sprachelemente herrschen, diese Elemente sich zu einer Nationalsprache vereinigen können, würden Sie auch hierauf mit einem entschiedenen „Nein" antworten und damit allen ungarischen Patriotismus für ein eitles Phantasiebild erklären?

Beruhigen Sie sich; die Sprachverschiedenheit hat noch keine — ausser beim babylonischen Turmbau — Gesellschaft verhindert, sich zu organisieren, weder sonst noch jetzt, weder in den romanischen, noch in den arabischen und germanischen Ländern, weder in Frankreich, noch in England, weder in Belgien, noch in der Schweiz; sie wird auch in Ungarn und in Judäa kein Hindernis sein. — Jede neue Gesellschaft verschmilzt entweder die vorhandenen Sprachen, wie dies im Mittelalter der Fall war, zu einer neuen; oder sie kultiviert neben den verschiedenen Volkssprachen eine gemeinsame, offizielle, litterarische Sprache, wie es gegenwärtig zu geschehen pflegt; oder endlich es bildet sich neben der Landessprache eine Weltsprache, wie sie uns bei dem täglich lebhafter werdenden Weltverkehr wahrscheinlich die Zukunft bringen wird. Wir haben jedenfalls keine babylonische Sprachenverwirrung mehr zu befürchten. Der fortschreitende Prozess des Geistes ist, wie jener des sozialen Lebens, kein Scheidungsprozess mehr, sondern ein Streben nach Einheit und Universalität, nicht nach einer verflachenden, sondern nach einer lebendigen, organischen, welche das Individuelle und Nationale als das eigentlich Schöpferische in sich birgt und heilig hält.

Offener Brief an Abraham Geiger.*)

Hochwürdiger Herr! Wenn Anschauungen und Tendenzen, die eine Zeitlang en vogue waren, im Verlaufe der stets fortschreitenden Zeit schal geworden, dann geschieht es nicht selten, dass ihre Koryphäen, um sich wenigstens auf Augenblicke wieder in ihrem ehemaligen Glanze zu spiegeln, marktschreierisch ankündigen lassen, sie würden „nächstens", wie Gott über die sündige Welt, zu Gericht sitzen, um die verirrte wieder ins rechte Geleise zu bringen; und es finden sich denn auch immer noch einige alte Anhänger, quelque vieux de la veille aus ihrer alten Garde, die ihnen aufs Wort glauben und die frohe Botschaft weiter kolportieren. So schrieb ein Mitarbeiter Ihrer Zeitschrift, Rabbiner Wechsler aus Oldenburg, im Juli vorigen Jahres, kurz nachdem meine Schrift „Rom und Jerusalem" im Buchhandel erschienen war, an Rabbiner Hirsch in Luxemburg: „Geiger will nächstens dem tollen Spuk zuleibe gehen und ihn beleuchten."

Meine Erwartungen waren nicht übermässig gross — wer die Ge-schichte der Literatur kennt, weiss, was er von solchen Verheissungen zu halten hat — und da die angekündigte Geisterbeschwörung nicht erfolgte, so hatte ich die drohende „Faust in der Tasche", die mir gezeigt worden, längst schon vergessen, als mir vor einigen Tagen das jüngste Heft Ihrer Zeitschrift mit der Bemerkung zugeschickt wurde, ich sei von ihnen rücklings angefallen worden.

Spät kommt Ihr, doch Ihr kommt, dachte ich und durchflog die mir bezeichnete Abhandlung „Alte Romantik, neue Reaktion".

Ich hegte, wie gesagt, keine grossen Erwartungen. Aber das hatte ich dennoch nicht vermutet, dass Ihre ganze Polemik nur in einigen Schmähungen bestehen würde. Ich war überrascht, ich gestehe es.

Am meisten überraschte mich Ihre Bemerkung, dass die Schrift, die Sie nicht zu bekämpfen, die Sie, gleich den Sylphiden, nur im Davonlaufen zu besudeln wagen, den altjüdischen Kultus mit einer Idee

---

*) Ein Brief an Dr. Abraham Geiger, Rabbiner an der Synagogengemeinde zu Breslau. (Köln 1863.)

befruchte, vor welcher sich die Vertreter desselben „fein vorsichtig" zurückziehen. Die Orthodoxie, auch die kritikfeindliche, hat alle die Punkte, welche zwischen ihr und mir Scheidepunkte sind, frei, offen und ehrlich bekämpft; im übrigen hat sie meine Bestrebungen ebenso freimütig anerkannt. Sie, hochwürdiger Herr, haben nicht einmal den Mut, die Punkte anzudeuten, die Ihnen in meiner Schrift anstössig erscheinen. Was Sie über Romantik und Reaktion sagen, ist ja lediglich eine Umschreibung dessen, was ich selbst über diese Richtungen gesagt habe. Nur sind Sie dabei so schlau — die List ist die Stärke der Schwachen — einerseits zu verschweigen, dass Sie die Anregung und Anleitung zu Ihrer Abhandlung einem „bankerott gewordenen Schwindler" verdanken, was ich Ihnen verzeihe — andererseits unter der synonymen Bezeichnung „Orthodoxie, Konservatismus, Reaktion" zwei wesentlich verschiedene Arten von Anhängern des altjüdischen Kultus, die historisch-kritischen und die kritikfeindlichen in eine Art zusammenzuschmelzen und mit allgemeinen Redensarten zu bekämpfen — eine unverzeihliche Gewissenlosigkeit, womit Sie nur Ignoranten hintergehen können.

Wahrlich, wenn irgend ein „Schwindel bankerott geworden", so ist es der Reformschwindel, der nicht mehr den Mut hat, dem Gegner frei ins Gesicht zu schauen — und wenn irgend ein jüdischer Gelehrter sich „fein vorsichtig" vor jedem starken Luftzuge zurückzieht, so ist es wiederum der, nicht sowohl gelehrte „Geistliche", als vielmehr gelehrten und geistlichen Mummenschanz treibende Reformdoktor, der nicht nur das Kleid, sondern auch die Haut eines Pfaffen hat.

Die vorsichtige Methode, durch allgemeine Abhandlungen und zerstreute Bemerkungen einer Polemik auszuweichen, haben Sie übrigens nicht selbst erfunden, sondern Ihrem würdigen Kollegen Philippson abgelauscht. Gleich diesem vorsichtigen Helden würden auch Sie, wenn ich Sie zur Rede stellen wollte, mich mit der „Erklärung" abfinden, keine bestimmte Schrift, keine bestimmte Persönlichkeit im Auge gehabt, auch ja niemand genannt zu haben, als Sie von einem „ausserhalb Stehenden" sprachen, „der, an Sozialismus und allerhand anderem Schwindel bankerott geworden, in Nationalität machen will".

Doch ich erlasse Ihnen diese Demütigung — nicht etwa blos deshalb, weil es mich anekelt, allen denen einzeln nacheinander entgegenzutreten, welchen nur noch unartikulierte Invektionen und Insinuationen zugebote stehen, die einer dem anderen abschreibt, sondern aus rein humanen Rücksichten. Die romantische Grimasse, mit welcher Sie sich 1848 vom Kampfschauplatze zurückzogen, als Sie merkten, dass die idealen Güter, die mit „ernstester Geistesarbeit" errungen worden sind, reales Gemeingut werden sollten, — die Art und Weise, wie Sie in Ihrer neuen Abhandlung Ihren bekannten schmählichen Abfall vom „demokratischen Schwindel" motivieren, — zeigt mir die klaffende Wunde, die Ihrer Eitelkeit geschlagen worden, seitdem die Welt sich für andere Reformen als kirchliche zu interessieren anfängt und Ihr pontifikales Schaugepränge nicht mehr beachtet. Armer Mann! Der „tiefe Schmerz", der seit dies Zeit Ihre Brust durchwühlt, dauert mich wirklich, und glauben Sie es mir, dass ich mit einem aufrichtigen Gefühle des Mitleids ohne allen Groll von Ihnen Abschied nehme.

Stets bereit, Ihnen zu dienen, habe ich die Ehre, hochwürdiger Herr, mich Ihnen zu empfehlen.

Köln, im Januar 1863.

Über den Begriff der Nationalität.

Hegel ist nicht über die „Germanische" Welt als Epoche machende hinaus gegangen, obgleich er keineswegs die Geschichte zu „antizipieren" brauchte, um die gleiche Berechtigung aller weltgeschichtlichen Rassen in der neuesten geschichtlichen Phase anzuerkennen. Hegel sah diese in der religiösen Reformation schon dem Prinzipe nach angebahnt; sie wurde es aber wirklich erst durch die politische Revolution, welche nicht von der Germanischen, sondern Romanischen Welt ausging, und ihre welthistorische Bedeutung gerade im Sturze der letzten germanischen Rassenherrschaft, und in der dadurch erst zur Geltung gekommenen Gleichberechtigung aller geschichtlichen Nationalitäten hatte. Natürlich konnte bei solcher Auffassung die dialektische Entwickelung des objektiven Geistes nicht zum Abschluss kommen, nicht über denselben hinausgegangen werden zum absoluten Geiste, zur Idee der Gleichberechtigung aller wiedergeborenen Nationalitäten. Erst die Französische Revolution hat die durch den Geist vermittelte moderne Nationalität ins Leben gerufen. Weder die Deutsche Reformation, welche von der politisch-sozialen, nach dem Scheitern des Bauernkriegs, ganz abstrahieren musste, noch auch die Englische Revolution konnte sich vom Christlich-Germanischen Mittelalter ganz befreien, in welchem das abstrakt Allgemeine als christliche Idee noch unvermittelt neben und ausser dem ebenso abstrakt Particularen der feudalen Welt bestand. Dass aber selbst die Deutsche Philosophie noch nach der Französischen Revolution, oder vielmehr während ihres Kampfes, mit dieser Schranke behaftet blieb, lag eben in der zeitlichen Parteistellung des Deutschen Volkes, welches zuerst ohne historische Berechtigung gegen die Romanische Revolution reagierte und von derselben besiegt wurde, später aber mit einem vorübergehenden Rechte die Übergriffe der Franzosen abwehrte und seinerseits wieder siegte. Dieser letztere Sieg hatte nicht nur in der Politik und Literatur, in der Religion und Kunst, sondern auch in der Philosophie eine Überhebung des Christlich-Germanischen Elementes zu Wege gebracht; eine oscillierende Bewegung zwischen Revolution und Reaktion, welche durch die scheinbare Anerkennung der Nationalitäten von Seiten eines despotischen Imperialismus noch keineswegs ihren Schwerpunkt gefunden hat, sondern nur durch ein freies Volk finden kann, welches in der Freiheit und Gleichberechtigung aller Völker auch die seinige zu wahren suchen wird. — Hat so ein Teil der Hegelschen Philosophie ihre Schranke an der Zeit, in welcher sie entstand und über welche die Geschichte schon teilweise hinausgegangen ist, vollständig aber erst noch hinauszugehen hat: so ist andererseits die ganze Hegel'sche Philosophie, ihre dialektische Methode selbst mit der Schranke aller spekulativen Philosophie behaftet, ihren Gegensatz, die Erfahrungswissenschaften noch unvermittelt neben und ausser sich zu haben. Dadurch kann sie weder der Natur überhaupt (dem kosmischen und organischen Leben), noch dem Naturelement des sozialen Lebens, den Nationalitäten, gerecht werden, welche mit ihrem Vernunftsinstinkte als Fortsetzung des organischen Lebensprozesses eine eben so grosse Rolle im Plane der weltgeschichtlichen Entwickelung der Menschheit spielen, wie der tierische Instinkt als Fortsetzung desselben Lebensprozesses in der Entwickelung der tierischen Spezies.

Über den Gottesnamen.

Was ist nicht schon alles über den unaussprechlichen Namen יהוה
gefabelt worden! Wie richtig haben dagegen unsere jüdischen Autoritäten es schon im Altertum erkannt, dass ein Wort ebenso gut, wie
ein Bild, götzendienerisch missbraucht werden kann, wenn es zur
Bezeichnung des höchsten Wesens dienen soll. In der Tat soll, wie
wir sehen werden, nach der Bibel der Name יהוה keineswegs das
Wesen Gottes selbst, sondern nur dessen Beziehung zu Israel und der
Menschheit, mit andern Worten nur die Vorsehung Gottes ausdrücken.
Die Bibel spricht sich darüber (Exod. III., 11 — 15.) so klar und
deutlich, so einfach und bestimmt aus, dass nur Mystagogen und
Mythologen, nur Aberglaube und Unglaube, welche nicht fähig sind,
das Wesen unserer Geschichtsreligion zu begreifen, jene klaren Worte
übersehen konnten.

Wir lesen in Exod. III., 13: „Mose sprach zum Allmächtigen*),
ich komme nun zu den Kindern Israels und werde ihnen sagen, der
Gott Eurer Väter hat mich zu Euch gesendet, und werden sie mich
fragen, was ist sein Name, was soll ich ihnen antworten?" —
Die Verlegenheit, in welcher sich Mose befand, seinem Volke
einen reinen und erhabenen Gottesbegriff beizubringen, wird hier durch
die sinnigen Worte Mosis ausgedrückt: sie, die Kinder Israels, werden
gleich den sie umgebenden heidnischen Völkern, einen persönlichen
Gott, mit einem Eigennamen sich vorstellen, sobald ich ihnen vom
Gotte ihrer Väter spreche, und wie soll ich dieser Gefahr begegnen,
was soll ich ihnen antworten, wenn sie mich fragen, wie ist der Name
unseres Gottes?

14. „Da sprach der Allmächtige zu Mose: „Ich werde sein, der
ich sein werde," und Er sprach, also sollst du den Kindern Israels
sagen: „Ich werde sein," אהיה hat mich zu Euch gesendet."

---

*) Auch der Name Elohim dürfte, beiläufig bemerkt, ganz einfach grammati-
kalisch aus dem Geiste der hebraischen Sprache zu erklären sein, welche hier,
wie in חיים, zur Bezeichnung der höchsten Abstraktion von אל, Macht, also
zur Bezeichnung des Begriffes „Allmächtiger," die Pluralform gebraucht.

Gott spricht hier in der ersten Person zu Mose mit Bezugnahme auf die unmittelbar vorhergehenden Verse 11, 12, die wir sogleich zitieren werden.

15. „Sodann sprach der Allmächtige zu Mose, also sollst du zu den Kindern Israels sprechen: „Er wird sein," יִהְוֶה, der Gott Eurer Väter, der Gott Abrahams, Isaaks und Jakobs hat mich zu Euch gesendet; das ist mein Name für immer, das mein Andenken von Geschlecht zu Geschlecht."

Wie konnte diese Erläuterung des Wortes יְהֹוָה übersehen werden?

— Von אֶהְיֶה, dem Futurum des Zeitworts Sein in der ersten Person, wird יְהֹוָה, das Futurum desselben Zeitworts in der dritten Person abgeleitet; denn הֹוֶה ist die ältere Form von הָיָה, wie חֹוֶה von חָיָה.

— יְהֹוָה bedeutet: Er wird sein. — Und was wird der Allmächtige sein? — Auch hierüber erklärt die Bibel unmittelbar vorher unzweideutig:

hl, 12: „Und Mose sprach zum Allmächtigen: wer bin ich, dass ich zu Pharao gehen soll, und wie kann ich die Kinder Israels aus Egypten ziehen? — Da sprach Er: Denn Ich werde sein, אֶהְיֶה mit dir, und das sei dir das Zeichen" usw.

Jetzt haben wir also die volle Bedeutung von יְהֹוָה. Wie aus der egyptischen, so wird Er aus jeder zukünftigen sozialen (materiellen und geistigen, physischen und moralischen) Knechtschaft der Befreier sein.

Briefe über Israels Mission in der Geschichte der Menschheit.

Erster Brief.

Vor einigen Jahren sprach ich mit einem Lehrer, der an der israelitischen Schule in Frankfurt am Main Religionsunterricht erteilte,
von meiner damaligen Absicht, über die Mission Israels zu schreiben.
„Mission", unterbrach er mich lächelnd, „ich gestehe keine solche
der jüdischen Religion zu!"

Eine noch entmutigendere Antwort, von einem noch hämischeren
Lächeln begleitet als das des Frankfurter Lehrers, erteilte mir ein
anderer deutscher Israelit, ein Doktor der Medizin, dem ich das grosse,
sich bereits meiner ganzen Seele zu bemächtigen beginnende Interesse
verständlich zu machen wünschte, das ich für eine heilige Sache empfand.
„Ach so!" sagte er, „Sie wollen sich wohl noch einmal beschneiden
lassen?" —

Diese ehrlichen, sonst sehr intelligenten Leute, sehen in der Religion unserer Väter nur eine Betätigung des individuellen Gewissens;
das Verständnis der Geschichte, oder der historische Sinn, wenn ich es
so nennen darf, fehlt ihnen ganz. — In der Tat, man braucht einen
besonderen Sinn zur richtigen Bewertung der Geschichte, wie man ihn
für die Kunst, für die Wissenschaft, für das philosophische Denken
braucht.

Das in anderen Beziehungen so intelligente vergangene Jahrhundert
hatte die Rolle der grossen historischen Rassen nicht zu würdigen
verstanden, ein Wissenszweig, der in dem jetzigen Jahrhundert so stark
gepflegt wird. Aber die Resultate dieser Studien, die noch zu jung
sind, um schon ihr letztes Wort gesprochen zu haben, sind noch weit
davon entfernt, allen gebildeten Menschen bekannt zu sein, sie sind
noch nicht populär. Viele aufgeklärte Menschen, speziell unter unseren
Glaubensgenossen, die bis zum Ende des vorigen Jahrhunderts gewaltsam aus dem Lauf der Geschichte ausgeschlossen gewesen sind, ahnen
kaum etwas davon; sie gehören, was ihre geschichtsphilosophische An-

schauung betrifft, noch zum vorigen Jahrhundert; für sie ist die Geschichte,
wie sie heute von den hervorragendsten Männern verstanden wird, nur
ein abstrakter Begriff. Sie sehen in der Geschichte nur Individuen;
sie sehen in ihr weder Rassen, noch historische Völker. Wie sollten
sie also die Rolle dieser Rassen und Völker oder die Mission zu
schätzen wissen? — Wenn diese Menschen auch nicht bestreiten können,
dass Israel der älteste Sohn der einzigen Religion der Humanität ist,
so schreiben sie doch diese Besonderheit Israels nicht dem hervorragend
religiösen Charakter dieses Volkes zu, welches seit seiner Entstehung
das Genie besessen, die Religion der Humanität zu erschaffen,
sondern dem Zufall, der es fügte, dass es einmal unter ihnen einen
gottbegeisterten Mann gegeben, Namens Moses, der die erhabene Lehre,
die man seiner persönlichen Initiative zuschreibt, eben so gut jedes
andere beliebige Volk hätte lehren können, wie er sie Israel gelehrt
hat. — Einmal in diese Lehre eingeweiht, wären auch die Israeliten
die Träger dieser Religion geblieben, die sich seither nicht mehr hätte
entwickeln können, sondern im Gegenteil degeneriert wäre und heute
zu ihrer ursprünglichen Reinheit zurückgeführt werden müsste. Nach
dieser modernen Weisheit ist die ganze Mission Israels durch die
Mission Mose erfüllt, wie sie abgeschlossen sein soll nach der gleichartigen christlichen Weisheit durch die Mission Jesu Christi.

Diese zu leichte Art, sich über die grosse historische Entwickelung
der Menschheit Rechenschaft abzulegen, wird ebenso von der Wissenschaft und Kritik verurteilt wie von einer gesunden Geschichtsphilosophie.

Ich spreche nicht von dem rohen Glauben, der Gott auf das
Niveau kindlicher Intelligenz herabdrückt, weil er sich nicht über die
Sinneseindrücke erheben kann; ich spreche von der Religion gereifter,
intelligenter Männer, deren religiöse Begriffe auf der Höhe der Wissenschaft und Philosophie stehen. — In keiner historischen Epoche hat
es in der Tat eine die Geister beherrschende Religion gegeben, die
nicht auf der Höhe der erworbenen Wissenschaft stand, welche — ich
gehe noch weiter — nicht im Prinzip deren Resultat und Synthese
war, so unbestimmt auch die Form sein mochte, in welcher die hohe
Weisheit der Zeit ihren populären Ausdruck fand. Eine Religion,
welche nicht oder nicht mehr fähig ist, sich auf die Höhe der erworbenen Wissenschaft zu erheben, ist eine tote Religion. Nicht so die
Religion Israels, deren Entwickelung gerade in dieser geistigen Arbeit
besteht: sich immer mit dem Fortschritt der Wissenschaft in Übereinstimmung zu bringen, eine Arbeit, welche bis heute immer den Kory-

phäen in Israel gelungen ist und welche dank dem göttlichen Charakter unserer Religion immer den von ihrem Geiste Erfüllten gelingen wird. Die israelitische Religion ist immer, seit unserem ersten Patriarchen, die philosophische Religion par excellence gewesen. Wenn es nichtsdestoweniger einen sehr wichtigen Unterschied zwischen ihr und der eigentlichen Philosophie gibt, so besteht dieser Unterschied darin, dass unsere Religion noch etwas mehr ist. Worin besteht nun, dieses Mehr? Die Philosophie hat nur den individuellen Geist des Menschen zur Grundlage, ein Fundament, das sie nicht würde aufgeben können, ohne aufzuhören, Philosophie zu sein. Unsere Religion hat dagegen zum Ausgangspunkt die Begeisterung einer Rasse, die seit ihrem Erscheinen auf dem Schauplatz der Geschichte die letzten Ziele der Menschheit vorausgesehen und geahnt hat, die messianischen Zeiten, in denen der Geist der Humanität nicht nur in diesem oder jenem Individuum oder auch nur teilweise, sondern in den sozialen Einrichtungen der ganzen Menschheit verwirklicht sein würde, so dass es jedermann gestattet sein würde, alle seine menschlichen Fähigkeiten zu entwickeln.

Ausser der philosophischen ist unsere Religion auch noch die historische par excellence, und als solche unterschied sie sich von Anbeginn von allen heidnischen Religionen, welche, obwohl sie in gewisser Hinsicht philosophisch und zu ihrer Zeit wissenschaftlich waren, dennoch nur Beziehungen zur Natur hatte unter Ausschluss der Geschichte und der Geschicke der Menschheit.

Zweiter Brief.

Unter den menschlichen Rassen, welche den Erdball bevölkern, gibt es gewisse Gruppen, denen unsere Zivilisation alle Fortschritte verdankt, die seit dem frühesten Altertum bis zu unserer Zeit gemacht worden sind, durch die meistens ungerechten, immer aber barbarischen Kriege hindurch, die diese beweglichen Rassen fast beständig mit einander geführt haben. — Wenn trotz dieser immerwährenden Kämpfe die Rassen, von denen wir sprechen, schon die moderne Zivilisation mit ihren Wundern an intellektuellen und individuellen Schöpfungen hervorgebracht haben, so ist wohl, wie ich glaube, die Hoffnung gerechtfertigt, dass ihr brüderliches Zusammenwirken eines Tages das

Ideal sozialer Gerechtigkeit verwirklichen wird, das auf jedem Blatte
unserer heiligen Geschichte von unseren Vätern und Propheten verkündet wird.

Wenn man die Geschichte und Naturwissenschaften zu Rate zieht,
kommt man zu der Erkenntnis, dass diese die Initiative gebenden
Völker im physiologischen Sinne des Wortes zwei Familien angehören,
ebenso wie sie sich in zwei Sprachfamilien teilen, nach welchen man
sie indo-europäische und semitische genannt hat. Welches war
und welches ist die Rolle jeder dieser historischen Rassen und jedes
der Völker, aus denen sie sich zusammensetzen, bei dem Werke, die
Menschheit zu ihren höchsten sozialen Zielen zu führen?

So ist das der historischen Wissenschaft heute gestellte Problem,
und ich würde glücklich sein, wenn ich durch eine unparteiische
Bewertung der Mission unseres Volkes zu seiner Lösung beitragen könnte.

Und so beachte man vor allen Dingen, dass, wenn man heute im
allgemeinen an die Einheit des menschlichen Geschlechts glaubt, die
ursprüngliche Rassenverschiedenheit dadurch nicht ausgeschlossen wird;
nur mittelst einer langen historischen Arbeit, durch Kämpfe und Streite,
die noch lange nicht beendet sind, gelangt die Menschheit dazu, sich
als eine Gesellschaft zu konstituieren und anzuerkennen, die durch dieselben materiellen, intellektuellen und moralischen Bedürfnisse geeinigt
ist. Und in der Tat ist nur dieser allgemeine Glaube an die Solidarität des menschlichen Geschlechts die Quelle des Glaubens an seine
Einheit, der übrigens physiologisch wohl anfechtbar ist und ange-
fochten wird. — Die Einheit des menschlichen Geschlechts ist mehr
ein modernes Dogma als ein Resultat der Wissenschaften. — Um
dieses Dogma mit dem jetzigen Stand der Wissenschaften in Einklang
zu bringen, muss man die ursprüngliche Verschiedenheit der Rassen
als seine natürliche Grundlage, ihre Kämpfe als geschichtliche Bedingung
und ihr brüderliches Zusammenwirken als Ziel oder Endzweck hinstellen. — So verstanden setzt die Einheit des menschlichen Geschlechts
also einen Endzweck in der Geschichte des sozialen Lebens, wie
überhaupt in der Gesamtentwickelung der Menschheit voraus.

Heute, wo die Menschheit sozusagen schon diesem brüderlichen
Zusammenwirken aller ihrer Glieder, diesem ihr von Anbeginn der
Vorsehung gesteckten Ziel nahe kommt, findet sich diese Hypothese
von den Endzwecken schon in dem Bewusstsein aller zivilisierten
Völker. Aber im Altertum, wo die allgemeine Geschichte der Menschheit noch keine so fühlbare und sichtbare war, wie sie es heute ist,
gab es nur ein einziges Volk, dessen moralisches und religiöses

2*

Bewusstsein Beziehungen zu dieser Geschichte hatte und ihr einen
Endzweck supponierte, ein einziges Volk, welches das Verständnis oder
wenigstens die Vorahnung eines Planes der Vorsehung in der Weltgeschichte hatte, und welches diesen Gedanken in einer Literatur zum
Ausdruck brachte, die heute von der zivilisierten Menschheit als
göttliche Offenbarung verehrt wird. Dieses Volk kennt jedermann; es
war eines der ersten auf dem Schauplatz der Geschichte, und es ist
heute noch überall da zu treffen, wohin die Zivilisation ihren Fuss
gesetzt hat. In ihm hatte sich das Genie der semitischen Rasse im
Altertum zu seiner grössten moralischen und intellektuellen Macht
entfaltet. Durch dieses Volk wurden alle die anderen Völker der
grossen historischen Rassen, die die moderne Zivilisation geschaffen
haben, eingeweiht in das Geheimnis des Endzweckes der Geschichte
der Menschheit. Dieses Volk endlich ist es, welches sowohl durch
seine Religion, als auch durch seine philosophischen und wissenschaftlichen Arbeiten und besonders durch seine soziale Tätigkeit zwei
Feinden der Menschen, die auch seine Feinde sind, einen Damm
entgegensetzen muss: dem Materialismus, welcher zur Verneinung aller
Moral führt, und dem Aberglauben, der den Ruin jeder Religion, jedes
Glaubens an die Vorsehung in der geschichtlichen Entwickelung der
Menschheit nach sich zieht. — Muss ich noch hinzufügen, dass dieses
Volk, von dem ich spreche, das Volk Israel ist?

Seltsam! Dieses im Vergleich zu den anderen geschichtlichen
Völkern an Zahl so geringe Volk ist immer von der Macht der Geschehnisse fortgerissen worden, mit den mächtigsten Völkern der Geschichte in die Schranken zu treten, und, was noch seltsamer ist, es
ist in diesen ungleichen Kämpfen niemals ganz unterlegen.

An den Grenzen Asiens, Afrikas und Europas hat es sich als freie
und unabhängige Nation aus der egyptischen Sklaverei befreit: der
erste Kampf mit dem ältesten und in der Zivilisation vorgeschrittensten
Volke, von dessen wechselnden Geschicken uns die Kapitel des Penta-
teuchs erzählen. Als Nation konstituiert, hat es mit den Assyrern,
den Babyloniern, den Persern, den Hellenen, den Römern zu kämpfen,
ohne von seinen beständigen Kämpfen zu reden, die es mit den kleinen
Völkern und mit den inneren Feinden seiner Religion zu bestehen
hatte, die jedoch nicht die am wenigsten gefährlichen waren. — Aus
seinem Vaterlande vertrieben, über die ganze Welt zerstreut, allen
materiellen und moralischen Qualen unterworfen, deren Mannigfaltigkeit
und Intensität alles übertrifft, was die fruchtbarste Phantasie erfinden
könnte, hat es sich als Volk erhalten, mit seinen Traditionen und

seinem göttlichen Glauben, indem es gegen eine Welt von Barbaren und gegen die noch furchtbareren Verführungen einer unmoralischen und skeptischen Zivilisation ankämpfte. Soll man glauben, dass ein solches Volk mit einer solchen Geschichte keine Zukunft, keine Mission mehr in der Weltgeschichte zu erfüllen hat? —

Ja, wenn es möglich wäre, dass die Menschheit ihr Endziel durch die allseitigen Fortschritte der Industrie, der Wissenschaften und Künste erreichen könnte ohne einen starken Glauben an die Vorsehung, die ihre hohen sozialen Geschicke leitet, diese Grundlage aller menschlichen Moral, die das Opfer des Egoismus verlangt — oder, wenn es ausserhalb dieses israelitischen Gewissens, das der Menschheit schon einmal eine allgemeine Religion gegeben, es noch Glaubensformen gäbe, die zugleich kraftvoll und aufgeklärt, geschützt vor Skeptizismus und Aberglauben wären, — in diesen beiden Fällen, gestehe ich, würde Israel seine Rolle ausgespielt haben, die immer eine moralische und religiöso Bedeutung gehabt hat und auch in Zukunft keine andere haben kann.

Aber wenn es mir gelänge, zu zeigen, dass weder die erste, noch die zweite Hypothese durch die Erfahrung gerechtfertigt ist, und dass nur Israel allein immer aus den Quellen seines eigenen Genies und seiner nur ihm eigentümlichen Traditionen schöpfend imstande sein wird, altersschwache Religionen durch die Regeneration seiner eigenen Religion neu zu beleben; — wenn es mir endlich gelingen könnte, zu beweisen, dass eine solche religiöse Regeneration kaum denkbar ist ohne eine nationale Regeneration Israels — dann wird man zugeben müssen, dass unser Volk noch eine andere Rolle in der Geschichte zu spielen haben wird als diejenige, von der seit einem halben Jahrhundert einige Reformer, besonders unter unseren Glaubensgenossen in Deutschland, geträumt haben.

Dritter Brief.

Die Religion Israels ist nicht wie die der Christen und Mohamedaner auf eine schon bestehende Religion gepfropft, die von einer begeisterten Einzelperson reformiert worden ist. Sie ist wie die primitiven Schöpfungen der indo-europäischen Rassen das spontane Werk einer ganzen Rasse. Und · ebenso wie das schöpferische Genie der indo-europäischen Rassen seinen klassischen Ausdruck in Griechenland gefunden hatte, hatte das der semitischen Rassen ihn in Juda gefunden. Daher ist auch der ungeheure Einfluss, den die Werke der Israeliten und der Griechen auf alle historischen Völker ausgeübt haben, ohne Gleichen in der Geisteswelt. Sie waren und werden für immer die granitenen und erzenen Grundlagen des ganzen sozialen Gebäudes und seiner Entwickelung bleiben. In den Werken dieser beiden auserwählten Völker findet man alle die höheren Eigenschaften, durch welche sich die menschliche Seele von allen anderen lebenden Wesen unterscheidet. Nur sind diese Eigenschaften gewissermassen zu gleichen oder gleichwertigen Teilen unter diesen beiden klassischen Völkern verteilt, von denen das eine vom Prinzip des Schönen und Wahren, das andere von dem des Guten und Gerechten durchdrungen ist. Die Hellenen haben erhabene Werke geschaffen, die Israeliten heilige. Philosophie, Kunst und Wissenschaften, Werke, welche Beziehungen zur Natur im allgemeinen und zum Menschen insofern hatten, als er ein natürlicher, vollkommener Organismus ist, waren der Anteil der Hellenen, während die Werke hoher Moral und humaner Religion, welche Beziehungen zum Menschen als zu einem vervollkommnungsfähigen sozialen Wesen haben, das Erbe der Israeliten waren.

Will man noch tiefer in das Genie der Rassen eindringen, dann analysiere man die elementaren Gefühle, die sich in allen ihren grossen Werken wiederfinden: Ruhe, Betrachtung, Reproduktion alles dessen, was in der vollendeten Schöpfung existiert, bei den einen; Streben nach dem Unbekannten, Agitation für alles, was in der menschlichen Welt sein soll, deren Schöpfung noch nicht vollendet ist, mit dem Bestreben, sie ganz aus einem Guss zu schaffen, bei den andern. — Einerseits der weise Genuss der Gegenwart; andererseits die feste Hoffnung auf die Zukunft.

Mit solchen primitiven Bestrebungen führte die eine dieser beiden historischen Rassen im Altertume zum Kultus der vollendeten, unendlich mannigfaltigen Schöpfung voller Harmonie und Reiz; die anderen zum Kultus des Schöpfers einer Welt, die dank dem beständigen Eingreifen ihres Schöpfers erst vollkommen wird. Dieses Eingreifen des Schöpfers, das immer unerlässlich sein wird, so lange es eine unvollendete soziale Gesellschaft geben wird, hat einen Kultus hervorgebracht, der von den modernen Philosophen und ihren Anhängern unter unseren Glaubensgenossen wenig oder garnicht verstanden wird. — Mitten in einem Labyrinth von sich widersprechenden Ereignissen und Tendenzen, welche die gediegensten Geister erschüttern, ist die israelitische Tradition der Ariadnefaden, der die Menschheit durch den moralischen und religiösen Skeptizismus hindurch bis zur messianischen Epoche führt, dieser Seele des historischen Kultus par excellence.

Wenn man gut von diesen Grundgedanken unseres Kultus durchdrungen ist, wird an ihm alles klar, bis zu den Verirrungen des Gefühls und der Phantasie, bis zu den Schwächen und Vorzügen Israels.

Leider haben unsere Glaubensgenossen unseren Kultus wenig oder garnicht verstanden. Alles muss wieder in der modernen Bewertung, sowohl seitens der sich für Orthodoxen Ausgebenden, als auch seitens der angeblich Aufgeklärten umgestaltet werden. Darum würde ich fürchten eine Arbeit zu unternehmen, die in vielen Hinsichten soviel ehrliche Überzeugungen schonungslos verletzen muss, wenn Sie, Herr Redakteur, in Ihrer seltenen und aufrichtigen Unparteilichkeit mir nicht zugebilligt hätten, mir ohne Parteinahme bis zum Schlusse folgen zu wollen.

Zunächst ist in Verfolgung des Gedankens, dessen hauptsächlichste Züge ich entworfen habe, der israelitische Kultus eng verknüpft und wird es auch immer bleiben mit der Rasse, die ihn hervorgebracht hat, mit dem Volke, das ihn entwickelt hat und das allein ihn wird fortsetzen können. Der Israelit ist nicht geschaffen, um zu bekehren und bekehrt zu werden. Der Kultus Israels ist, was man auch sagen möge, ein nationaler Kultus, wie es jeder primitive Kultus zuerst war. Das hat auch Mendelssohn schon gelehrt, ohne die wahre Ursache hiervon gesagt zu haben. Die übernatürliche Ursache, von der er für seine These ausgegangen ist, ist ein offenbarer Widerspruch seiner rationalistischen Philosophie. Daher haben auch seine Schüler, die seine rationelle Philosophie angenommen haben, einen Kultus aufgegeben, der auf übernatürlichem Glauben basiert ist. Nach Mendelssohn soll das mosaische Gesetz, das er zuerst in Anbetracht des göttlichen Ursprungs, den er ihm zuweist, mit ziemlich wenig Respekt Zeremonialgesetz nennt, unveränderlich sein, weil der Ewige, in Person auf den Berg Sinai herabgestiegen, es Israel gegeben haben soll, und es wieder eines solchen Aktes bedürfe, um es aufzuheben. Das ist, sagt er, eine Tatsache, deren Zeugen die Zeitgenossen waren, eine historische Wahrheit, die man nach dem Philosophen von Berlin wohl unterscheiden·muss von ewigen Wahrheiten oder Philosophien des Verstandes.

Eine historisch bekannte Tatsache ist, dass dieses Zeremonialgesetz durchaus nicht ganz und gar sinaiischen Ursprungs ist, dass es sich

im Gegenteil im Laufe der Geschichte Israels sehr bedeutend entwik-
kelt und verändert hat und dass der Talmud selbst das Zeugnis verwirft, das den Aufstieg Moses auf den Sinai und das Herabsteigen
Gottes auf den Sinai buchstäblich annimmt, indem er sagt:
Nie stieg die Gottheit hinunter und Moses in die Höhe!
Soll man sich darüber wundern, dass die moderne Ungläubigkeit
sich geweigert hat, der bizarren Zeugenschaft zu glauben, die Mendelssohn anruft für unsere Verpflichtung zu dem Kultus unserer Väter?

Diese Verpflichtung existiert demnach, aber in einer anderen Art
und aus einem anderen Grunde als dem, den der Philosoph von Berlin
unterstellt hat.

Sie existiert, weil unser Kultus, so wie er sich historisch entwik-
kelt hat, das Band ist, welches unser Volk in der Zerstreuung eint
und welches für unsere Zukunft die Gewähr bietet, indem es unsere
Gegenwart an die Vergangenheit knüpft. Es ist der Saft, welcher
von der Wurzel zu den Zweigen und von den Zweigen zur Wurzel
auf- und absteigt, um die reife Frucht am Lebensbaume der Menschheit hervorzubringen. Unser Kultus, das sind wir selbst, es ist unser
Fleisch und Bein, der Ausdruck des heiligen Geistes, von dem wir
durchdrungen sind. Es ist keine uns auferlegte Pflicht, sondern eine
den Jahrhunderten der Geschichte gegenüber freiwillig übernommene
Schuld, deren Zeugen und Bürgen wir bis zur Vollendung des Werkes
sind. Aber unser Kultus, unser Gesetz ist nicht unwandelbar. Es
war anders nach dem Auszug aus Egypten als nach der Rückkehr
aus dem babylonischen Exil, anders in unserem heiligen Vaterlande
als in der Diaspora, und es wird noch ganz anders sein, wenn das
Vaterland seinen getreuen Kindern wieder zurückgegeben sein wird.

Jedoch heisst das, (da das Gesetz oder der israelitische Kultus
nicht unveränderlich ist,) dass es einer jeden Generation erlaubt ist,
es willkürlich zu ändern.

Vierter Brief.

Ich habe die delikate Frage der Reform gestreift, die den Vorzug
hat, selbst die gegen unseren Kultus Gleichgiltigsten mit Leidenschaft

zu erfüllen. Sie ist aus sehr verschiedenen Elementen zusammengesetzt, so dass es sich empfiehlt, sie vor dem Versuch einer Lösung des grossen Problems zu analysieren.

Die ersten Motive, die für die Dringlichkeit der Reformen in unserem Kultus vorgebracht wurden, waren ziemlich unschuldig. Wirkliche Missbräuche, teils älteren, teils neueren Datums, alle von der Art, dass sie die Ordnung in unseren Tempeln störten und das ästhetische Gefühl jedes woblerzogenen Menschen verletzten, hatten sich während der Jahrhunderte der Zerstreuung und Verfolgung in unseren Kultus eingeschlichen, inmitten einer wilden Barbarei, deren erste Opfer unsere Glaubensgenossen gewesen waren. Unerträglich sind diese Missbräuche geworden für eine Zeit, in der sich die Pforten der Zivilisation für unsere Brüder zu öffnen begonnen hatten, nachdem sie bisher, in ihren Ghetti eingeschlossen, nur ihre ungeheuerlichsten Ungerechtigkeiten kennen gelernt hatten. Die eifrigsten Israeliten würden keinen Grund gehabt haben, diese Reformen zu bekämpfen, wenn die zu ihrer Einführung vorgeschriebenen Motive aufrichtige gewesen wären. Der Beweis dafür ist, dass es in allen Gemeinden und in allen Ländern, wo diese Reformen von Männern vorgeschlagen und ausgeführt wurden, deren Liebe zu unserem Kultus unbestreitbar war, keinerlei Spaltungen gegeben hat. Zum Beispiel Frankreich! Obgleich es hier wie überall Indifferente und Zeloten gibt, merkt man dem Kultus doch nichts davon an. Ihre Indifferenten haben zu viel gesunden Verstand gehabt, um widerrechtlich Einfluss auf eine Sache gewinnen zu wollen, die sie nichts mehr anging, und die Zeloten haben schweigen müssen vor der bona fides einflussreicher Männer, die unserem Kultus ergeben blieben. Trotzdem diese Reformen eingeführt sind, sind ihre Tempel tatsächlich alle Tage für die eifrigen Israeliten geöffnet, die sie morgens und abends besuchen, und die Menge drängt sich dorthin an Sabbathen und Festtagen. In Deutschland ist es ganz anders! Soviel grosse Gemeinden, soviel Parteiungen, ja sogar wahrhafte Spaltungen. Von Anbeginn hatte man Misstrauen gegen die Reformatoren, welche unter dem Vorwand, Missbräuche abzustellen, die ehrwürdigsten Bräuche angriffen. Ich spreche noch garnicht von den biblischen und talmudischen Gesetzen, sondern nur von den Minhagim, z. B. von dem Brauch, dass wir nicht unbedeckten Hauptes in unseren Tempeln sind, ein Brauch, der zwar nicht immer und überall existierte, aber seit langer Zeit ein geheiligter ist.

Es gehörte garnicht so viel dazu, alle unserer Religion ergebenen Israeliten von dem reformierten Gottesdienst fernzuhalten. Man verändere nur einige Gebete, führe einige Minhagim der sogenannten portugiesischen Israeliten in den Tempeln der sogenannten deutschen oder polnischen Israeliten ein, und man wird die Mehrheit daraus verjagen. Die meisten unserer Glaubensgenossen hängen selbst an weniger allgemein geheiligten Bräuchen, welche wahrhaft dem jüdischen Kultus ergebene Männer sich hüten werden abzuschaffen Ist es denn ein Grund, diese Bräuche zu reformieren, weil deren mehrere nicht mit den Bräuchen anderer Kulten übereinstimmen? Für die deutschen Reformatoren war es jedoch nicht nur ein Grund, sondern der Hauptgrund.

Bei dieser Gelegenheit kann ich es mir nicht versagen, von einer Diskussion zu erzählen, die ich kürzlich in dem grossen Tempel der Rue Notre Dame de Nazareth hatte. Ein Deutscher, Nichtisraelit, befand sich neben mir und schien wenig erbaut von allem, was er sah. Er fragte mich, ob das der reformierte Kultus der französischen Israeliten wäre. „Nein mein Herr", sagte ich ihm, „es gibt in Frankreich keinen ‚reformierten' Kultus, wenn Sie dieses Wort im Sinne der deutschen Reform verstehen. Es ist der alte Kult unserer Väter; nur hat man ihn etwas verschönert und dafür Sorge getragen, mehr Ordnung einzuführen". Der Fremde sah mich ganz verdutzt an. Ich verstand ihn und sagte: „Wenn Sie zum ersten Mal eine Synagoge besuchen, werden Sie erstaunt sein, wie wenige Umstände man dort macht. Man tritt ein und bleibt bedeckten Hauptes, wie die Freimaurer. Man plaudert dort mehr, als man betet. Man plaudert viel mit Gott und auch ein wenig mit den Nachbarn. Damit sich das Verhältnis der Plauderei nicht umkehrt, sehen Sie da Aufseher in der Uniform von Kassendienern, die zu häufiges Geplauder mit den Nachbarn verhindern. Glauben Sie jedoch nicht, dass die zahlreichen Besucher dieser Synagoge nicht sehr fromme Leute seien, unendlich viel frömmer als die seltenen Besucher der deutschen Reformtempel! Es würde zu weit führen, Ihnen die Ursachen aufzuzählen, die im Laufe der Jahrhunderte der Diaspora diese Art des Kultus herausgebildet haben, der für Euch Christen, die Ihr an ernstere und feierlichere Gebräuche und an den Glanz einer immer herrschenden Kirche gewöhnt seid, so voller Widersprüche und Rätsel ist. Indessen ich will Ihnen, wenn Sie mir zuhören wollen, eine kurze Erklärung geben.

In der Diaspora haben wir immer wenige oder gar keine persönlichen Wünsche an unseren erhabenen Richter zu stellen gehabt. Ganz Israel ist verurteilt, im Elend zu sein, so lange es sich im Exil befindet, und wir bitten in unseren Gebeten mehr um das Heil Israels als um das Heil unserer Seele. Es ist also sozusagen eine öffentliche

Angelegenheit, die nicht so viel Sammlung erfordert wie die Angelegenheiten des privaten Gewissens.

Übrigens sind wir die „Stammgäste" unseres Gottes. Es ist eben unser Gott, der Gott unserer Väter. Er ist uns nicht aus dem Auslande zugeführt und aufgedrängt worden. Ja, wir sind die alten Vertrauten des lieben Gottes. Er ist in unserem Glanz und in unserem Elend mit uns gewesen. Wir nähern uns ihm ungeniert, obwohl immer ehrfurchtsvoll. Mit ihm sind wir in unseren Synagogen zu Hause. Das soll keine Entschuldigung von Missbräuchen sein, sondern eine Erklärung der Gebräuche, die in unseren Tempeln herrschen."

Mein Partner schien nicht sehr überzeugt von der Vortrefflichkeit der Gründe, die ich für die ein wenig sonderbaren Gebräuche unseres Kultus geltend machte. Während ich mich bemühte, ihm die Lösung des Rätsels zu geben, schüttelte er mehrmals den Kopf und antwortete, als ich zu Ende war: „Insofern Sie nicht scherzen, gibt es in Ihrem Kultus nichts, was die religiösen Bedürfnisse der modernen Menschheit befriedigen könnte, für welche die Religion nur eine Angelegenheit des individuellen Gewissens ist. Wenn die Ihre überdies noch eine nationale Angelegenheit ist, würden die deutschen Israeliten, welche sich bemühen, durch die Theorie und die Praxis ihrer Reformen das Gegenteil zu zeigen und zu beweisen, weder gegen Sie, noch gegen uns aufrichtig sein, und Ihre Feinde würden also Recht haben, wenn sie Ihrer Religion vorwerfen, nicht mehr zeitgemäss zu sein . . ."

„Mein Herr", sagte ich, „ich pflege über Dinge, die mir eben so teuer wie ehrwürdig sind, nicht zu scherzen. Wenn ich mich, anstatt mich mit Ihnen in eine theologische Diskussion einzulassen, einer für jedermann verständlichen Sprache bediene, so ist meine Erklärung, wenn auch salbungsvoll, doch darum nicht weniger ernst. Sie verwechseln in der religiösen Frage zwei Dinge: den Kultus, der in den modernen, wie in den alten Religionen immer eine öffentliche Angelegenheit gewesen ist, und das Gewissen, das bei uns ebenso wenig, wie bei Ihnen nie eine solche war, noch sein wird. Diese Verwechslung hat im ganzen Mittelalter geherrscht, sie ist nicht mehr zeitgemäss. Es ist ein grosser Fortschritt unseres Jahrhunderts, jede Einmischung, sei sie politisch oder kirchlich, in die Angelegenheit des privaten Gewissens abgeschafft zu haben, das nur auf der persönlichen Freiheit beruht und nur vor Gott verantwortlich ist. Der Kultus dagegen ist das öffentliche Band, das die Geister und Herzen in ihren gemeinsamen und öffentlichen Bestrebungen einigt. Die Religion, soweit sie ausschliesslich private und rein individuelle

Gewissenssache ist, wie Sie sie auffassen, kann den Kultus entbehren und entbehrt ihn tatsächlich. Der Kultus ist eine öffentliche Angelegenheit und untersteht als solche der Aufsicht der gesetzlichen Autorität. Aber wofern er keine der Moral und den Gesetzen widersprechenden Tendenzen und Handlungen in sich schliesst, kümmern sich die modernen Regierungen nicht darum: und Sie sollen sich wohl hüten, in unserem Kultus Dinge zu finden, die der Moral und den Gesetzen widersprechen. Wenn die israelitischen Reformatoren in Deutschland den Charakter unseres Kultus verändert haben, so geschah es nicht, um ihn mit der Moral und den modernen Gesetzen in Einklang zu bringen, sondern in der ebenso eitlen, wie dem Geist des Judentums widersprechenden Hoffnung, christliche Zuschauer in ihre Tempel zu locken und unter den deutschen Protestanten Propaganda zu machen, die, wenn sie auch zum Rationalismus hinneigen, deshalb nicht von weniger feindlichen Gefühlen gegen unsere Brüder beseelt sind. Man hat sich der religiösen Reformen bedient, um die politische Emanzipation zu fördern, und man hat sich mehr bemüht, die Gebräuche eines anderen Kultus nachzuahmen, als Missbräuche abzuschaffen, die sich bei uns eingeschlichen haben und welche die eifrigsten Israeliten am ehesten aufzugeben bereit sind.

So denke ich über die Reform unserer Gebräuche. Was die Gesetze anbetrifft, welche die Doktoren der Reform vergebens zu modifizieren versucht haben, so wollen wir versuchen, uns zuerst über deren Prinzipien zu verständigen.

Fünfter Brief.

Das Judentum hat sich niemals angemasst, eine Gewissenspolizei zu sein. Sein Dogma ist weit genug, um die Gedankenfreiheit nicht fürchten zu müssen. Wenn es zugesteht, dass der menschliche Verstand irren kann, erkennt es über dem Irrtum keinen anderen Richter als den höchsten Richter. Im jüdischen Gesetz handelt es sich nicht um das, was man denkt, sondern um das, was man tut; keine unverständlichen, dem Verstande aufgezwungenen Mysterien, sondern offensichtliche Dinge.

Zwar verdammt es die falschen Propheten, die Verkünder von

Lehren, die seinen Vorschriften entgegenstehen. Aber damit verdammt es nur, was auch die modernen Gesetzgeber der in der Zivilisation am weitesten vorgeschrittenen Länder ohne Zögern verdammen, gewiss nicht als Gewissensangelegenheit, aber als aufrichtige Handlung.

Andererseits muss man anerkennen, dass das Gesetz Israels nicht unveränderlich ist, dass es sich den Bedürfnissen der Zeit gemäss verändern kann und muss und auch tatsächlich verändert hat.

Warum besitzen wir denn nicht mehr, wie in der Vergangenheit, ja wie noch in der allerjüngsten Vergangenheit, Männer, die von der Allgemeinheit genügend anerkannt sind, um mit Autorität entscheiden zu können, was in unseren Gesetzen aufrecht erhalten werden muss und was verändert werden könnte?

Zwar haben sich besonders im Anfang der Reformbewegung viele junge Rabbinatskandidaten, die keine genügende Kenntnis des jüdischen Gesetzes besassen, aus dieser ihrer Unkenntnis ein Recht hergeleitet, sich den reformsüchtigen israelitischen Gemeinden als aufgeklärte Kandidaten vorzustellen. Aber es ist nicht minder wahr, dass die gelehrten Talmudisten nicht dabei gefehlt haben und dass sie heute weniger als je in der Reformpartei fehlen. In letzter Zeit scheint man sogar das Werk einer radikalen Reform, die keine Anhänger mehr hat, aufgegeben zu haben, und man begnügt sich, wie bei den ersten Anfängen mit unbedeutenden Änderungen, die dennoch nicht mehr Erfolg haben als die kühnen Versuche der sogenannten radikalen Reform. Woher kommt also, wiederhole ich, dieser vollkommene Mangel an Autorität, diese absolute Ohnmacht, an unseren traditionellen Gesetzen irgend etwas zu verändern, dieses Misstrauen, welches selbst auf den gelehrtesten und gemässigtsten Reformen lastet?

Die Antwort ist leicht, wenn man der Frage nur ein wenig unparteiisch gegenübersteht.

Die Reform ist von einem anderen Geiste als von dem des Judentums durchdrungen. Sie, die sich liberal, sogar radikal nennt, hat sich bei weitem nicht zu der Höhe der liberalen Prinzipien des Judentums erhoben, die ich soeben dargelegt habe. Sie bleibt in den Ideen der protestantischen Christen, der sogenannten Rationalisten, stecken, deren Kultusgebräuche ohne historische Bedeutung und ohne Zukunft sie ehemals nachgeahmt hatte und von denen sie noch das Dogma eines transzendentalen Deismus übernimmt, der jedes Eingreifen des Schöpfers in der Geschichte der Menschheit ausschliesst, der nur den individuellen Bedürfnissen dient und gleichgiltig ist gegen jede Betätigung der Gesamtheit, sei es der Nation, sei es der Menschheit. In-

dem die Reform dem Schöpfer einen Platz ausserhalb der Welt anweist,
ihn von seiner Schöpfung trennt, wie das Individuum von seiner Nation,
die Nation von ihrer Vergangenheit und ihrer Zukunft, hat sie keine
Fühlung mehr mit unserer eminent historischen Religion. Sie würde
sie auch nie gehabt haben, selbst wenn sie nicht nach dem Vorbilde
des christlichen Protestantismus willkürliche Schranken zwischen Bibel
und Tradition aufgerichtet hätte, eine Trennung, deren man sich nur
als Kriegsmaschine bedient hat; denn, wie heute jedermann weiss,
glaubten unsere Reformer ebensowenig an die Intervention Gottes in
den biblischen wie in den neueren Zeiten. Der moderne Individualismus hat keine anderen religiösen Bedürfnisse, als die: dem Individuum
unbeschränktes Wohlergehen zu sichern. Wenn er die Ewigkeit des
Individuums und ein allmächtiges Wesen als das Pfand für die Unsterblichkeit der Seele braucht, so .ist das nur die edle Seite der
Medaille, deren Rückseite der Materialismus ist.

Unsere Reformer hätten, indem sie die Gedankenfreiheit zum
Prinzip erhoben, wenigstens mehr Achtung vor Glaubensbekenntnissen
haben müssen, die nationaler, historischer und schliesslich humaner
waren. Aber nein! Sie lassen dem philosophischen Denken nicht
soviel Spielraum wie das Judentum, welches jedem die Freiheit lassen
kann, sich das göttliche Eingreifen in die Angelegenheiten der
Menschheit nach seiner Art zu erklären.

Man versteht, dass die christliche Gesellschaft sich eine Waffe
der Kritik schmieden musste, um mit den feudalistischen und hier-
archischen Traditionen zu brechen, die den Fortschritt hemmten.
Aber muss deshalb das Judentum, das nie Feudalismus und Hierarchie
gekannt hat, dessen Traditionen den gerechtesten, Gleichheit ver-
kündenden und wenn ich so sagen darf, nationalen, modernsten Geist
atmen, aus reiner Nachahmungssucht, an der allgemeinen Krankheit
einer vorübergehenden Epoche teilnehmen, die es wohl verstanden hat,
mit den Traditionen des Mittelalters zu brechen, aber noch nicht das
Band hat wiederfinden können, das die Zukunft mit der Vergangenheit
und die Menschheit mit ihrem Schöpfer verbindet?

Die Existenz des Judentums ist unzertrennlich von der Existenz
unseres Volkes. Diese Voraussetzung ist so wahr, dass sie schon einer
Tautologie gleicht. Indessen muss man nachdrücklich darauf hinweisen,
wenn man uns unaufhörlich sagt, dass wir unser Volkstum verwischen
und dennoch weiter Israeliten bleiben sollen. Warum sind unsere
Reformer in einen Widerspruch verfallen, den man als absurd bezeichnen
kann? Weil sie keine Ahnung von unserer uns durch die Vorsehung

bestimmten Mission haben. Sie wollen das Unmögliche, die Wirkung ohne die Ursache, das Endziel ohne den Weg, der dahin führt. Man nehme der messianischen Religion das Messias-Volk, und diese Religion, die Gott selbst in uns gepflanzt hat, existiert nicht mehr; es bleibt nur ein Schatten zurück, vor dem sehr schnell Skeptizismus und Materialismus verschwindet. Man .nehme im Gegenteil unserem Volk seinen alten, nationalen Kultus, und es hat keine Daseinsberechtigung mehr: es geht zu Grunde in dem ungeheuren Ozean der Völker, zwischen die es geworfen worden ist, wie es teilweise schon seit dem frühesten Altertum bis heute in dem Masse zu Grunde gegangen ist, als es die Religion unserer Väter verlassen und den Kultus der umwohnenden Völker nachgeahmt hat. Es wäre schon völlig untergegangen, wenn es in seiner Mitte nicht immer wieder einen Kern von Menschen gehabt hätte, die von unserer göttlichen Mission begeistert waren, und eifrige Patrioten, die sich um diesen Kern gruppierten. Der Kern eifriger Israeliten existiert noch; aber die von göttlicher Begeisterung Erfüllten sind heute selten. Wie kann man erwarten, dass wir Fortschritte machen auf dem Wege unserer göttlichen Mission, wenn die in intellektueller Hinsicht höher Stehenden den Kern der Israeliten, die an diese Mission glauben, zurückstossen, und man sich daher infolge einer uns zu natürlichen Reaktion gegen alles sträubt, was Wissenschaft und Kritik lehrt?

Trotzdem steht nichts in der Wissenschaft und der Kritik in Widerspruch mit unserm alten nationalen Kultus. Weder die historischen, politischen und moralischen, noch die Naturwissenschaften stehen im Gegensatz zu unserer Religion. Unter allen bestehenden Religionen ist es vielmehr gerade die unsere, welche durch die Fortschritte der Wissenschaften und der modernen Gesellschaft gefestigt wird. Religionen haben die Denkfreiheit zu fürchten und sind gezwungen, die Kritik fernzuhalten; die unsere hat sie niemals gefürchtet, niemals gehemmt. Andere Völker haben neue moralische und religiöse Grundlagen für ihre zukünftigen Institutionen zu suchen, in unserem nationalen und humanen Kultus sind alle diese Grundlagen schon gefunden. Wessen also bedürfen wir, um weder von den Feinden der Wissenschaft, noch von den Gegnern unseres Kultus behindert, unseren göttlichen Weg auch durch die heutige Übergangsepoche fortzusetzen? Nichts als die Kenntnis unserer Geschichte und das Bewusstsein unserer Mission!

Wenn wir von unserer göttlichen Mission durchdrungen sind, werden wir diese Idee der nationalen Wiedergeburt schätzen, die ich für die Trümmer unseres unglücklichen Volkes in Polen und im Orient angerufen habe, und die ich als den Ausgangspunkt von weit ernsteren und andersartigen Reformen betrachte, als es die unserer Reformer jenseits des Rheins sind.

Wenn wir schliesslich die Geschichte Israels befragen, werden wir sehen, dass es nicht das erste Mal ist, dass unser Volk eine kritische Zeit durchlebt, die gleichzeitig die Existenz seiner Religion nnd Nation bedroht; aber wir werden auch sehen, dass diesen kritischen Zeiten immer schöpferische und regeneratorische Epochen folgten.

Sechster Brief.

Wenn es ein zeitgenössisches Zeugnis gibt, welches die Wahrheit der Idee der zugleich moralischen und nationalen Wiedergeburt des Judentums beweist, so ist es die Leidenschaftlichkeit, mit der die Gegner unseres alten nationalen Kultus die Idee der Wiedergeburt bekämpfen, und die einmütige Zustimmung, die alle unserem Kultus treuen Israeliten ihr entgegenbringen; es ist die Antipathie, die sie bei unseren Feinden in Deutschland und die Sympathie, die sie bei unseren Freunden in Frankreich gefunden hat.

Ich kann dem Wunsche nicht widerstehen, Ihre Leser mit der Originalität der beredten Stelle eines Ihrer christlichen Landsleute bekannt zu machen, die ich in meinem deutschen Werke „Rom und Jerusalem" übersetzt habe. Es ist eine begeisterte Ansprache, die im Jahre 1860 bei E. Dentu veröffentlicht wurde in einer Broschüre mit dem Titel: „Die neue Orientfrage" und dem Untertitel: Die Wiederherstellung der jüdischen Nationalität":

Ja edles Frankreich, wenn man deine Kinder kennt, voll Hochherzigkeit und Mitgefühl für alle Leidenden, wundert man sich nicht mehr, dass du ein zweites Mutterland für alle bedrückten Völker geworden bist.

Und nun muss ich erzählen, wie die Deutschen im allgemeinen und die zur Reformpartei gehörenden deutschen Israeliten im besonderen diese Idee der nationalen Regeneration unseres alten Volkes aufgenommen haben.

Siebenter Brief.

In Deutschland hat man mir Absichten untergeschoben, die ich niemals gehabt und die ich sogar mit Entschiedenheit zurückgewiesen habe. Ich habe es in meinem ersten Werk über die nationale Wiedergeburt Israels wiederholt gesagt: meiner Meinung nach würde es kindisch sein zu glauben, dass die abendländischen Israeliten, welche sich in den Ländern, in denen sie seit Jahrhunderten wohnen, wohl fühlen, geneigt sein sollten, nach Palästina auszuwandern, selbst wenn Israel dort schon wieder eingesetzt wäre; um so weiter bin ich davon entfernt, von unseren abendländischen Brüdern eine andere Mitarbeit an diesem Werke der Neubesiedlung zu verlangen, als die mit den Mitteln, über welche sie in ihren Geisteskräften, ihrem Reichtum und ihrer sozialen Stellung verfügen. Heisst das von der Solidarität der Israeliten zu viel verlangen? Ja, ich weiss wohl, dass es für gewisse abendländische Israeliten etwas lästiges ist, ihrer Abstammung nach, wenn auch nicht ihrer moralischen und religiösen Überzeugung nach, zu diesen Söhnen Israels zu gehören, die immer untereinander solidarisch gewesen sind und es ewig bleiben werden.

Erinnern Sie sich noch des grausamen Ausspruches eines unserer reichen Glaubensgenossen, dem ein unglücklicher Mitbruder vorgestellt wurde?

„Warum wenden Sie sich lieber an mich, als an meinen christlichen Nachbarn?"

Früher haben getaufte Juden Verbrechen erfunden und ihre vormaligen Glaubensgenossen derselben bezichtigt, damit man ihnen die Solidarität ihrer Abstammung verzeihen sollte, deren sie in den Augen der Christen immer schuldig blieben, obwohl sie ihren alten Glauben abgeschworen hatten. Heute sucht man Verzeihung für diese Solidarität durch nicht weniger zu verdammende, aber auch nicht weniger schmerzliche Bosheiten.

So lange es noch irgendwo Israeliten im materiellen oder moralischen Elend geben wird, leiden alle Mitglieder des Volkes darunter und bleiben gewissermassen dafür verantwortlich, alle, einschliesslich der Abtrünnigen und Verräter! Vor Gott und vor den Menschen sind alle diejenigen Israeliten, die ihrer Abstammung nach zu den Kindern Israels gehören, — die „von dem Samen Gottes" sind. Vergebens ist es, unsere Religion und Nation zu verleugnen. Wir sind nichtsdestoweniger ihre Glieder, und wenn der grösste Teil unseres alten Volkes im Elend ist, solange unsere nationale Wiedergeburt noch nicht vollzogen ist, werden alle übrigen den moralischen Rückschlag verspüren.   3

Ich habe die praktischen Mittel genau bezeichnet, durch die man es mit Hilfe der Zeit und Vorsehung erreichen könnte, denjenigen unserer unglücklichen Brüder im Osten das Vaterland wiederzugeben, die es unaufhörlich anrufen, nicht in wenig verstandenen und wenig empfundenen lauten Gebeten, sondern aus der Tiefe ihres Herzens. Frankreich, das uns schon in ' unsere politischen und sozialen Rechte wieder eingesetzt hat, dessen politische Interessen so bewundernswürdig mit den Interessen der Menschheit harmonieren und das nichts sehnlicher will, als diese öden Gegenden wieder zu bevölkern, in denen es heute schon einen neuen Verkehrsweg zwischen Europa und Ostindien vorbereitet; Frankreich, wiederhole ich, wird mit Befriedigung sich dort die Kolonisten eines befreundeten Volkes niederlassen sehen, das so voller Sympathien für seine liberalen und humanen Gedanken ist.

Anstatt diesen durchaus aktuellen Vorschlag zu prüfen, haben die Israeliten von jenseits des Rheins sich beeilt zu erklären, dass sie viel zu gute deutsche Patrioten seien, um nach Pälästina auszuwandern und die Pläne Frankreichs zu begünstigen.

Wie kann man nur annehmen, ich sollte etwa ein Buch geschrieben haben, um diese Patrioten zur Auswanderung zu veranlassen?! Man muss ein Deutscher sein, um einem Israeliten törichte und strafbare Absichten unterzuschieben; und man muss gleichzeitig Israelit von der Reformpartei sein, um sich mit Beteuerungen seiner Vaterlandsliebe dagegen zu wehren. Warum sollte die Annahme, dass ich die deutschen Israeliten zur Auswanderung bewegen wollte, nicht in einem Lande auftauchen, das für alle Teile der Erde mehr Auswanderer liefert, als alle anderen Ländern des europäischen Festlandes zusammen?

Zwar sind es nicht allein die deutschen Israeliten, die sich unaufhörlich ihres deutschen Patriotismus rühmen; sie ahmen darin nur die geräuschvolle Demonstration der Deutschen aller Konfessionen nach.

Ihr Franzosen singt nicht immer patriotische Weisen. Die Italiener und alle anderen Völker, deren Patriotismus durchaus nicht bezweifelt werden kann, singen sie auch nicht so oft und zur Unzeit wie die Deutschen, von denen man sagen könnte, dass ihr Patriotismus nur darin besteht, zu lärmen. Aber die Zeiten Josuas sind doch vorüber; man erstürmt nicht mehr die Festungen der Vaterlandsfeinde mit Posaunengetöse.

Ich könnte noch sehr vieles über jene Patrioten sagen, die dem Grundsatz: „Ubi bene, ibi patria" aus guten Gründen eine so grosse Bedeutung beilegen. Der Wille macht den Patrioten nicht. Aber lassen wir das! Ich habe Sie von viel ernsteren Dingen zu unterhalten.

Ich will Einwendungen gegen meine These prüfen, die ich nicht im voraus widerlegt habe, die aber, wenn sie auch logischer erscheinen, sich darum nicht weniger als Scheinwahrheiten erweisen.

Ein sehr gelehrter Jude aus Frankfurt am Main, den ich hoch schätze und der auch nicht direkt zur Reformpartei gehört, der aber, zwischen die Wahl der Regeneration unseres Volkes und der Auflösung des uns umschlingenden Bandes gestellt, die Auflösung vorzuziehen scheint, machte mir einst folgenden anscheinend sehr schwerwiegenden Einwand, den ich wörtlich zitiere, um ihn in voller Kraft wirken zu lassen:

„Sie gestehen selbst", sagte er zu mir, „dass die aufgeklärten Juden, die Sie mit Philippson „Kulturjuden" nennen, kein Kontingent zu Ihrem wiedererstandenen Juda stellen werden. Sie geben auch zu, dass die Gegner von Wissenschaft und Kritik unfähig sind, eine neue Gemeinschaft zu bilden, also auch ungeeignet für Ihre nationale Regenerationsarbeit. Woher wollen Sie denn aber das Kontingent für Ihre wiederzuerstebende jüdische Nation nehmen? — Sie sagen, die Volksmassen, im Orient und in Polen namentlich, ersehnen das alte Vaterland. — Nun wohl! Aber so lange diese Massen nicht an der Zivilisation des Abendlandes teilnehmen, werden sie, Ihrem eigenen Ausspruche nach, unfähig sein, eine neue Gesellschaft zu schaffen, und andererseits sagen Sie auch, oder Sie müssen es wenigstens sagen, wenn Sie konsequent sein wollen, dass sie, sobald sie an der Zivilisation teilzunehmen beginnen, ebenso wie wir „Kulturjuden", nicht mehr nach Palästina werden auswandern wollen, um dort einen neuen Staat zu gründen"

Diesem Freunde, der mich mit meinen eigenen Waffen schlagen wollte, habe ich geantwortet, dass die moderne Zivilisation erst einen wirksamen Einfluss auf die Volksmassen unserer Brüder haben wird, nachdem sie eine politische Gesellschaft gebildet haben werden und dass dieser Entschluss, anstatt wie heute unheilvoll für unseren nationalen Kultus zu sein, nur ausgezeichnete Wirkungen zeitigen wird, sowohl in moralischer und religiöser Hinsicht, als auch in allen anderen Beziehungen — Wirkungen, zu denen die Israeliten und die Völker aller Länder sich nur werden beglückwünschen können.

Der Einwand, den man erhoben hat, nämlich dass diejenigen, die heute die unwissende und wenig zivilisierte Volksmasse bilden, unfähig sein würden, eine moderne Gesellschaft zu bilden, würde einigermassen begründet sein, wenn diese ganze Volksmasse, von den Koryphäen des Abscurantismus geführt, sofort und nach Palästina

3*

gebracht werden sollten, um dort den Tempel wieder zu errichten, bevor sie den Boden kultiviert und unter dem Schutze der liberalen und allmächtigen Völker des östlichen Europas durch Arbeiten aller Art materiellen und moralischen Wohlstand erzeugt haben würden. Aber da es sich heute nur um Kolonisation handelt und handeln kann, muss man gerade das Gegenteil aller jener Voraussetzungen als Vorbedingung des Regenerationswerkes betrachten. In der Tat hat sich ein bekannter Gegner der Kritik und jedes Fortschrittes bei den Israeliten gegen den Gedanken der israelitischen Kolonisation in Palästina ausgesprochen — einen Gedanken, der, wie Sie wissen, schon zur Gründung einer israelitischen Gesellschaft geführt hat — weil er den heilsamen Einfluss der Arbeit und der europäischen Zivilisation auf die israelitischen Kolonisten fürchtet. Diese Furcht der Dunkelmänner scheint mir gerechtfertigt. Die Abneigung der aufgeklärten Israeliten gegen alles, was unser Volk regenerieren kann, würde weniger verständlich sein, wenn man nicht wüsste, wie schwer es dem individualistischen Geist, der ihre Erziehung geleitet hat, ist, die Wirkungen einer Gesamtleistung zu schätzen, die doch nur allein aus allem Elend befreien kann.

Leider ist es nur zu wahr, dass es bis jetzt nur eifrige ungebildete Israeliten und in religiöser Beziehung mehr oder weniger Indifferente gibt. Aber eben um aus dieser Sackgasse, in die sich das moderne Judentum verrannt hat, herauszukommen, habe ich Mittel vorgeschlagen, die uns niemals aus einer religiösen Reform kommen können, welche die Fundamente des Judentums untergräbt, ohne sich zur Höhe seiner göttlichen Berufung zu erheben. Die Zeiten der religiösen Reform sind vorüber, und unser Kultus würde weniger als jeder andere durch Reformen regeneriert werden können, die einen dem Judentum fremden Sektengeist voraussetzen. Wenn das Christentum zu einer Zeit, als es noch im Fanatismus des Mittelalters befangen war, Sekten gebildet hat, so folgt daraus nicht, dass heute, wo diese Sekten sich selbst in der Kirche als ohnmächtig erweisen, (die sie so heftig erschüttert hatten, ohne dass sie sie mit der modernen Gesellschaft hatten aussöhnen können,— dass heute im Judentum ähnliche Sekten irgendwelchen Einfluss gewinnen und ihm die Zukunft sichern könnten.

Was uns heute nottut, das ist eine soziale Regeneration, die sich auf den Hoffnungen Israels aufbaut. Die Erfüllung dieser Hoffnungen wird der Welt das Gottvertrauen wiedergeben. Man hat viel von der Notwendigkeit einer neuen Religion gesprochen, ein Beweis, dass man im allgemeinen die Notwendigkeit einer solchen empfindet. Aber man hat sich seltsam über die Bedingungen einer solchen Schöpfung getäuscht, die sich nicht improvisieren und ohne Wurzeln in der Vergangenheit schaffen lässt. Israel besitzt das Geheimnis der Zukunftsreligion, in welcher die modernen Nationen den Glauben wiederfinden werden, den sie ebensowenig entbehren können wie die antiken Völker, die aus Mangel an moralischem und religiösem Glauben zu Grunde gegangen sind.

Achter Brief.

Genau genommen ist es keine neue Religion, die unser Volk eben durch die Tatsache seiner nationalen Regeneration zum zweiten Male diesen historischen Völkern geben wird, die dank der Vermittelung seines religiösen Genies schon das Christentum haben. Es ist vielmehr eine Verjüngung dieser bestehenden Religion, aber eine wahre Verjüngung, die einer Neuschaffung gleichwertig ist. Das neue Christentum, dessen die neue Welt bedarf und dessen Prinzipien erst in diesem Jahrhundert erkannt worden sind, der neue Messianismus, der nur die nationale Wiedergeburt des Hebräervolkes erwartet, um die religiöse Grundlage der ganzen modernen Gesellschaft zu werden, gleicht in keiner Weise jenen mehr oder weniger radikalen, aber doch nur rein dogmatischen Reformen, die von den christlichen und jüdischen Reformatoren, von Luther und Mendelssohn bis zu den modernen Rationalisten und Philosophen versucht worden sind. Was ist denn in Wirklichkeit dieses neue Christentum, zu dessen Apostel sich nach St. Simon, auch einem der Unserigen (?), Salvador gemacht hat, ohne dessen Prinzipien ebenso klar erkannt zu haben, wie das Haupt der sozialistischen Schule? Es ist das alte Christentum, das neue Wurzeln in den Boden schlägt, aus dem es erwachsen ist, um sich neue Elemente zu eigen zu machen, im Einklang mit seinen neuen Lebensbedingungen. Das Christentum, das nichts anderes ist als der den religiösen Bedürfnissen seiner Entstehungszeit angepasste Messianismus des hebräischen Volkes, muss heute wieder zu seinen Quellen zurückgehen, um neue Kraft daraus zu schöpfen, wenn es den moralischen und religiösen Bedürfnissen der Zukunft genügen will. Ohne diese wahre Verjüngungsarbeit kann das Christentum nicht reformiert werden. Keine Schöpfung, religiöser oder anderer Art, kann sich, ohne in Verfall zu geraten, von ihren Grundprinzipien und ursprünglichen Tendenzen entfernen, wofern sie sich nicht neue Elemente und neue Grundprinzipien zu eigen macht. Man reformiere das Christentum, soviel man will, man reinige es von allem Aberglauben, verwandele es in Protestantismus, 'in' Rationalismus, in Philosophie, schreibe Kritiken oder Apologien des Lebens Jesu, führe dessen göttliche Gestalt auf sein menschliches Wesen zurück und, wenn man den Mut seiner Meinung hat, verwandele man es mit Feuerbach, aus Theologie in Anthropologie, aus Religion in Moral: Man wird dann das Wesen des Christentums blosgelegt, man wird es profaniert, aber trotz aller Anstrengungen daraus keine Religion gemacht haben, die den Bedürfnissen der modernen Gesellschaft entsprechen könnte. Das alte Christentum ist in seinen Prinzipien und seinem Ursprung das Gegenteil einer sozialen Religion, wie die mo- , dernen Völker sie brauchen. Für die Bedürfnisse einer Zeit geschaffen, in welcher die sozialen Bande sich gelöst hatten, hat das Christentum, indem es sich als Vermittler zwischen das All umfassende Wesen, wie es ihm von der Religion unserer Väter überkommen war, und zwischen das zu seiner Zeit isolierte und elende, jedes sozialen Bandes bare Individuum stellte, den Menschen loslösen können von einer zusammenbrechenden Gesellschaft, ihm zum Troste für seine irdischen Verluste himmlische Güter für das Heil seiner individuellen Seele, für seine Unabhängigkeit von sozialer Macht bieten können; aber es hat nie vermocht und wird es nie vermögen, den Menschen wieder in den Schoss seiner Familie, seines Vaterlandes und der menschlichen Gesellschaft zurückzuführen, ohne wieder im Judentum Wurzel zu schlagen, in dem Boden, aus dem es erstanden. Diese ursprünglichen und vom alten Christentum unzertrennlichen Eigentümlichkeiten machen es viel mehr als die besserungsfähigen Fehler unverbesserlicher Menschen ungeeignet, eine Religion der modernen Menschheit zu sein, solange es nicht eine Verjüngung erfährt, die einer Neuschaffung gleichwertig ist.

Aber damit das Christentum sich auf dem Boden, aus dem es erstanden ist, verjüngen könne, muss erst das Judentum seinerseits verjüngt werden. Durch wen und durch welche Mittel? Durch das Christentum und seine dogmatischen oder philosophischen Reformatoren? Oder etwa durch unsere Reformatoren, die sie nachahmen? Das würde nach allem, was ich gesagt habe, heissen, sich in einem circulus vitiosus bewegen. Dahin haben bis jetzt und dahin müssen notwendigerweise alle Anstrengungen doktrinärer, dogmatischer oder philosophischer Reformatoren führen, einschliesslich der grössten Gelehrten und hervor-- ragendsten Schriftsteller, der Strauss, Salvador, Renan. Ohne Zweifel hat das Judentum, um zur Regeneration fähig zu sein, vor allem an der modernen Zivilisation teilnehmen müssen, die nicht sein Werk, aber auch durchaus nicht das ausschliessliche Werk des Christentums ist; um sie zu schaffen, hat es nicht weniger bedurft als die Arbeits- leistungen aller historischen Völker vom frühesten Altertum bis zur französischen Revolution, die ihre politischen und sozialen Grundsätze geschaffen hat. Wenn das Judentum sich gegen dieses Werk des historischen Fortschrittes ablehnend verhalten hätte, wenn es sich, wie man ihm sehr zu Unrecht vorgeworfen, immer von der Menschheit isoliert hätte, wenn es nicht gerade im Gegenteil sich weitgehend an den Arbeiten der Zivilisation beteiligt hätte, so oft es ihm gestattet wurde — unglücklicherweise war das in den letzten sechs Jahrhunderten vor der französischen Revolution sehr selten der Fall — dann, und nur unter dieser Voraussetzung würde ihm das geistige Leben und jede Vorbedingung zu sozialer Regeneration abgehen; es würde tot sein ohne jede Hoff- nung auf Wiederauferstehung. Unsere Teilnahme an der Zivilisation beweist die Befähigung unseres Volkes zu einer sozialen Regeneration. Diesen Beweis unserer Lebensfähigkeit liefern wir in einer wohlbe- kannten und schwer zu bekämpfenden Weise. Wir liefern ihn denen, welche die Wahrheit unserer Teilnahme an dem Fortschritt der Ge- sellschaft leugnen, dadurch, dass wir mit ihr gehen. Aber für unsere soziale Regeneration genügt es nicht, wenn wir an der Bewegung der modernen Gesellschaft als Individuen teilnehmen. Als Individuum unterwerfen wir uns und lassen höchstens ihren Einfluss auf uns einwirken; als Nation werden wir ihr einen mächtigen Impuls geben. Als Individuen ziehen wir Nutzen aus der Mission der anderen grossen historischen Rassen; als Nation erfüllen wir die unserige. Als Individuen haben wir zweifellos Rechte zu beanspruchen und Pflichten zu erfüllen; aber unsere heiligsten Rechte und Pflichten sind die, welche wir als Nation zu fordern und zu erfüllen haben.

Die Menschheit kann den Glauben an eine Vorsehung, die unsere Geschichte lenkt, nicht entbehren, was auch immer unsere grossen Geister*) sagen mögen, und das neuerstandene Judentum wird ihr noch

---

*) Die deutschen Philosophen, welche seit Feuerbach sich von dem idealisti- schen Individualismus entfernt haben, um in den materialistischen Individualismus zu verfallen, und nach ihnen einige französische Philosophen, die den populären Strom des Sozialismus verlassen zu müssen geglaubt haben, um in den Wassern eines rein individualistischen Liberalismus zu schwimmen, haben das Werk des

einmal ihren verlorenen Glauben wiedergeben. Denn das Judentum besitzt das ihr von der Vorsehung verliehene Geheimnis jener humanen Ära, jener messianischen Zeit, die mit der französischen Revolution angebrochen ist, deren Keime aber auf das hebräische Volk zurückzuführen sind.

.. Wie aber können die modernen Völker in dieses Geheimnis eingeweiht werden, so lange das einweihende Volk nicht als Nation am Geschichtswerke mitarbeitet? Ich weiss, dass gegenwärtig die wahrhaft patriotischen Israeliten

---

18. Jahrhunderts wieder aufgenommen, welches seine Daseinsberechtigung von der grossen französischen Revolution hatte, als es sich darum handelte, die alte Gesellschaft in ihren moralischen und religiösen Grundlagen zu unterminieren, die aber ein Anachronismus ist zu einer Zeit, welche die Mission hat, die aus dieser Revolution hervorgegangene neue Gesellschaft zu organisieren. Wenn wenigstens diese französischen Materialisten, die sich auf Voltaire und den gallischen Geist berufen, dessen freimütige und geistvolle Allüren hätten, das moquante und frivole Genie, welches ganz dazu angetan ist, die moralischen und religiösen Grundlagen von Institutionen einer vergangenen Epoche zu untergraben! Aber sie haben den schwerfälligen und pedantischen Geist der deutschen Philosophen, ihrer wahren heutigen Meister. Sie bilden sich ein, eine Religion zerstoren zu können durch die Darlegung, dass die religiöse Idee nur die zu einer „göttlichen erhobene Moral" ist. Sie bekampfen nicht die christliche Moral, sie bekämpfen nur deren göttliche oder ideale Seite, um nur die materielle Seite des christlichen Individualismus gelten zu lassen. Während Voltaire und nach ihm alle franzosischen Revolutionare gerade diese menschliche Grundlage, die Moral des Christentums angegriffen haben, erkennen unsere fränkisch-deutschen Philosophen keine reinere, erhabenere Moral an als die, welche tatsächlich der christlichen Religion als Grundlage dient. Was sie zu zerstören sich einbilden, würde im Gegenteil in seiner Wesenheit erhalten und nur in eine andere Form, die des Materialismus, gekleidet werden, statt der des Spiritualismus, die der christlichen Moral ihren ganzen Wert gegeben hat, wenn nicht schon die auf der sozialen Wissenschaft und dem Gefuhl der Solidarität begründete moderne Moral in dem Geiste der zeitgenössischen Völker die Moral der spiritualistischen, wie die des materialistischen Individualismus verdrängt hätte. Man kann auf diese atheistischen Philosophen das Wort Lessings anwenden: „Was in ihren Lehren neu ist, ist nicht wahr; und was daran wahr ist, ist nicht neu." In der Tat hat die Experimentalwissenschaft dem Ubernatürlichen den Boden entzogen. Die spekulative Philosophie kann in dieser Beziehung zu der viel wirksameren Arbeit der Erfahrungswissenschaften nichts hinzufügen. Aber weder die Wissenschaft noch die Spekulation werden das religiöse Bedurfnis der Menschheit zerstören, welche sich immer, auch wenn sie alles Übernaturliche ausschliesst, eben auf die Wissenschaften der Natur und Geschichte gestützt, eine höchste Intelligenz suchen und finden wird, ohne welche die Anstrengungen der Natur erfolglos, die Bestrebungen der Menschheit ohne Zweck wären.

Da ich diese Frage in einer Rede behandelt habe, die Sie in der „Monde maçonique" finden, kann ich mich hier auf diese Arbeit beziehen, um diese Note nicht übermässig zu verlängern

weder zahlreich, noch gebildet genug sind, um die Schwierigkeiten zu
überwinden, die sich unserer nationalen Wiedergeburt noch entgegenstellen; dass das heilige Land von einer zu unwissenden und zu
barbarischen Bevölkerung bewohnt ist, um Einrichtungen zu fördern,
die sie weder schätzen noch entwickeln kann, und dass schliesslich
die europäischen Mächte heute andere Angelegenheiten als die des
Judentums zu regeln haben. Indessen gibt es 'schon zwei israelitische
Gesellschaften, die beweisen, dass es nicht nur einzelne alleinstehende
Individuen sind, von denen man sagen kann, dass sie von patriotischem
Geist erfüllt und von dem Gefühl der Solidarität Israels durchdrungen
sind. Diese beiden Gesellschaften, die Alliance israélite universelle,
mit dem Sitze in Paris, und die Israelitische Gesellschaft zur Kolonisation des heiligen Landes in Frankfurt an der Oder brauchen sich
nur in ihren edlen Bemühungen zusammenzutun, nur mit Hilfe der
Zeit und Gottes alle Schwierigkeiten zu besiegen. Ich habe unsere
nationale Frage übrigens immer als die allerletzte aufgefasst; so habe ich
sie auch hingestellt und ausdrücklich bezeichnet (die letzte Nationalitäts-
frage). Aber das ist kein Grund für uns, uns damit nicht dringend
zu beschäftigen, da unsere Existenz als historisches Volk·· und als
Religion von der Lösung dieser Frage abhängen wird. In unserem
Jahrhundert schreiten die Ereignisse schnell, und es stände uns übel
an, als wenig vorbereitet dazustehen, wenn wir eines Tages berufen
werden, unseren Platz unter den modernen Nationalitäten einzunehmen.

Neunter Brief.

Wenn wir die Geschichte Israéls auf seine Mission hin betrachten,
erkennen wir zuerst die intimen Beziehungen, die zwischen der Rasse
und der Geschichte eines Volkes bestehen. So wie das organische
Leben, nämlich die Sphäre, die das vegetabile und tierische Leben
umfasst, nicht von dem der Himmelskörper oder dem kosmischen
Leben getrennt werden kann, dessen physikalische und chemische
Kräfte immer die Basis der physiologischen und psychologischen Kräfte
der organischen Wesen bilden, so knüpft auch die Geschichte der
Menschheit oder die Sphäre, welche alles soziale Leben umfasst,
wieder an die Naturgeschichte der Organismen an. Die anthropologischen

Gesetze werden immer die Grundlagen der moralischen und religiösen Gesetze bilden, die Gegenstand der historischen Forschung sind. Die menschlichen Rassen sind nicht gleichmässig für das soziale Leben befähigt. Die Ethnographie hat uns tatsächlich solche kennen gelehrt, die gar keine Geschichte haben, weil sie sich nicht einmal zu dem niedrigsten Grade sozialen Lebens haben erheben können, der das Leben der Barbaren von dem der Wilden unterscheidet. Diese Rassen können als ein Übergang von dem rein tierisch-organischen Leben zu dem sozialen Leben der historischen Rassen betrachtet werden. Und wer möchte bestreiten, dass es unter diesen historischen Rassen selbst auch verschiedene Abstufungen des Gesellschaftstriebes gibt, natürliche Fähigkeiten, die nicht nur differenziert, sondern ungleich qualifiziert sind in Bezug auf ihre Eignung für das soziale Leben. Aber hier ist vor allem ein zu allgemein verbreiteter Irrtum zu berichtigen. Nichts ist falscher als die unmoralischen Konsequenzen, die man aus der Verschiedenheit der menschlichen Rassen ziehen zu können geglaubt hat. Die Anhänger der Sklaverei in Amerika haben sich dieses Argument zu Nutze gemacht, um ihr angebliches Recht auf die direkte Ausbeutung der Arbeit der afrikanischen Rasse zu beweisen. Die Tatsache allein, dass man sich dieser Rasse bedienen kann, um nützliche und für das soziale Leben nötige Arbeiten auszuführen, beweist, dass die Negerrasse für das soziale Leben fähig ist, und dass es ein Verbrechen ist, sie von allen bürgerlichen, politischen und sozialen Rechten auszuschliessen. Wenn unser göttlicher Gesetzgeber uns Mitgefühl mit unseren Nebenmenschen ins Herz pflanzen wollte (mögen sie nun fremd oder in Dienstbarkeit im Lande unserer Väter gewesen sein), so hat er uns immer wiederholt: „Gedenket, dass Ihr Sklaven waret in Egypten"

Nicht nur die Geschichte der Zivilisation unseres Volkes allein, sondern die aller historischen Völker, das ganze soziale Leben hat mit der Sklaverei, mit der Knechtschaft begonnen, mit der Abhängigkeit der einen und der Herrschaft der andern. Aus der Abhängigkeit in der Ungleichheit ist die Abhängigkeit in der Gleichheit entstanden. Ohne sie keine Arbeitsteilung, und mithin keine Solidarität unter den Produzenten. Die Dienstbarkeit ist der Anfang alles socialen Lebens. Die Sklaverei ist gewissermassen die Lehrzeit in allen sozialen Arbeiten, im Ackerbau und besonders in der Industrie. Nur die Wilden bleiben immer unabhängig; sie haben nur das Bedürfnis nach Nahrung, Vergnügen und tierischen Leidenschaften, die sie in voller Unabhängigkeit befriedigen, indem sie einander verschlingen, wenn die

Beute von Tieren und die Produkte des unangebauten Bodens dazu nicht genügten.

Ich weiss, dass es auch historische Rassen gegeben hat, die nur Jäger, wenn auch nicht Kannibalen waren noch zu einer Zeit, wo unsere Väter schon unter dem Gesetz Gottes lebten. Aber ihr soziales oder historisches Leben hat immer mit der Hörigkeit begonnen: Gedenket, Amerikaner sächsischer Rasse, gedenket, dass Ihr in Europa Sklaven gewesen seid!

Die Fähigkeit zu sozialem Leben oder der Gesellschaftstrieb ist mehr eine Eigenschaft der Seele als der Intelligenz. Man kann an Wissen überlegen sein und in der Nächstenliebe zurückstehen, und der Grad der Herzensliebe, deren eine Rasse fähig ist, bestimmt den Grad der Zivilisation, den sie erreichen kann. Die Negerrasse, die in Amerika in der Sklaverei lebt, ist vielleicht mehr für das soziale Leben geschaffen als die Rasse, die sie beherrscht. Im allgemeinen sind die Ureinwohner heisser Länder geselliger als die kalter Gegenden. Das Blut ist unter einer heissen Sonne edler als in einem eisigen Klima; und wo die Natur fruchtbarer ist, ist der Mensch weniger raubgierig. Selbst in Europa sind die südlichen Völker geselliger als die nördlichen; und wenn die einen die Entwickelung der Industrie gefördert haben, haben die anderen sich durch all das ausgezeichnet, was den Geist veredelt und das Solidaritätsgefühl der Menschen befestigt. Ohne die Berührung mit den edlen Völkern, deren soziales Leben schon im Altertum einen so hohen Grad von Zivilisation erreicht hatte, wären die Völker des Nordens niemals zu anderer Zivilisation gelangt. Und wer sieht nicht ein, dass es selbst in den neueren Zeiten die Assimilation der Rassen des Nordens an die des Südens von Europa, das gewissermassen innige Bündnis des kühlen Verstandes mit den edlen, warmen Gefühlen des Herzens ist, welches am meisten zu den Fortschritten der Kultur beigetragen hat und noch beiträgt? In welchem Lande sind die Grundlagen eines höher stehenden privaten Lebens als das des Altertums und des Mittelalters gelegt worden, wenn nicht in Frankreich durch seine glorreiche Revolution? In der Tat haben die Regionen Europas, wo sich die innigste Verschmelzung der Rassen des Nordens mit denen des Südens vollzogen hat, auf ihrem Boden die moderne Nation par excellence entstehen sehen, deren soziales Leben, ohne Gleichen in der ganzen zivilisierten Welt schon im Keim das Ideal der Menschheit enthält.

Aber das Volk, welches zuerst dieses Ideal erfasst hat, existiert noch, wenn auch nicht als Gesellschaft, so wenigstens als Rasse, und

wenn es wahr ist, dass das soziale Leben seine tiefsten Wurzeln in
den natürlichen Eigenschaften hat, die der Schöpfer uns ins Herz gepflanzt hat, wer wollte dann leugnen, dass dieses alte Volk, diese
Rasse Abrahams, die das menschliche Geschlecht seine göttliche Mission
gelehrt hat, auch dazu beitragen muss, dieses hervorragend soziale
Ideal zu verwirklichen? Unsere Weisen haben schon gesagt:
„Wer ein religiöses Gebot zu erfüllen begonnen hat, muss es
auch vollenden." Aber das erste Gebot Gottes, das er uns als Schöpfer
der Rassen ins Herz gepflanzt hat, die Quelle und das Grundprinzip
aller anderen unserem Volke gegebenen Gebote, ist, dass wir das
Gesetz auch selbst ausüben, welches wir die anderen historischen Völker
zu lehren die Mission haben. Die grösste Strafe, die uns auferlegt
wurde, weil wir von dem uns durch die Vorsehung vorgezeichneten
Wege abgewichen sind, und die unser Volk immer am tiefsten gebeugt
hat, ist, dass wir seit dem Verluste unseres Landes, Gott nicht mehr
als Nation durch Institutionen dienen können, die in der Diaspora
nicht aufrecht erhalten und entwickelt werden können. Sie setzen
eine im Lande unserer Väter bestehende Gemeinschaft voraus. Ja,
das Land fehlt uns, um unsere Religion auszuüben!

„Das Land fehlt uns, um unsere Religion auszuüben" — werden
unsere aufgeklärten Brüder wiederholen und in lautes Gelächter über
eine so veraltete religiöse Auffassung ausbrechen. Sie, die sie im
Grunde mehr Christen als Juden sind, kümmern sich eben nicht um
eine so irdische Religion. Menschen, die nur ihr persönliches Heil
erst hienieden und dann im Jenseits, erst in der Zeit und dann in
der Ewigkeit suchen, diese Menschen kennen die religiösen Bedürfnisse
der unserer Mission ergebenen Israeliten nicht. Das edle Blut unserer
Väter ist aus ihren matten Herzen entflohen, und nur sein geisterhafter
Schatten ist darin zurückgeblieben. Aber die, welche noch einige
Tropfen davon in ihren Adern fliessen fühlen, begnügen sich nicht mit
dem Himmel; ihnen fehlt das Land, um das historische Ideal unseres
Volkes zu verwirklichen, welches kein anderes Ideal ist als die
Herrschaft Gottes auf Erden, die messianische Zeit, die von allen
unseren Propheten verkündet worden ist. Diese trauern über das,
worüber andere spotten; sie weinen bitter, wo die andern laut lachen.
Trocknet Eure Tränen, Ihr Weinenden; denn die Zeit der Rückkehr
ist nahe!

Und Ihr, die Ihr lacht über den Glauben, den Ihr veraltet nennt,
wisset, dass die edlen Gefühle des Herzens und die grossen Ideale
der historischen Rassen niemals veralten — und dass sie noch in der

Blütezeit sein werden, wenn die Sonne einer brüderlichen Gesellschaft schon längst die Schatten zerstreut haben wird, die Euch den fernen Horizont der Menschheit verschleiern!

Zehnter Brief.

Die ältesten Spuren unserer Rasse gehen auf prähistorische Zeiten zurück. Die Traditionen, die uns darüber in unseren heiligen Büchern aufbewahrt sind, zeichnen sich trotzdem durch eine Einfachheit aus, die einen seltsamen Kontrast zu den sprichwörtlich gewordenen Übertreibungen der orientalischen Phantasie und zu den nicht weniger phantastischen Mythen aller anderen Völker bildet.

Gelehrte Schriftsteller, die wenig Sympathieen für unsere Rasse haben, haben uns mit ihren übel gesinnten Kritiken bis auf unsere ältesten Traditionen hinein beschenkt. Sie haben indessen nicht umhin können, deren einfachen Charakter anzuerkennen, indem sie eben das als geistige Trockenheit hinstellen, was weit eher das charakteristische Merkmal des Geistes der Wahrheit ist, der bei der Verfassung unserer heiligen Geschichte gewaltet hat.

Die Kapitel der Genesis, die sich auf die antediluvianische Epoche beziehen, enthalten schon einen traditionellen Grundstock, Legenden von höchstem Alter. Die, welche von den Taten und Gebärden der ersten Menschen handeln, sind mehr allegorisch oder symbolisch als mythisch. — Was die eigentliche Genesis betrifft, so kennen Sie ja meine Anschauung über dieses an die Spitze des alten Testaments gestellte Kapitel.

In diesem Kapitel, das mit der Feier des letzten Tages der Woche durch den Schöpfer schliesst, ist als höchstes Universalgesetz der Gedanke zum Ausdruck gebracht, der uns immer beseelt hat, dieser Gedanke, dass jede Schöpfung mit einem Zustand vollkommener Harmonie endigt.

Unsere Väter haben immer geahnt, dass die Schöpfung der sozialen Welt, ebenso wie die der kosmischen und organischen, mit einer harmonischen Epoche endigen wird, die den Sabbath der sozialen Woche darstellt. Die Geschichte birgt ihn in ihrem Schosse, und er wird anbrechen, wenn die Entwickelung der Menschheit vollendet sein wird — das offenbart uns das erste Kapitel der Genesis. — Nachdem die Arbeitswoche der natürlichen Erschaffung vollendet ist, beginnt die der sozialen Schöpfung. Aber auch diese Arbeit der Geschichte muss ihr Ende und ihr Ziel haben. Das Volk, das den letzten Tag der Woche feiert, muss in der Erwartung des Sabbaths der historischen Woche den Festtag der natürlichen Welt mit dem der sozialen Welt vereinigen, lejaum schekulau schabos.

Denen gegenüber, die in unserer Genesis die Lösung einer naturwissenschaftlichen Frage suchen, der aufeinfolgenden Erschaffung der Wesen, und den anderen gegenüber, die ein irriges Prinzip daraus abgeleitet haben, das der Schöpfung vorangehende Nichts, muss man nachdrücklich auf die tiefe Bedeutung und das wahre Prinzip hinweisen, das in vollstem Einklang mit den letzten Resultaten der Natur- und der sozialen Wissenschaften steht. Ich werde darauf zurückkommen, wenn ich den Standpunkt unserer Genesis gegen die Irrtümer des wissenschaftlichen Materialismus zu verteidigen haben werde, den ich schon an anderer Stelle bekämpft habe. Schon jetzt aber muss ich sagen, dass unsere heiligen Bücher in der Gegenüberstellung des schöpferischen Geistes und des Materialismus der anderen Rassen augenscheinlich nur das materialistische Prinzip bekämpfen wollten, und nicht das der Ewigkeit des schöpferischen Prinzips, — ebenso wie die Einheit Gottes, welche diese Bücher so nachdrücklich proklamieren, der Vielheit der Götter, aber niemals dem Begriff eines dem Weltall immanenten Gottes gegenübersteht, einem Begriff, den diese Bücher niemals bekämpft haben. — Was den traditionellen Teil der besprochenen Kapitel betrifft, so versteht es sich von selbst, dass er nur auf Ereignisse Bezug hat, deren Zeugen unsere Vorväter gewesen sein konnten, und dass er sich weder auf den Erdball, noch auf das ganze Menschengeschlecht bezieht.

Die Kapitel von der Sündflut, die zwar mit Legenden anderer benachbarter Völker untermischt und mit moralischen und religiösen Absichten in Bezug auf unseren humanen Kultus verfasst sind, führen uns zu der Katastrophe zurück, welche die heutige Gestalt Palästinas geschaffen hat. Man kann die Zerstörung von Sodom und Gomorrha, die Bildung des roten Meeres als den letzten Nachhall der Katastrophe betrachten, in welcher Rassen, Ureinwohner des palästinischen Bodens ihren Tod gefunden haben.

Nach der Verjüngung des Bodens und inmitten der ersten Einwanderungen neuer Rassen sehen wir unsere Väter erscheinen und von dem verjüngten Boden Besitz nehmen, der seit jener Zeit unser Vaterland geworden ist.

Kein Volk hat so alte und so heilige Rechte auf das Vaterland, das es zurückfordert, als die Nachkommen Abrahams, eines der ersten Besitzer seines erneuerten und wenig bevölkerten Bodens. Er hat es erworben, wo schon andere davon Besitz ergriffen hatten und hat es rechtmässig ausgebeutet, ohne die Rechte anderer zu verletzen.

Zwar hatten unsere Patriarchen als Führer von Nomadenstämmen nur ausnahmsweise die Fähigkeit sich zu Nutze gemacht, sich zu Besitzern eines jungfräulichen Bodens zu machen, dessen Beweidungs-recht ihren Herden nicht bestritten war. Das erste dauernde Eigentums-recht, das unser ältester Patriarch auf vaterländischem Boden erworben hatte, war das, dort seine verstorbene Frau zu begraben. Die berühmte Grabhöhle bei Hebron hat er für 400 Silber-Schekel von einem Manne, Namens Ephron, gekauft. Das Beerdigungsrecht ist auch das einzige, das uns als letztes verblieben ist, und unser Volk hat, wie Sie wissen, davon reichlich Gebrauch gemacht. Noch heute sehen wir häufig Glieder unseres in der ganzen Welt zerstreuten Volkes auswandern, um sich in heiliger Erde begraben zu lassen.

Ich betone das aussergewöhnlich heilige und alte Recht, womit das Hebräervolk sein Vaterland zurückfordern kann, weil man uns gesagt hat, dass wir auf dem Boden Palästinas keine anderen Ansprüche geltend zu machen haben, als die der anderen Völker auf ihre Vater-länder: das Recht der Eroberung. Tatsächlich datiert unsere Nationalität und unsere Niederlassung in Palästina nicht seit den Zeiten Mosis und Josuas, sondern seit den Tagen Abrahams.

Die genealogische Tabelle, die in ihrer lakonischen Kürze Spuren eines solchen Alters aufweist, lässt uns der Einteilung der nachsünd-flutlichen Rassen, der Gründung der ersten Städte auf einem eben entstandenen Boden beiwohnen. Nach der Zeit der Einwanderung der Völker, die vorher in der Umgebung des babylonischen Turmes an-sässig gewesen waren, sehen wir unter anderen Stammeshäuptern, deren Namen nur in unseren heiligen Büchern erwähnt sind, die grosse Gestalt unseres ersten Patriarchen Abraham erscheinen. Auch er ist mit seinen Vorfahren aus den Tälern des Euphrat „von jenseits des Flusses" gekommen, um in Palästina einzuwandern, um sich dort mit seinen Frauen und seinen Herden niederzulassen, um dort das Ober-haupt eines grossen Volkes zu werden. Die historische Mission dieses Volkes war ihm offenbart; sie ist in der Biographie Abrahams stark betont, denn fast jedes Wort und jede seiner Handlungen bezieht sich darauf. — Die Geschichte der Patriarchen trägt dasselbe traditionelle Gepräge wie die von Moses und Josua. — Warum also die eine annehmen und die andere verwerfen? Allerdings hat kein anderes Volk aus einer so prähistorischen Zeit so einfache und doch an Ereignissen historischen Charakters so reiche Traditionen bewahrt, wie die Nachkommen der / Patriarchen. Die historischen Zeiten beginnen in der Tat für jedes Volk erst mit der Zeit seiner staatlichen Konstituierung. Unser Vaterland war noch ein junges, von Nomaden bewohntes Land, zu einer Zeit als Egypten schon Ackerbau und Industrie mit den Einrichtungen eines zivilisierten Staates hatte. Die Nachbarschaft dieses Staates, zu welchem unsere Patriarchen immer in Beziehungen standen, konnte auf unsere Ahnen nicht ohne Einfluss bleiben, selbst bevor sie sich dort niedergelassen haben, um dann in Sklaverei zu geraten. — Unser Volk hat das durchmachen müssen, um eine zivilisierte Gemeinschaft werden zu können. Unsere Patriarchen hatten das mit einer starken Vorahnung ihrer historischen Mission erfasst. Egypten hat sie immer angezogen, und lange vor Jakob sehen wir schon unseren ersten Patriarchen dort einwandern. Der unangebaute Boden Palästinas bot schon in fruchtbaren Jahren nicht genügend Nahrung für die reichen Herden Abrahams und Lots, um wieviel weniger in den Teuerungsjahren, wo unsere Patriarchen immer gezwungen waren, das Land zu verlassen, das ihren Nachkommen verheissen war. Wenn Isaak, wie wir es in der Biographie dieses Patriarchen lesen, nach einem göttlichen Befehl Egypten immer meiden musste, so hat Jakob dagegen wiederum seine Zuflucht zu diesem Land nehmen müssen, das dazu ausersehen war, das Grab der individuellen Freiheit eines Nomadenvolkes und die Wiege der sozialen Freiheit zu werden nach dem göttlichen Gesetz der Gleichheit, das immer fortschreitet, aber niemals aufgehoben wird.

Hier stehen wir der ersten Epoche unseres Gesetzes gegenüber, wie es nach dem Siege der Freiheit erstand. Erlauben Sie mir, dass ich mich erst sammle, ehe wir zu dieser mit dem Ende des egyptischen Exil anbrechenden ersten Manifestation des schöpferischen Genies unserer Rasse kommen. — Wir werden später am Schlusse eines zweiten Exils zu einer zweiten schöpferischen Epoche kommen. — Und wer möchte bestreiten, dass wir, nachdem wir den Kelch der dritten Verbannung geleert haben, am Vorabend einer dritten schöpferischen Epoche stehen werden? — Aber sind wir schon so weit? Hat Israel das Ende seiner jahrhundertlangen Leiden erreicht? Ist die Emanzipation, deren sich ein kleiner Teil unseres Volkes in den vor-

geschrittensten Abendländern erfreut, der letzte Ausdruck seiner
sozialen, moralischen und intellektuellen Freiheit, dieser nationalen
Freiheit, die immer die Conditio sine qua non war, um unser
religion-schöpferisches Genie zur Blüte zu bringen?
Ich glaube nicht. Unsere Arbeit kann nur eine vorbereitende sein.
Inmitten der theoretischen und kritischen Arbeiten, die auszuführen
wir berechtigt und verpflichtet sind, haben wir nicht die Autorität,
die Traditionen unseres Kultus vor dem Tage zu ändern, an welchem
die ersten israelitischen Pioniere von unserem alten Vaterlande Besitz
ergreifen und mit seiner Kultivierung beginnen werden in der laut
bekannt gegebenen Absicht, dort die Basis für eine politische und
soziale Niederlassung zu schaffen. Diejenigen, die ihr Interesse und
ihre Mitarbeit diesem heiligen Werke weihen, das nicht nur allen
unseren abendländischen Brüdern, sondern auch den Volksmassen
unserer orientalischen Glaubensgenossen zu gute kommen wird, werden
das unbestreitbare und wohl auch unbestrittene Recht haben, weil es
ja zu ihrer Mission gehört, ein grosses Sanhedrin einzuberufen, um das
Gesetz gemäss den Bedürfnissen der neuen Gesellschaft zu modifizieren.

Zur Geschichte des Christentums.*)

Kritische Arbeiten von grosser Tiefe, welche die erhabensten Bestrebungen des menschlichen Geistes betreffen, werden jetzt in dem als frivol berüchtigten Frankreich ausgeführt. Nachdem es die bürgerliche Gesellschaft durch den Mut seiner Kinder von dem schweren Erbe Jahrhunderte alter Ungerechtigkeiten befreit hat, streben heute die Enkel Voltaire's und der Revolutionshelden dahin, ihr providentielles Werk durch eine Umgestaltung der alten religiösen Grundlagen zu sanktionieren. Nachdem die alten Dogmen unter den Trümmern der grossen Revolution, die das alte Europa in seinen sozialen und politischen Grundlagen regeneriert hat, begraben worden sind, sehen wir in demselben revolutionären Frankreich Arbeiten entstehen, die eine religiöse Regeneration vorbereiten. Zwar sind ähnliche Arbeiten schon im Anfang unseres Jahrhunderts von den französischen Sozialisten und deutschen Philosophen versucht worden; aber es ist leicht vorauszusehen, dass die heutigen zu weit grösseren und nachhaltigeren Wirkungen gelangen müssen, sei es infolge einer klareren und gleichzeitig tieferen Analyse, die sie dem Publikum bieten, sei es dank dem allgemeinen Fortschritt der Intelligenz dieses Publikums selbst. Denn in der Tat sind es nicht mehr wie früher nur einige Klassen und einige bevorzugte Geister, die Nutzen von den Untersuchungen haben, welche selbst noch in Dunkel gehüllt sind, aus dem man sie zu lösen sich bemüht. Heute strahlt die Sonne hell und leuchtend vor den Augen der ganzen Welt.

Zur Erkenntnis des Gesetzes des Seins, das sich in der Natur und in der Geschichte der Menschheit offenbart, gibt es mehrere Wege, die zum selben Ziel führen.

Der erste ist, auf die Stimme des Gewissens zu hören, welche die Stimme Gottes ist, die sich der Seele des Menschen, die er nach seinem Bilde geschaffen, direkt offenbart. Das ist der Weg, den unsere

---

*) Elementar- u. Kritische Geschichte Jesu, von A. Peyrat. — Jesus Christus und seine Lehre, Geschichte der Entstehung der Kirche und ihrer Entwickelung während des ersten Jahrhunderts, von J. Salvador. Paris 1864.

Väter, unsere Patriarchen, unsere Gesetzgeber, unsere Propheten und Gesetzlehrer verfolgten. Sie haben die Stimme dieser göttlichen Offenbarung gehört, und dass sie sie richtig gehört haben, beweist die Geschichte durch den Einfluss, den sie auf die Geschichte aller zivilisierten Völker ausgeübt haben und den unser Volk immer ausüben wird.

Der zweite Weg ist, die Geschichte ebenso wie die Natur zu studieren, ein Werk der Wissenschaft und Kritik, das gegen das Ende der antiken Zivilisation begonnen, während der schwierigen Errichtung einer neuen sozialen Welt unterbrochen und von allen denen fortgesetzt worden ist, die dieser neuen Welt angehören.

In der Erkenntnis, dass diese verschiedenen Wege zu demselben höchsten Ziele fuhren, können wir uns an dem Werke der Wissenschaft und Kritik beteiligen, ohne den Weg unserer Väter zu verlassen. Aber ihr heiliger Weg, von dem wir nicht abweichen, drückt unseren wissenschaftlichen Studien ein besonderes Gepräge auf. Man wird verstehen, was wir damit sagen wollen, wenn man zwei über denselben Gegenstand soeben veröffentlichte bemerkenswerte Werke miteinander vergleicht, das eine von einem gelehrten Israeliten, Joseph Salvador, das andere von A. Peyrat, die beide der französischen Gesellschaft angehören, die sich aus den Windeln ihrer Kindheit befreien will.

Hören wir die Schlussfolgerungen von A. Peyrat:

„Da kein zeitgenössischer Autor Jesus auch nur zehn Zeilen gewidmet hat, können uns nur die Evangelien allein Aufschluss über seine Geschichte geben. Anstatt einer wahren Geschichte haben wir eine Sammlung von übernatürlichen Ereignissen, Allegorien, Mythen, historischen und halbgeschichtlichen Traditionen gefunden, die ohne Ordnung, ohne Methode, ohne chronologische Genauigkeit berichtet sind. Wir haben gesehen, dass sich mit den wahren Tatsachen Legenden vermischen, die von der Phantasie der ersten Christen geschaffen oder durch das Bedürfnis suggeriert worden sind, die historische Persönlichkeit einem messianischen, mythologischen und religiösen Ideal anzupassen."

Der Autor erklärt schliesslich, dass dieses Werk der reinen Kritik einem andern Werke als Einleitung dienen soll, Studien der Geschichte und Philosophie, in denen die folgenden Fragen berührt werden sollen: „Wie hat diese Religion, das Produkt eines Ideals, als dessen Kritik dieses Buch dienen soll, wie hat sie in ihren wunderbaren Entwicklungen so viele zahllose Generationen umschlingen, ihre Gefühle, ihre Interessen und ihr ganzes Leben beherrschen können? Wir haben die Begründer und die grossen Männer des Christentums mit den jüdischen Traditionen, der orientalischen Gnosis, dem alexandrinischen Platonismus, dem neu-platonischen Asketismus das Gebäude des neuen , Religionssystems errichtet? Dieses System hat alles, was es Bestes an Moral, Philosophie und Theologie der alten Völker gab, in sich aufgenommen; wie ist diese Assimilationsarbeit zu stande gekommen? Wer hat sie begonnen, fortgesetzt, zum Erfolg geführt? Wie ist das Christentum nach so vielen Triumphen und Eroberungen dann auf seinem aufsteigenden Wege stehen geblieben?"

Bevor der Autor auf dem Gebiet der Philosophie und Religionsgeschichte zu Worte kommt, wollen wir versuchen, seine in gewissem Grade persönliche Kritik des Sohnes von Maria, der von den Christen als Sohn Gottes verehrt wird, zu kritisieren.

Peyrat ist einer dieser klassischen Kritiker, deren Typus uns die letzten Jahrhunderte des Mittelalters, besonders aber das vergangene Jahrhundert geliefert haben, und deren unser Jahrhundert noch sehr bedarf. Wer wollte das bestreiten angesichts der grossen Schwäche, von welcher selbst die reifsten Geister nicht frei sind, Kompromisse einzugehen mit den Irrtümern der Kindheit der Menschheit? Es ist zweifellos leichter mit Jahrhunderte alten Illusionen Poesie zu schaffen, als mutig für den Antritt der Herrschaft der Wahrheit zu kämpfen. Und dennoch ist diese in ihrer unendlichen Grösse nicht weniger poetisch als die illusorischen Horizonte voll nebelhafter Dämmerung. — Peyrat ist unerbittlich gegen alle historischen Illusionen, selbst wenn sie unter einer poetischen Form einige philosophische Wahrheiten verbergen könnten. An der Wahrheit liegt ihm vor allem, an der nackten, bisweilen trockenen, aber immer gesunden Wahrheit. Er besitzt alle die hervorragenden Eigenschaften, mittels welcher man die Wissenschaft bis zu ihren äussersten Grenzen vorwärts bewegt; er ist ein unparteiischer Beobachter, ein freier und mutiger Geist, der gerade auf das Ziel losgeht, das er sich gesteckt hat, die Tatsachen durch eine gewissenhafte Analyse richtig zu stellen, und der nicht über das hinausgeht, was das Objekt seiner Kritik ihm bietet. Alles ist wahr in seinem Buche, und wenn es noch Wahrheiten gibt, die darin nicht ausgedrückt sind und dennoch in näherer oder fernerer Beziehung zu dem von ihm behandelten Gegenstande stehen, so hat er nicht nur denen das Feld freigelassen, die an diese Wahrheiten herantreten wollen, sondern er hat durch ˌseine auf ungewöhnlicher Gelehrsamkeit begründete Kritik schon das Eingangstor zu denselben von den Trümmern befreit, die sie noch dem grossen Publikum ver-

schlossen. Indem er Klarheit über die Wiege des Christentums . verbreitet, indem er unser Gesetz bekannt macht, das dessen Beziehungen zum Heidentum verurteilen musste; indem er die Vorurteile
bekämpft, die sich auf Rassenantipathieen stützen, wenn ihnen der
Fanatismus keine Basis mehr bietet; indem er die Widersprüche und
Unmöglichkeiten, die in den sogenannten historischen Dokumenten
enthalten sind, aufweist, hat der Autor grosses Unrecht wieder gut-
gemacht und alles aufgedeckt, was es Irriges in den Überzeugungen
gibt, die regeneriert werden müssen, um sich die modernen Völker
zu versöhnen.

II.

Aber wie zu dieser Regeneration kommen? Das ist nicht Sache
des Autors. Diese Aufgabe muss anderen überlassen bleiben, die das
Genie, das Ideal zu schaffen oder es sich einzubilden, haben. Deren
gibt es in unserem Jahrhundert so viele; und die Völker scheinen
heute ebenso begierig nach einem neuen religiösen Ideal, wie es die
alten Völker gegen das Ende der antiken Zivilisation waren. Leicht
können sich alle diejenigen im voraus Popularität erwerben, die genug
Talent haben, um sich Gehör zu verschaffen, genug Phantasie und
Eigenliebe, um an ihre Berufung zu glauben, genug Anmassung und
Kühnheit, um sich als religiöse Reformatoren aufzuspielen.... Das
bezieht sich jedoch weder im Bösen noch im Guten auf den israelitischen
Verfasser des Buches, dessen Titel am Kopfe dieser Zeilen angegeben
ist. Obwohl Herr Salvador sich nicht damit begnügt, an den bestehenden
Kulten Kritik zu üben, und trotz seines Strebens nach einem neuen,
nahe mit der modernen Gesellschaft übereinstimmenden Ideal, weiss
er die Klippen zu vermeiden, an denen andere Reformatoren Schiffbruch
litten. Er geht keine Kompromisse ein mit veralteten Vorurteilen,
um sich Gehör zu verschaffen, und er hat nicht die Anmassung, aus
einem Guss eine regenerierte Religion zu schaffen. Als Mann der
Wissenschaft und gleichzeitig Sohn der jüdischen Rasse, hat er eine zu
hohe Meinung von historischen Arbeiten und von den Geschicken
der Menschheit, um die religiösen Schöpfungen von einem Individuum
abhängig zu machen. Durch die Entfesselung aller lebendigen Kräfte,
der Geschichte und der Natur, wird sich die höchste Konzeption der

Menschheit entwickeln, ebenso in der Zukunft wie in der Vergangenheit
nach Gesetzen, von denen wir diesesmal mehr Kenntnis haben werden
als im Altertum. Der Autor hat sich bemüht, die Ursachen zu
ergründen, welche das Christentum erzeugt haben. Bei Übung einer
strengen und unparteiischen Kritik, um zu der Kenntnis einer historischen
Epoche zu gelangen, die einander entgegengesetzte Kulten gegenüber-
gestellt hat: den Geschichtskultus des hebräischen Volkes und den
Naturkultus der anderen zivilisierten Völker, verliert Herr Salvador
niemals den Ariadnefaden der grossen Katastrophen aus dem, Auge,
welche die Zerstörung der alten Zivilisation und die Verschmelzung
der Völker des Altertums herbeigeführt haben. Er wird später eine
nützliche Lehre daraus ziehen in Bezug auf die Katastrophen der
Gegenwart, die denen der Vergangenheit ähnlich, aber überlegen sind
infolge der seit fast zwei Jahrtausenden gemachten Fortschritte.
Herr Salvador gehört nicht nur seiner Abstammung, sondern auch
seinem historischen Glauben nach zu unserem Volke, welches das von ihm
geschaffene Ideal nicht aufgibt, sondern es in seinem nationalen Kultus
bewahren wird, bis sich die Zeiten erfüllt haben".

Wir haben die Schlussfolgerungen gesehen, die Herr Peyrat aus
seiner Kritik Jesu gezogen hat. Diejenige, die Herr Salvador aus
demselben Gegenstande zieht, finden wir in dem Vorwort der neuen
Ausgabe seines Buches, vom Monat April 1864 datiert.

Der Verfasser bemüht sich hier zu beweisen, dass es ebensowenig
genügt, an Jesu Kritik zu üben, als einen Roman von seinem Leben
zu schreiben, um über die Entstehung, das Wachstum und den Verfall
des Christentums Licht zu verbreiten. Vielmehr um diese uns heute
noch hinreissende Bewegung verständlich zu machen, muss man höher
hinauf steigen, ausgedehntere Horizonte umfassen, erklären, wie die
achtzehn Jahrhunderte des Glaubens aus den achtzehn Jahrhunderten des
Gesetzes hervorgegangen sind, warum das alte Jerusalem materiell vom
alten Rom besiegt wurde, ebenso wie die Stadt des Universalismus durch
ihre Berührung mit der ewigen Stadt selbst in eine ewige Stadt verwandelt wurde — durch welche Verkettung von historischen Ereignissen endlich diese Qualität der religiösen Zentren seit dem Verfall
des Katholizismus eine wahrhaft unbestimmbare Vielheit geworden ist,
welche die deutliche Neigung zeigt, sich wieder dem einzigen Mittelpunkt zuzuwenden, aus dem sie alle hervorgegangen sind; mit anderen
Worten, warum es heute eine historische Notwendigkeit wird, „dass
die Inspirationen Juda's und ihr ursprünglicher Keim noch einmal
wirksam werden."

Das hat der Autor zu beweisen sich bemüht und er kommt schliesslich zu folgendem Schlusse:

„So wie Gott-Jesus, und nicht der Mensch sich seine Autorität an Stelle der eingesetzten Götter gesetzt und im Schosse Roms seine höchste Manifestation gefunden, so muss ein neuer Messianismus erblühen und sich entwickeln; so muss sich ein Jerusalem neuer Ordnung, zwischen Orient und Occident gelegen, an die Stelle der Stadt der Cäsaren und Päpste setzen. Nun, ich verhehle es mir nicht, seit einer langen Reihe von Jahren habe ich keinen anderen Gedanken genährt als die Zukunft dieses Werkes. — So lange meine Kräfte es mir erlaubt haben, habe ich dessen Fahne aufgepflanzt. Es wird nicht lange dauern, so wird sie in jüngeren Händen als die meinen kräftiger flattern"

Wir sind glücklich, uns in vollkommener Übereinstimmung der Gefühle mit diesen Schlusssätzen des Autors zu wissen.

Studien zur heiligen und profanen Geschichte.*)

Das Gebäude der modernen Gesellschaft, das sich heute auf den Grundsätzen von 1789 zu erheben beginnt, basiert auf einem Fundament, dessen ersten Stein, dessen Grundstein Israel und dessen letzten, dessen Schlussstein Frankreich bildet.

Die Geschichte der Begründung dieser Gesellschaft, die nichts anderes ist als die Geschichte der ganzen Menschheit, obwohl sie bis jetzt nur einen Bruchteil von ihr umfasst, habe ich „Die heilige Geschichte der Menschheit" genannt; es ist der Titel eines kleinen deutschen Werkes, das ich in meiner Jugend im Jahre 1837 veröffentlicht habe und das nur das Verdienst hat, eine Geistesrichtung aufzuzeigen, über die ich mir erst sehr viel später Rechenschaft geben konnte.

Nach den Studien und Erfahrungen, die ich seitdem habe machen können, muss ich sie noch so nennen, da ich überzeugt bin, dass sie einst das heilige Objekt des Kultus aller Völker sein wird.

Die heilige Geschichte ist eine Eigentümlichkeit des hebräischen Volkes. Weltliche Geschichtschreiber gab es unter den Israeliten des Altertums fast gar nicht. Als Entgelt haben sie uns unsere heiligen Schriften gegeben, die für unser Volk und für die Menschheit eine reiche Quelle der Geschichte, sowie des moralischen und religiösen Lebens bilden. Erst in der letzten Stunde unserer letzten Kämpfe mit den Römern finden sich unter uns einige weltliche Historiker, von denen Flavius Josephus der bekannteste und gelehrteste ist. Er ist aber auch am meisten verdächtig, mit den Römern in Beziehungen gestanden zu haben, welche die Feinde aller alten Nationen im allgemeinen und insbesondere der unseren waren.

Seit der Diaspora bis zur neueren Zeit haben uns sowohl weltliche, als auch biblische Geschichtsschreiber in gleichem Masse gefehlt.

Da plötzlich tauchen beide Gattungen auf. Augenscheinlich ein Zeichen der Zeit.

---

*) H. Graetz, Geschichte der Juden von den ältesten Zeiten bis zur Gegenwart. Band 1—6.

Ich werde noch von dem Historiker sprechen, der das französische
Judentum schildert, von Salvador. Vor allem möge man erkennen,
wie richtig seine Voraussicht war, als er, von seiner heiligen Fahne
sprechend, sagte: „Sie wird bald kräftiger flattern unter jüngeren
Händen als die meinen." Graetz ist gewissermassen der Fortsetzer
von Salvador.

Das Charakteristische für unsere beiden modernen Historiker ist,
dass sie gleichzeitig weltliche und biblische Geschichtschreiber sind.
Ihre Tendenzen und ihre Vorurteile sind dieselben wie die unserer
alten biblischen Historiker, sie haben denselben Patriotismus, dieselbe
Gerechtigkeitsliebe, die in unserem Gesetze verkörpert ist, dieselbe Em-
pfindung für das glorreiche Schicksal, das dem Volke des Gesetzes
und durch dieses allen Völkern der Erde vorbehalten ist, und
schliesslich denselben Glauben an den Gott der Geschichte. Aber
diese Tendenzen und diese Vorurteile hindern sie nicht, einen unparteiischen, treuen und genauen Bericht zu geben von der Gesetzgebung, der Literatur, den Lehren, der Tradition, dem Heroismus und
dem Martyrium Israels — das ist alles, was man von klassischen
Historikern verlangen kann.

Nicht ein Winkel in dem Herzen unseres Volkes während seiner
Entwickelung im Altertum und im Mittelalter bleibt den sorgfältigen
Untersuchungen von Graetz verborgen. Er vereinigt zwei Eigenschaften, die für einen verdienstvollen Historiker unentbehrlich sind:
eine unendliche Liebe zum Gegenstand seiner Studien und einen
forschenden Geist von seltener Feinheit.

Gewöhnlich verlangt man von dem Historiker eine kalte Unparteilichkeit. Aber wenn man die unsterblichen Werke der griechischen und römischen Geschichtschreiber studiert, ebenso wie die
unserer biblischen Historiker, deren Eigenschaften sich bei unserem
jüdischen Autor vereinigt finden, erkennt man leicht, dass das Auge
der Liebe, wie das des Hasses, viel scharfsichtiger ist als die Gleichgiltigkeit, die sich Unparteilichkeit nennt. Man vergleiche die Werke
von Jost mit denen von Graetz über dasselbe Thema. Welch ein
Unterschied! Dort sieht man trockene Nebel kalter Reflexion über
allen Situationen lagern und die Leidenschaften des historischen
Dramas verschleiern, in dem unser Volk eine aktive oder passive
Rolle gespielt hat. Hier fühlt man den Pulsschlag des Herzens der
Zeitalter, aus denen das Leben unseres Volkes durch die Jahrhunderte
hindurch besteht.

Graetz hat nicht künstlich getrennt, was untrennbar mit einander verbunden ist, die sozialen Ereignisse und die Entwickelung der Gedanken in der Geschichte des jüdischen Volkes. Aber selbst bei diesen Ereignissen weiss er diejenigen hervorzuheben, die im guten oder bösen Sinne den grössten Einfluss auf die Entwickelung des Volksgeistes gehabt haben. Mit einer Instinktsicherheit einer über das Schicksal ihrer Kinder wachenden Mutter erkennt er die historischen Partieen, die den Keim eines Fortschrittes oder andererseits eines Verfalles enthalten, Partieen, die er mit Meisterhand auf dem Vordergrunde entwirft; während andere Partieen, die einen untergeordneten Einfluss auf unsere historische Entwickelung hatten, sich in den Perspektiven des vor unseren Augen entrollten grossen Gemäldes verlieren.

Zwei Epochen sind inmitten dieser grossen historischen Periode zu unterscheiden, welche uns der Autor, von den Zeiten der Hasmonäer beginnend, durchschreiten lässt. Die erste ist gewissermassen die Einführung in das Judentum des Mittelalters und die Wiege des Christentums, die zweite bereitet langsam das moderne Judentum vor, bis zu welchem der Autor jedoch noch nicht gekommen ist, weil der letzte bisher veröffentlichte Band über das 15. Jahrhundert noch nicht hinaus geht.

Indem der Verfasser uns das Eindringen des Hellenismus in Judäa vorführt, die Berührung der beiden vorgeschrittensten Zivilisationen des Altertums, die daraus folgenden Zusammenstösse, die gegenseitigen Kämpfe, die Reaktionen des Judaismus gegen den griechischen Geist, von dem die Juden durchdrungen waren, in der Verteidigung des mosaischen Gesetzes und der Religion der Propheten, lässt er uns der Entstehung dieser politischen Parteien beiwohnen, aus denen nach der Zerstörung aller alten Nationalitäten durch die Römer und ihre Erben einerseits das dogmatische Christentum, andererseits das talmudische Judentum hervorgegangen sind.

Aber mitten in der tiefen Finsternis des Mittelalters setzen sich die Araber, nachdem sie in den Orient und Occident eingedrungen sind, in Spanien fest und pflegen dort Kunst und Wissenschaft. Die Juden arbeiten an der arabischen Zivilisation lebhaft mit, und dort entwickelt das Judentum die ersten Keime einer Regeneration, die durch Verfolgungen und fanatische Reaktionen noch lange unterdrückt, aber nicht vernichtet werden wird.

Man kann die Geschichte der Juden von den Hasmonäern bis zur Gegenwart in zwei Teile teilen, entsprechend den beiden Epochen, die ihre Ausgangspunkte bilden; die Ausstrahlungen an Wärme und Licht dieser beiden Brennpunkte erfüllen die ganze Geschichte des

Judentums während zweier Jahrtausende. So wie die erste Epoche die Keime des christlichen und jüdischen Mittelalters geschaffen und entwickelt hatte, birgt die zweite schon die Keime der neueren Zeiten. Zwei Juden, welche mit verschiedener Berechtigung den grössten Einfluss auf die Entwickelung des modernen Geistes im allgemeinen und des Judentums im besonderen ausgeübt haben, Spinoza und Mendelssohn, sind die natürlichen und intellektuellen Söhne dieser Epoche*), welcher unser Historiker einen grossen Teil seines Werkes widmet. Man muss darin lesen über diese Kämpfe zwischen den Anhängern und Gegnern der Wissenschaft im Schosse des Judentums, die mehrere Jahrhunderte währten; man muss alle diese intellektuellen und sozialen Katastrophen unserer Geschichte kennen, seit der Herrschaft der Mauren in Spanien bis zur Verbannung der Juden und Muselmänner von der iberischen Halbinsel, um die Vergangenheit unseres Volkes zu verstehen und seine Zukunft vorzuempfinden.

Noch ein Wort über die Art der Veröffentlichung der Bände, aus denen das Graetzsche Werk besteht. Er hat nicht mit dem Anfang begonnen. Die frühesten Epochen unserer Geschichte erfordern Untersuchungen an denselben Orten, die der Schauplatz unserer Geschichte frühester Zeiten waren. Um sie richtig bewerten zu können, muss man, nach der Meinung unseres Historikers, Studien und Reisen im Orient machen, die er noch nicht hat machen können, die er aber später zu machen beabsichtigt, wenn die Verhältnisse es ihm gestatten werden. Nach der Meinung des Autors werden diese späteren Studien den Inhalt der beiden Bände bilden, welche die Geschichte des Hebräervolkes umfassen soll von den ältesten Zeiten bis zu den Tagen der Hasmonäerhelden, mit denen er den dritten Band, den ersten der bis jetzt erschienenen, begonnen hat. Er geht bis zur Zerstörung Jerusalems und enthält die Geschichte von 230 Jahren, 160 v. Chr. bis 70 n. Chr. — Der folgende Band geht bis zur Vollendung der Redaktion der Talmuds gegen das Jahr 500, entsprechend dem Zeitpunkte des Verlustes der letzten Spur von Unabhängigkeit, welche unsere Väter bis dahin in Persien genossen hatten. Die Hauptzentren der Geschichte unseres Volkes, die sich bisher im

---

*) Es ist bekannt, welchen Einfluss die Lektüre des Maimonides auf Mendelssohn ausgeübt hatte. Was Spinoza betrifft, so war er wohl sui generis und nicht mehr Schüler jüdischer Philosophen als Descartes'. Aber selbst seine Polemik gegen Maimonides, Ibn-Esra und Chaskai-Crescas beweist zur Genüge den Anreiz, den diese jüdischen Schriftsteller auf Spinozas Geist ausgeübt haben. (Siehe Graetz, Geschichte der Juden, Bd. 8, S. 98 u. 99.)

Orient befanden, werden nun nach Europa verlegt, nach Spanien, Frankreich, Deutschland und Polen.

Nach den soeben besprochenen zwei Bänden hat der Autor noch weitere vier veröffentlicht, deren letzter soeben erschienen ist. Eine chronologische Tabelle des in den sechs Bänden behandelten Materials ist ihm angefügt. Dieses Material bildet also die Geschichte der Juden von den Makkabäerzeiten bis gegen das Ende des XV. Jahrhunderts, der Zeit der spanischen Judenvertreibungen. Drei Jahrhunderte später wird das Ende des 18. Jahrhunderts das Ende der jahrhundertelangen Leiden unseres Märtyrervolkes bezeichnen, den Beginn seiner Regeneration.

Während wir die Worte des Autors auf dem brennenden Terrain der modernen Gesellschaft erwarten, voller Vertrauen, dass wir ihn auch da, wie im Altertum und Mittelalter auf der Höhe seiner Aufgabe finden werden, wollen wir bei dem ersten Bande (dem dritten) verweilen, der uns den Schlüssel zum geheimnisvollen Ursprung des Christentums geben wird. Eine zweite Ausgabe desselben ist im Jahre 1863 veröffentlicht worden, in welcher der Autor diese interessante Partie der Geschichte der Juden viel mehr wie in der ersten Ausgabe entwickelt hat.

II.

Man erhebe das Christentum zu der Höhe moderner Ideen, reinige es von der Beimischung, die ihm bei seinem Eintritt in die Welt, um sie umzuwandeln, von seiner Umgebung hinzugesetzt wurde, und was davon übrig bleibt, kann das Judentum nicht nur acceptieren, sondern als sein eigenes Werk in Anspruch nehmen.

Was ist denn in der Tat das Christentum, so wie die moderne Gesellschaft es versteht?

Es ist der Messianismus des hebräischen Volkes, der Kultus der Geschichte, der Glaube an eine Vorsehung, welche sich in den Geschicken der Menschheit offenbart: leitend, schaffend und entwickelnd, Menschen und Völker zum Heile der Menschheit niederwerfend und wiedererhebend im Beisein der ältesten Zeugen der Geschichte.

Das wahre Christentum, den Messianismus des hebräischen Volkes hat niemand besser zu bewerten und passender auszudrücken verstanden als unser jüdischer Historiker. Indem Graetz den Ursprung des Christentums vom israelitischen Gesichtspunkte schildert, hat er bewiesen, dass ein der Religion seiner Väter ergebener Jude wohl die Wahrheit in der christlichen Religion anerkennen kann, obwohl sie während einer langen Reihe von Jahrhunderten für unser Volk nur eine immerfliessende Quelle von Verfolgungen und Demütigungen war, die unser Geschichtsschreiber mit soviel Verve zu schildern versteht.

So schildert er das erste Erscheinen eines Ereignisses, das gewissermassen den Mittelpunkt der ganzen Geschichte bildet:

„Während Judäa noch zitterte, den Landpfleger Pontius Pilatus irgend einen Streich der Gewalttätigkeit ausführen zu sehen, der eine neue Aufregung und neue Leiden zur Folge haben könnte, rang sich eine Erscheinung ins Leben, so klein in ihren Anfängen, dass sie nach ihrer Geburt kaum beachtet wurde, nahm aber durch die eigentümliche Art des Auftretens und von Umständen begünstigt, allmälig einen so gewaltigen Anlauf, dass sie der Weltgeschichte neue Bahnen vorzeichnete. Es war nämlich die Zeit gekommen, in welcher die Grundwahrheiten des Judentums, bisher gebunden und nur von Tiefer- denkenden in ihrem wahren Werte erkannt, sich der Fessel ent- schlagen und frei hinaustreten sollten, die Völker der Erde zu durch- dringen. Die neue Erscheinung, welche unter Pilatus' Landpflegerschaft auftauchte, war es nun, welche eine grössere, innigere Teilnahme der Heidenwelt an der Lehre des Judentums anbahnen sollte. Aber diese Erscheinung trat durch Aufnahme fremder Elemente, durch Selbst- entfremdung und Entfernung von ihrem Ursprung bald in einen schroffen Gegensatz zu ihm. Die judäische Religion, welche diese Geburt in die Welt gesetzt, konnte keine Mutterfreuden an ihr haben, weil die Tochter sich bald unfreundlich von ihrer Erzeugerin abwandte und Richtungen einschlug, wohin zu folgen dieser unmöglich war. Wollte das Judentum nicht seinen eigentümlichen Charakter ab- streifen und seinen uralten Überzeugungen untreu werden, so musste es einen schroffen Gegensatz zu dem von ihm selbst Erzeugten ein- halten.

Das Christentum verdankt seinen Ursprung einem überwältigenden, dunklen Gefühle, das die höheren Schichten der judäischen Nation beherrschte und mit jedem Tage mächtiger wurde, je unbehaglicher und unerträglicher der politische Zustand mit seinen Folgen dem damaligen Geschlechte wurde. Die gehäuften, täglich sich erneuernden Leiden, welche die Schonungslosigkeit der Römerherrschaft, die

Schamlosigkeit der herodianischen Fürsten, die Feigheit und Kriecherei der judäischen Aristokratie, die Selbstentwürdigung der hohenpriesterlichen Familien, die Zwietracht der Parteien erzeugten, hatten die Sehnsucht nach dem in den prophetischen Verkündigungen verheissenen Erlöser, nach dem Messias, in einem so hohen Grade gesteigert, dass es jedem höher Begabten leicht gelingen konnte, messianischgläubige Anhänger zu finden, insofern er nur, sei es durch äussere Erscheinung, sei es durch sittlich-religiöse Haltung für sich einzunehmen vermochte.

Die messianische Spannung beherrschte also die Gemüter in den mittleren Schichten der Nation mit Ausnahme der Aristokraten und der Römlinge, welche mit der Gegenwart zufrieden waren und von einem Wechsel der Dinge eher Unheil zu fürchten, als Heil zu erwarten hatten. Daher traten denn auch innerhalb des kurzen Zeitraums von dreissig Jahren eine Reihe schwärmerischer Männer auf, welche ohne betrügerische Absicht, nur dem inneren Drange folgend, das Joch der Leiden vom Nacken der Nation abzuschütteln, sich als Propheten oder als Messiasse ausgaben und Gläubige fanden, die ihren Fahnen bis in den Tod treu blieben. So leicht es aber auch war, messianisch-gläubige Anhänger zu finden, so schwer war es, sich bei der ganzen Nation als Auserwählter geltend zu machen und zu behaupten. Die messianische Zeit werde auch, so dachten die Gebildeten, die judäische Nation innerlich dazu vorbereitet finden in altpatriarchalischer Lebensheiligkeit und in gehobener Gesinnung, die keinen Rückfall mehr in die alte Sündhaftigkeit zuliesse, und der göttlichen Gunst teilhaftig. Dann würden die Gnadenquellen ehemaliger Glückseligkeit aus ewigem Born wieder fliessen, die verödeten Städte wieder erstehen, die Wüste in fruchtbares Land verwandelt werden und das Gebet der Lebenden würde die Kraft haben, die Hingeschiedenen wieder zu erwecken.

Am meisten idealisch malten sich wohl die Essäer den Messias und die messianische Gnadenzeit aus, sie, deren ganzes asketisches Leben nur dahin zielte, das Himmelreich (Malchut Schamajim) und die kommende Zeit (Olam ha-Ba) zu fördern. Ein Messias, der die Zuneigung der Essäer gewinnen wollte, müsste ein sündenfreies Leben führen, der Welt und ihrer Nichtigkeit entsagen, Proben ablegen, dass er des heiligen Geistes (Ruach ha-Kodesch) voll sei, Gewalt über Dämonen besitzen und einen Zustand der Gütergemeinschaft herbeiführen, in welchem der Mammon nichts gelte, dagegen Armut und Hablosigkeit die Zierde der Menschen seien".

Der Autor erklärt, wie von den zahlreichen politischen und religiösen Parteien, die sich damals in Juda bildeten, nur zwei, die Pharisäer und die Essäer fähig waren, sich zu entwickeln und neue, einander entgegengesetzte Formen des Judentums zu schaffen, das heisst: das Christentum und das Judentum des Mittelalters.

III.

Die Verfasser grosser moralischer, intellektueller und künstlerischer Werke sind immer mit einem Geheimnis umgeben gewesen, worüber man sich noch nicht genügend Rechenschaft gegeben hat. Dieser Erscheinung begegnen wir nicht nur in der Bibel und den ältesten, selbst noch von Finsternis umgebenen Zeiten. Sie wiederholt sich überall bis an die Schwelle unseres Zeitalters, welches doch so neugierig und so nach persönlichem Ruhme gierig ist.

Shakespeare und Spinoza haben sich nicht mehr Sorge um die authentische Ausgabe ihrer Werke gemacht, als Moses, Homer, Sokrates und Jesus. Man hat sich damit erst mehr oder weniger lange Zeit nach ihrem Tode beschäftigt. Je mächtiger das schöpferische Genie in einem Menschen ist, desto weniger besitzt er von dieser Eitelkeit, die es liebt, sich in ihren Werken zu spiegeln und sich ihrer als Piedestal zu bedienen. Die Überlegung, das heisst der Gedanke, der sich im Gedächtnis spiegelt und dort das Bewusstsein unserer Identität und unseres individuellen Willens schafft, diese eitle Überlegung, die jede unserer Handlungen vormerkt und uns gewissermassen ein Erfindungs-Patent für jedes unserer Werke liefert, schwindet vor den spontanen und unfreiwilligen Lebensäusserungen, vor den unmittelbaren Erzeugnissen der Seele, vor der einzigen Quelle aller Schöpfung. Die Überlegung kommt oft im Gefolge einer langen und arbeitsreichen Entwickelung, weit entfernt von dieser Quelle des Lebens, die allein die Kraft des Genies ausmacht. Wie das Kind, hat das Genie mehr Lebenskraft, weil es Gott näher ist; und aus demselben Grunde ist es unpersönlicher und spontaner, weniger eitel und unschuldiger, weniger arbeitsam und tätiger, weniger überlegt und sorgloser. Alles was Vollkommenes in der Natur und im Menschengeiste ersteht, ist das

Werk des Schöpfers selbst, ist eine Offenbarung. Wir haben nicht mehr Herrschaft über die Ideen, die unmittelbar aus der ewigen und einzigen Quelle alles Lebens hervorgehen, als über die physiologischen Funktionen unseres Körpers. Die Leistung des Genies entsteht ohne• Anstrengung, wie das einer guten Gesundheit sich erfreuenden Organs; und sein Verfasser ist darauf nicht stolzer, als es das Ohr und das Auge auf ihre regelmässigen Funktionen sind. Darum gibt es nichts Bescheideneres als den genialen Menschen. Das erhabenste Wort entschlüpft ihm, die Welt bemächtigt sich desselben, es wird das Eigentum einer zunächst beschränkten, dann sich aber immer vergrössernden Gemeinde; und wenn es die Welt bezwungen haben wird, wird man nicht ohne Grund sagen, dass es nicht das Werk eines Menschen, sondern Gottes selbst ist.

Die von Gott Inspirierten fühlen nur zu gut, dass der Schöpfer zu gleicher Zeit im Menschen und über dem Menschen, in der Welt und über der Welt ist, um sich persönlich den Ruhm zuschreiben zu können, der dem Schöpfer allein gebührt. Aber diejenigen, die sie von fern hören und sie interpretieren, verstehen gewöhnlich nicht die Art der Offenbarung, die sich durch die Intervention Gottes in der Welt beständig vollzieht. Sie sind entweder Naturalisten, eine andere Bezeichnung für Materialisten, die das Dasein Gottes einfach leugnen, oder Theisten, die seine Gegenwart in der Welt leugnen oder Supranaturalisten, die seine Intervention nur vermittelst Wunder im Widerspruch mit den Naturgesetzen gelten lassen wollen. Die Israeliten, die selbst das Werkzeug sind, durch welches sich die Vorsehung den historischen Völkern offenbart, haben aus dieser besonderen Art der Intervention Gottes niemals ein Dogma gemacht. Wenn es Geheimnisse gibt und immer geben wird, die für den Menschen undurchdringlich sind, so sind sie es nicht, welche das Wesen unserer Religion ausmachen. Was im Gesetze Gottes Undurchdringliches bleibt, darf auf unsere moralischen und religiösen Überzeugungen keinen Einfluss haben, wie es uns in jenem Worte befohlen ist (Moses V, 51, 28): „Gott allein besitzt das Geheimnis der Dinge; uns und unseren Kindern gehören die zu offenbarenden Dinge."

Wir haben in der Tat nur Gesetze, die von einem Geiste offenbarer Gerechtigkeit durchdrungen sind; wir haben keine unverständlichen Dogmen. — Das Gesetz ist uns nicht von einer unserer Freiheit entgegengesetzten Autorität auferlegt worden; es beruht auf einer unsererseits freiwillig übernommenen Verpflichtung, es ist ein frei geschlossenes Bündnis.

„Wir werden tun, und wir werden hören" haben unsere Väter
Moses geantwortet, als er ihnen das Buch des Bundes vorgelesen
hatte. „Wir werden alles tun und einstudieren alles, was du uns im
Namen des Ewigen sagst."

Das aus der Einheit und der höchsten Souveränität hervorgegangene Gesetz ist auf der Einheit und dem Willen des Volkes
begründet; es schloss jeden Mystizismus, jeden Kastengeist, jeden
Widerspruch in den Ideen nnd in den Dingen, jeden Dualismus des
Prinzips aus. — Der Tag, an dem die zivilisierten Völker sich rück-
haltlos den Prinzipien unserer Religion ergeben werden, wird jeden
Missklang zwischen den Nationen und Autoritäten, zwischen der
zeitlichen und geistigen Ordnung schwinden sehen. An jenem Tage
wird sich das Wort unserer Propheten erfüllen:
„An jenem Tage wird der Ewige einzig sein und sein Name einzig".

Gewiss, das Christentum hat auf seine Weise dazu beigetragen,
dieses Wort zu erfüllen, aber das Christentum war nur der Anfang
vom Ende. — Um zu einer Regeneration der zur Hälfte korrumpierten, zur Hälfte barbarischen und wilden Völker, die durch die
Gewalt herrschen oder beherrscht werden, zu gelangen, müsste es
zunächst die geistige Macht, die es auszuüben habe, um die religiösen
und moralischen Überzeugungen der Menschen zu erneuern, von der
zeitlichen Macht trennen, die es noch nicht besass, und dann sich
dieser selben Macht versichern, um sich ihrer zur Erfüllung ihres
geistigen Werkes zu bedienen. Man weiss, wie die Kirche sich ihrer
bedient hat, um die Völker unter ihrer Vormundschaft zu halten,
selbst da noch, als diese schon von dem Geist der Gerechtigkeit und
Liebe, von der biblischen Moral und Religion erfüllt waren. Nachdem
die Völker durch die Kirche in den Messianismus des hebräischen
Volkes eingeweiht worden waren, haben sie gegen ihre untreuen Vor-
münder protestiert, die ihre Herrschaft über die Seelen zu einer
dauernden machen wollten, indem sie Unwissenheit, Elend, Verderbtheit
und Barbarei dauernd bestehen lassen wollten. Noch währt der Protest,
und er wird erst dann aufhören, wenn die Nationen es erreicht haben
werden, sich frei auf der Basis des von allem abergläubischen Beiwerk·
gereinigten Christentums zu konstituieren; einer Basis, die keine andere
ist als der israelitische Messianismus.

So betrachtet der Historiker G r a e t z, Professor am Rabbiner-
Seminar in Breslau, das Werk Jesus. Weit entfernt, seine göttliche
Mission und die erhabenen Wahrheiten zu leugnen, die die Evangelien
uns von ihm hinterlassen haben, sucht sein forschendes Auge zu· ent-

decken, was in diesen posthumen Werken mit Recht Jesus und seinen
ersten Schülern zugeschrieben werden kann und was ihnen aus Partei-
interessen fälschlich zugeschrieben worden ist; was die Juden von
dem Werke Jesus zulassen konnten und was sie bekämpfen mussten,
was schliesslich unter den Talmudstellen, die auf den Tod Jesu Bezug
haben, einen Stempel der Wahrheit zu tragen scheint, der es gestattet,
sich ihrer als historische Dokumente zu bedienen. — Beginnen wir
mit diesen letzten Untersuchungen.

Der jerusalemitische Talmud (Sanhedrin VII, 16 p. 25) handelt
von einer Art des Zeugnisses in den Kriminalprozessen, die er als
traditionelles Gesetz zulässt, indem er sich auf einen Präzedenzfall im
Prozess Jesu stützt, wo man von dieser speziellen Art des Zeugnisses
Gebrauch gemacht haben soll. Ein Verräter unter den Schülern
Jesu sollte der Obrigkeit Gelegenheit verschafft haben, zwei
Zeugen in einem Versteck unterzubringen, von welchem aus sie das
Geheimnis der Lehren des Meisters, der sich mit seinen Schülern unter-
hielt, erlauschen konnten. — Der babylonische Talmud, (Sanhedrin,
p. 67a) lässt dieselbe Art des Zeugnisses zu, indem er sich auf dieselbe Tradition stützt. — Wenn man nun weiss, mit welcher ängstlich-
gewissenhaften Treue der halachische Talmud, d. h die Partie der
traditionellen Gesetze, redigiert wurde, kann man nicht zugeben, dass
diese Tradition des berühmten Prozesses leicht genommen sein sollte,
welche die Evangelien mit soviel unwahrscheinlichen und unmöglichen
Ereignissen umkränzt haben. Herr Peyrat hat alles gezeigt, was in
der Geschichte der Evangelien mit Bezug auf den Verräter unter den
Aposteln unzulässig ist. Die Version des Talmud trägt dagegen schon
den Stempel der Wahrheit an sich. Zwar stürzt ein Wort in der eben
von uns zitierten Stelle die ganze Geschichte von dem Tode Jesu, wie
ihn die Evangelien erzählen, völlig um. Es folgt aus dem Worte:
„Sie steinigten ihn“, das sich wie zufällig am Ende der zitierten Stelle
befindet, dass, bevor Jesus nach römischem Brauche an das Kreuz-
genagelt wurde, er schon der vom jüdischen Gesetz gegen den Gottes-
lästerer vorgeschriebenen Todesstrafe unterworfen worden wäre. Diese
Todesstrafe, die Steinigung, muss zur Zeit Jesu noch Brauch gewesen
sein. Die Evangelien erzählen davon, und Jesus selbst hatte sich, um
eine Sünderin zu rehabilitieren, eines Ausdrucks bedient, der sich nur
aus dem Brauch einer den Juden ganz besonders eigenen Todesstrafe
erklären lässt. Nach jüdischem Gesetz führte man die Steinigung
aus, indem man den Schuldigen mittelst eines grossen Steines zerschmettern liess, der ihm von demjenigen zugeworfen wurde, der am

meisten von seiner Schuld überzeugt war, also von den hauptsäch-
lichsten Belastungszeugen, und dieser Stein musste ihn töten. Erst
nach diesem Hauptakt der Hinrichtung durfte das Volk seine Steine
auf den Delinquenten werfen. Daher dieser Ausdruck bei den alten
Juden, der noch heute dank der Evangelien populär ist: „Wer wollte
es wagen, den ersten Stein auf ihn zu werfen?"

(Die angekündigte Fortsetzung dieses Aufsatzes ist nicht erschienen. Zl.)

Noch ein Wort über meine Missionsauffassung.

Mein lieber Direktor!

In einem Artikel, der übrigens ausgezeichnete Wahrheiten enthält, die ich voll und ganz unterschreibe, sagt Herr Doktor Hirsch aus Luxemburg einige Worte gegen mich, auf welche Sie mir wohl gestatten werden, kurz zu antworten.

Der Herr Rabbiner von Luxemburg sagt: 1. Herr Hess täuscht sich gewaltig, wenn er den deutschen Rabbinern vorwirft, dass sie mit ihrem Wunsche, den öffentlichen Kultus zu reformieren, nur im Auge haben, die Kirche nachzuahmen. Dieser Vorwurf sündigt gegen den gesunden Menschenverstand. Die Kirche nachahmen, um dadurch ich weiss nicht was für eine politische Emanzipation zu erreichen, das könnten wir wohlfeiler haben . . . ."

Der erste Teil dieser Periode supponiert mir einen Gedanken, der mir nie in den Sinn gekommen ist; der letzte ist unklar.

Ich habe nie gesagt, dass die deutschen Rabbiner „die Kirche nachahmen."

Ich habe es in meinem deutschen Werke, auf das Herr Doktor Hirsch anspielt, sehr klar ausgesprochen und in meinen französischen Publikationen nur mit einigen Worten darauf hingewiesen, dass die Rabbiner, deren Streben dahin geht, aus unserem alten Kultus alles das auszuscheiden, was ihm seinen historischen Charakter verleiht, sich einer unnützen Kraftvergeudung schuldig machen, indem sie die christlichen Rationalisten nachahmen. Diese haben, indem sie mit Recht alles Abergläubische des Christentums bekämpfen, nur diejenigen Wahrheiten darin fortbestehen lassen, welche nie vom Judentum bestritten worden sind. — Das rein negative Werk der christlichen Rationalisten nachahmen, ist, glaube ich, etwas ganz anderes als das, was Herr Hirsch nennt: die Kirche nachahmen. Einen derartigen Vorwurf gegen die deutschen Reformer zu erheben, wäre allerdings widersinnig, darin stimme ich vollkommen mit Herrn Hirsch überein. Aber ausserdem finde ich, wie ich bereits gesagt, noch das unklar, was Herr Hirsch zur Bekräftigung dieser seiner Meinung hinzufügt. Wie? Wenn die deutschen Rabbiner die Gebräuche eines anderen

Kultus nachahmen wollten, um dadurch die Emanzipation zu erlangen, könnten sie diese „wohlfeiler haben!" Vielleicht, indem sie ihre Religion und die ihrer Gemeinden „feilbieten"? — Es ist unmöglich, dass Herr Hirsch unter „wohlfeiler" eine solche Gemeinheit verstehen sollte, welche gleichzeitig immerhin auch eine Absurdität ist: Denn schliesslich würde ein Rabbiner mit seiner Bekehrung eine ehrenvolle Stellung für „ich weiss nicht was für eine politische Emanzipation" aufgehen. — Und wie soll man dennoch den letzten Satz des Herrn Hirsch verstehen? — Möge er die Güte haben, darüber Aufschluss zu geben.

Was die Nationalitätenfrage anbetrifft, so verspricht Herr Hirsch, darauf zurückzukommen, und ich, ich verspreche es ihm auch, darauf zurückzukommen.

Die drei grossen mittelländischen Völker und das Christentum.

Unter diesem Titel hat Herr Gustav von Eichthal vor kurzem das erste Kapitel einer Arbeit über „das politische Christentum" veröffentlicht. Der Autor scheint, ohne dass er die Schlussfolgerungen bekannt gibt, welche er aus den in diesem Kapitel niedergelegten Prämissen ziehen wird, durch diese Veröffentlichung von Prinzipien, welche eine ganze Philosophie der Religionsgeschichte bilden, zur Prüfung der Haltbarkeit eines auf einem solchen Fundamente zu errichtenden Gebäudes aufzufordern. — Wir wollen also diese Seiten analysieren und prüfen, welche von ganz besonderem Interesse für diejenigen sind, die an eine Mission des jüdischen Volkes nicht nur in der Vergangenheit, sondern auch in der Gegenwart und Zukunft glauben.

Dem Autor, einem stark philosophisch veranlagten Geist, ist es eher um den Kern als um die Form der Religionen zu tun. Er begnügt sich nicht damit, alle vergangenen, gegenwärtigen und zukünftigen Religionen in zwei oder drei Kategorien einzuzwängen: Polytheismus und Monotheismus, oder Heidentum und Christentum. Was gibt es in der Tat Gemeinsames zwischen dem griechischen Polytheismus, dessen Götter nur idealisierte Menschen sind, so wie sie dem Geiste der Hellenen vorschwebten, und dem asiatischen Polytheismus, dessen widerwärtige Gottheiten Ebenbilder eben so widerwärtiger Gesellschaften waren? — Hatten die Künstler, die Philosophen und die Gesetzgeber Griechenlands und Roms, die sozialen Prinzipien der beiden klassischen Völker nicht weit mehr Ähnlichkeit mit denjenigen des dritten klassischen Volkes des Altertums, des Hebräervolkes als mit denjenigen aller anderen polytheistischen Völker?

Kann man, wenn man sich an die historischen Tatsachen hält, mit gutem Recht und ernstlich bestreiten, dass die Griechen und Römer eben, so viel wie die Israeliten dazu beigetragen haben, all das Widernatürliche der alten asiatischen Gesellschaft zu bekämpfen und den Grund zur neuen Gesellschaft zu legen?

Wenn jedoch eine grosse Verwandtschaft in dem Geiste der drei soeben genannten Völker, welche der Autor als die „drei grossen mittelländischen Völker" bezeichnet, vorhanden ist, eine Verwandtschaft, welche sie durch eine tiefe Kluft von allen übrigen, zur Hälfte barbarischen, zur Hälfte durch die Kastenherrschaft herabgewürdigten Völkern des Altertums trennt, so ist es nicht weniger wahr, dass ein jedes dieser drei Völker sich durch seinen ihm eigentümlichen, seiner Rasse innewohnenden Geist ausgezeichnet hat, welcher eine der erhabenen Eigenschaften der Menschheit bildet, die keine allgemeine und endgiltige Gesellschaft bilden kann, wenn eine einzige dieser erhabenen Eigenschaften ihr abginge.

Welches sind diese Ähnlichkeiten, diese Unterschiede, diese hervorragend menschlichen Eigenschaften der drei Völker? Diese Fragen hat der Autor sich gestellt, und er gelangt zu folgenden Resultaten seiner wissenschaftlichen Forschungen und seines philosophischen Nachdenkens.

Ebenso wie der Mensch, so hat auch die menschliche Gesellschaft ihre verschiedenen Altersstufen. Heute hat sie kaum das Alter ihrer Reife, ihrer Mannbarkeit erreicht; aber es war eben nicht immer so. Abgesehen von den prähistorischen Epochen, in denen die erste Kindheit der Menschheit ausserhalb jeder sozialen Organisation verfloss; denn wo eine Gesellschaft existiert, da gibt es auch Geschichte, Traditionen, Monumente, Spuren einer Zivilisation; abgesehen also von diesen langen Epochen, in denen es nach dem Zeugnis der geologischen Wissenschaften sehr viele Menschen auf unserem Erdball gab, aber Menschen, die unserer Wissbegierde nur einige Spuren ihres materiellen und wilden Lebens hinterlassen haben, gehörte die ganze alte asiatische Welt vom äussersten Orient bis nach Ägypten mit allen diesen gigantischen Kaiserreichen und mikroskopischen Königreichen, mit ihren grossen Despoten und kleinen Tyrannen noch zur zweiten Kindheit der Menschheit. Das Charakteristische für die drei mittelländischen Völker, die Israeliten, die Hellenen und die Römer, besteht darin, dass mit dem Momente ihres Erscheinens auf dem Schauplatz der Geschichte das beginnt, was der Autor die Krisis des Jünglingsalters der Menschheit nennt, eine Epoche, in welcher mit der Fähigkeit zu lieben sich alle sympathischen Kräfte wie durch Zauberkraft entwickeln. Daher verschwinden auch die Kasten und der Despotismus bei den drei mittelländischen Völkern. Plötzlich mit einem Schlage erscheinen die Liebe für das Gerechte, das Gute, das Wahre und das Schöne, das moralische und religiöse, das sozusagen

moderne Gefühl. Die Religion, bis dahin das Geheimnis der Priester,
wird Gemeingut; unter mannigfaltigen Formen erscheint ein vertrauter
und wohlwollender Verkehr in den Beziehungen der Gottheit mit den
Menschen. Der Autor vergleicht die Literatur der alten asiatischen
Welt mit jener der drei mittelländischen Völker. Wie sollte man, ruft
er aus, nachdem er die ältesten Stücke der israelitischen, griechischen
und lateinischen Literatur ausgeführt, wie sollte man nicht durch alle
diese so mannigfaltigen Formen hindurch denselben Gedanken, oder,
besser gesagt, dieselbe Melodie erkennen, die Melodie der Menschheit,
welche beim Austritt aus ihrer Kindheit zum Bewusstsein ihrer Würde
und ihrer Freiheit, zum Gefühle des Rechtes, zur Liebe der Gerechtigkeit gelangt ist?

Diesen Jünglingen ist durch eine plötzliche Intuition alles wunder-
bar klar und sicher. Sie fühlen sich in Übereinstimmung mit der
Weltordnung, mit dem göttlichen Gedanken selbst, welcher in der
Menschheit ebenso wie in der Welt die Freiheit, die Gerechtigkeit für
alle will, folglich also die Ordnung und Unterordnung unter die Gesetze,
nicht aber die Willkür und die despotische Macht, welche die Grundlage der alten asiatischen Gesellschaften bildeten.

Indem dann der Autor auf den einem jeden der drei mittelländischen
Völker eigentümlichen, ihm als Unterscheidungsmerkmal dienenden
Geist zu sprechen kommt, drückt er sich folgendermassen aus:

Griechenland liebt über alles die Freiheit, im weitesten Sinne
verstanden, die Freiheit, welche alle Kräfte des Individuums entwickelt
und befruchtet.

Daher dieses eifrige Studium der inneren Welt, welches die
Gesetze der Logik und der Metaphysik erforscht und enthüllt, daher
der Kultus der Wissenschaft, die Liebe zur Schönheit und diese
gelehrte Erziehung der Gefühle durch die Kunst, des Verstandes durch
die Sprache, des Körpers durch die Gymnastik; daher endlich vereint
mit dem Geiste der Unabhängigkeit diese individuelle Vollkommenheit,
welche in keiner anderen Rasse ihresgleichen gehabt hat, und welche
Griechenland eine unvergleichlich grössere Anzahl von berühmten
Männern gegeben hat, als sich deren jede andere Nation rühmen kann.
Aber daher auch dieser eifersüchtige, neidische, unruhige Geist, diese
Unduldsamkeit gegen jede Überlegenheit, gegen jede Unterordnung,
welche aus Griechenland eine Sammelstätte von Völkern und Individuen gemacht haben, die, ein jedes für sich mächtig, wohl sehr
wachsam und sehr geschickt waren, untereinander das Gleichgewicht
aufrecht zu erhalten, denen aber die Fähigkeit abging, sich stark und

dauernd zu einer gemeinsamen Handlung zu organisieren, so dass nach dem Ausspruche des Aristoteles den Griechen, um über alle Völker zu gebieten, nur eines gefehlt hat: selbst ein Volk zu sein. Rom ist das entgegengesetzte Extrem. Was für Griechenland die Liebe zur Freiheit ist, das ist für Rom der Kultus des Gesetzes: was dem einen das Individuum eingibt, befiehlt dem anderen die Sorge für den Staat Ebenso wie Griechenland erstrebt auch Rom als höchstes Ziel die Gerechtigkeit, aber eine politische Gerechtigkeit, welche durch die Fixierung des Rechtes verwirklicht wird. Griechenland ist eine Pflanzschule. berühmter Individuen, es ist kein Volk. Rom dagegen ist nur ein Volk oder besser gesagt, eine öffentliche Sache, res publica, ein Reich, das stärkste, das man sich denken kann, aus dem jedoch der Mensch gewissermassen verschwunden ist. Rom hat grosse Bürger, grosse Generale, grosse Politiker, grosse Rechtsgelehrte, Griechenland gegenüber aber keinen grossen Mann.

Griechenland will die Freiheit, Rom die Herrschaft; sie wollen beide auch die Gerechtigkeit, aber nur als Endzweck, gewissermassen als Krönung ihres Werkes. Für Israel ist die Gerechtigkeit ebenso der Ausgangspunkt wie der Endzweck. „Judäa", sagt Vacherot „ist das Herz der Menschheit, wie Griechenland ihr Gedanke ist."

In ihrem weitesten Sinne aufgefasst ist die Gerechtigkeit das Prinzip alles Bestehenden, die Quelle jeder Harmonie, jeder Ordnung, kurz die Bedingung eines jeden Lebens, sei es auf natürlicher oder sozialer Grundlage. Die so aufgefasste Gerechtigkeit kann nicht in der menschlichen Gesellschaft verwirklicht werden, so lange diese nicht das ganze Menschengeschlecht umfasst. Wenn jedoch, sagt der Autor, es unter allen Menschenfamilien eine gibt, welche mehr als irgend eine andere in der Vergangenheit den Namen der Gerechten hat verdienen können, wenn es unter den mannigfaltigen sozialen Institutionen eine gibt, welche mehr als irgend eine andere dieselbe Bezeichnung beanspruchen kann, so ist es sicherlich die hebräische Familie, so ist es die Institution jenes Gesetzgebers, welcher besser als jeder andere in seiner Voraussicht die wichtigsten Elemente der menschlichen Natur zu umfassen, in Tätigkeit zu setzen und im Gleichgewicht zu erhalten verstanden hat. Er hat weder den Geist dem Körper geopfert, noch den Körper dem Geiste; weder die Freiheit dem Gesetze, noch das Gesetz der Freiheit; weder das Individuum der Gesellschaft, noch die Gesellschaft dem Individuum. So weit die Dringlichkeit des Momentes es ihm gestattet hat, hat er in gleicher Weise alle Fähigkeiten des Menschen dem dienstbar gemacht, was das höchste Ziel seiner Bestimmung ist, der Ausübung der Gerechtigkeit. Der Gott Israels konnte nicht hinter seinem Gerechtigkeitsideal zurückstehen. Die Griechen und Römer gelangten erst auf dem Höhepunkt ihrer Zivilisation nach einer langen philosophischen Arbeit dahin, im Zusammenhang mit der Einigkeit der materiellen Welt die Gerechtigkeit und die Vorsehung eines einigen Gottes zu begreifen. Aber das, was für die Griechen und Römer, welche ursprünglich andere Ideale hatten als die Gerechtigkeit, erst die Schlussfolgerung und die Krönung des Werkes ist, das ist für Israel der Ausgangspunkt: „Die Griechen", sagt der berühmte deutsche Kritiker D. Strauss in seinem „Neuen Leben Jesu" (S. 237) „erhoben sich allmählich zu dem Punkte, von dem die Hebräer ausgegangen waren".

Die ganze „Thora" geht von dem Grundsatze des gerechten Gottes, von der Vorsehung eines einzigen Wesens, eines höchsten Wesens aus, welches die Konzentration aller Formen des universellen, individuellen und sozialen Lebens ist. Eben infolge seines eigensten Wesens hat der Ewige Mitgefühl für alle lebenden Wesen. Er will, dass sie leben, beschützt sie in ihrem Recht und in ihrer Freiheit. Derjenige, der das Recht und die Freiheit irgend eines anderen vergewaltigt, vergewaltigt Gott selbst, welcher den Unterdrücker bestraft und den Unterdrückten befreit: „Ich bin der Ewige", sagt er, „und ich werde euch aus der Hand der Ägypter erretten und von ihrer Dienstbarkeit befreien". Und er ist nur deshalb ein Befreier, weil er gerecht ist im universalen Sinne des Wortes:

„Ich bin der Ewige, welcher die Güte, das Recht und die Gerechtigkeit ausübt".

Wenn er unter allen Völkern speziell Israel auserwählt hat, um ihm zu eigen zu sein, so ist es, damit Israel vor allen Gerechtigkeit übe und allen übrigen Nationen das Beispiel hiervon gebe. Seine Erhebung ist zu folgendem Zwecke, an seine Grösse knüpft sich folgende Bedingung:

„Wenn ihr meiner Stimme gehorchet und meinen Bund haltet", sagt der Ewige, „werdet ihr mir als Eigentum unter allen Völkern angehören, mir, dem die ganze Welt gehört".

Trotz der Allmacht des Gottes Israels keine Willkürherrschaft, keine Unterwürfigkeit. Das Band zwischen Gott und dem Volke ist ein freiwillig eingegangener Vertrag.

„Niemals", sagt der Autor, „hat sich die menschliche Freiheit auf eine so stolze Höhe gestellt". Die Gleichheit aller in der politischen, bürgerlichen und religiösen Ordnung, die Achtung vor der Person, die gerechte und billige Verteilung der Früchtè der Arbeit, die Sicherheit des Eigentums, die Erleichterung des Schicksals der Schuldner, die gute Justizverwaltung, alle diese Wohltaten, welche die Griechen und Römer erst als Folge langer Anstrengungen und blutiger Kämpfe erlangt haben, und auch das noch in unvollständiger Weise, erlangt Israel als eine unmittelbare Folge seines Glaubens an das einig-einzige Wesen, an das in der höchsten Potenz gerechte Wesen.

Man sehe daher auch, wie es von der Liebe zum Ewigen durchdrungen wird, der es befreit und heiligt. Hier führt Eichthal in jedem Briefe das „Höre" an mit den Versen, welche ihm in unserem täglichen Gebete folgen. „Diese heiligen Worte", ruft er aus, „sind bis auf den heutigen Tag gleichsam das Glaubensbekenntnis des israelitischen Volkes geblieben. Jeden Tag wiederholt der fromme Israelit sie, schärft sie seinen Söhnen ein, befestigt sie an seinen Händen, an seiner Stirn, an den Pfosten seiner Türen; diese Worte entschlüpfen noch seinen sterbenden Lippen, wenn er Abschied nimmt vom Leben"

Der Autor führt noch Stellen aus der Thora an, in welchem dem Volke Nächstenliebe, Gerechtigkeit gegen den Feind, Mildtätigkeit sogar auch gegen die Tiere ans Herz gelegt wird, und er ruft aus: „Liebe! das ist also das letzte Wort der Lehre (der Thora). Zwischen dem Menschen und dem Wesen aller Wesen, zwischen dem Menschen und dem Menschen, Liebe!"

Aber welches sind die neuen Prinzipien der Moral und Religion, die das Christentum, nach der Meinung unseres Autors, der Religion Mosis hinzugefügt hat? Und wenn das Christentum eine grosse Mission in der Geschichte hatte, worin weicht dann diese seine Mission von dem Messianismus des hebräischen Volkes ab?

Der Autor gesteht zu, was übrigens nicht im geringsten zweifelhaft sein kann für den Kenner des Judaismus im allgemeinen und der Epoche unserer Religion insbesondere, welche das Christentum hat entstehen sehen, dass es in allem, was die ureigensten Prinzipien der Religion, die Prinzipien der Gerechtigkeit und Mildtätigkeit anbetrifft, in der christlichen Lehre nichts gibt, das nicht schon früher in der jüdischen Lehre war. Aber er denkt, dass die Religion Israels, um diejenige des Menschengeschlechtes zu werden, sich den griechisch-römischen Geist assimilieren musste, das heisst, sie musste die menschliche Persönlichkeit durch ein metaphysisches Dogma sanktionieren, das ihr der Geist der Hellenen brachte, und musste auch von dem römischen Geiste der Disziplin und Verwaltung durchdrungen werden. Die durch die Religion des einigen Gottes bestätigte Einheit des Menschengeschlechtes würde sich im Leben der Völker ausserhalb dieser beiden Elemente eben so wenig haben verwirklichen lassen, wie diese sich hätten ausserhalb des jüdischen Elementes versöhnen können. Zwar war nach der Meinung unseres Autors diese Assimilation, welche das Christentum zu vollführen hatte, nicht das Werk einer Stunde und eines Tages; aber der ·angebliche Gründer.des Christentums und seine Schüler sollen den Grund dazu gelegt haben. Zum Beweise dafür stützt sich der Autor auf einige evangelische Texte, welche sowohl vom historischen Gesichtspunkt, als auch hinsichtlich der philosophischen Bedeutung, die er ihnen beimisst, durchaus nicht einwandsfrei sind. Aber schliesslich gesteht er, dass dieses Assimilationswerk die lange und beschwerliche Arbeit der ganzen christlichen Geschichte war. Es entspann sich zunächst ein Kampf zwischen den drei Elementen, ein Kampf, der sowohl das Werk des hebräischen Geistes als auch das des griechisch-römischen zu gefährden schien. Dann nach dem Eindringen der Barbaren tauchten neue Gefahren auf als Folge der Zugeständnisse, welche den abergläubischen Eroberern im Interesse der humanitären Religion gemacht werden mussten, so dass alles zu verfallen und zu entarten schien. Aber aus diesem scheinbaren Tode sollte schliesslich die moderne Gesellschaft hervorgehen, welche auf der Übereinstimmung der von den drei grossen mittelländischen Völkern geschaffenen Prinzipien basiert. Diese lange Assimilationsarbeit ist das Christentum, dessen Mission ganz oder ungefähr vollendet ist. Wenn in der Tat in der christlichen Ära Kampf und ·gegenseitiger Hader der humanitären Elemente herrschte, welche sich in ihm zusammenfanden, so ist der Endzweck dieser Kämpfe der Friede oder die gegenseitige Anerkennung der individuellen Freiheit, der sozialen Organisation und der menschlichen Verbrüderung, welche auf der göttlichen Einheit und Gerechtigkeit beruht. Die französische Revolution, welche nach der Ansicht unseres Autors die Ära des reifen Alters der Menschheit eröffnet hat, nach den Wechselfällen ihrer Jugend und ihres Jünglingsalters, war die Wiederauferstehung der Prinzipien der drei grossen mittelländischen Völker, ihre Versöhnung, ihre harmonische Verschmelzung. Da das christliche Zeitalter nur eine Übergangsepoche zwischen der antiken Zivilisation und der modernen Gesellschaft gewesen ist, muss diese Gesellschaft ihre moralische und religiöse Grundlage an der Quelle suchen, aus der die Prinzipien der Humanität entsprungen sind. Da sich die positive Basis der modernen Zivilisation in den Prinzipien der drei grossen mittelländischen Völker findet, und da der Geist eines Volkes unzertrennlich ist von seiner Rasse, so schliesst der Autor daraus auf die Notwendigkeit der Wiederauferstehung der Völker oder der Rassen, in deren Schoss diese Prinzipien entstanden sind. Aber wo heute diese drei antiken Völker wiederfinden, deren Geist für die soziale Regeneration unentbehrlich ist? Wenn es auch keinem Zweifel unterliegt, dass das hebräische Volk noch existiert, wenigstens als Rasse, kann man aber auch mit derselben Gewissheit die Existenz der alten Griechen und Römer behaupten? Genügt es, die Namen ihrer alten Städte, die Namen Athens, Roms und Jerusalems anzurufen, um diese Völker des Altertums wiederzufinden?

Hier wird uns der Autor gestatten, einige Zweifel auszusprechen und unsere Vorbehalte zu machen.

Wir sehen wohl noch eine jüdische und eine lateinische Rasse, aber wir sehen keine hellenische Rasse mehr. Die jetzigen Griechen sind trotz der Sprache, welche sie sprechen, und trotz des Landes, welches sie bewohnen, eben so wenig die Repräsentanten der alten Hellenen, wie die gegenwärtigen Bewohner Roms und Jerusalems die Repräsentanten der alten Römer und der alten Israeliten sind.

Nach unserer Ansicht kommt für das Wiederfinden des Geistes der drei antiken Rassen weit mehr das geistige Wesen der modernen Völker in Betracht als die Sprache, welche sie heute sprechen, und die Länder, welche sie heute bewohnen. Das Problem, welches sich der Autor in dem von uns analysierten Werke gestellt hat, kompliziert er durch ein anderes Problem, das einer Weltsprache; man muss das erstere Problem von dem zweiten trennen, um zu einer Lösung zu gelangen. Wir sagen mit H. Littré, „dass noch kein klares Anzeichen für das vorhanden ist, was aus dem Problem einer Weltsprache hervorgehen soll“, und wir machen uns daran, den Geist der drei antiken Völker in der Geschichte und den klar zu Tage tretenden Bestrebungen der modernen Völker zu suchen.

Unter den drei grossen Prinzipien der Humanität der alten mittelländischen Völker, welche die französische Revolution zu einem höheren und harmonischen Leben hat wiedererstehen lassen, ist unbestreitbar das Prinzip der Gleichheit das in der französischen Gesellschaft am meisten entwickelte. Alles, was nach der Ansicht unseres Autors den römischen Geist ausmacht, der Geist der Disziplin, der Verwaltung, der Zentralisation, der Autorität, der Organisation und schliesslich der Geist des sozialen Lebens findet sich nirgends so ausgebildet, so vorherrschend wie inmitten des französischen Volkes, welches die grosse moderne Revolution gemacht hat und dessen Zentrum gewiss nicht in Rom, wohl aber in Paris ist.

Andererseits finden wir alles das, was, immer nach der Ansicht unseres Autors selbst, den Geist der alten Griechen ausmacht, die Liebe zur Freiheit, in ihrem weitesten Sinne aufgefasst, und noch weit entwickelter als im Altertum, heute bei der germanischen Rasse wieder, welche, wie die jüdische Rasse, über den ganzen Erdball verbreitet ist. Was den religiösen Geist der von uns genannten antiken Rasse anbetrifft, so findet er sich heute ebenso wie im Altertum in jenen wenigen, den besten Männern unserer Rasse, welche dem Kultus unserer Vorfahren treu geblieben sind, indem sie sich gleichzeitig an den Arbeiten und den Bestrebungen der modernen Gesellschaft beteiligen.

Indem wir uns von unserem jüdischen Gefühl haben leiten lassen, haben auch wir Studien über die Vergangenheit und die Zukunft unserer Rasse gemacht, deren in einem deutschen Werke veröffentlichte Resultate sich in seltsamer Übereinstimmung mit denen des Autors der „Drei grossen Mittelländischen Völker" befinden. Wir, wir glauben auch an die Wiederauferstehung des Geistes unserer Rasse, dem nur ein Aktionszentrum mangelt, um das sich eine auserlesene Schar von der religiösen Mission Israels ergebenen Männern gruppieren könnte, um aus diesem Zentrum von neuem die ewigen Grundsätze hervorsprudeln zu lassen, welche die Menschheit mit dem Weltall und das Weltall mit seinem Schöpfer verbinden. Jene Männer werden sich einst in der alten Stadt Israels wiederfinden. Die Zahl tut nichts zur Sache. Der Judaismus ist nie von einem zahlreichen Volke repräsentiert worden; das goldene Kalb hat immer die grössere Anzahl angezogen, und nur eine kleine Schar von Leviten wird auf ihrem alten Herde das heilige Feuer unserer Religion bewahren.

Ist die mosaische Lehre materialistisch oder spiritualistisch?

Wenn ich mir erlaube, mich an der Debatte zu beteiligen, die sich in diesem Blatte über den Charakter des Judentums entrollt hat, zwischen denen, die ihm zu materialistische Tendenzen vorwerfen und zwischen denen, die sich gegen solche verwahren und ihm entgegen-gesetzte Tendenzen zuschreiben, so geschieht es nicht, um mich auf die Seite der einen oder der anderen Partei dieser Kämpen zu stellen. Für mich sind die fundamentalen Prinzipien des Judentums, so wie sie sich bei Moses und den Propheten klar vor der Dazwischenkunft des Parsismus ausgedrückt finden, gleich weit entfernt von jeder dieser beiden exklusiven Tendenzen, die man als materialistische und spiritualistische bezeichnet. Die Einheit des Lebens, diese Grundlage der jüdischen Religion, steht über allen diesen Subtilitäten, welche den fremden Philosophieen und Theosophieen soviel zu schaffen gemacht haben. Ich füge hinzu, dass gerade diese Einheit die unvergängliche Kraft unserer Religion ausmacht, durch die sie die Mutter aller anderen, vergangenen, gegenwärtigen und zukünftigen ist, und dass wir uns ihrer rühmen müssten, anstatt uns ihretwegen zu entschuldigen. Ja, es ist unser Ruhm, dass das religiöse Genie unserer geistigen Elite das Geheimnis der ewigen und universellen Religion gefunden hat. Diese tiefe, primitive und spontane Überzeugung von der Einheit des Lebens haben . sie festgelegt und deren moralische, politische und soziale Konsequenzen in ihrer heiligen Literatur und ihrer heiligen Geschichte gezogen. Zu einer Zeit, wo die andern grossen historischen Rassen, durch andere Arbeiten des menschlichen Geistes absorbiert, (deren Grösse wir nicht verkennen,) den religiösen Sinn verloren und sich zu mystischen Spekulationen und obscönen Kulten verirrt hatten! Auch heute ist es gewiss nicht unsere ausschliesslich spiritualistische Tendenz, die unsere Daseinsberechtigung ausmacht, denn sie ist weit überholt von allen Sekten des orthodoxen Christentums, des katholischen, wie des protestantischen.

Aber, sagt man uns, ihr masst Euch einen besonderen Platz an,

eine besondere Mission unter so vielen anderen Aufgaben, die den
grossen historischen Rassen zuerteilt sind; also seid ihr eine hoch-
mütige, exklusive Rasse. „Der Hochmut der jüdischen Rasse ist für
niemand ein Geheimnis; sie glaubte sich mit einer Priesterwürde'
bekleidet, mit einem heiligen Zeichen versehen." Und Herr Delaunay,
der den Glauben an unsere religiöse Mission, die niemand ausschliesst, die im Gegenteil die Existenz anderer Missionen bei anderen
historischen Rassen voraussetzt, Herr Delaunay, der also diesen
Glauben, den wir nicht leugnen, verwechselt mit dem im Altertum natürlichen Hass und der Verachtung gegen die Fremden, die
heute keinen vernünftigen Sinn mehr haben — er behauptet: man
kann nicht leugnen, dass die Juden diese Verachtung ehemals absichtlich
in voller Strenge gehegt haben, und dass sie diese heute noch nicht
abgelegt haben, soweit es der allgemeine Fortschritt zulässt ... Es
fehlt auch heute nicht an guten Leuten, die in abgeschwächter Form
von der exzeptionnellen Stellung der jüdischen Rasse sprechen."

Die Anklage, so unbestimmt sie ist, ist darum nicht minder schwer.
Ich hätte gewünscht, dass unser gelehrter Widersacher sie genauer
präzisiert hätte, um uns zur Verteidigung Gelegenheit zu geben.

Ernest Renan.

Das Leben Jesu. — Die Apostel.

Die Menschheit zeigt in ihrer historischen Entwickelung zwei Geistesrichtungen, die einander ergänzen, ohne sich zu vermischen. Alle hervorragenden Individuen, wie alle Nationalitäten und Rassen, die eine Rolle in der Geschichte spielen, nehmen in einem gewissen Grade an diesen beiden verschiedenen, wenn nicht gar entgegengesetzten Richtungen teil.

Wenn man das Ideal des künstlerisch Schönen finden will, so muss man es im alten Griechenland suchen. Besonders die plastische Kunst hat dort ihren Höhepunkt erreicht. Die Wissenschaft, namentlich die Philosophie, ist dort ebenso intensiv gepflegt worden. Aber inbezug auf die Wissenschaften waren die alten Völker im Vergleich zu modernen Völkern nur Kinder ohne Erfahrung. Heute ist der Unterschied in den intellektuellen Fähigkeiten und Charakteren der Völker nicht mehr so scharf wie im Altertum. Indessen selbst unter den modernen Völkern unterscheiden sich die einen von den anderen durch einige spezielle Bestrebungen, und man kann sagen, dass heut vorzugsweise die Deutschen, wenn nicht die Wissenschaften überhaupt, die ja überall zahlreiche und treue Anhänger haben, so doch wenigstens die Philosophie pflegen, die ja die Zusammenfassung und das Band aller Wissenschaften ist.

Neben den Künsten und Wissenschaften gibt es noch eine andere Strömung, einen anderen historischen, mehr praktischen als theoretischen Zug, der auch im Altertum und in der Jetztzeit seine dazu auserwählten Völker, seine Lieblingsanhänger hat. So wie Griechenland einzig war für die erhabenste Pflege der Künste und Wissenschaften, war es Juda für die der moralischen und religiösen Poesie. Das Volk Gottes war in Wahrheit ein auserwähltes Volk, dessen heilige Literatur, die Bibel, niemals übertroffen worden ist, noch jemals übertroffen werden wird. Das Gefühl, das diese Literatur hervorgebracht hat, ist das der sozialen Gerechtigkeit. Daher war auch das mosaische Gesetz das gerechteste, humanste, demokratischste aller antiken Gesetze.

Zwar hat das Volk Gottes das Ideal der Gerechtigkeit nicht verwirklicht, welches es durch den Mund seiner Propheten der Welt
offenbart hat. Aber wenn die soziale Gerechtigkeit nicht verwirklicht
worden ist, so ist ihr doch im alten Judäa der Weg gebahnt
worden, wie im Vaterland des Aristoteles der Wissenschaft. Für
beide bedarf es der Erfüllung der Zeit, des langsamen, aber stetigen
Fortschrittes der Geschichte. Noch heute hat die soziale Gerechtigkeit
ebensowenig wie die Wissenschaft ihr letztes Wort gesprochen.
Wenn wir indessen eine moderne Nation gefunden haben, die in
Bezug auf die Pflege der Wissenschaft vorzugsweise den Weg Griechenlands wandelt, so finden wir auch eine, die sich mit Vorliebe der
Verwirklichung der sozialen Gerechtigkeit widmet. Nachdem sich
Frankreich von seinem alten Regime befreit hat, findet es in seinem
Genie die Mittel, das Ideal zu verwirklichen, dessen erste Bestrebungen
auf das Altertum zurückführen. Ebenso wie Deutschland, nachdem es
sich als moderne Nation konstituiert haben wird, den Weg zu seinen
grossen wissenschaftlichen Arbeiten zurückfinden und seine Aufgabe
lösen wird, die Krönung des Gebäudes, dessen Fundamente auf das
jüdische Altertum zurückführen.

Diese verschiedenen, sehr ausgesprochenen Neigungen, einerseits
für das Schöne und Wahre, andererseits für das Gerechte und Heilige,
die im Altertum einander gegenüberstanden und sich fast ausschlossen,
bekämpfen sich heute nicht mehr, weil heute jedermann in ihnen nur
verschiedene Wege sieht, die zum selben Ziele führen.

Renan betrachtet wohl die Geschichte unter diesem doppelten
Gesichtspunkte; aber da er selbst sehr stark nach der einen Seite,
der Griechenlands und Deutschlands neigt, wird er ungerecht gegen
die entgegengesetzte Seite, die er nur unvollkommen werten kann.
Die Rolle, die das alte Juda gespielt hat, ist nicht nach seinem
Geschmack, und durch starkes Übertreiben der Unparteilichkeit der
Wissenschaft wird er voll feindseliger Parteilichkeit gegen die Völker
und die Menschen, die für den Triumph der sozialen Gerechtigkeit
gekämpft haben und noch kämpfen. Wenn für denjenigen, der die
jüdische Geschichte schätzen kann, das Christentum nur eine natürliche
und notwendige Konsequenz des Geistes des Judentums ist, ist es für
Renan nur ein Beiwerk dieser Geschichte, deren Kämpfe er zu den
armseligen Verhältnissen eines unwissenden Volkes verkleinert, das
von grösstem Aberglauben erfüllt ist. Kritiklos einer Literatur folgend,
die wenigstens hundert Jahre nach dem Tode Jesu im Hass gegen
das Judentum entstanden war, lässt er das Christentum nach seiner

vollkommenen Trennung von dem Milieu, aus dem es hervorgegangen war, bis auf Jesus und seine Zeit zurückgehen.

Renan, dem jede Polemik widerstrebt, führt eine ausserordentliche gegen die Wunder, und zwar auf neun Seiten seiner Einleitung zu den „Aposteln". Wenn er übrigens bei dieser „fundamentalen Frage" nicht beharrt, so geschieht es „weil die unabhängige Wissenschaft sie als ganz gelöst betrachtet. Aber es gibt andere Fragen, die noch lange nicht gelöst sind, zum Beispiel die des ganz essäischen Ursprungs des Christentums und die des Alters und der Authentizität der verschiedenen Schriften des neuen Testaments". Hier scheint also die Diskussion selbst in den Augen. Renans nicht ganz unnütz oder der Würde des Gelehrten widersprechend. Diese Fragen werden nächstens in einem Werke behandelt werden, von dem ich in diesem. Blatte einige Auszüge zu bringen beabsichtige.

Zitieren wir indessen eine beredte Seite der „Apostel", wo Renan, ohne den Widerspruch mit seinen früheren Wertungen zu fürchten, dem Geiste des Judentums volle Gerechtigkeit erweist, dem das Christentum sowohl seinen Ursprung, sowie seinen Triumph über die heidnische Welt verdankt. Wir werden nur da unsere Vorbehalte machen, wo Renan das soziale Gesetz dem politischen Gesetz entgegenzusetzen scheint, die Brüderlichkeit der Gerechtigkeit und besonders der Freiheit — eine sehr bekannte, aber dem modernen Begriff sozialer Gerechtigkeit widersprechende Lehre, wie sie es schon nach der Auffassung der Gerechtigkeit des alten jüdischen Gesetzes war.

„Es ist die grösste Ungerechtigkeit", sagt Renan, „das Christentum dem Judentum als Vorwurf gegenüber zu stellen, weil alles, was im primitiven Christentum ist, mit einem Worte aus dem Judentum gekommen ist... Das jüdische Gesetz ist sozial und nicht politisch; die Propheten, die Autoren der Apokalypse, sind Förderer sozialer und nicht politischer Revolutionen... Das „Gesetz", die Thora macht glücklich! Das ist der Grundgedanke aller jüdischen Denker, wie Philon und Josephus; die Gesetze der anderen Völker wachen darüber, dass die Gerechtigkeit ihren Lauf nähme. Was geht es sie an, dass die Menschen auch gut und glücklich werden! Das jüdische Gesetz dringt bis in die letzten Einzelheiten der moralischen Erziehung ein. Das Christentum ist nur die Entwickelung desselben Gedankens. Das Christentum kann sich als eine grosse Vereinigung Armer bezeichnen, eine heroische Anstrengung gegen den Egoismus, die auf dem Gedanken begründet ist, dass jedermann nur ein Recht auf das Notwendigste hat, dass der Überfluss allen denen gehört, die nichts haben. Man

erkennt leicht, dass zwischen einem solchen Geiste und dem romanischen Geiste ein tötlicher Kampf entstehen muss und dass das
Christentum seinerseits nur unter der Bedingung zur Weltherrschaft
gelangen wird, dass es seine ersten Tendenzen und sein ursprüngliches
Programm gründlich ändert."

Wenn es wahr ist, wie Renan es mit so gutem Grunde behauptet,
dass es die soziale Seite des Christentums ist, die die heidnische
Welt umgestaltet hat, so kann man ohne jede Übertreibung sagen,
dass es die essäische Sekte, eine ganz ausschliesslich jüdische Sekte
war, welcher die moderne Welt ihren religiösen und moralischen Geist
verdankt, der der alten heidnischen Welt vollständig fremd war. Alle
sozialen Institutionen der primitiven Kirche waren tatsächlich das
Erbe der essäischen Sekte.

(Der Schluss dieses Aufsatzes ist nicht erschienen. Zl.)

Zur Kolonisation des Heiligen Landes.

Die humanitären Neigungen unseres Jahrhunderts unterscheiden sich von denen des vorigen durch den positiven und praktischen Charakter, den sie angenommen haben. Nachdem die allgemeinen Prinzipien festgelegt worden sind, beginnt man, sie in die Tat umzusetzen. Man begnügt sich nicht mehr damit, die Idee der Einigkeit und Verbrüderung zu predigen, sondern man will sie verwirklichen. Die israelitische Religion, welche sich immer mit dem realen Wohlergehen des Menschen beschäftigte und die über die Erhebung der Seele nicht den Körper vernachlässigt hat, konnte nicht hinter dieser sozialen Bewegung zurückbleiben, welche die Verwirklichung der Verheissungen unserer grossen Propheten und der Inspirationen unserer grossen Gesetzgeber ist. Seit Moses bis zu den Mitgliedern der grossen Synagoge und den letzten Gesetzeskundigen hin ist die Mildtätigkeit bei uns immer als eine der ersten religiösen Pflichten betrachtet worden. Aber die wahre Mildtätigkeit ist die, welche anstatt dauernd Almosen zu geben, darauf hinzielt, sie überflüssig zu machen. Die Ausübung dieser tatkräftigen Mildtätigkeit erhebt unsere Religion zu der Höhe des Jahrhunderts, eben indem sie ihre alten Gebräuche achtete und alle ihre traditionellen Satzungen bewahrte, soweit sie nicht unvereinbar sind mit dem gegenwärtigen Stand der Zivilisation. Anstatt Zwietracht in unsere Gemeinden zu säen, sind unsere Institutionen der Brüderlichkeit gesunde Reformen, die alle Juden vereinen; sie sind gleichzeitig der Ruhm unserer Religion. Während die rein negative Reform vergebens versucht hat, aus unseren Gebeten alles zu entfernen und aus dem Geiste Israels alles zu verlöschen, was auf die sich an Jerusalem und das heilige Land knüpfenden Erinnerungen und Hoffnungen Bezug hat, bemächtigt sich die positive Reform dieser grossen Erinnerungen, um daraus ein hervorragend modernes Werk erstehen zu lassen. Dem französischen Judentum werden künftige Generationen für die Ausführung dieses Werkes dankbar sein, wenn die Alliance israélite universelle, die das Patronat übernommen hat, dessen Verwirklichung trotz aller sich entgegenstellenden Hindernisse wird fortführen können.

Der Gedanke, unseren armen und frommen Glaubensgenossen zu Hilfe zu kommen, die ihre Blicke nach dem Lande unserer Väter richten, sich aber grossenteils ohne Vermögen dorthin begeben und ohne selbst daran zu denken, es sich durch Arbeit zu erwerben, dieser Gedanke hat seit einiger Zeit sehr viele Juden angeregt, Gesellschaften mit dem Ziel zu gründen, die Arbeit, insbesondere die landwirtschaftliche Arbeit unter unseren Brüdern in Palästina zu begünstigen. Aber bis jetzt sind diese Gesellschaften ohne gemeinsame Verbindung, ohne Einheit und infolgedessen ohne Macht geblieben. Mehrere eifrige Männer haben schon das Wort ergriffen, um die hervorragendsten Juden aufzufordern, sich an die Spitze des Unternehmens zu stellen. Aber in diesem Falle genügt das Wort nicht, wenn es nicht durch Institutionen gestützt wird. Jüngst ist ein Versuch gemacht worden, die einzelnen Arbeiten zu zentralisieren. Herr Rabbiner Natonek aus Hohweissenburg in Ungarn ist nach Paris gekommen, nachdem er die grössten jüdischen Gemeinden Deutschlands besucht hat, um vor dem Zentralkomité der Alliance für die Kolonisationsidee zu werben. Ich gebe hier einen Auszug der schriftlichen Darlegung, die der Alliance von den Freunden Natoneks zugestellt wurde:

„In unserem Jahrhundert haben religiös begeisterte Männer durch ihren Eifer und ihre Ergebenheit Anstrengungen gemacht, ihren zahlreichen, meistens armen Glaubensgenossen in unserem alten Heimatlande zu Hilfe zu kommen, indem sie unaufhörlich zu Gaben und Spenden dafür aufforderten. Aber, es muss gesagt werden, je reicher die Gaben fliessen dank der mildherzigen Empfindungen unserer wohlhabenden Brüder in Europa und Amerika, um so grösser und böser werden die Unzuträglichkeiten, die in diesem Wohltätigkeitssystem zu Tage treten. Selbst diejenigen, die, wie der ehrenwerte Herr Lehren aus Amsterdam bis jetzt die Hauptvermittler der Freigebigkeit Israels waren, sind die ersten, die anerkennen und laut erklären, dass es unmöglich ist, dieses System weiterzuführen. Diese Unzuträglichkeiten sind leicht zu erklären Man gewöhnt sich daran, von der Mildherzigkeit zu leben, man arbeitet nicht. Da die Bevölkerung unaufhörlich zunimmt, sieht man einen beklagenswerten Wettbewerb, ein wahres Sturmlaufen von Seiten aller dieser Menschen, die nur immer nehmen wollen. Es würde zu peinlich sein, in die Einzelheiten dieser bedauernswerten und für alle Juden bedauerlichen Sachlage einzugehen. Ein grosser Schritt auf einem besseren Wege ist getan. Ist es nötig, hier daran zu erinnern, was von der Alliance selbst durch die Gründung von Schulen im Orient geleistet ist, oder was in Jerusalem getan worden ist von der edlen Familie, deren Frankreich sich rühmt, mit Hilfe des hervorragenden und eifrigen Mannes, den sie sich zur Ausübung ihrer Wohltaten erwählt hat? Ist es nötig, diesen anderen Wohltäter in Israel, diesen ehrwürdigen Patriarchen aus England, zu bezeichnen, der dem grossen Gedanken, der uns beschäftigt, sein ganzes Leben geweiht hat?

Diese von oben gegebenen Beispiele konnten nicht verloren sein. Allerseits begreift man heute, dass man nur durch die Arbeit den Unzuträglichkeiten abhelfen kann, von denen wir soeben sprachen. Ohne die alte Generation armer Juden im Stich zu lassen, möchte man den neuen Geschlechtern, die in Palästina geboren werden oder sich dort niederlassen, eine glücklichere und ehrenhaftere Zukunft bereiten. Daher der Gedanke, im Lande Schulen und landwirtschaftliche Kolonien zu gründen.

Grosse religiöse Autoritäten, ehrwürdige Rabbiner und ehrenwerte Kaufleute in Deutschland, Polen, Ungarn, kurz in allen grossen Zentren jüdischer Bevölkerung haben sich zu gunsten dieser edlen und fruchtbaren Idee geäussert.

Indessen würden alle diese einzelnen Anstrengungen ohne Erfolg bleiben müssen, wenn es nicht gelänge, sie zu vereinigen, zu konzentrieren. Das haben alle, die der palästinensischen Sache ergeben sind, voll erkannt. Sie haben ihre Blicke auf die Alliance israélite universelle gerichtet. Auf diese Institution, die in so kurzer Zeit eine Säule Israels geworden ist, haben sie zählen wollen.

Schon hat sich der Rabbiner K a l i s c h e r aus Thorn an die Alliance gewendet und sie gebeten, die Leitung einer Kolonisationsgesellschaft zu übernehmen, die er gegründet hat und deren Mittel er der Alliance zur Verfügung stellen wollte. Eine andere ähnliche Gesellschaft, deren Fonds bei Herrn Mende, Bankier in Frankfurt a. Oder, deponiert sind, will ebenfalls in die Alliance aufgehen. Schliesslich will der hier anwesende Rabbiner Natonek, ein Freund des Herrn Rabbiner Kalischer, der Alliance die Wünsche unserer Glaubensgenossen unterbreiten aus den verschiedenen Städten, die er auf seiner Reise vom Innern Ungarns bis nach Paris berührt hat".

Nach dem Vorlesen des Berichtes ergriff Herr Rabbiner Natonek das Wort und bot in einer begeisterten deutschen Ansprache der Alliance seine Dienste an zur Gründung von Unterkomités, die beauftragt werden sollten, Fonds für das Kolonisationswerk zu sammeln, um sie der Alliance zur Verfügung zu stellen. Nachdem das Zentralkomité die edlen Worte des Rabbiners angehört und ihnen Beifall gezollt hatte, beschloss es, seine Wünsche in Erwägung zu ziehen und in einer nächsten Sitzung die geeigneten Mittel zur Ausführung des Planes vorzuschlagen. In einer zweiten Sitzung verfasste das Komité einen Brief an die Adresse des Herrn Natonek, der von dem Präsidenten gutgeheissen und unterzeichnet wurde. Ich lasse dessen kurze Inhaltsangabe folgen:

Die Alliance drückt dem Kolonisationsplan ihre volle Sympathie aus. Sie wird dessen Entwickelung und Verwirklichung mit grossem Interesse verfolgen. Sie wird gern alle Beträge in Empfang nehmen, die ihr zur Unterstützung dieses Werkes übergeben werden, und wird sich mit den Personen in Verbindung setzen, die ihr dafür bezeichnet werden, damit die Zinsen der Beträge nützlich verwendet werden; dass man aber warten will, bis man das Kapital selbst zur Ausführung des Planes verwenden kann. Aber es besteht ein Hindernis: das Verbot, Immobilien zu besitzen, das in der Türkei jeden trifft, der kein Muselmann ist. Es muss ein Mittel gefunden werden, dieses Verbot für die in Palästina ansässigen Juden aufzuheben. Die Alliance wird eifrig an allen Schritten teilnehmen, die man zu diesem notwendigen Resultat wird tun wollen.

Übrigens wird dieses Hindernis nicht unüberwindlich sein, nach der Meinung Cremieux', der die Güte gehabt, seine Vermittelung bei der Regierung der türkischen Pforte zur Beseitigung aller Schwierigkeiten zur Verfügung zu stellen.

Auch Albert Cohn hat sich beeilt, seine Dienste zur Gründung und Leitung von Schulen in Palästina anzubieten, ein unerlässliches Werk, um die zukünftigen Generationen zu landwirtschaftlichen und industriellen Arbeiten zu erziehen.

Der Herr Oberrabbiner von Frankreich hat seine Billigung des Unternehmens in einem Dokument zum Ausdruck gebracht, das nicht verfehlen wird, in allen jüdischen Herzen ein freudiges Echo zu finden. Ich lasse die Kopie mit Auslassung des hebräischen Textes folgen, der den französischen begleitet:

„Ich schliesse mich mit Freude der Alliance israélite und Herrn Albert Cohn an, und ich hege die besten Wünsche für den Erfolg des Unternehmens des Herrn Rabbiner Natonek und die Verwirklichung seiner Hoffnungen, die auch die unserigen sind. . . . Es ist eine der unabweislichsten Pflichten, an Jerusalem zu denken, nicht nur an seine Vergangenheit und Gegenwart, sondern hauptsächlich an seine Zukunft. . . . Und an seine Zukunft denken, heisst, wie es Herr Rabbiner Natonek will, dort Schulen gründen, dort den Ackerbau fördern, dort tätige Generationen bereit zu machen für das Schicksal, das dieser heiligen Stadt vorbehalten ist. . . . Ich werde nach Massgabe meiner

Mittel an dem Plan des Herrn Rabbiner Natonek arbeiten, werde mich
mit Vergnügen an allem beteiligen, was dessen Erfolg sichern kann."
Mit diesen wertvollen Dokumenten der ersten jüdischen Autoritäten
Frankreichs ausgestattet, hat sich der eifrige Agitator auf den Weg
gemacht, um seine Mission zu erfüllen. Aber mitten in seiner Reise
von einer Krankheit befallen, hat er für den Augenblick seinen Plan
aufgeben und zu seiner Familie zurückkehren müssen, wo er durch
seinen schlechten Gesundheitszustand und die strenge Jahreszeit zu-
rückgehalten wird. Indessen hofft er seinen Plan zu Beginn des Som-
mers wieder aufnehmen zu können und gelegentlich der Ausstellung
nach Paris zurückzukommen zum Kongress der Kolonisationsfreunde,
die mit Hilfe der Alliance israélite den Grund zu einer Zentralgesell-
schaft werden legen können.

Zwei Briefe.

I.

Werter Herr Redakteur!

Soeben las ich Ihre israelitische Chronik über die letzten 14 Tage. Sie sind immer so nachsichtig gewesen gegen mich, der ich Ihre religiösen und sozialen Ansichten nicht teile, dass es mir schlecht anstehen würde, wollte ich mich etwas ernstlich über Ihre Kritik beklagen, die Sie an einige Notizen meiner Einleitung der deutschen Übersetzung des Buches von Huet angefügt haben. Man sollte Ihnen nicht gerade in dem Augenblicke, in dem Sie auf Ihre Gefahr den Rahmen Ihrer Revue erweitern wollen, um noch die Diskussion bedeutender Fragen zu vergrössern und zu erhöhen, zu exklusive oder zu enge Tendenzen zum Vorwurfe machen. Daher sind Sie im Recht, wenn Sie, von Ihrem Gesichtspunkt aus, meine Ideen über die Zukunft des Judentums bekämpfen. Die revolutionären Theorien, die ich mit dem Verfasser der „Révolution réligieuse" teile, können Ihnen im Widerspruch erscheinen zu meiner Art, praktische und unmittelbare Reformen zu betrachten, für die das Judentum empfänglich ist. Sie sind in dieser Beziehung vielleicht der Ansicht des Herrn Philippson, und nichts ist infolgedessen natürlicher, als Ihr warmes und hochherziges Plaidoyer für einen Glaubensgenossen, welcher sich nicht immer voll so brüderlicher Empfindungen gegen die Vertreter des französischen Judentums erwiesen hat.

Aber augenscheinlich gehen Sie, werter Herr, zu weit, und Sie verschieben die Frage von der Höhe, auf der sie bleiben sollte, auf das persönliche Gebiet, wenn Sie eine Bemerkung als „heftige Angriffe gegen einen der entschlossensten Kämpen unserer Emanzipation" qualifizieren, die ich über eine sogenannte gemässigte Partei von Reformern ohne Grundsätze, ohne Wissen und ohne Kritik machte. Ich habe gesagt und halte es aufrecht, dass Herr Philippson der geschickte Repräsentant dieser Partei ist. Gewiss, ich würde Herrn Philippson in der „Révolution réligieuse" eben so wenig erwähnt haben wie in meinen früheren das Judentum betreffenden Schriften, wenn der französische

Autor sich nicht auf ein Buch dieses Schriftstellers gestützt hätte, um die Unzulänglichkeit der Koryphäen des Judentums in kritischer und exegetischer Weise darzutun. Ich habe daran erinnern müssen, dass es in Deutschland ganz andere Repräsentanten der jüdischen Wissenschaft gibt als den Redakteur der „Zeitung des Judentums"; und da ich das nicht nur kurz in einigen Notizen tun konnte, war ich genötigt, klar und deutlich diese Tatsache festzustellen, was zwar brutal, aber nicht geschmacklos ist. Man kann literarisches Talent haben, kann beständig an der Bresche sein und ehrenvoll eine Tribüne, die man sich geschaffen hat, einnehmen, ohne dazu die Autorität eines Gelehrten oder eines Reformators zu haben. In Wahrheit hat Philippson, dessen Verdienste Sie masslos übertreiben, es verstanden, sich immer strikt auf dem intellektuellen und moralischen Niveau eines Publikums zu halten, dessen Impulsen er beständig gefolgt ist, ohne ihm je welche zu geben, ohne ihm den Weg nach vorwärts zu lenken, aber auch ohne sich vom Publikum überholen zu lassen. So hat er allen Nutzen aus seiner Stellung zu ziehen gewusst, die sich mit einer gewissen Klugheit vereinbaren lässt, ohne Gefahr, sie zu kompromittieren und ohne sich unüberlegt zu opfern.

Der immerhin ein wenig rätselhafte Vergleich, den Sie, das Leben „ausserhalb der Gemeinschaft" betreffend, zwischen Philippson, Heinrich Heine und mir machen, beweist, dass Sie in dieser Beziehung sehr schlecht unterrichtet sind.

Ist es zur Hebung des religiösen und moralischen Charakters Ihres Helden nötig, den seiner Gegner herabzusetzen?

Diese Personenfrage zu berühren haben Sie mich gezwungen. Was das Programm betrifft, das Sie von mir verlangen, so bitte ich Sie zu glauben, dass ich keinen Grund habe, heute weniger als je, meine religiöse und soziale Fahne zu verstecken. Ich habe es eingehend entwickelt (wie Sie übrigens wissen) sowohl in meinem Buche „Rom und Jerusalem", wie auch in einer Reihe von Briefen, die ich in Ihrer Revue veröffentlicht habe. Ich will Ihnen immer wieder sagen, was ich von der gegenwärtigen Lage und der Zukunft des Judentums, unter dem praktischen Gesichtspunkt betrachtet, denke. Aber da dieser Gesichtspunkt das ganze soziale Leben umfasst, muss ich warten, bis Ihre Revue in ein politisches und soziales Organ verwandelt sein wird, um nach Belieben Studien zu veröffentlichen, welche die willkürliche Teilung zwischem religiösem und sozialem Leben nicht vertragen.

II.
Die Fähigkeiten Israels.

Mein lieber Herr Redakteur!

In den Archives vom 15. November finde ich Betrachtungen einer katholischen Zeitung über unsere Rasse, die Sie seltsam nennen. Sie sind zu höflich, denn unter der Maske einer für uns schmeichelhaften Wissenschaftlichkeit bergen jene Betrachtungen gefährliche Irrtümer, die man entschleiern muss, um so mehr, da sie sich an unsere Eigenliebe wenden.

Die moderne Gesellschaft will keine Privilegien mehr, noch privilegierte Klassen oder Rassen, und ich halte diejenigen, die uns solche gewähren möchten, für unsere grössten Feinde.

Zunächst ist der Artikel, den Sie aus dem Journal de Montbéliard zitieren, voll falscher Tatsachen inbezug auf die Geschichte der Juden. Aber an diesem Artikel ist am schärfsten zu verurteilen die antisoziale Theorie, die er aus seinen Voraussetzungen ableiten möchte.

Wenn es historisch wahr ist, zu sagen, dass die zivilisierten Völker durch eine Schule des Unglücks und niedriger Arbeiten hindurchgehen mussten, um in eine bessere soziale Lage zu gelangen, und wenn die Sklaverei, wie man es wohl schon vor unserem klerikalen Journalisten gesagt hat, gewissermassen die erste Lehrzeit der sozialen Arbeit war, haben dann die Juden sie nicht durchgemacht? Sie sind in der Tat erst, nachdem sie Sklaven in Egypten gewesen sind, ein Volk von Ackerbauern geworden.

Unser Autor befindet sich also in offensichtlichem Widerspruch mit der jüdischen Geschichte, wenn er unserer Rasse die Fähigkeit zum Ackerbau bestreitet und wenn er leugnet, dass unser Volk die strenge Schule der antiken Sklaverei durchgemacht hat.

Das ist nicht alles. Nach tausend Jahren landwirtschaftlicher und industrieller Arbeit, denen mehrere Jahrhunderte niedriger Arbeiten vorangegangen sind, bricht das jahrhundertlange Leiden der jüdischen Nation an, ihre Zerstreuung in alle Länder der Welt. Wahrlich eine strenge Schule, wenn es jemals eine gab.

Was können wir also daraus ersehen?

In den Jahrhunderten, die der Herrschaft einer barbarischen und blutigen Hierarchie vorangegangen sind, haben die Juden sich allen Arbeiten gewidmet, sowohl landwirtschaftlichen wie industriellen, überall da, wo ihnen diese Arbeiten nicht streng untersagt waren. Und doch haben sie gleichzeitig die Übung ihrer geistigen Fähigkeiten nicht vernachlässigt und haben sowohl die Bedürfnisse des Verstandes wie des Herzens vollauf befriedigt.

Schon die grosse jüdische Gemeinde in Alexandrien wies eine Fülle von Handwerkern auf und widmete sich zu gleicher Zeit der Literatur, der Philosophie und den höchsten sozialen Funktionen.

Später, während der ganzen ersten Hälfte der christlichen Ära, trieben die Juden sowohl an den Ufern des Euphrat, wie in Spanien, Frankreich und Deutschland neben Studien der Philosophie, Moral und Religion, die sie nie unterbrochen haben, alle sozialen, landwirtschaftlichen, industriellen, wissenschaftlichen, künstlerischen und kommerziellen Beschäftigungen.

Man muss die Tatsachen der Geschichte zu einem leicht zu erratenden Zweck ignorieren oder entstellen, um, wie der Autor des Artikels in dem klerikalen Journal, zu behaupten, dass „zu keiner Zeit" die Juden eine reguläre Arbeit zu leisten vermochten. Selbst, nachdem die Israeliten verfolgt, von einem Lande zum anderen verjagt, von fanatischen Völkern gemordet, Jahrhunderte lang von jeder ehrenwerten Beschäftigung verbannt und gezwungen worden waren, ihr Brot mit nicht erlaubten Industriezweigen zu verdienen, damit sie zum Nutzen ihrer Bedrücker geplündert und gedemütigt, zur Not auch ermordet werden konnten, haben sie in jedem Augenblick der Ruhe, der Gerechtigkeit und Toleranz alle Beschäftigungen ausgeübt und üben sie noch heute aus. Das bezeugen auch heute noch die Juden in Polen und allen Ländern, wo sie in mehr oder weniger grosser Zahl leben. Dort sind selbst die schwierigsten Arbeiten der jüdischen Volksmasse nicht lästig. Und wie könnte es anders sein? Die Kaufleute, besonders die reichen, ob Juden oder nicht, sind überall nur ein kleiner Bruchteil der ganzen Bevölkerung; damit einige Kaufleute, einige Kapitalisten, die auf die „Massenarbeit (travail accumulé)" spekulieren, existieren, ist eine grosse Masse Arbeiter nötig, die diese Arbeitssumme produzieren, das heisst die grossen Kapitalien, für einen Lohn, der kaum zur Erhaltung ihrer Familien genügt.

Ich streife hier eine ungeheure Frage, die ich mich hüten werde, hier so nebenbei zu behandeln und die ich studieren will, wie sie es verdient. Aber für jetzt will ich nur sagen, dass man gewöhnlich nur eine Tatsache in Betracht zieht, wenn man den Juden ihre Vorliebe für den Handel, die Finanzen und die freien Berufe vorwirft, die doch nur eine Folge Jahrhunderte langen gewaltsamen Ausschlusses von jeder anderen Beschäftigung ist. Man zieht aber weder die gegenwärtige soziale und ökonomische Lage, noch das Zahlenverhältnis der jüdischen zur Gesamtbevölkerung in Betracht. Man vergisst, dass die Emanzipation der abendländischen Juden, die in diesen Gegenden nur spärlich vertreten sind, in eine Zeit fällt, welche die Spekulation zum Nachteil der Arbeit übermässig entwickelt hat. Was gibt es wohl Natürlicheres, als zu sehen, wie ein ganz kleiner Bruchteil der Gesellschaft, der tausend Jahre lang zu Beschäftigungen verurteilt war, die heute allerdings einträglich und ehrenvoll sind, Berufe festhält, die nichts Erniedrigendes, nichts Unerlaubtes mehr an sich haben und für welche es dank der ebenso ungeschickten wie barbarischen Gesetze des Mittelalters so gut vorbereitet ist. Und da sollten sie mit dem Erlernen von Arbeiten beginnen, die heute den dreifachen Nachteil haben, einmal, wie unser klerikaler Autor es nennt, zur letzten Stufe sozialer Funktionen gerechnet zu werden, dann diejenigen, die sie ausüben, zu verdummen, weil sie „die geringste geistige Arbeit" erfordern; und die schliesslich, am schlechtesten von allen sozialen Funktionen entlohnt zu werden?!

Unterliegt denn aber keiner Umwandlung jene Ordnung der Funktionen in der sozialen Hierarchie, die unser klerikaler Autor so sehr bewundert, und die er eine unveränderliche der Natur der Dinge vollkommen angepasste kirchliche Ordnung nennt? Muss es denn zum grössten Ruhme dieser „bewunderungswürdigen" Hierarchie, der letzten Konsequenz einer nichts weniger „bewunderungswürdigen" anderen Hierarchie, immer bevorzugte Klassen einerseits und enterbte Klassen andererseits geben? Ist denn die menschliche Natur wirklich so beschaffen, wie unser Autor es ihr mit so grosser Sicherheit insinuiert, dass die Übung ihrer physischen, moralischen und intellektuellen Kräfte einander notwendigerweise ausschliessen?!

Das Judentum hat in keinem Zeitpunkt seiner Geschichte einen so verderblichen und antisozialen Irrtum verkündigt; und wenn heute edle Juden die landwirtschaftlichen und industriellen Arbeiten ihrer Glaubensgenossen begünstigen, folgen sie den gesunden jüdischen Traditionen und glauben an eine bessere Zukunft, die die Verheissungen unserer Propheten erfüllen wird, an jene messianische Epoche, in welcher die grossen Prinzipien der französischen Revolution nicht nur Losungswort, sondern von einer humaneren Gesetzgebung, wie die, an welche uns die Traditionen des Mittelalters gewöhnt haben, in die Tat umgesetzt sein werden.

Einleitung in die „Religiöse Revolution im XIX. Jahrhundert" von François Huet.

Das vorliegende Werk ist der Abschluss der achtzehnhundertjährigen Bilanz des liquidierenden Christentums. Die französische Revolution schickt sich an, seine Erbschaft anzutreten. Man scheint im Auslande noch wenig von dem grossen Umschwunge zu wissen, der heute in Frankreich vor sich geht und die Schlussphase seiner Revolution ankündigt. Nachdem die revolutionäre Bewegung von 1848 in einen unglücklichen Bürgerkrieg ausgelaufen war, der die Unterdrückung der Republik zur Folge hatte, glaubte man, es sei überhaupt mit der französischen Revolution zu Ende; und wie oft auch Frankreich schon in unserem Jahrhundert den Beweis geliefert hat, dass keine Reaktion imstande ist, seine Revolution zu töten, und wie mächtig sich auch seit einigen Jahren in diesem Lande der Freiheitsgeist wieder regt, so ist doch das mit der inneren Arbeit des französischen Volkes wenig vertraute Ausland noch heute in seinem Unglauben an dessen Wiedererhebung befangen. Es erscheint daher zweckmässig, bei der Einführung eines Werkes, welches von dieser inneren Arbeit ein eklatantes Zeugnis ablegt, seinen Zusammenhang mit der· französischen Revolutionsgeschichte zu ·beleuchten.

Wie die Franzosen nicht durch die religiöse Reform hindurchgegangen sind, um zu ihrer politisch-sozialen zu gelangen, so haben sie auch nicht die kritische und spekulative Philosophie als Übergang zur modernen Weltanschauung gehabt. Gleich dem Verfasser der vorliegenden Schrift, scheinen sie vielmehr wie mit einem Sprunge die Kluft überschritten zu haben, welche die alte Metaphysik von der modernen Arbeit und Forschung trennt. In Wirklichkeit liegt aber hier kein Sprung vor. Die alte Metaphysik war ein stets misslungener Versuch, das Übernatürliche vernunftgemäss zu erklären. Der Dualismus von Geist und Stoff, von Gott und Welt war ihre Voraussetzung. Einheit aber, wie unser Autor richtig bemerkt, ist das unverletzliche Gesetz alles Lebens, und daher auch das erste Bedürfnis unseres Geistes. Die Metaphysik quälte sich deshalb ab, den Widerspruch, der ihre eigene Voraussetzung bildete, aufzuheben: ein Versuch, der notwendig scheitern musste. Die moderne Wissenschaft, die keinen Dualismus voraussetzt, hat keine metaphysischen Versöhnungsversuche mehr zu machen nötig. Die spekulative Philosophie hat den Verfall der alten Metaphysik feierlich konstatiert. Was sie durch einen theoretischen Akt vollzog, das vollziehen die Franzosen durch ihre revolutionäre Aktion.

Unter Autor, Franzose vom Scheitel bis zur Zehe, betrachtet die religiöse Revolution als die letzte Phase der sozialen, die im Jahre 1789 begonnen, die das Christentum vorbereitet hatte, und die schon von den jüdischen Propheten als messianische Epoche verkündet wurde. Diese Auffassung, die einer näheren Erläuterung bedarf, liegt seiner ganzen Schrift zu Grunde. Er steht nicht auf dem Boden der „reinen Idee", sondern des realen Lebens. Wenn er sich auch die Resultate der idealistischen deutschen Kritiker angeeignet hat, so bleibt er doch nicht bei diesen stehen. Neue Gesichtspunkte eröffnen sich ihm. Die reale Geschichte des Christentums, von ihrem ersten jüdischen Ursprunge an bis zu ihrer Vollendung durch die moderne soziale Revolution, tritt bei ihm mit einer Klarheit und Schärfe vor unsere Augen, wie wir sie vergeblich bisher auch bei den radikalsten Kritikern gesucht haben. Wir machen besonders auf die Kapitel aufmerksam, welche von den Judenchristen und Paulus, sowie von dem Charakter des Johannes-Evangeliums und dessen Einflusse auf die Entwickelung des Christentums handeln. Frühere Kritiker haben schon die historische Unechtheit des vierten Evangeliums konstatiert; Huet hat zuerst bewiesen, dass es eine Gegengeschichte ist, d. h., dass es absichtlich eine andere Geschichte der wirklichen entgegensetzt. — Was aber überall seine Kritik von der bisherigen unterscheidet, ist ihr durchgreifender weltlicher, revolutionärer Charakter. Ähnliches finden wir schon bei Renan, der sich jedoch seine revolutionären Tendenzen nicht einzugestehen wagte. Renan bildete sich vielmehr ein, gleich seinen deutschen Musterbildern auf dem Boden der reinen Idee zu stehen, und er verwahrte sich sogar in seinen „Aposteln" ausdrücklich gegen die Absicht, eine revolutionäre Agitation hervorbringen zu wollen, die er doch wirklich hervorgebracht hat. — Unser Autor ist nicht nur revolutionär, er will es auch sein; das Rätsel der Sphinx Renan findet in der „Religiösen Revolution" seine Lösung. — Übrigens geht aus einem Briefe, den Renan an den Verfasser der „Religiösen Revolution" geschrieben hat, deutlich hervor, dass auch er heute von seinen idealistischen Illusionen geheilt ist.

Für die deutsche Philosophie war die Geschichte die Entwickelung der logischen Idee. Die Franzosen nennen die Geschichte: logique en action. Eine kaum merkliche Nüance unterscheidet die beiden Ausdrucksweisen von einander, und doch kennzeichnet sie die ganze Physiognomie des deutschen und französischen Geistes:, der Deutsche zieht aus der geschichtlichen Aktion die logische Idee; der Franzose setzt die logische Idee in geschichtliche Aktion um.

Nichts ist heute leichter, als aus der französischen Revolutionsgeschichte die logische Idee zu ziehen, da sie offenkundige und augenfällige logique en action ist. Je weiter sie sich entwickelt, desto mehr fallen Idee und Tat zusammen, weil die Erkenntnis, die bis jetzt das Privilegium einzelner Philosophen, einer Art von Geistesaristokratie war, welche nicht selten eine eben so grosse Scheu vor der Revolution wie die Geburts- und Geldaristokratie an den Tag legt, Gemeingut des Volkes wird. — Wirklich unabhängig von einander waren freilich Idee und Aktion nie; aber ihre Einheit, ihr Zusammenhang vollzog sich gleichsam hinter dem Rücken der Menschen. — Erst in der modernen Welt ist es augenfällig geworden, dass sie stets Hand in Hand gehen.

Heinrich Heine hat eine geistreiche Parallele zwischen der theoretischen Entwickelung der Religion und Philosophie in Deutschland und der praktischen des politisch-sozialen Lebens in Frankreich gezogen. Er nennt den protestantischen Gott einen konstitutionellen Monarchen, der in der Bibel seine Verfassung, seine Charte habe. Schon Spinoza sprach den Gedanken aus, dass die Ordnung und Verbindung der Ideen dieselbe wie die der realen Dinge sei. Man kann diesen Gedanken in der ganzen historischen Entwickelung des sozialen Lebens konstatiert finden. Was unsere eigene kritische Übergangsepoche betrifft, so ist nicht nur, wie Heine meinte, der protestantische, sondern auch der rationalistische und spekulative Gott ein konstitutioneller Monarch, mit dem Unterschiede jedoch, dass hier die Verfassung nicht mehr oktroyiert, sondern frei aus dem menschlichen Geiste heraus geschaffen wird, weshalb hier jeder Mensch seinen eigenen, Gott und seine eigene religiöse Verfassung hat. Unser Autor zitiert in dieser Beziehung einige charakteristische Aussprüche Voltaire's, dessen Theismus höchst verdächtig ist und während der Revolution bei seinen Jüngern in Atheismus umschlug: „Gott", sagte Voltaire, „hat nicht den Menschen, sondern der Mensch hat Gott geschaffen; Gott müsste für das Volk erfunden werden, wenn er ihm ,nicht von den alten Traditionen überkommen wäre".

In der „religiösen Revolution" hört die konstitutionelle Fiktion auf. Hier wird kein höchstes Wesen mehr erfunden, überhaupt nicht mehr als ein blos gedachtes, sondern als das von jeher wirksame soziale und natürliche Wesen des Menschen aufgefasst Dieses überall gegenwärtige Wesen ist das gemeinsame Band, welches das Einzelne mit dem Ganzen, das Individuum mit der Gesellschaft, die Gegenwart mit der Vergangenheit und Zukunft verbindet. Die historische Entwickelung der sozialen Organisation ist der Schlüssel zu jener der religiösen Formen und Reformen. Hätte der Mensch keine Geschichte, wäre er mit allen seinen Qualitäten, wie eine Tierspezies, gleich fertig zur Welt gekommen, so würde auch bei ihm Wirklichkeit und Idee, Leben und Lebensbewusstsein sofort zusammenfallen und als Instinkt stets untrennbar mit einander verwachsen bleiben. Aber während der historischen Entwickelung des sozialen Lebens spiegelt sich dasselbe im Bewusstsein der Geschichtsvölker als ein doppeltes ab: ein Mal als ihr gegenwärtiges, reales Dasein; das andere Mal als ihr zukünftiges, ideales Wesen, zu dem sie sich hingezogen fühlen, und von dem sie daher ein Vorgefühl haben. — Erst im reifen Mannesalter des sozialen Lebens können reales und ideales Dasein, wie in der Wirklichkeit, so auch im Bewusstsein der Geschichtsvölker zusammen fallen.

Ist demnach das Wesen der Geschichtsreligion nichts Anderes als das Vorgefühl, welches die Geschichtsvölker von ihrem noch in der Zukunft liegenden höheren sozialen Leben haben, und zu welchem sie sich instinktartig hingezogen fühlen, so sind die verschiedenen Formen dieser Religion nichts Anderes als die idealisierten sozialen Formen des Volkslebens selbst in den verschiedenen organischen Epochen seiner Geschichte. Da die kritischen Epochen nur den Übergang von einer organischen in die andere bilden, so bleiben nur drei Hauptformen der Geschichtsreligion übrig:

1) Die mosaische Theokratie, in welcher zwar der Widerspruch zwischen dem, was der soziale Mensch ist, und dem, was er werden soll, am schroffsten existiert, in welcher aber dieser Widerspruch noch nicht verinnerlicht, vergeistigt ist. Nicht im Bewusstsein des jüdischen Volkes, sondern in seinem nationalen Leben fallen die beiden Seiten des realen und idealen Daseins auseinander. Heilige Sänger, Propheten, Gesetzgeber und Priester sind die Vertreter und Verkünder des Ideals, der zukünftigen, messianischen Epoche, während das Volk en masse noch tief unter ihnen steht und kein Verständnis für dieses Ideal hat. Alle jene Glaubensformen, welche den Dualis-

mus der Gegenwart und der Zukunft als Diesseits und Jenseits, als Körper und Seele, als Weltliches und Göttliches, als Materielles und Spirituelles ins Bewusstsein des Individuums fallen lassen, sind dem klassischen Judentume fremd, sind modernen Ursprungs, existierten nicht in der altjüdischen Religion. Hier ist nicht das Individuum, sondern die Nation unsterblich; der Gott der Propheten ist der Geschichtsgott des zukünftigen Diesseits. Jahwe ist, wie schon die Etymologie des Wortes zeigt, das reale Wesen, welches in der messianischen Epoche sein wird, natürlich mit den phantastischen Formen behaftet, unter welchen sich die alten unwissenden Völker Welt und Weltordnung vorstellten. — Die Revolution, welche die Zukunft antizipiert, will auch den Gegensatz von Priestern und Laien, von Propheten und Volk schon gegenwärtig aufheben und spricht durch den Mund ihres Parteichefs Korah: „Ist nicht die ganze Gemeinde ein Volk von Heiligen, Jahwe nicht in ihnen allen? Weshalb wollt Ihr (Propheten und Priester) Euch über die Gemeinde Jahwes erheben?" — Aber diese „Heiligen der ersten Tage" gehen unter; das Volk steht, wie gesagt, faktisch noch tief unter den Propheten und Priestern, und die Form der prophetischen Geschichtsreligion bleibt nach wie vor die idealisierte soziale Form des gegenwärtigen Volkslebens selbst.

Diese erste Form der Geschichtsreligion, die prophetische, ist so sehr aus dem innersten Wesen des sozialen Menschen hervorgegangen, dass ihre heiligen Schriften noch heute von den Geschichtsvölkern als göttliche Prophezeihungen verehrt werden können, wie sehr auch die Form des Gottes der Propheten mit unserem sozialen Leben und mit der modernen wissenschaftlichen Weltanschauung in Widerspruch steht. Sie enthalten in der Tat die ersten Versprechungen, die der soziale Genius des Menschen sich selbst gemacht hat. Da aber im Altertum die Geschichtsreligion die Spezialität eines Volkes war, welches nur die eine der beiden grossen historischen Menschenrassen, die semitische, vertrat, so blieb sie einseitig und verhielt sich feindselig zu jenem Naturkultus, der in seiner höchsten Blüte, bei den Griechen, eine ebenso wesentliche Seite der historischen Entwickelung des Menschen vertrat wie der Geschichtskultus bei den alten Juden. Ohne die Entwickelung der schönen, freien Individualität durch Kunst und Wissenschaft würde jene des sozialen Lebens stets nur ein frommer Wunsch geblieben sein. Durch diese Einseitigkeit wird es auch erklärlich, dass die jüdische Geschichtsreligion selbst dann noch keine allgemeine Religion der Geschichtsvölker werden konnte, als sie ihre alte, klassische, prophetische Form abgestreift hatte, weil der Dualismus des gegenwärtigen, schlechten und zukünftigen, besseren sozialen Lebens bereits ins Bewusstsein des ganzen jüdischen Volkes übergegangen war. Bei den Juden trat in der Tat der messianische Glaube schon nach dem babylonischen Exil ins Volksbewusstsein, daher auch von jetzt an das Prophetentum aufhörte, und der Priester selbst seinen Vorrang dem Gesetzeslehrer abtreten musste. Ja, das Urchristentum war nichts Anderes als eine revolutionäre Antizipation der messianischen Epoche, für die jetzt das Volk reifer war als zur Zeit Korahs, die aber in ihrer speziell jüdischen Form der alten Welt nichts anhaben konnte. Erst nachdem mit den übrigen antiken Nationalitäten auch die jüdische in der römischen Weltherrschaft ihr materielles Grab gefunden, wird die jüdische Geschichtsreligion Weltreligion.

2) Der Widerspruch zwischen dem zukünftigen Ideale und der gegenwärtigen Misère fällt nun ins Bewusstsein der Geschichtsvölker. Diese Verinnerlichung des Dualismus ist die christliche Religionsform. — Wir sprechen hier nicht vom Stifter des Christentums, sondern von dieser Religion, wie sie sich im Laufe der Geschichte bei den Völkern, die sie angenommen haben, entwickelt hat. Der Stifter des Christentums und seine unmittelbaren Jünger waren einfache revolutionäre Juden. Aber schon zur Zeit des Erscheinens der synoptischen Evangelien hatte die christliche Religion von ihrem sozialen, realistischen, jüdischen Charakter vieles verloren. Paulus und das vierte Evangelium haben sie vollends, wie unser Autor nachweist, in jenen Mystizismus umgewandelt, der eben nichts anderes als die Verinnerlichung des allgemeinen humanen Dualismus ausdrückt, und der seitdem, trotz vieler Alterierungen, das Wesen des Christentums und im Grunde genommen die Religion aller modernen Völker und Menschen bis zum heutigen Tage geblieben ist, wo eine neue grosse religiöse Revolution beginnt.

Das Wesen des Christentums wurde zunächst dadurch alteriert, dass neue barbarische Völker in die Geschichte eintraten, die sich zu den Kirchenvätern ähnlich verhielten wie in der altjüdischen Theokratie das Volk zu seinen Propheten und Priestern. Die katholische Theokratie, welche daraus hervorging, behielt daher stets etwas vom altjüdischen Realismus bei und gründete mit Recht ihre Kirche auf den antipaulinischen, judenchristlichen Apostel Petrus. Auch blieben die mehr realistischen südlichen Völker im Ganzen bis heute in dieser Kirche, während die abstrakteren und idealistischeren nördlichen Rassen längst von ihr abfielen.

Als Theokratie musste der Katholizismus auch noch eine Art von Opferkultus haben; denn, wie unser Autor in seiner konzisen Redeweise sich ausdrückt, keine Theokratie ohne Priester, kein Priester ohne Opfer. Nur hat die Theokratie, infolge der Verinnerlichung des Dualismus, ihren Charakter ändern müssen; die katholische Theokratie herrscht nur noch mittelst der Gewissen, sie hat nur durch ihren Einfluss auf die Seelen der Gläubigen auch auf deren Weltangelegenheiten Einfluss. Ihr Opferkultus ist ebenfalls ein blos symbolischer, mystischer. Trotz alle dem hat die katholische Theokratie mit ihrem Messopfer und ihrer Welt- oder Gewissensherrschaft nie ohne Opposition, nie ohne Protest von Seite der christlichen Völker existiert. Mit der Reformation ist die Opposition, ist der Protestantismus zur Herrschaft gelangt. Seitdem bildet die Verinnerlichung des Dualismus von realem und idealem Leben die Religionsform aller, nicht etwa nur der christlichen Spiritualisten, sondern auch der ihrer eigenen Meinung nach antichristlichen.

3) Mit dem sozialen Antagonismus hört auch der religiöse Dualismus auf. Die solidarische Einheit, welche die Menschen und Völker verbrüdert, liegt nicht mehr im zukünftigen, jenseitigen Leben, sondern ist stets gegenwärtig und wirklich. Spiritualismus und Materialismus, Idealismus und Realismus fallen zusammen. Die Religion geht im · sozialen Leben auf.

Spinoza ist der Verkünder dieser dritten Religionsform; aber erst die letzte Phase der Revolutionsgeschichte, welche sich heute in Frankreich vorbereitet, ist ihr praktischer Anfang. Bevor die soziale Revolution ihr letztes Wort gesprochen hat, können die dualistischen Religionsformen nicht aufhören. Was ist das letzte Wort jener Revolution, die schon im Jahre 1789 die drei grossen Prinzipien der Freiheit, Gleichheit und Brüderlichkeit als die Grundprinzipien des modernen sozialen Lebens mit Lapidarschrift auf ihre Monumente geschrieben hatte?

Es bedarf heute keines grossen Scharfblickes mehr dazu, um einzusehen, dass die erste französiche Revolution nur das erste Prinzip ihres Programmes, das Freiheitsprinzip, wenn nicht definitiv zur Geltung gebracht, so doch vor Allem in Angriff genommen, und, so weit sie eben konnte, zur Ausführung gebracht hat. Damit soll keineswegs gesagt sein, dass dies mit Bewusstsein und Willen geschehen sei. Im Gegenteil wollten die Franzosen schon während ihrer ersten Revolution das ganze· revolutionäre Programm verwirklichen. Man hat fälschlich die Revolution von 1789 eine bloss „politische", dagegen die von 1848 eine „soziale" genannt. Die erste Revolution war schon so sehr eine soziale, dass sie, wie gesagt, alle Prinzipien der sozialen Reorganisation auf ihr Banner schrieb. Wenn sie trotzdem mit der Freiheit begann, so war dies eine logische und historische Notwendigkeit. Die Freiheit ist sowohl negativ wie positiv die erste Bedingung der Gleichheit und Brüderlichkeit. Negativ ist sie die Beseitigung aller Formen und Hinwegräumung aller Trümmer abgestorbener Institutionen, die das neue soziale Leben in seinem Aufschwunge hemmen; die hemmenden Schranken mussten erst im Feuer der jugendlichen Freiheitsidee aufgelöst werden, bevor diese körperliche Gestalt annehmen konnte. — Positiv ist die Freiheit, das perennierende Prinzip aller Entwickelung des organischen Lebens, welches, von keiner fremden Schranke mehr gehemmt, die ihm entsprechenden Formen aus dem eigenen Wesen heraus schafft, sich seine Schranken selbst setzt. — Konnte so schon aus logischen Gründen die Revolution nur mit der Freiheit beginnen, so war sie aus anderen, ihr selbst noch gänzlich unbewussten, historischen Gründen verhindert, ihr Programm, wie sie es wünschte, mit einem Schlage zu verwirklichen. Es fehlten hiezu eben noch die materiellen Vorbedingungen. Das Auge des Menschen sieht das ferne Ziel, lange bevor sein Fuss den Boden betritt, auf dem sich die Materialien zu seinem Ausbau vorfinden. Es war schon eine optische Täuschung, zu glauben, mit der vollen Realisierung der Freiheit sofort Ernst machen zu können. Die Freiheit konnte zunächst nur für diejenigen eine Wahrheit werden, die entweder schon im Besitze einer gewissen sozialen Unabhängigkeit, oder durch ihre bereits erlangten materiellen und geistigen Mittel befähigt waren, sich eine unabhängige soziale Position zu verschaffen. Für diese war die Revolution nicht nur eine politische, sondern eine soziale; ja, für sie war das ganze revolutionäre Programm realisierbar. Weder der freien Ausübung, noch der Gleichberechtigung und Vereinigung ihrer Kräfte stand mehr etwas im Wege. Für alle anderen dagegen blieben sämtliche Prinzipien des revolutionären Programms ein toter Buchstabe. Dieser Übelstand wurde aber erst allgemein gefühlt, nachdem jene Bevorzugten sich zu einer herrschenden Klasse abgeschlossen hatten. Dies geschah infolge der Julirevolution von 1830, mit welcher die erste Revolutionsphase zum Abschlusse kam. Jetzt erst fing das französische Volk in seiner Gesamtheit zu fühlen an, dass die Früchte der Revolution das Privilegium einer Klasse, der grossen Kapitalistenklasse, geworden. Eine Gährung entstand innerhalb der enterbten Volksklassen. Aber es bedurfte noch einer achtzehnjährigen Erfahrung unter der Herrschaft der Kapitalistenklasse dazu, um allen vom pays légal ausgeschlossenen Bürgern die Augen zu öffnen.

Die Februarrevolution von 1848 war nicht wie die von 1830 der Abschluss der ersten, sondern der Anfang der zweiten Revolutionsphase, die man, im Gegensatze zu jener der Freiheit, die der Gleichheit nennen kann. — Im Namen der Wahlreform begonnen, endigte sie mit der Erstürmung der Republik.

Die zweite Republik wollte wieder das ganze Revolutionsprogramm, und zwar mit mehr Bewusstsein, als die erste, zur Ausführung bringen. Sie wurde mit der klar ausgesprochenen Absicht proklamiert, alle Klassen an den Früchten der Revolution zu beteiligen, allen die politische und soziale Gleichberechtigung zu verschaffen. Sie legte den Grund zu jenen Arbeiterassoziationen, die seitdem, trotz aller Reaktion und Kontrerevolution, nicht mehr getötet werden konnten und die „Reise um die Welt" machten. Ebenso verhielt es sich mit einer anderen Errungenschaft der Februarrevolution: mit der Wahlreform auf der Basis der vollen Gleichberechtigung, mit dem allgemeinen Stimmrecht. Auch dieses hat alle Stürme überdauert und ist berufen, gleich allen definitiven Errungenschaften der französischen Revolution, die Prophezeihung Mirabeaus in Erfüllung gehen zu lassen. — Wenn aber auch demnach die Februarrevolution keineswegs so fruchtlos war, wie oberflächliche Geister meinen, so sah doch auch hier das Auge des Menschen wieder weiter als ihre Hand reichte. Das allgemeine Stimmrecht hat sich zunächst der Freiheit verderblich gezeigt. Es brachte von vorn herein eine konservative Kammermajorität und sehr bald eine Militärdiktatur — wir meinen nicht die Cavaignac'sche, die nur das Werkzeug jener Kammermajorität war, sondern die direkt wieder aus dem allgemeinen Stimmrecht hervorgegangene Napoleonische — an die Spitze der zweiten Republik, die, gleich der ersten, von ihrem eigenen Sohne erwürgt wurde.

Man hat sich zu sehr beeilt, aus den beiden Kaiserreichsepisoden der französischen Revolutionsgeschichte den Schluss zu ziehen, das französische Volk sei für die Freiheit minder reif als andere Völker, bei welchen zwar das Gleichheitsprinzip weniger in Sitten und Institutionen, weniger in Fleisch und Blut übergegangen, welche aber ihre einmal errungene Freiheit besser zu erhalten und zu verwerten wissen, als die Franzosen. — Die Antithese von Freiheit und Gleichheit hat, wie jede Antithese, überhaupt nur eine Bedeutung in der Dialektik, wo die beiden Seiten des Gegensatzes stets unzertrennlich mit einander verbunden bleiben   Dasselbe gilt von der Freiheit und Gleichheit; die eine ist' nicht ohne die andere. Aber die Dialektik der logique en 'action ist der Bürgerkrieg. Der erste Napoleon ist aus dem europäischen, der zweite aus dem französischen Bürgerkriege entstanden. Das zweite Kaiserreich ist, wie das erste, ein integrierender, aber vorübergehender Bestandteil der Revolutionsgeschichte selbst. Das französische Volk, welches seine Revolution im Sturmschritt vollenden wollte, brachte während seiner ersten Republik das ganze reaktionäre Ausland, während seiner zweiten das ganze konservative Inland gegen sich auf die Beine. Der erste Napoleon musste die Kluft zwischen dem revolutionären Frankreich und dem monarchischen Europa ausfüllen; der zweite, der nur dem Glanze seines Namens seine Wahl verdankte, sollte sich in den Riss stellen, der die verschiedenen französischen Volksklassen noch spaltete und die Ursache des während der zweiten Revolution ausgebrochenen inneren Bürgerkrieges war. Durch das Interregnum der beiden Kaiserreiche sollten Gegensätze, die den Untergang Frankreichs und seiner Revolution hätten herbeiführen können — das eine Mal der Gegensatz zwischen Frankreich und Europa, das andere Mal der zwischen der städtischen und ländlichen Bevölkerung in Frankreich selbst — Zeit gewinnen, sich auszugleichen. Die beiden Napoleone mächten sich allerdings die Illusion, der Schlussstein zu sein, nicht jener Kluft, die sie auszufüllen hatten, sondern der Revolution selbst. In ihrer dynastischen Verblendung wussten sie nicht, durften sie nicht wissen, dass in dem Masse, wie sie jene Kluft schlossen, sie selbst ihr Grab in derselben finden mussten. — In der Tat hatte der Krieg, der den ersten Napoleon auf den Thron erhob, ihn auch wieder gestürzt, nachdem Europa und Frankreich, müde des Blutvergiessens, versöhnt und erschöpft einander in die Arme sanken. Auch der zweite Napoleon geht heute, wo die verschiedenen französischen Volksklassen sich wieder ausgesöhnt haben und gemeinsam die konfiszierte Freiheit reklamieren, seinem Waterloo entgegen: ihm steht ein Belle-Alliance im Innern bevor.

Was wird nach dem Sturze des zweiten Kaiserreichs von jenen Verunglimpfungen übrig bleiben, die man gegen die Franzosen, teils aus einer schlechten Würdigung ihrer Revolution und ihres Volkscharakters, teils aus einer leidenschaftlichen Verblendung, die wir hier nicht näher zu analysieren haben, in Umlauf gesetzt hat?

Man hat diesem Volke die „Überstürzung" seiner Revolution und die in deren Gefolge entstandenen Bürgerkriege und Reaktionen zum Vorwurfe gemacht. Es ist leicht, Überstürzungen zu vermeiden, wenn man nur im Schneckengange vorwärts schreitet. „Der Mensch", sagt Goethe, „irrt, so lange er strebt". Minder revolutionäre Völker irren weniger als das französische Volk, aber nur deshalb, weil sie in ihrem politisch-sozialen Leben minder strebsam als dieses feurige und eminent soziale Volk sind. Ohne die Erstürmung der zweiten Republik wäre auch kein zweites Empire aufgekommen; aber dann stünde auch Frankreich, und mit ihm ganz Europa, heute noch in der ersten Religionsphase.

Schon hat der zweite Napoleon die Erfahrung machen müssen, welchen Rechnungsfehler er begangen, als er sich mit dem Gedanken des „Cäsarismus" und mit der ihm lächelnden Theorie schmeichelte, dass die „romanischen" Rassen mehr für „Gleichheit" als für „Freiheit" geschaffen seien. Diese Erfahrung, gestern in Mexiko, heute in Italien gemacht, wird er morgen zum letzten Male in Frankreich selbst machen müssen. Das in seiner ursprünglichen Kraft wieder erwachte Freiheitsgefühl der Franzosen reagiert in diesem Augenblicke mit Macht gegen jene Hunderassentheorie, welche mit so grosser Vorliebe von allen Feinden der französischen Revolution ausgebeutet werden. Das Charakteristische des jetzigen Moments der französischen Revolutionsgeschichte ist gerade dieses dem „Cäsarismus der romanischen Rassen" ins Gesicht geschleuderte Dementi. Es ist um so schärfer und könnte um so blutiger werden, als gleichzeitig mit dem Wiederaufleben der französischen Freiheit, gleichzeitig mit dem Untergange des romanischen Cäsarismus, der germanische zu beginnen scheint. Hoffentlich aber wird das deutsche Volk noch rechtzeitig einsehen, dass es am Narrenseile des Rassenhochmuts in die Irre geführt und in einen kontrerevolutionären Franzosenhass hineingetrieben wird, der die Zukunft der europäischen Demokratie mit grossen Gefahren bedroht und der jedenfalls nur zu seinem eigenen Unglücke führen könnte.

Die französische Revolution ist heute noch so lebendig, wie am Tage ihrer Geburt. Die moderne Demokratie hat im französischen Volke tiefere Wurzeln geschlagen als in irgend einem Volke der Welt. Dieses Volk wird auch zur dritten und letzten Revolutionsphase wieder das erste Signal geben müssen, da kein anderes so gründlich, wie es selbst, auf dieselbe vorbereitet ist. Nicht nur die Gleichheit und das Gefühl der brüderlichen Solidarität aller Menschen und Völker, auch die Menschenwürde, diese Quelle aller Freiheit, ist hier in weit höherem Grade entwickelt, als in irgend einem anderen Lande, selbst Nordamerika und England nicht ausgenommen. Die französische

Gesellschaft ist nur an ihrer Oberfläche korrumpiert; ihre Basis ist trotz Kapitalistenherrschaft und Kaiserreich kerngesund geblieben. Heute, wo diese Gesellschaft wieder im Begriffe steht, ihre politische Haut abzuwerfen, kommt ihr gesunder Kern wieder in allen Manifestationen des öffentlichen Lebens zum Vorschein. — Völker, deren revolutionäre Energie im Vergleiche zur französischen nur eine mikroskopische ist, haben kein Recht darauf, sich über die „Langmut" des französischen Volkes zu beklagen, — als ob dieses Volk nur dazu da wäre, anderen Völkern die Revolution vorzumachen! — Frankreich fühlt schmerzlicher und weiss besser, was ihm fehlt, als jene Länder, die verächtlich auf dasselbe herabzusehen affektieren; aber es hat in seiner sturmbewegten Geschichte schon zu viele Erfahrungen gemacht, um noch ein Mal seine Revolution zu überstürzen. Es bereitet sich heute gründlich auf seine letzte Revolutionsphase vor, und wie nahe oder fern der Ausbruch derselben liegen mag, diejenigen, die seiner inneren Arbeit fern stehen, werden einst von demselben ebenso überrascht sein, wie sie es jedes Mal bei der Nachricht jener grossen französischen Katastrophen waren, für welche ihnen jedes Verständnis abging.

Einen Beitrag zu dieser inneren Arbeit liefert das vorliegende Werk, dem man es auf den ersten Blick ansieht, dass es nicht blos für Fachgelehrte, für Philosophen und Theologen, sondern vor allen Dingen für das Volk geschrieben ist. Sein Styl, anspruchslos, klar und konzis, ist französisch, wie seine Methode. Hier findet man keinen Schwulst und keine gelehrte Weltausstellung, keine pedantische Überladung und keine haarspalterische Dialektik. Mit den Resultaten seiner Gedankenarbeit wirft der Verfasser dem Publikum nicht auch zugleich seine Gedankenwerkstätte an den Kopf.

Mehr noch als Styl und Methode ist der Inhalt dieser Schrift populär. Ihre Auffassung des religiösen Problems, als des zunächst vorliegenden revolutionären, ist von höchst praktischem Interesse und macht es nebenbei begreiflich, weshalb sich das französische Volk heute für Fragen interessiert, die ihm bis vor Kurzem fern zu liegen schienen. Was heute in Frankreich das Volksinteresse an der religiösen Frage erregt, ist ihr durch den Kampf zwischen Italien und Rom, an welchem die französische Regierung einen so traurigen Anteil genommen hat, politisch gewordener Charakter, ist vor Allem ihr sozialer Inhalt, den unser Autor, Sozialist von Haus aus, so scharf und in so richtiger Weise hervorhebt. Diese revolutionäre Kritik kündigt das Ende aller dualistischen und spiritualistischen Religionsformen an; denn was man

auch sonst philosophischerseits gegen diese Formen vorbringen mag,
sie haben in der noch bestehenen Misère des Volkes eine Berechtigung,
die nicht weg philosophiert, die nur durch die Revolution aufgehoben
werden kann. Erst in der Sozialdemokratie wird auch die „Geistesfreiheit" eine Wahrheit. — Und das eben ists, was die „Religiöse
Revolution" unseres Autors von der bisherigen, angeblich radikalen
Kritik, was überhaupt den französischen Radikalismus vom deutschen
unterscheidet. Die Geistesfreiheit ist das Privilegium einzelner Philosophen, so lange nicht eine soziale Gesetzgebung das Volk von
Unwissenheit und Elend befreit, so lange nicht durch eine zugleich
wissenschaftliche und professionelle Erziehung, an welche alle ohne
Ausnahme teilzunehmen haben, das Volk in den Stand gesetzt ist, sich
von materieller und geistiger Armut zu befreien. Erst wenn es das
ist, kann es auch mit der freien Prüfung der historisch überkommenen
Religionen Ernst machen und, wie ein berühmter deutscher Kritiker
gesagt hat, die Theologie in Anthropologie auflösen.

Ein besonderes Interesse entlehnt diese Schrift den persönlichen
Antezedentien ihres Verfassers. Er gehörte bis vor Kurzem noch
dem sogenannten Neokatholizismus an, der, gleich seinem Vorgänger,
dem alten Gallikanismus, eine Versöhnung zwischen der christlichen
und modernen Gesellschaft auf der Basis der Metaphysik träumte.
Huet ist zu seinem heutigen, auch in religiöser Hinsicht radikalen
Standpunkte nicht durch ein blos philosophisches Hinausgehen über
den Dualismus, sondern durch die Logik der Revolution gelangt,
welche den sozialen Antagonismus und mit ihm auch den religiösen
Dualismus aufhebt.*) Seine eigene Entwickelung ist das treue Spiegelbild jener des französischen Volkes, aus dessen Mitte er hervorgegangen,
an dessen Bewegung er seit 1848 stets tätigen Anteil genommen hat.**)

---

*) Huet ist nicht der einzige hervorragende Neokatholik, der unter dem zweiten
Kaiserreiche zum definitiven Bruche mit der christlichen Religion getrieben wurde.
Noch vor ganz Kurzem, um vieler ähnlichen Ereignisse nicht zu gedenken, gab
der bisherige Abbé Munier eine öffentliche Erklärung ab, aus welcher wir nur
einen einzigen Passus hier mitteilen wollen. Nachdem er alle Freidenker, gleichviel
welcher Nüance, zur Vereinigung ihrer Kräfte aufgefordert hat, ruft er aus:
„Gehören wir nicht Alle unserer gemeinsamen Mutter von 1789 an, die man erwürgen möchte? Glauben wir nicht Alle an die souveräne Macht der Vernunft
und Gerechtigkeit und an ihren gewissen Sieg, nicht etwa in einer anderen Welt,
sondern auf Erden, in unserer Gesellschaft, und das ganz bald?"
**) Huet ist Mitglied der am 10. August 1848 gegründeten, noch heute be-
stehenden und prosperierenden Association des ouvriers maçons et tailleurs en
pierres. Vgl. Une fête du travail en 1867. Discours prononcé par François Huet.

Seine Weltanschauung ist die geistige Errungenschaft nicht eines
einzelnen Individuums, sondern der französischen Geschichte.

Aus den Anmerkungen.

Versetzt man sich in die Zeiten des entstehenden Christentums,
so bietet der Glaube an die Auferstehung Christi nicht die geringste
Schwierigkeit dar, und man müsste es im Gegenteil unerklärlich finden,
wenn man ihm nicht in der damaligen Zeit begegnete. Bei den
Juden dieser Epoche war der Glaube an die Auferstehung der Toten
mit dem Messianismus untrennbar verbunden. Selbstverständlich musste
der Messias, nachdem er ein Mal gegen alles Erwarten zum Tode
verurteilt und hingerichtet war, bevor die allgemeine Auferstehung der
Toten und das jüngste Gericht erfolgte, selbst als Richter auferstanden
sein und zur Rechten des Vaters sitzen. Der Glaube an die Auferstehung Jesu war bei dessen Anhängern eine psychologische Notwendigkeit, eine conditio sine qua non.

*

Dass unser Matthäus-Evangelium ursprünglich in hebräischer Sprache
geschrieben gewesen wäre, ist ein Irrtum, der heute durch die Kritik
definitiv beseitigt ist. Dagegen finden sich im Talmud Zitate in
aramäischer Sprache aus den primitiven Evangelien.

* * *

Der römische Herrschergeist wurde allerdings auch durch die
germanischen Rassen bekämpft, aber nicht um die christliche Idee
der Gleichheit aller Menschen, sondern um eine andere Rassenherrschaft,

---

Paris. — Früher schrieb er: Histoire de la vie et des ouvrages de Bordas-Demoulin,
Paris 1861. — Das Hauptwerk aus seiner früheren Epoche, welches kurz nach dem
Staatsstreiche in Brüssel gedruckt worden, ist betitelt: Le règne social du Christi-
anisme. — Der Katholizismus hatte stets noch ein soziales Element in sich,
während der Protestantismus den rein christlichen Charakter des verinnerlichten
Dualismus mit seinem individuellen Seelenheil hervorkehrt.

die germanische, an die Stelle der lateinischen zu setzen. Erst die französische Revolution verwirklichte die christliche Gleichheitsidee. Leider entstand während der Kaiserreichsepisode wieder eine doppelte Reaktion der alten Rassenherrschaftsgelüste: der „römische Imperator", dessen Erbe wieder momentan auf den französischen Thron gelangt ist, rief durch seinen „lateinischen" den „germanischen" Imperialismus wieder wach. Nur der definitive Sieg der Revolution kann allen diesen traurigen Reaktionen des alten barbarischen Herrschergeistes ein Ende machen.

* *

Huet scheint den physiologischen Gründen wenig Rechnung zu tragen. Alle jene unbestimmt angedeuteten Ursachen und äusserlichen Umstände, die selbst nur Produkte der europäischen Menschheit waren, reichen nicht aus, das Wiederaufleben derselben aus dem Grabe der mittelalterlichen Hierarchie zu erklären. Die vom griechischen, römischen und jüdischen Altertume überkommenen Kulturkeime fanden eben in den europäischen Rassen, welche entweder direkt von den antiken herstammen oder mit ihnen verwandt sind, den rechten Boden zu ihrer Entwickelung. — Mongolen würden auch in Europa Jahrtausende den Dalai-Lama anbeten, wenn sie nicht durch andere entwickelungsfähigere Rassen aus ihrer Geistesohnmacht geweckt würden.

Eine „gemässigte" Reformpartei ohne Prinzipien und ohne kritisches Wissen existiert in der gelehrten jüdischen Welt nicht, obgleich sie sich sehr häufig bei ungelehrten, halb orthodoxen, halb der Bequemlichkeit huldigenden Juden allerdings vorfindet. Herr Philippson ist der gewandte Vertreter dieses prinziplosen unwissenden Judentums. Die Breslauer Schule, die ebenso kritisch wie die radikale und gelehrte Reformpartei in theoretischer Beziehung ist, verhält sich praktisch durchaus konservativ. Unsere Gegenwart hat in der Tat zu rein religiösen Reformen weder Beruf noch Berechtigung.

* *

Grätz, obgleich, oder vielleicht gerade, weil er sich nicht als Religionsreformator aufwirft, ist unter den ein jüdisches Amt bekleidenden Gelehrten der Erste gewesen, der dem Christentum und seinem Stifter menschliche Gerechtigkeit im vollsten Masse widerfahren liess. Möglich, dass er in seiner Kritik des christlichen Kanons zu weit geht; aber gewiss ist, dass er inbetreff des Alten Testaments nicht jene Scheu gezeigt hat, die unser Autor ihm mit Unrecht, wie uns bedünkt, zum Vorwurf macht. Wir müssen uns umsomehr über diesen Vorwurf wundern, als die Schrift, gegen welche ·er gerichtet ist, nicht nur negativ kritisch verfährt (besonders· in der Introduktion, auf die wir unseren Autor verweisen), sondern überhaupt so gehalten ist, wie unser Autor die Entstehungsgeschichte der Religionen· be-' handelt wissen will, nämlich in rein menschlicher, historischer Weise. Höchstens lässt Grätz das Menschliche bei den Vätern des Judentums zu sehr in den Vordergrund treten, den mystischen Schatten- seiten zu wenig Rechnung tragend, eine Schwäche, von welcher auch unser Autor in Ansehung der Väter seiner Religion nicht ganz frei- zusprechen, die aber um so verzeihlicher ist, als sie nur aus den edlen Herzenseigenschaften der Pietät und Überschätzung der humanen Qualitäten Anderer, denen man grossmütig seine eigenen unterlegt, zu entspringen scheint.

* * *

Es fragt sich nur, ob das Judentum nicht als abgesondertes Element, noch weniger als besonderes Glaubensbekenntnis, wohl aber als Nationalität nicht noch seinen Beitrag zur sozialen Entwickelung zu liefern hat.

Die heutigen rationalistischen Theologen und Religionsphilosophen, die nur sehr uneigentlich Religionsreformatoren genannt werden können, da die wirklich neue, die soziale Religion, nur aus der dritten und letzten Phase der französischen Revolution hervorgehen kann, haben allerdings für diese Religion der Zukunft eine zwiefache Bedeutung. Ein Mal, indem sie wie schon im achtzehnten Jahrhundert als Vor- läufer der Revolution dieselbe dadurch in ihren respektiven Konfessionen vorbereiten, dass sie den alten Dogmatismus untergraben. In dieser Beziehung können sie aber von der Philosophie nur lernen, ihr nichts lehren, solange sie noch auf theistischem Standpunkte stehen. — Dann aber können sie auch das grosse Werk der Revolution positiv fördern, indem sie, wie unser Autor anzudeuten scheint, in ihrer Pietät für die historische Religion, deren moderne Kinder sie sind, das geschichts- religiöse Wesen derselben hervorheben (das Wesen der jüdischen und christlichen Religion ist eben, wie wir in unserer Einleitung zu dieser Schrift und in unsereren früheren Schriften, namentlich in unserer ersten Jugendschrift „Heilige Geschichte der Menschheit" und in unserem „Rom und Jerusalem" gezeigt haben, Geschichtsreligion zu sein) und es so aus den Ruinen seiner Formen zu retten. Das geschicht aber nur durch die Herstellung einer historischen Wissenschaft auf der Basis einer modernen Welt- und Geschichtsanschauung, die meist unseren rationalistischen Theologen und Religionsreformatoren fremd ist, keineswegs durch eitle religiöse Reformen, zu welchen die Gegenwart keinen Beruf hat, da wirkliche religiöse Reformen nur der letzten Phase der sozialen Revolution nachfolgen, nicht ihr vorhergehen können. Die religiöse Reorganisation ist heute mit der sozialen identisch. Unser Autor scheint, im Widerspruche mit seiner eigenen Auffassung, der religiösen Revolution, den theologischen Rationalisten und sogenannten Religionsreformatoren eine viel zu grosse Bedeutung beizulegen und ihnen allzugrossmütig seine eigene hohe Geschichtsanschauung unterzuschieben.

*

Auch die heutigen protestantischen und jüdischen Reformatoren sind ein Anachronismus, schon deshalb, weil ihnen der Gegensatz fehlt. Da ihnen keine konstituierte religiöse Autorität mehr gegenübersteht, und sie selbst keine solche mehr erlangen können, so haben sie nicht mehr mutig zu kämpfen, sondern nur, als Religionsreformatoren, unschuldige und gefahrlose Monologe zu halten.

Die Einheit des Judentums
innerhalb der heutigen religiösen Anarchie.

Unsere Zeit hat weder Neigung, noch Musse zu theologischen Kontroversen und metaphysischen Spekulationen. Im Schaffen einer neuen Weltordnung begriffen, .die sich auf der Grundlage positiver Wissenschaft und Arbeit aufbaut, überlässt sie die Befriedigung neuer religiöser oder idealer Bedürfnisse, die sich im Ganzen oder Grossen noch nicht gebieterisch geltend machen, einer mehr oder weniger fernen Zukunft, die aus den neuen festgewordenen Zuständen auch ein neues gemeinschaftliches Lebensbewusstsein hervorbringen muss. Bis dahin hat jeder für seinen religiösen Hausbedarf selbst zu sorgen. Hat er das Bedürfnis eines gemeinsamen Kultus, einer religiösen Gemeinschaft, so muss er eben mit dem Überkommenen fürlieb nehmen. Wie er sich denselben bei der herrschenden Anarchie in dogmatischen Dingen praktisch zurechtlegt, das ist wiederum seine individuelle Angelegenheit. Allgemeine Vorschriften lassen sich in dieser Beziehung nicht geben. Heute, wo die bereits erworbenen Resultate der Wissenschaft die alte Welt- und Lebensanschauung untergraben haben, während die neue erst im Werden begriffen ist, müssen religiöse Reformationsbestrebungen notwendig scheitern. Ein Luther würde heute auch kein Gehör finden.

Was speziell das Judentum betrifft, so reichen seine religiösen Traditionen hinauf bis zur Schöpfung. Darin unterscheidet es sich übrigens nicht von den Traditionen der Arier. Aber die Schöpfung dieser letzteren Völker war nur eine Naturschöpfung, und ihr Schöpfer blieb stets in der Natur versunken, während das schöpferische Wesen des Judentums Natur und Menschheit umfasst, in die humansoziale Sphäre eingreift. Erst das Judentum hat auch der Geschichte der Menschheit das göttliche Einheitsbewusstsein als Basis gegeben und ihr prophetisch das höchste Ziel ihrer Bahn vorgezeichnet. Erst die Juden haben auch den übrigen Kulturvölkern dieses Einheitsbewusstsein vermacht.

So lange jenes höchste Ziel den Geschichtsvölkern, die ihre human-religiösen Anschauungen dem Judentum verdanken, so wie den Juden selbst noch in mystischer Form einer idealen Persönlichkeit vorschwebte, unter deren Herrschaft die ganze Menschheit vereinigt werden sollte, blieb die messianische Geschichtsreligion ein blosser Autoritätsglaube, welchem gegenüber die Menschheit sich nur passiv verhalten konnte. In dem Masse, wie die moderne Wissenschaft und Arbeit das allgemeine Lebensbewusstsein umgestalten, schwindet der Autoritätsglaube, verwandelt sich die Form des persönlichen Messias in jene einer messianischen Epoche, in welcher die Kulturvölker sich selbst beherrschen und vereinigen; was passiv erwartet und geglaubt wurde, wird aktiv und selbstbewusst erstrebt. Aber erst wenn dieses Streben eine gewisse Befriedigung erreicht hat, kann von einer wirklichen messianischen Epoche die Rede sein, in welcher bekanntlich der altjüdische Glaube selbst kraft seines echt prophetischen Geistes die Gesetze und Riten nicht mehr für verbindlich erachtet.

Aus dem Gesagten erhellt, auch ohne dass wir uns hier schon auf andere, der Wissenschaft entnommene Gründe einzulassen brauchen, und ohne uns vom Boden der altjüdischen Tradition zu entfernen, dass die politisch-humanitäre Reform der religiösen vorhergehen muss, und dass der wahre Grund der heute herrschenden religiösen Anarchie in dem Übergangsprozesse aus der alten in die moderne Gesellschaft zu suchen ist.

Die gesetzliche Religions- und Gewissensfreiheit ist nur die Sanktion der vorhandenen religiösen und philosophischen Anarchie. In dieser Beziehung kann das Judentum und will es keine Ausnahmestellung in Anspruch nehmen. Aber die Einheit des Judentums kann aufrecht erhalten werden, ohne der Religions- und Gewissensfreiheit entgegen zu treten, infolge des wesentlichen Charakters, durch welchen es sich von allen anderen modernen Religionen unterscheidet.

Zu diesem Zwecke wollen wir den religiös-philosophischen Kern, den ganzen historischen Prozess der Völker, welche die heutige zivilisierte Welt bilden, etwas näher ins Auge fassen.

Zwei grosse Weltepochen bezeichnen bis heute den Entwickelungsprozess der historischen Menschheit, die Epoche des naiven, anthropomorphistischen, und jene des reflektierten, metaphysischen Glaubens. Bis zur Blütezeit der antiken Welt war der erstere vorherrschend; die vielen Naturgötter der Völker arischer Rasse wurden in menschlicher Weise vorgestellt. „Auch die Thora offenbart sich in menschlicher Weise".

. Erst als die alten Völker und Menschen über ihr eigenes Wesen zu reflektieren anfingen, geistiger wurden, haben auch die bis dahin mit blossen menschlichen Leidenschaften vorgestellten höheren Wesen einen geistigen Charakter angenommen; aber immer blieben sie formell dem Geisteszustande der Menschen angepasst: auch die Vernunftwesen entsprachen und entsprechen stets dem Geisteszustande ihrer Verehrer. Je nach diesem ihrem eigenen psychologischen Zustande waren auch ihre Ideale, sei es phantastisch, mystisch, abstrakt, konkret, spekulativ oder rationell. Erst die moderne Wissenschaft hat das alles Endliche beherrschende Wesen unpersönlich als Gesetz aufgefasst. Das moderne Ideal, sowohl der Natur, wie Geschichte, sowohl des kosmischen und organischen, wie sozialen Lebens ist das Gesetz, welches alles Phänomenale, die ganze Erscheinungswelt beherrscht, und welches durch die Beobachtung und Analyse der Phänomene selbst erkannt wird. So verwandelt sich durch die Wissenschaft das subjektive Ideal in ein objektives, hört aber eben damit auf, das menschliche Gemüt zu befriedigen, sofern dieses der Ausdruck des Individuums ist. Es befriedigt nur den Geist, das universelle Wesen des Menschen, welches sich in seinem unpersönlichen, universellen Ideale abspiegelt; in dem allgemeinen Gesetze aller und jeder Phänomene erkennt der Mensch sein eigenes geistiges Wesen; in der objektiven Unendlichkeit seines Ideals findet er seine eigene Unendlichkeit wieder.

Ist das aber das letzte Wort der modernen philosophischen Weltanschauung, so ist es nur das erste des modernen praktischen Lebens und Handels. Das Gesetzliche, das Ideale, welches die moderne Philosophie aus der modernen Wissenschaft gezogen hat, ist in der Gesellschaft, im praktischen Leben und Tun der Menschheit bis jetzt nicht verwirklicht, fängt erst jetzt an, mit der Anwendung der Resultate der Wissenschaft auf die sozialen Zustände verwirklicht zu werden. Erst wenn es darin wirkliche Gestalt angenommen, kann es auch wieder das menschliche Gemüt, das wirkliche Individuum befriedigen. Wie sich aber in dieser dritten, verwirklichten messianischen Epoche der Kultus des Ideals gestalten wird, das müssen und dürfen wir getrost der Zukunft überlassen.

Das Charakteristische des Judentums ist, wie wir oben gesehen haben, dass es prophetisch der geschichtlichen Menschheit das höchste Ziel ihrer Bahn vorgezeichnet hat. In unserer weiteren Ausführung hat sich herausgestellt, dass dieses Ziel die Verwirklichung des universellen Gesetzes im menschlichen, geheiligten Leben ist und dass die religiöse Befriedigung des menschlichen Gemütes erst aus der Verwirklichung des Gesetzes hervorgehen kann. Das Judentum aber ist die einzige antike und moderne Religion, welche von vorn herein den individuellen

Glauben vom sozialen Gesetz nicht trennt. Wenn auch seine Weltanschauung in formaler Beziehung noch mit den Mängeln des unwissen-
schaftlichen Welt- und Gottesbewusstseins behaftet war, so war und
blieb es doch stets durch die unzertrennliche Einheit am Gesetz und
Glauben ein eigentümliches religiöses Gemeinwesen. Sein Glaube setzt
das Gesetz voraus; seine Religion hat zur Basis eine organisierte Gesellschaft und einen wirklichen gemeinsamen Boden, das heilige Land.
Der jüdische Glaube, der ohne Rest im jüdischen Gesetz aufgeht, hat
ohne dieses Letztere, isoliert, für sich allein, keine selbständige
Existenz. Glaube und Gesetz haben sich innerhalb des Judentums nie
von einander geschieden. Allerdings ist mit dem Verfalle und der
schliesslichen Auflösung des jüdischen Staates eine solche Scheidung
vor sich gegangen. Aber diese Scheidung war eben auch die Aus-
scheidung der reinen Glaubenssekte aus dem Judentume; es selbst
wurde durch diesen Zersetzungsprozess im Ganzen nicht alteriert. Wenn
auch nach der Vertreibung aus dem Lande der Väter, in einem fast
zweitausendjährigen Exil, ein Teil des jüdischen Gesetzes keine Anwendung mehr finden konnte, so blieb doch ein anderer übrig, der
auch in der Zerstreuung in allen Ländern ausgeübt werden konnte
und ausgeübt wurde. Aber selbst der hier nicht ausführbare Teil des
Gesetzes, weit entfernt, vernachlässigt zu werden, bildet in Verbindung
mit dem ausführbaren den Gegenstand religiöser Studien. Der theoretische Kern des Judentums blieb so, gleich dem praktischen Kultus,
nach wie vor keine blosse Glaubenslehre, sondern Gesetzeslehre.
Seine ganze religiöse Andacht konzentriert sich auf das Gesetzesstudium.
Der wesentlichste Teil der jüdischen Andacht bestand zu allen Zeiten
in diesem Studium sowie in der Lektüre nationaler Geschichten und
Traditionen, welche in Bibel, Talmud und Midraschim aufbewahrt sind.

Nur, wie gesagt, eine Sekte, die eben damit vom Judentum abfiel,
stellte den Glauben höher als das Gesetz. Als sich diese neue Glaubenssekte bildete, hatte sie keineswegs ein vom jüdischen Glauben
unterschiedenes Glaubensbekenntnis. Die charakteristische Differenz
zwischen Judentum und Christentum ist auch bis heute noch keine
Glaubensdifferenz, sondern besteht darin, dass die Christen (die Recht-
gläubigen), die ja noch heute den ganzen Bibelglauben mit den Juden
teilen, das jüdische Gesetz als etwas Unwesentliches verwerfen. Diese
Verschiedenheit in der Auffassung des Gesetzes unterscheidet selbst da
noch die beiden Religionen, wo auch jede Spur von reiner Glaubensdifferenz verschwunden ist. Man muss in der Tat von allem Faktischen
und Historischen abstrahieren, jeden Sinn für das Reale und dessen

Beobachtung verloren haben, um z. B. anzunehmen, dass ein rationalistischer Christ, ein reiner Christ, der aber das jüdische Gesetz verwirft, deshalb aufhöre, Christ zu sein und Jude werde, oder dass ein moderner gesetzesverachtender Jude, der mit jenem rationalistischen Christen vollkommen übereinstimmt, nichtsdestoweniger noch Jude sei, eine Illusion, die, wenn er sie sich selbst noch machen könnte, jedenfalls sehr bald bei seinen Nachkommen verschwinden würde, wie die Erfahrung bereits zur Genüge gezeigt hat.

Wie oft muss ich seitens Derer, die im Judentume nur einen Glauben, wie jeden anderen, aber den „vernünftigsten" erblicken, Zweifel und Verwunderung über mein Festhalten am „alten" Judentum aussprechen hören. Was mit dem Vernunftglauben der Rationalisten, die sich jetzt „Spiritualisten" nennen, nicht übereinstimmt, ist in ihren Augen entweder Aberglaube oder Unglaube, wo nicht gar Heuchelei und Lüge. Sie, die nie einen selbständigen, aus eigenem Forschen entstandenen Gedanken gehabt haben, die vielmehr das passive Produkt ihrer Umgebung sind, bilden sich ein, keinen Autoritätsglauben zu haben. Sie, die alle Welt zu ihren zufälligen subjektiven Anschauungen bekehren wollen und bekehren zu können wähnen, weil sie von dem objektiven historischen Gedankenprozesse keine Ahnung haben, eifern gegen die Bekehrungssucht anderer Glaubenssekten.

Es ist notorisch, dass keine Religion weniger Proselyten gemacht und zu machen gesucht hat als das Judentum. Nur in jener Epoche seiner Geschichte, in welcher der Scheidungs- und Ausscheidungsprozess der reinen Glaubenssekte aus dem Judentume vor sich gegangen, finden wir in ihm Spuren von Proselytenmacherei. Sonst waren es höchstens Sklaven und Domestiken, die beschnitten wurden, um an gewissen nationalen Festlichkeiten, wie an der Osterfeier, teilnehmen zu können. Wäre das Judentum eine Religion im modernen Sinne des Wortes, so wäre diese Abwesenheit aller Bekehrungssucht ein psychologisches Rätsel, im Widerspruch mit allen gleichartigen Phänomenen. Begreiflich wird dieser in der ganzen eigentlichen Religionsgeschichte einzig dastehende Umstand nur dadurch, dass das Judentum eben keine blosse Glaubenssekte ist. Solche Sekten gehören, wie bereits gesagt, nicht der ersten Weltepoche an, in welcher das Judentum entstanden ist. Alle jene asiatischen und europäischen Religionen, die so eifrige Propaganda machten, dass sie in kurzer Frist viele Millionen Anhänger hatten, sind nicht naturwüchsigen, sondern reformistischen Ursprungs; und nichts spricht so sehr für die Originalität des Judentums, dafür, dass z. B. Mose nicht etwa ein blosser Reformator der egyptischen oder naturwüchsigen arischen Religionsform, sondern der Fortsetzer älterer jüdischer Traditionen war, die sich in das graue Zeitalter der Patriarchen verlieren, als gerade der Umstand, dass der fälschlicherweise zuweilen als Religionsstifter angesehene Gesetzgeber ebensowenig als das durch ihn aus der egyptischen Sklaverei befreite Volk irgend ein Gelüste von Bekehrungseifer an den Tag legt.

Ein anderes nicht minder rätselhaftes und beispiellos in der Religionsgeschichte dastehendes Phänomen ist gleichfalls nur dadurch erklärlich, dass das Judentum kein blosser Glaube ist; ich meine die Tatsache, dass sich in seiner Mitte keine verschiedenen Sekten halten und ausbreiten konnten. An Versuchen zur Sektenbildung hat es im Judentume nie gefehlt und fehlt es bis heute nicht; aber alle älteren und neueren Versuche dieser Art, von den Essäern und Judenchristen an bis herab zu den Kabbalisten, Sabbathianern, modernen Reformatoren und Universalreligionsstiftern haben bei aller grossen Verschiedenheit in Ansehung ihrer Tendenzen und Schicksale doch das Eine mit einander gemein, dass sie zum Abfalle vom Judentume führten. Innerhalb einer Glaubenssekte können sich begreiflich neue Sekten bilden; wo der Glaube das Wesen einer Religion ist, kann sich jede Glaubensnuance als das wahre Wesen dieser Religion geltend machen. So kämpfen und wetteifern mit einander im Christentum römische, griechische, protestantische und rationalistische Sekten, um dem „wahren" Christentum den Sieg zu verschaffen. Das Judentum dagegen, weil es selbst keine Glaubenssekte ist, kann auch keine verschiedenen solcher Sekten in sich aufkommen lassen.

Es gibt kein anderes, und kann kein anderes Judentum geben, als das uns, von unseren Vätern überlieferte nationale; es ist physisch, moralisch und intellektuell mit uns verwachsen. Mit der Kette der ihm vorangegangenen Generationen, mit seiner jüdischen Abstammung muss der Jude, wenn er kein Bastard ist, nolens volens auch die Traditionen seines Stammes als seine eigenen mentalen Bildner mit in den Kauf nehmen, ganz abgesehen von allem subjektiven Glauben. Gerade die moderne Wissenschaft, die jedes abstrakte, gleichviel ob rationalistische oder supernaturalistische, subjektive Glaubensband auflöst, weiss die natürlichen Bande besser zu würdigen, als alle sogenannten Spiritualisten. Wer aufrichtig und stark genug ist, bis zu den heutigen Grenzen des Wissens und Denkens vorzudringen, kann sich der Überzeugung nicht verschliessen, dass sein ganzes Wesen in seiner Rasse und in der Geschichte derselben wurzelt.

Die Frage der Einheit des Judentums innerhalb der heutigen

religiösen Anarchie lässt sich daher weiter dahin formulieren: welche
historische Rolle der jüdischen Nation noch in der Zukunft anheim
fallen kann. Diese Rolle kann keine religiöse im Sinne der zweiten
Weltepoche sein, die eben jetzt zu Ende geht; eine solche Rolle
würde nicht nur, wie wir gesehen haben, seinem eigenen Wesen,
sondern auch dem allgemeinen Strome der Weltgeschichte, zuwider
laufen, der auf jede reine oder subjektive Glaubensform nur noch
auflösend wirken kann. Das jüdische Volk kann nur noch, wie alle
Geschichtsvölker, denen es den Weg dazu gebahnt hat, seinen Beitrag
liefern zur sozialen Verwirklichung des Weltgesetzes, welches uns die
Wissenschaft nicht mehr in subjektiver Glaubensform, sondern objektiv
erkennen lässt. Diese Aufgabe fällt mit seiner ursprünglichen zusammen, der es stets treu geblieben ist. Um sie zu erfüllen, hat es
sich durch alle Stürme der Geschichte in seiner Integrität erhalten,
hat es aller Sektenbildung, allen rein religiösen Reformen, selbst in
der zweiten Weltepoche getrotzt, wo solche Reformen zeitgemäss
waren, עַל אַחַת כַּמָה וְכַמָה wird es auch den schwindsüchtigen
Religionsreformen trotzen, die sich heute, am Anfange der dritten
Weltepoche, in Folge eines komischen Qui pro quo als „zeitgemäss"
breit machen.

Die Religions- oder Gewissensfreiheit, die in allen Glaubenssekten
eine so scharf zersetzende Wirkung ausübt, hat in der Tat, wie sich
heute zeigt, auf das Judentum keinen so zerstörenden Einfluss, als es
anfänglich und auch heute noch in halbfreien Ländern den Anschein
hatte oder hat. Der Gegensatz zwischen Orthodoxie und Reform, der
sich in den Ländern partieller Gewissens- und Religionsfreiheit bis
zur Feindseligkeit gesteigert hat, zeigt diesen schroffen Charakter
keineswegs in denjenigen Ländern, wo schon seit langer Zeit die
liberalen Prinzipien zur vollen Geltung gekommen sind. Die individuellen Meinungsverschiedenheiten in subjektiven Glaubensangelegen-
heiten sind zwar hier wo möglich noch grösser als in den erstgenannten;
aber man ist auf beiden Seiten duldsamer hinsichtlich der Glaubensverschiedenheit und fester, wo es sich um gemeinsame Angelegenheiten
des Judentums handelt. Die objektive Einheit des nationalen und
traditionellen Judentums beherrscht hier die subjektive Glaubensverschiedenheit. Und wohlgemerkt, ich spreche nicht blos vom
öffentlichen Kultus, der in halbliberalen Ländern so viele Streitig-
keiten hervorruft, sondern auch vom ganzen jüdischen Leben, dem
häuslichen, wie dem öffentlichen. In Frankreich, wie in Amerika,
England, Holland und Belgien, wird den Orthodoxen nirgends von den

Andersdenkenden ein Gewissenszwang aufgelegt. Tauchen auch hier, wie überall, Reformgelüste auf, so bleiben diese doch in gewissen, individuellen Schranken, ohne Einfluss auf die massgebenden Kreise, die das jüdische Leben zu würdigen und zu schonen wissen. Darum war es auch nur hier in Frankreich möglich, eine allgemeine israelitische Allianz zu gründen, die keineswegs blos die politische, sondern auch die soziale Emanzipation und nationale Wiedergeburt des jüdischen Volkes im Auge hat. Dieser Allianz schliessen sich alle Glaubensnuanzen, orthodoxe wie freidenkende Juden, auf dem ganzen Erdenrunde an. Hier haben wir den tatsächlichen Beweis, dass die Glaubensanarchie nicht im Stande ist, das natürliche und historische Band zu lösen, welches alle Juden umschlingt, dass nicht die moderne Wissenschaft und das moderne Leben, sondern die ihm zuwiderlaufenden falschen Bestrebungen eine Gefahr für das Judentum sind; aber weder die einen, noch die andern können die Einheit desselben mehr als nur vorübergehend, ernstlich bedrohen.

Das Gottvertrauen
der Anawim in den Stürmen unserer Zeit.

Es ist eine stehende Redensart geworden, dass unsere Zeit eine
religiöse Neugestaltung vorbereite. Und dennoch, wenn wir die verschiedenen Bewegungen näher ins Auge fassen, die in der Neuzeit
und schon seit mehreren Jahrhunderten auf religiösem oder philo-
sophischem Gebiete vor sich gehen, was erblicken wir? — Die Reformation hat einen langen und mächtigen Anlauf genommen, um das
Christentum umzugestalten, die ganze zivilisierte Welt in Bewegung
gesetzt und im Namen der Bibel die verknöcherten und verfaulten
kirchlichen Institutionen des Mittelalters in der einen Hälfte der Welt
gesprengt, in der andern untergraben. Hat sie eine religiöse Neugestaltung in der modernen Gesellschaft hervorgerufen? — Sie hat
eine neue Verknöcherung, eine neue Fäulnis erzeugt, welche, nachdem
sie verschiedene Stadien durchlaufe n, einerseis in einen heuchlerischen,
mit den Resten des mittelalterlichen Feudalismus verbundenen Pietis-
mus, andererseits in einen ledernen Rationalismus gemündet haben.
Das evidenteste und allgemeinste Resultat des Reformsturmes ist der
moderne Unglauben. Von einer religiösen Wiedergeburt keine Spur.

Dann nahmen die politischen und sozialen Bewegungen der Neuzeit,
im 17. Jahrhundert in England, im 18. in Frankreich, in unserem
Jahrhundert überall, mehr oder weniger religiöse Masken an. — Mit
Parlamentsmitglieder und Soldaten gewordenen Bibelversen haben die
Puritaner das moderne England und die nordamerikanischen Staaten
gegründet. Was ist aber in religiöser Beziehung von ihrem Werke
übrig geblieben? Was ist in derselben Beziehung von den Illuminaten,
Freimaurern, Anhängern des Vernunftkultus und reinen Theismus uns
überkommen? — Wiederum nichts als verknöcherte Sekten, eine
banale Philosophie und die radikalste Negation aller Religion, aber
keine Regeneration derselben. Die spekulative Philosophie, die moderne
Bibelkritik, die nachhinkende neujüdische Reform, der deutsche und
sonstige liberale Katholizismus, die Religion der Lichtfreunde, der
freie Protestantismus, das Unitariertum, die Liberalen der universellen

Religion, und wie alle die Bestrebungen auf religiösem Gebiete in der neuesten Zeit noch heissen mögen, was haben sie hervorgebracht, was können sie hervorbringen? Forcierten Enthusiasmus à froid, oder Skeptizismus, keine neue Religion, auch keine Erneuerung der alten; sie glauben einen Anstoss zu geben und werden gestossen; sie glauben zu schaffen und sind nur Werkzeuge der Zerstörung; sie bilden sich ein, zu „sitzen am sausenden Webstuhl der Zeit" und zu „wirken°der Gottheit lebendiges Kleid"; und sind nur die Schneidergesellen, welche die Näte der abgelegten Kleider auftrennen, — eine ganz nützliche Arbeit übrigens, da es keine neuen Verbindungen ohne Auflösung der alten gibt. — Aber der wirkliche Werkmeister der modernen Welt, der zugleich als Zerstörer und Schöpfer hinter allen diesen Bestrebungen verborgen ist, der sich aber jedem, der seine Zeit versteht, in seiner ganzen Grösse und Herrlichkeit zeigt, dieser wirkliche und allgegenwärtige Werkmeister ist kein anderer, als der Geist der positiven, modernen Wissenschaft. — Die Erforschung der Natur und Geschichte bis in ihre kleinsten Details, deren Resultate, im Gegensatze zu anderen luftigen Theorieen, stets unmittelbar ihre Anwendung finden und ihren Einfluss auf die Neugestaltung alles Lebens in der menschlichen Gesellschaft ausüben, diese zugleich theoretische und praktische Arbeit, die in dem Masse ihre Licht- und Wärmestrahlen degagiert, als sie ihre Kräfte verbindet und konzentriert, sie, und nur sie kann und wird auch, obgleich nicht absichtlich oder willkürlich, sondern weil es in ihrer Natur liegt, eine Neugestaltung der Religion hervorbringen, von welcher sich unsere Propheten und Theologen nichts träumen lassen.

Auf das Judentum angewendet, kann es sich demnach heute eben so wenig, wie in den anderen Religionen, um eine Neugestaltung handeln, auf dem Gebiete, welches bisher als das religiöse oder gläubige galt; denn die alles zerstörende und erneuernde moderne Wissenschaft hat ja auch dieses, und vor allem andern dieses Gebiet eben so gründlich umgeackert, wie jedes andere der modernen Gesellschaft. Die Juden, welche ihre Zeit verstehen, so stark auch ihre Sympathien für ihre Stammes- und Leidensgenossen sein mögen, ja, je inniger und lebendiger sie sich mit ihrer Geschichte, mit den Traditionen ihrer Väter und den Leiden ihrer Brüder verwachsen fühlen, dürfen sich daher nur, um der allgemeinen Weltregeneration durch die Wissenschaft in jedem Momente teilhaftig zu werden und sich ihrer würdig zu zeigen, um, mit anderen Worten, nicht hinter den Besten ihrer Zeit zurück zu bleiben, ohne alle vorgefasste Meinung

dem verjüngenden Strome überlassen, der die modernen Kulturvölker
aus der alten in eine neue, noch unbekannte Welt führt. Wenn sie
ihr Vertrauen zum Gotte, der die Herzen lenkt, ihren prophetischen
Geschichtsglauben treu bewahrt haben, so werden sie in den stürmischen
Wogen der modernen Weltbewegung nicht das Chaos, nicht den
Abgrund erblicken, aus dem man sich durch das Anklammern irgend
eines Stückes alter Gesellschaft retten muss, werden sie sich auch
keine selbstgemachten neuen Götzen fabrizieren und ihren Brüdern
zurufen אֵלֶּה אֱלֹהֶיךָ יִשְׂרָאֵל, sondern werden sie getrost mit den
fortgeschrittensten Völkern und Parteien unserer Zeit gehen, in dem
festen Glauben — den einzigen, der heute noch berechtigt und selbst
von den Ungläubigsten anerkannt ist — dass die wissenschaftliche
Wahrheit und ihre Verwirklichung nicht im Widerspruche mit dem
stehen kann, was in den Verheissungen der Gerechten und Anspruch-
losen (צַדִּיקִים und עֲנָוִים), die unseren Geschichtskultus gegründet
haben, Wahres und Grosses enthalten sein konnte. So wird ihr jüdischer
Patriotismus und ihre Pietät nie in Konflikt geraten mit einer neuen
Welt, zu deren Gründung sie im Gegenteil das Ihrige in reichem
Masse beitragen können, ohne ihrem Geschichtskultus untreu zu werden,
mit einer Welt, in deren Mitte sie sich heimischer fühlen werden als
in der Umgebung jener götzendienerischen Juden, die noch nicht ausgestorben sind, die stets nur den הֶבֶל ihrer Zeit, die schlechten
חֻקּוֹת גּוֹיִם nachgeäfft, ihre eigenen Propheten verfolgt, ihre An-
spruchlosen geknechtet, ihre Gerechten verspottet haben, und die am
Tage des Gerichts mitsamt ihren eitlen Götzen aus der Welt verschwinden werden.

Es ist, gelinde ausgedrückt, eine unverzeihliche Schwäche, wenn
diejenigen, die als Vorkämpfer oder Verteidiger des Judentums und
der Juden auftreten, alles beschönigen wollen, was mit der jüdischen
Geschichte und Rasse zusammengehängt. Es gab stets nur einen
kleinen Kern im Judentum, dem alles Grosse und Heilige des jüdischen
Geistes zuzuschreiben ist. Wohl hat dieser Kern seinen heilsamen
Einfluss auf die ihn umgebende Masse ausgeübt. Aber es gab auch
stets und gibt noch heute in der Mitte unserer Stammesgenossen eine
egoistische, habsüchtige, eitle, nach Reichtum und Auszeichnung jagende
Klasse voller Ansprüche, welche den schroffsten Kontrast zu den
Gerechten und Anawim bildet und den Juden nicht ohne Grund seit
den ältesten Zeiten bis zur heutigen Stunde das Misstrauen der Völker
zugezogen hat. Während der Verfolgung waren diese Hochmütigen
uns weniger gefährlich — weil sie dann offen von uns abfielen und

sich mit unseren Feinden verbanden — als in den Zeiten des Glückes und der Freiheit, in welchen sich stets das Bibelwort bewährte וַיִּשְׁמַן יְשׁוּרוּן וַיִּבְעַט. Die alten Propheten haben ihre Laster nicht beschönigt, ihnen nicht wegen ihres Reichtums und Einflusses geschmeichelt. Im Gegenteil, sie haben ihnen und ihrer Sünden wegen dem ganzen Israel die schlimmsten Tage prophezeit. Die heutigen angeblichen Vertreter des Judentums erweisen demselben einen schlechten Dienst, wenn sie diesen „Grossen" gegenüber ein kluges Schweigen beobachten, oder sie gar wegen einiger Brosamen, die sie mit Ostentation den Hungrigen und Elenden hinwerfen, als die Wohltäter ihres Volkes glorifizieren. Je wahrer es ist, dass כָּל יִשְׂרָאֵל עֲרֵבִין זֶה לְזֶה, desto mehr sind die wirklichen Vertreter des Jud'entums verpflichtet, den Anspruchsvollen und Herrschsüchtigen die Wahrheit zu sagen und unsere Brüder von einer Solidarität zu befreien, die ihnen in jeder Beziehung nur verderblich sein kann.

Ein charakteristischer Psalm.

Die günstige Beurteilung, welche die Schrift des Herrn Professor Chwolsohn in diesen Blättern gefunden hat, ermutigt mich zu dieser Mitteilung aus meinen neuesten Studien. Dass die biblische Religion als ein wesentlich sozialer Kultus aufgefasst werden muss, habe ich schon früher in meiner Schrift ausgeführt, deren sich vielleicht die Leser dieser Zeitschrift noch erinnern werden. Dort habe ich schon den Israeliten eine ebenso hervorragende kulturhistorische Stelle für Recht und Wille, für Moral und Religion vindiziert, wie den Griechen für Kunst und Wissenschaft. Damals hatte ich aber den Charakter der semitischen Mythologie und ihre Beziehungen zur israelitischen Geschichtsreligiou nicht berücksichtigt. Die Resultate, zu welchen ich heute in dieser Beziehung gelangt bin, lassen sich mit Anschluss an den Ps. 82 in wenigen Paragraphen resumieren.

1) Es muss jedem unbefangenen Bibelforscher von vorn herein einleuchten, dass die Worte El, Elim, Elohim*) durchgängig sowohl zur Bezeichnung der semitischen Götter wie des israelitischen Gottes gebraucht worden. Die Belege hierfür sind zu zahlreich, als dass man sie zu zitieren brauchte oder auch nur imstande wäre, ohne einen Band damit anzufüllen. Der verehrte Herausgeber dieses Blattes hat noch in der letzten Nummer wieder auf eine solche Bibelstelle hinge-deutet, wo Elohim semitische Götter bedeutet, obgleich es auf den ersten Blick gar nicht diesen Anschein hat. Auch die Namen der Engel, die erst von den Israeliten in Diener oder Sendboten Gottes umgewandelt wurden, gehören hierher. Wem fiele nicht bei dem Namen des Engels מיכאל das באלים בְּמוֹךְ מִי ein? Und wer er-innert sich hierbei nicht, wiederum an das הבו לי' בני אלים der Psalmen und an die בני אלהים der Genesis? Am charakteristischsten ist aber in dieser wie in so mancher anderen Beziehung der Ps. 82. Hier wird der israelitische Gott unter dem Namen Elohim dargestellt in der Versammlung der ebenso benannten semitischen Götter. Aus

---

*) Aus Elim wurde Elohim, wie aus Abram Abraham, aus Jeschua Jehoschua, oder vielleicht umgekehrt.

dem ersten Vers, wie aus dem ganzen Zusammenhang des Psalms geht klar hervor, dass Elohim hier überall, wie übrigens an sehr vielen anderen Bibelstellen, gleichbedeutend ist mit שׁופטים = Richter. Der Unterschied ist nur, dass der israelitische Gott als שׁופט כל הארץ der höchste Richter ist. Nachdem er den semitischen Elohim ihre ungerechten Urteile, ihre Nachsicht mit den hochgestellten Bösewichtern zum Schaden der Armen und Verwaisten vorgeworfen hat, ruft er aus: „Sie erkennen und begreifen nicht, wandeln im Finstern, darum wanken die Grundfesten der Erde! Ich dachte mir, ihr seid alle Elohim und Bene Eljon; aber fürwahr, ihr werdet wie der Mensch sterben und wie einer der (menschlichen) Herren fallen". Der Psalmist, dem die semitischen Elohim offenbar für (bis dahin) unsterbliche Götter gelten, ruft schliesslich in seiner Begeisterung aus. „Erhebe dich, Elohim, richte die Erde, denn du wirst in allen Völkern die Erbschaft haben!" Dieser Gedanke an die Zukunft der Gottesherrschaft stimmt mit dem ganzen Prophetismus und Messianismus der Bibel sowie mit dem heiligen Namen Gottes überein, der das Futurum von „hava" ist. Aber was vor allen Dingen in diesem Psalm hervorzuheben, das ist der soziale Charakter der semitischen Götter; sie sind keine blinden Naturmächte, sondern Richter der Menschen und Völker; sie haben einen sittlichen Charakter und werden nur deshalb gestürzt, weil sie ungerechte Urteile fällen.

2) Die Stelle: „Ich dachte mir .... Bene Eljon" wirft ein unzweideutiges Licht auf die ursprüngliche semitische Mythologie, in welcher eine hierarchische Genealogie vom höchsten Gotte an bis zu den Bewohnern des Scheol oder der Unterwelt herrschte (von wo aus man sie durch Zauber, aber nur momentan, heraufbeschwören konnte, eine Anschauung, die ohne Zweifel dem späteren Auferstehungsglauben zu Grunde lag). Die Elohim sind Söhne des El Eljon, des höchsten Gottes, der schon vor der sinaitischen Offenbarung in Malchi Zedek seinen Priester hatte. Wie die Elohim zum El Eljon, so verhalten sich die Bene Elohim zu diesen; es sind Halbgötter oder Sendboten, die den Dienst zwischen Himmel und Erde versehen, die sich sündhaft mit den Töchtern des Menschen vermischt hatten, aus welchem verbotenem Umgange die Herren (Gibborim) entstanden sind, und die Sündflut herbeigeführt wurde. Auch hier bilden Sitte und Recht resp. deren Verletzung den Schlüssel zur semitischen Mythologie, die auch, was ihre hierarchische Genealogie betrifft, einst den verschwommenen, pantheistischen Charakter der arischen Mythologie hat.

3) Der progressive Charakter des biblischen Monotheismus kann

hiernach nicht mehr dem geringsten Zweifel unterworfen sein. Der.
höchste Gott wird erst in der messianischen Epoche der einzige·
Gott. Das 'וג יהיה ההוא בין והיה ist nicht im figürlichen, sondern
im eigentlichen Wortsinne zu verstehen. Erst in der Zukunft, wenn
alle Völker die Einheit·Gottes erkennen, wird der Name des'höchsten
Gottes der Einig-Einzige sein. Dem muss aber vorhergehen, dass alle
Völker wirklich nicht mehr von ihren partikularen Göttern oder Volks-
geistern beherrscht werden, dass also der höchste Gott auch wirklich
der einzige sei. Bis dahin existieren noch die mythologischen Elohim,
zwar nicht neben, wohl aber unter dem höchsten Gotte. Die Propheten
und heiligen Sänger der Bibel, welche die grosse Zukunft vorhersahen,
konnten wohl mit Verachtung, Spott und Ärger auf die noch existierenden Götter der astrolatrischen Kulte ·herabsehen und ihren Untergang vorher verkünden; aber die ganze Anschauungsweise der Bibel
spricht für den damaligen allgemeinen Glauben an deren zeitliche Existenz. Man müsste allen Bibeltexten, vom Dekalog an bis zu den
letzten Psalmen, den grössten Zwang antun und die willkürlichste
Deutung·geben, wollte man dabei den Unglauben an die Existenz der
Elohim der semitischen Mythologie voraussetzen. Dem gegenüber erscheint die Auffassung jener, welche den Monotheismus der Bibel·aus
Armut der Produktivität der semitischen Rasse erklären, in ihrer
ganzen Flachheit und Ignoranz.

4) Wir haben nicht nötig, unsere heutige wissenschaftliche Anschauung der Bibel unterzuschieben, um ihre sittliche, soziale, welthistorische Bedeutung geltend zu machen. Diese Bedeutung tritt vielmehr um so mehr hervor, je weniger wissenschaftlich gebildet die
alten Israeliten, wie überhaupt alle Völker der alten Welt waren.
Die Religionen, besonders die welthistorischen, sind keine Erfindungen,
sondern Manifestationen des Geistes der Rassen und Völker, unmittelbare Offenbarungen des höchsten Lebens. Das Selbstgefühl der Israeliten, ihr Glaube an ihren hohen sittlich-religiösen oder sozialen Beruf
war keine subjektive Eitelkeit, kein unberechtigter Hochmut, sondern
hatte einen eben so objektiven, tatsächlichen, zwingenden Grund wie
das Selbstgefühl der Griechen, welche alle anderen Völker für Barbaren hielten. Israeliten und Griechen kannten sich übrigens lange
Zeit gegenseitig nicht, und als sie sich endlich kennen lernten, entstanden zwischen ihnen Konflikte, die mit dem Untergange der ganzen
antiken Zivilisation und Weltanschauung endeten, weil beide auserwählte Völker, jedes in seiner Art, einen gleichberechtigten welthistorischen Beruf hatten, der erst nach zweitausendjährigen Kämpfen in der
modernen Humanität seine Versöhnung findet.

5) Als wesentliches Resultat der semitischen und arischen Kulten
bleibt schliesslich für eine objektiv-wissenschaftliche Geschichtsforschung
Folgendes:

In ihren klassischen Vertretern hatten die Semiten das menschliche Leben zu versittlichen und heiligen, die Arier, es zu verschönen
und zu erklären gestrebt. Jene hatten an der Welt ein praktisches,
diese hatten an ihr ein theoretisches Interesse. Dass bei ordinären
Menschen und Völkern das Praktische in das Egoistische, das Theoretische oder Kontemplative in Blasiertheit oder Genusssucht umschlägt,
hat keine weltgeschichtliche, keine soziale Bedeutung, gehört der individuellen Sphäre an; es hat ursprünglich nichts mit dem Charakter
der Mythologie der beiden welthistorischen Rassen zu schaffen und
gewinnt höchstens eine negative soziale Bedeutung in der Epoche der
Rückbildung und Auflösung, des Verfalles der antiken Mythologieen.
Es ist schon anderweitig nachgewiesen worden, weshalb diese Epoche
früher eintreten musste für die arische als für die semitische Mythologie, die sich noch während der ganzen Zeit des christlichen Mittelalters fortentwickelte.

Was verschlägt es, dass die Semiten ihre Götter in die Sterne,
und ihren höchsten Gott über die Sterne versetzten, dass sie den
Dienern des höchsten Gottes, weil sie in den höheren Luftregionen
schweben, Flügel gaben und sich dieselben in Vogel-, Tier- und
Menschengestalt vorstellten (Cherubim), dass sie selbst — natürlich
bevor die Israeliten und Araber im höchsten Gott den einzigen erkannten — der Sonne und den Sternen Menschenopfer brachten, dem
Baal und Moloch dienten, was übrigens auch in den arischen Kulten
gebräuchlich war, — was verschlägt dieses alles, sagen wir, wenn der
Fond ihres Götter- und Gottesdienstes das Streben nach Recht, Gerechtigkeit und Humanität war, Dinge, um welche sich die Götter der aus-
gebildetsten arischen Mythologie, die Götter Griechenlands, blutwenig
kümmerten! Was wäre die soziale Welt ohne die semitischen Elohim
geworden?

WS - #0007 - 171121 - C0 - 229/152/17 [19] - CB - 9780331696967 - Gloss Lamination